AF464523

Librairie HACHETTE et Cie, boulevard Saint-Germain, 79, à Paris.

ŒUVRES
DES PRINCIPAUX ÉCRIVAINS FRANÇAIS

FORMAT IN-16, BROCHÉ

1re Série à 1 franc 25 c. le volume.

Barthélemy : *Voyage du jeune Anacharsis en Grèce dans le milieu du IVe siècle avant l'ère chrétienne.* 3 volumes.

Boileau : *Œuvres complètes.* 2 vol.

Bossuet : *Œuvres choisies.* 5 vol.

Corneille : *Œuvres complètes.* 7 vol.

Fénelon : *Œuvres choisies.* 4 vol.

La Fontaine : *Œuvres complètes.* 3 volumes.

Marivaux : *Œuvres choisies.* 2 vol.

Molière : *Œuvres complètes.* 3 vol.

Montaigne : *Essais*, précédés d'une lettre à M. Villemain sur l'éloge de Montaigne, par P. Christian. 2 vol.

Montesquieu : *Œuvres complètes.* 3 volumes.

Pascal : *Œuvres complètes.* 3 vol.

Racine : *Œuvres complètes.* 3 vol.

Rousseau (J.-J.) : *Œuvres complètes.* 13 volumes.

Saint-Simon (le duc de) : *Mémoires complets et authentiques* sur le siècle de Louis XIV et la Régence, collationnés sur le manuscrit original par M. Chéruel, et précédés d'une notice de M. Sainte-Beuve, de l'Académie française. 13 vol.

Sedaine : *Œuvres choisies.* 1 vol.

Voltaire : *Œuvres complètes.* 46 vol.

2e Série à 3 francs 50 cent. le volume.

Chateaubriand : *Le Génie du Christianisme.* 1 vol.

— *Les Martyrs ; — le Dernier des Abencérages.* 1 vol.

— *Atala ; — René ; — les Natchez.* 1 vol.

— *Mémoires d'Outre-Tombe*, extraits publiés par M. V. Giraud. 1 vol.

— *Pages choisies*, par M. V. Giraud. 1 vol.

Lamartine : *Œuvres choisies*, par Waltz. 2 vol.
Poésies. 1 vol.
Prose, 1 vol.

Lamartine : *Œuvres*, 22 volumes.
Premières méditations poétiques. 1 vol.
Nouvelles méditations. 1 vol.
Harmonies poétiques. 1 vol.
Recueillements poétiques. 1 vol.
Jocelyn. 1 vol.
La chute d'un ange. 1 vol.
Voyage en Orient. 2 vol.
Confidences. 1 vol.
Nouvelles Confidences. 1 vol.
Lectures pour tous. 1 vol.
Le manuscrit de ma mère. 1 vol.
Histoire des Girondins. 6 vol.
Correspondance (1807-1852). 4 vol.

Musset (Alfred de) : *Pages choisies*, par M. J. Giraud. 1 vol.

959-13. — COULOMMIERS. IMP. PAUL BRODARD. — 8-13.

ŒUVRES COMPLÈTES

DE

BLAISE PASCAL

BIBLIOTHÈQUE NATIONALE B.N. IMPRIMÉS

8° Z 6948

LIBRAIRIE HACHETTE ET Cie

Pascal (B.) : *Œuvres complètes.* Trois vol. in-16, br. **3 fr. 75**

Tome I : *Avertissement. — Vie de Pascal par Mme Périer. — Lettres à un Provincial. — Pensées.*

Tome II : *Opuscules. — Lettres. — Ouvrages attribués à Pascal contre les Jésuites.*

Tome III : *Traités divers de physique et de mathématiques. — Table analytique.*

Chaque vol. se vend séparément 1 fr. 25

959-13. — Coulommiers. Imp. Paul BRODARD. — P1-14.

ŒUVRES COMPLÈTES

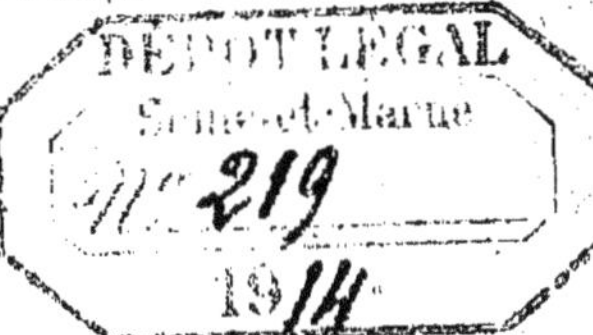

DE

BLAISE PASCAL

TOME DEUXIÈME

PARIS
LIBRAIRIE HACHETTE ET Cie
79, BOULEVARD SAINT-GERMAIN, 79

1913

OPUSCULES.

B.N. IMPRIMÉS

QUESTIONS SUR LES MIRACLES,

PROPOSÉES PAR PASCAL A L'ABBÉ DE BARCOS[1].

Les points que j'ai à demander à M. l'abbé de Saint-Cyran sont ceux-ci principalement. Mais, comme je n'en ai point de copie, il faudroit qu'il prît la peine de renvoyer ce papier, avec la réponse qu'il aura la bonté de faire.

Question 1. S'il faut, pour qu'un effet soit miraculeux, qu'il soit au-dessus de la force des hommes, des démons, des anges et de toute la nature créée.

Réponse 1. Les théologiens disent que les miracles sont surnaturels ou dans leur substance, *quoad substantiam*, comme la pénétration de deux corps, ou la situation d'un même corps en deux lieux et en même temps ; ou qu'ils sont surnaturels dans la manière de les produire, *quoad modum :* comme quand ils sont produits par des moyens qui n'ont nulle vertu naturelle de les produire : comme quand Jésus-Christ guérit les yeux de l'aveugle-né avec de la boue, et la belle-mère de Pierre en se penchant sur elle, et la femme malade du flux de sang en touchant le bord de sa robe, etc. La plupart des miracles rapportés dans l'Évangile sont de ce second genre. Telle est aussi la guérison d'une fièvre, ou autre maladie, faite en un moment, ou plus parfaitement que la nature ne porte, par l'attouchement d'une relique, ou par l'invocation du nom de Dieu, etc.; de sorte que la pensée de celui qui propose ces difficultés est vraie et conforme à tous les théologiens, même de ce temps.

Question 2. S'il ne suffit pas qu'il soit au-dessus de la force naturelle des moyens qu'on y emploie. Ainsi j'appelle *effet miraculeux*, la guérison d'une maladie, faite par l'attouchement d'une sainte relique ; la guérison d'un démoniaque, faite par l'invocation du nom de Jésus, etc. ; parce que ces effets surpassent la force naturelle des paroles par lesquelles on invoque Dieu et la force naturelle d'une relique, qui ne peuvent guérir les malades et chasser les démons. Mais je n'appelle pas miracle de chasser les démons par l'art du diable ; car, quand on emploie la puissance du diable pour chasser le diable, l'effet ne surpasse pas l'effet naturel des moyens qu'on y emploie ; et ainsi il m'a paru que la vraie définition des miracles est celle que je viens de dire.

Réponse 2. Ce que le diable peut n'est pas miracle, non plus que ce que peut faire une bête, quoique l'homme ne puisse pas le faire lui-même.

1. L'abbé de Barcos était neveu du fameux abbé de Saint-Cyran, et fut aussi abbé de Saint-Cyran.

Question 3. Si saint Thomas n'est pas contraire à cette définition, et s'il n'est pas d'avis qu'un effet, pour être miraculeux, doit surpasser la force de toute la nature créée.

Réponse 3. Saint Thomas est de même opinion que les autres, quoiqu'il divise en deux la seconde espèce de miracles : miracles *quoad subjectum*, et miracles *quoad ordinem naturæ*. Il dit que les premiers sont ceux que la nature peut produire absolument, mais non dans un tel sujet, comme elle peut produire la vie, mais non dans un corps mort; et que les seconds sont ceux qu'elle peut produire dans un sujet, mais non par un tel moyen, avec tant de promptitude, etc., comme guérir en un moment et par un seul attouchement une fièvre ou une maladie, quoique non incurable.

Question 4. Si les hérétiques, déclarés et reconnus, peuvent faire de vrais miracles pour confirmer une erreur.

Réponse. 4. Il ne peut jamais se faire de vrais miracles par qui que ce soit, catholique ou hérétique, saint ou méchant, pour confirmer une erreur, parce que Dieu affirmeroit et approuveroit par son sceau l'erreur comme faux témoin, ou plutôt comme faux juge; cela est assuré et constant.

Question 5. Si les hérétiques, connus et déclarés, peuvent faire des miracles, comme la guérison des maladies qui ne sont pas incurables: par exemple, s'ils peuvent guérir une fièvre pour confirmer une proposition erronée.

Question 6. Si les hérétiques, déclarés et connus, peuvent faire des miracles qui soient au-dessus de toute la nature créée, par l'invocation du nom de Dieu et par une sainte relique.

Réponse 5 et 6. Ils le peuvent pour confirmer une vérité, et il y en a des exemples dans l'histoire.

Question 7. Si les hérétiques couverts, et qui, ne se séparant pas de l'Église, sont néanmoins dans l'erreur, et qui ne se déclarent pas contre l'Église, afin de pouvoir plus facilement séduire les fidèles et fortifier leur parti, peuvent faire, par l'invocation du nom de Jésus ou par une sainte relique, des miracles qui soient au-dessus de la nature entière, ou même s'ils en peuvent faire qui ne soient qu'au-dessus de l'homme, comme de guérir sur-le-champ des maux qui ne sont pas incurables.

Réponse 7. Les hérétiques couverts n'ont pas plus de pouvoir sur les miracles que les hérétiques déclarés : rien n'étant couvert à Dieu, qui est le seul auteur et opérateur des miracles, tels qu'ils soient, pourvu qu'ils soient vrais miracles.

Question 8. Si les miracles faits par le nom de Dieu, ou par l'interposition des choses divines, ne sont pas les marques de la vraie Église, et si tous les catholiques n'ont pas tenu l'affirmative contre les hérétiques.

Réponse 8. Tous les catholiques en demeurent d'accord, et surtout les auteurs jésuites. Il ne faut que lire Bellarmin. Lors même que les hérétiques ont fait des miracles, ce qui est arrivé quelquefois, quoique rarement, ces miracles étoient marqués de l'Église, parce qu'ils n'étoient faits que pour confirmer la vérité que l'Église enseigne, et non l'erreur des hérétiques.

Question 9. S'il n'est jamais arrivé que les hérétiques aient fait des miracles, et de quelle nature ils ont été.

Réponse 9. Il y en a fort peu d'assurés; mais ceux dont on parle sont miraculeux seulement *quoad modum :* c'est-à-dire des effets naturels produits miraculeusement et en une manière qui surpasse l'ordre de la nature.

Question 10. Si cet homme de l'Évangile, qui chassoit les démons au nom de Jésus-Christ, et dont Jésus-Christ dit : *Qui n'est pas contre nous, est pour nous*, étoit ami, ou ennemi de Jésus-Christ, et ce qu'en disent les interprètes de l'Évangile. Je demande cela, parce que le P. Lingendes prêche que cet homme-là étoit contraire à Jésus-Christ.

Réponse 10. L'Évangile témoigne assez qu'il n'étoit pas contraire à Jésus-Christ, et les Pères le tiennent, et presque tous les auteurs jésuites.

Question 11. Si l'Antechrist fera des signes au nom de Jésus-Christ, ou en son propre nom.

Réponse 11. Comme il ne viendra pas au nom de Jésus-Christ, mais au sien propre, selon l'Évangile, il ne fera point de miracles au nom de Jésus-Christ, mais au sien et contre Jésus-Christ, pour détruire la foi et son Église : et à cause de cela, ce ne seront pas de vrais miracles.

Question 12. Si les oracles ont été miraculeux.

Réponse 12. Les oracles des païens et des idoles n'ont été non plus miraculeux que les autres opérations des démons et des magiciens.

Judæi signa petunt, et Græci sapientiam quærunt.
Nos autem Jesum crucifixum, sed plenum signis,
Sed plenum sapientia.
Vos autem Christum non crucifixum, et religionem
Sine miraculis et sine sapientia.

ÉCRIT

Sur la signature de ceux qui souscrivent aux constitutions en cette manière : « Je ne souscris qu'en ce qui regarde la foi, » ou simplement : « Je souscris aux constitutions touchant la foi. »

Toute la question d'aujourd'hui étant sur ces paroles : *Je condamne les cinq propositions au sens de Jansénius*, ou *la doctrine de Jansénius sur les cinq propositions;* il est d'une extrême importance de voir de quelle manière on y souscrit.

Il faut, premièrement, savoir que dans la vérité des choses, il n'y a point de différence entre condamner la doctrine de Jansénius sur les cinq propositions, et condamner la grâce efficace, saint Augustin, saint Paul, etc. C'est la seule raison pour laquelle les ennemis de la grâce efficace s'efforcent de faire passer cette clause.

Il faut savoir encore que la manière dont on s'y est pris pour se défendre contre les décisions du pape et des évêques qui ont condamné cette doctrine et le sens de Jansénius, a été tellement subtile, qu'encore qu'elle soit véritable dans le fond, elle a été si peu nette et si timide qu'elle ne paroît pas digne des vrais défenseurs de l'Église.

Le fondement de cette manière de se défendre, a été de dire qu'il y a dans les expressions un fait et un droit; et de promettre la croyance pour l'un, et le respect pour l'autre.

Il s'agit donc de savoir s'il y a un fait et un droit séparé, ou s'il n'y a qu'un droit; c'est-à-dire, si le sens de Jansénius qui y est exprimé, ne fait autre chose que marquer le droit.

Le pape et les évêques sont d'un côté, et prétendent que c'est un point de droit et de foi, de dire que les cinq propositions sont hérétiques au sens de Jansénius; et Alexandre VII a déclaré dans sa constitution, que *pour être dans la véritable foi, il faut dire que les mots de sens de Jansénius ne font qu'exprimer le sens hérétique des propositions*, et qu'ainsi c'est un fait qui emporte un droit, et qui constitue une portion essentielle de la profession de foi; comme qui diroit, *le sens de Calvin sur l'eucharistie est hérétique;* ce qui, certainement, est un point de foi. Et un très-petit nombre de personnes, qui font à toute heure de petits écrits volans, disent que le fait est de sa nature séparé du droit.

Il faut enfin remarquer que ces mots de *fait* et de *droit* ne se trouvent, ni dans le mandement, ni dans les constitutions, ni dans les formulaires, mais seulement dans quelques écrits qui n'ont nulle relation nécessaire avec cette signature; et sur tout cela, examiner la signature que peuvent faire en conscience ceux qui croient être obligés en conscience de ne point condamner le sens de Jansénius.

Mon sentiment est, pour cela, que comme le sens de Jansénius a été exprimé dans le mandement, dans les bulles et dans les formulaires, il faut nécessairement l'exclure formellement par sa signature; sans quoi on ne satisfait point à son devoir. Car de prétendre qu'il suffit de dire qu'on ne croit que ce qui est de la foi, pour en conclure qu'on a assez marqué par là qu'on ne condamne point le sens de Jansénius, par cette seule raison qu'on s'imagine qu'il y a en cela un fait qui est séparé du droit; c'est une pure illusion : on en peut donner bien des preuves. Celle-ci suffit, que le fait et le droit étant des choses dont on ne parle en aucune manière en tout ce qu'on signe, ces deux mots n'ont nullement assez de relation l'un à l'autre, pour faire qu'il soit nécessaire que l'expression de l'un emporte l'exclusion de l'autre.

S'il étoit dit dans le mandement, ou dans les constitutions, ou dans les formulaires, qu'il faut non-seulement croire la foi, mais aussi le fait; ou que le fait et le droit fussent proposés également à souscrire; et qu'enfin ces deux mots de *fait* et de *droit* y fussent bien formellement marqués : on pourroit peut-être dire, qu'en mettant simplement que l'on se soumet au droit, on marque assez qu'on ne se soumet point au fait. Mais comme ces deux mots ne se regardent que dans nos entretiens, et dans quelques écrits tout à fait séparés des constitutions, lesquels peuvent périr, et la signature subsister; et qu'ils ne sont relatifs, ou opposés l'un à l'autre, ni dans la nature de la chose, où la foi n'est pas naturellement opposée au fait, mais à l'erreur, ni dans ce qu'on fait signer : il est impossible de prétendre que l'expression de la foi emporte nécessairement l'exclusion du fait. Car encore qu'en disant qu'on ne reçoit que la foi, on marque par là qu'il y a quelque autre chose qu'on ne reçoit pas, soit nécessairement le sens de Jansénius ; et cela peut s'entendre de beaucoup d'autres choses, comme des récits qui sont faits dans l'exposé, et des défenses de lire et d'écrire, etc.

Il y a cela de plus, que le mot de *foi* étant ici extrêmement équivoque, les uns prétendant que la doctrine de Jansénius emporte un point de foi, et les autres que ce n'est qu'un pur fait, il est indubitable qu'en disant simplement qu'on reçoit la foi, sans dire qu'on ne reçoit pas le point de la doctrine de Jansénius, on ne marque pas par là qu'on ne le reçoit pas, mais on marque plutôt par là qu'on le reçoit ; puisque l'intention publique du pape et des évêques est de faire recevoir la condamnation de Jansénius, comme une chose de foi : tout le monde le disant publiquement, et personne n'osant dire publiquement le contraire. Ainsi il est hors de doute que cette profession de foi est au moins équivoque et ambiguë, et par conséquent méchante.

D'où je conclus : 1° que ceux qui signent purement le formulaire, sans restriction, signent la condamnation de Jansénius, de saint Augustin et de la grâce efficace.

2° Que qui excepte la doctrine de Jansénius en termes formels, sauve de condamnation, et Jansénius, et la grâce efficace.

3° Enfin, que ceux qui signent en ne parlant que de la foi, et en n'excluant pas formellement la doctrine de Jansénius, prennent une voie moyenne, qui est abominable devant Dieu, méprisable devant les hommes, et entièrement inutile à ceux qu'on veut perdre personnellement.

ENTRETIEN AVEC M. DE SACI

SUR ÉPICTÈTE ET MONTAIGNE[1].

M. Pascal vint aussi, en ce temps-là, demeurer à Port-Royal des Champs. Je ne m'arrête point à dire qui étoit cet homme, que non-seulement toute la France, mais toute l'Europe a admiré. Son esprit toujours vif, toujours agissant, étoit d'une étendue, d'une élévation, d'une fermeté, d'une pénétration et d'une netteté au delà de ce qu'on peut croire.... Cet homme admirable, enfin étant touché de Dieu, soumit cet esprit si élevé au joug de Jésus-Christ, et ce cœur si noble et si grand embrassa avec humilité la pénitence. Il vint à Paris se jeter entre les bras de M. Singlin, résolu de faire tout ce qu'il lui ordonneroit. M. Singlin crut, en voyant ce grand génie, qu'il feroit bien de l'envoyer à Port-Royal des Champs, où M. Arnauld lui prêteroit le collet en ce qui regardoit les hautes sciences, et où M. de Saci lui apprendroit à les mépriser. Il vint donc demeurer à Port-Royal. M. de Saci ne put pas se dispenser de le voir par honnêteté, surtout en ayant été prié par M. Singlin ;

1. Nous reproduisons le texte tel qu'il a été donné par M. Havet, dans son édition des *Pensées* de Pascal.

mais les lumières saintes qu'il trouvoit dans l'Écriture et les Pères lui firent espérer qu'il ne seroit point ébloui de tout le brillant de M. Pascal, qui charmoit néanmoins et enlevoit tout le monde. Il trouvoit en effet tout ce qu'il disoit fort juste. Il avouoit avec plaisir la force de son esprit et de ses discours. Tout ce que M. Pascal lui disoit de grand, il l'avoit vu avant lui dans saint Augustin, et faisant justice à tout le monde, il disoit : « M. Pascal est extrêmement estimable en ce que, n'ayant point lu les Pères de l'Église, il a de lui-même, par la pénétration de son esprit, trouvé les mêmes vérités qu'ils avoient trouvées. Il les trouve surprenantes, disoit-il, parce qu'il ne les a vues en aucun endroit; mais pour nous, nous sommes accoutumés à les voir de tous côtés dans nos livres. » Ainsi, ce sage ecclésiastique trouvant que les anciens n'avoient pas moins de lumière que les nouveaux, il s'y tenoit, et estimoit beaucoup M. Pascal de ce qu'il se rencontroit en toutes choses avec saint Augustin.

La conduite ordinaire de M. de Saci, en entretenant les gens, étoit de proportionner ses entretiens à ceux à qui il parloit. S'il voyoit, par exemple, M. Champagne, il parloit avec lui de la peinture. S'il voyoit M. Hamon, il l'entretenoit de la médecine. S'il voyoit le chirurgien du lieu, il le questionnoit sur la chirurgie. Ceux qui cultivoient ou la vigne, ou les arbres, ou les grains, lui disoient tout ce qu'il y falloit observer. Tout lui servoit pour passer aussitôt à Dieu, et pour y faire passer les autres. Il crut donc devoir mettre M. Pascal sur son fonds, et lui parler des lectures de philosophie dont il s'occupoit le plus. Il le mit sur ce sujet aux premiers entretiens qu'ils eurent ensemble. M. Pascal lui dit que ses deux livres les plus ordinaires avoient été Épictète et Montaigne, et il lui fit de grands éloges de ces deux esprits. M. de Saci, qui avoit toujours cru devoir peu lire ces auteurs, pria M. Pascal de lui en parler à fond.

« Épictète, lui dit-il, est un des philosophes du monde qui ait le mieux connu les devoirs de l'homme. Il veut, avant toutes choses, qu'il regarde Dieu comme son principal objet; qu'il soit persuadé qu'il gouverne tout avec justice; qu'il se soumette à lui de bon cœur, et qu'il le suive volontairement en tout, comme ne faisant rien qu'avec une très-grande sagesse : qu'ainsi cette disposition arrêtera toutes les plaintes et tous les murmures, et préparera son esprit à souffrir paisiblement les événemens les plus fâcheux. « Ne dites jamais, dit-il : *J'ai perdu* « *cela;* dites plutôt : *Je l'ai rendu. Mon fils est mort, je l'ai rendu. Ma* « *femme est morte, je l'ai rendue.* » Ainsi des biens et de tout le reste. « Mais celui qui me l'ôte est un méchant homme, dites-vous. De quoi « vous mettez-vous en peine, par qui celui qui vous l'a prêté vous le « redemande? Pendant qu'il vous en permet l'usage, ayez-en soin comme « d'un bien qui appartient à autrui, comme un homme qui fait voyage « se regarde dans une hôtellerie. Vous ne devez pas, dit-il, désirer que « ces choses qui se font se fassent comme vous le voulez, mais vous « devez vouloir qu'elles se fassent comme elles se font. Souvenez-vous, « dit-il ailleurs, que vous êtes ici comme un acteur, et que vous jouez le « personnage d'une comédie, tel qu'il plaît au maître de vous le donner. « S'il vous le donne court, jouez-le court; s'il vous le donne long, jouez-le

« long, s'il veut que vous contrefassiez le gueux, vous le devez faire avec « toute la naïveté qui vous sera possible; ainsi du reste. C'est votre fait « de jouer bien le personnage qui vous est donné; mais de le choisir, « c'est le fait d'un autre. Ayez tous les jours devant les yeux la mort et « les maux qui semblent les plus insupportables; et jamais vous ne pen- « serez rien de bas, et ne désirerez rien avec excès. »

« Il montre aussi en mille manières ce que doit faire l'homme. Il veut qu'il soit humble, qu'il cache ses bonnes résolutions, surtout dans les commencemens, et qu'il les accomplisse en secret : rien ne les ruine davantage que de les produire. Il ne se lasse point de répéter que toute l'étude et le désir de l'homme doivent être de reconnoître la volonté de Dieu et de la suivre.

« Voilà, monsieur, dit M. Pascal à M. de Saci, les lumières de ce grand esprit qui a si bien connu les devoirs de l'homme. J'ose dire qu'il méritoit d'être adoré, s'il avoit aussi bien connu son impuissance, puisqu'il falloit être Dieu pour apprendre l'un et l'autre aux hommes. Aussi comme il étoit terre et cendre, après avoir si bien compris ce qu'on doit, voici comment il se perd dans la présomption de ce que l'on peut. Il dit que Dieu a donné à tout homme les moyens de s'acquitter de toutes ses obligations; que ces moyens sont toujours en notre puissance; qu'il faut chercher la félicité par les choses qui sont en notre pouvoir, puisque Dieu nous les a données à cette fin : il faut voir ce qu'il y a en nous de libre; que les biens, la vie, l'estime ne sont pas en notre puissance, et ne mènent donc pas à Dieu; mais que l'esprit ne peut être forcé de croire ce qu'il sait être faux, ni la volonté d'aimer ce qu'elle sait qui la rend malheureuse; que ces deux puissances sont donc libres, et que c'est par elles que nous pouvons nous rendre parfaits; que l'homme peut par ces puissances parfaitement connoître Dieu, l'aimer, lui obéir, lui plaire, se guérir de tous ses vices, acquérir toutes les vertus, se rendre saint, et ainsi compagnon de Dieu. Ces principes d'une superbe diabolique le conduisent à d'autres erreurs, comme : que l'âme est une portion de la substance divine; que la douleur et la mort ne sont pas des maux; qu'on peut se tuer quand on est tellement persécuté qu'on peut croire que Dieu appelle, et d'autres.

« Pour Montaigne, dont vous voulez aussi, monsieur, que je vous parle, étant né dans un État chrétien, il fait profession de la religion catholique, et en cela il n'a rien de particulier. Mais comme il a voulu chercher quelle morale la raison devroit dicter sans la lumière de la foi, il a pris ses principes dans cette supposition; et ainsi en considérant l'homme destitué de toute révélation, il discourt en cette sorte. Il met toutes choses dans un doute universel et si général, que ce doute s'emporte soi-même, c'est-à-dire s'il doute, et doutant même de cette dernière proposition, son incertitude roule sur elle-même dans un cercle perpétuel et sans repos; s'opposant également à ceux qui assurent que tout est incertain et à ceux qui assurent que tout ne l'est pas, parce qu'il ne veut rien assurer. C'est dans ce doute qui doute de soi et dans cette ignorance qui s'ignore, et qu'il appelle sa maîtresse forme, qu'est l'essence de son opinion, qu'il n'a pu exprimer par aucun terme positif.

Car s'il dit qu'il doute, il se trahit, en assurant au moins qu'il doute; ce qui étant formellement contre son intention, il n'a pu s'expliquer que par interrogation; de sorte que ne voulant pas dire : « Je ne sais, » il dit : « Que sais-je ? » dont il fait sa devise, en la mettant sous des balances qui pesant les contradictoires se trouvent dans un parfait équilibre : c'est-à dire qu'il est pur pyrrhonien. Sur ce principe roulent tous ses discours et tous ses *Essais;* et c'est la seule chose qu'il prétende bien établir, quoiqu'il ne fasse pas toujours remarquer son intention. Il y détruit insensiblement tout ce qui passe pour le plus certain parmi les hommes, non pas pour établir le contraire avec une certitude de laquelle seule il est ennemi, mais pour faire voir seulement que, les apparences étant égales de part et d'autre, on ne sait où asseoir sa créance.

« Dans cet esprit il se moque de toutes les assurances; par exemple, il combat ceux qui ont pensé établir dans la France un grand remède contre les procès par la multitude et par la prétendue justesse des lois : comme si l'on pouvoit couper la racine des doutes d'où naissent les procès, et qu'il y eût des digues qui pussent arrêter le torrent de l'incertitude et captiver les conjectures ! C'est là que, quand il dit qu'il vaudroit autant soumettre sa cause au premier passant, qu'à des juges armés de ce nombre d'ordonnances, il ne prétend pas qu'on doive changer l'ordre de l'État, il n'a pas tant d'ambition; ni que son avis soit meilleur, il n'en croit aucun de bon. C'est seulement pour prouver la vanité des opinions les plus reçues; montrant que l'exclusion de toutes lois diminueroit plutôt le nombre des différends que cette multitude de lois qui ne sert qu'à l'augmenter, parce que les difficultés croissent à mesure qu'on les pèse; que les obscurités se multiplient par le commentaire; et que le plus sûr moyen pour entendre le sens d'un discours est de ne le pas examiner et de le prendre sur la première apparence : si peu qu'on l'observe, toute sa clarté se dissipe. Aussi il juge à l'aventure de toutes les actions des hommes et des points d'histoire, tantôt d'une manière, tantôt d'une autre, suivant librement sa première vue, et sans contraindre sa pensée sous les règles de la raison, qui n'a que de fausses mesures, ravi de montrer par son exemple les contrariétés d'un même esprit. Dans ce génie tout libre, il lui est entièrement égal de l'emporter ou non dans la dispute, ayant toujours, par l'un et l'autre exemple, un moyen de faire voir la foiblesse des opinions; étant porté avec tant d'avantage dans ce doute universel, qu'il s'y fortifie également par son triomphe et par sa défaite.

« C'est dans cette assiette, toute flottante et chancelante qu'elle est, qu'il combat avec une fermeté invincible les hérétiques de son temps, sur ce qu'ils s'assuroient de connoître seuls le véritable sens de l'Écriture; et c'est de là encore qu'il foudroie plus vigoureusement l'impiété horrible de ceux qui osent assurer que Dieu n'est point. Il les entreprend particulièrement dans l'*Apologie de Raimond de Sebonde;* et les trouvant dépouillés volontairement de toute révélation, et abandonnés à leur lumière naturelle, toute foi mise à part, il les interroge de quelle autorité ils entreprennent de juger de cet être souverain qui est infini par sa propre définition, eux qui ne connoissent véritablement aucunes choses de la nature! Il leur demande sur quels principes ils s'appuient; il les presse de les montrer. Il examine tous ceux qu'ils peuvent produire, et y pénètre si avant, par le talent où il excelle, qu'il montre la vanité de tous ceux qui passent pour les plus naturels et les plus fermes. Il demande si l'âme connoît quelque chose, si elle se connoît elle-même; si elle est substance ou accident, corps ou esprit; ce que c'est que chacune de ces choses, et s'il n'y a rien qui ne soit de l'un de ces ordres; si elle connoît son propre corps, ce que c'est que matière, et si elle peut discerner entre l'innombrable variété des corps qu'on en produit; comment elle peut raisonner si elle est matérielle; et comment elle peut être unie à un corps particulier et en ressentir les passions si elle est spirituelle; quand a-t-elle commencé d'être? avec le corps ou devant? et si elle finit avec lui ou non; si elle ne se trompe jamais; si elle sait quand elle erre, vu que l'essence de la méprise consiste à ne la pas connoître; si dans ses obscurcissemens elle ne croit pas aussi fermement que deux et trois font six qu'elle sait ensuite que c'est cinq; si les animaux raisonnent, pensent, parlent; et qui peut décider ce que c'est que le temps, ce que c'est que l'espace ou étendue, ce que c'est que le mouvement, ce que c'est que l'unité, qui sont toutes choses qui nous environnent et entièrement inexplicables; ce que c'est que santé, maladie, vie, mort, bien, mal, justice, péché, dont nous parlons à toute heure; si nous avons en nous des principes du vrai, et si ceux que nous croyons, et qu'on appelle axiomes ou notions communes, parce qu'elles sont communes dans tous les hommes, sont conformes à la vérité essentielle. Et puisque nous ne savons que par la seule foi qu'un Être tout bon nous les a donnés véritables, en nous créant pour connoître la vérité, qui saura sans cette lumière si, étant formés à l'aventure, ils ne sont pas incertains, ou si, étant formés par un être faux et méchant, il ne nous les a pas donnés faux afin de nous séduire? montrant par là que Dieu et le vrai sont inséparables, et que si l'un est ou n'est pas, s'il est certain ou incertain, l'autre est nécessairement de même. Qui sait donc si le sens commun, que nous prenons pour juge du vrai, en a l'être, de celui qui l'a créé? De plus, qui sait ce que c'est que vérité, et comment peut-on s'assurer de l'avoir sans la connoître? Qui sait même ce que c'est qu'être, qu'il est impossible de définir, puisqu'il n'y a rien de plus général, et qu'il faudroit d'abord pour l'expliquer, se servir de ce mot-là même, en disant : « C'est être...? » Et puisque nous ne savons ce que c'est qu'âme, corps, temps, espace, mouvement, vérité, bien, ni même être, ni expliquer l'idée que nous nous en formons, comment nous assurons-nous qu'elle est la même dans tous les hommes, vu que nous n'avons d'autre marque que l'uniformité des conséquences, qui n'est pas toujours un signe de celle des principes? car ils peuvent bien être différens et conduire néanmoins aux mêmes conclusions, chacun sachant que le vrai se conclut souvent du faux.

« Enfin il examine si profondément les sciences, et la géométrie, dont il montre l'incertitude dans les axiomes et dans les termes qu'elle ne définit point, comme d'étendue, de mouvement, etc.; la physique en bien plus de manières, et la médecine en une infinité de façons; et l'histoire, et la politique, et la morale, et la jurisprudence et le reste. De telle sorte qu'on demeure convaincu que nous ne pensons pas mieux à présent que dans un songe dont nous ne nous éveillons qu'à la mort, et pendant lequel nous avons aussi peu les principes du vrai que durant le sommeil naturel. C'est ainsi qu'il gourmande si fortement et si cruellement la raison dénuée de la foi, que lui faisant douter si elle est raisonnable, et si les animaux le sont ou non, ou plus ou moins, il la fait descendre de l'excellence qu'elle s'est attribuée, et la met par grâce en parallèle avec les bêtes, sans lui permettre de sortir de cet ordre jusqu'à ce qu'elle soit instruite par son Créateur même de son rang qu'elle ignore, la menaçant, si elle gronde, de la mettre au-dessous de tout, ce qui est aussi facile que le contraire; et ne lui donnant pouvoir d'agir cependant que pour remarquer sa foiblesse avec une humilité sincère, au lieu de s'élever par une sotte insolence. »

M. de Saci, se croyant vivre dans un nouveau pays et entendre une nouvelle langue, se disoit en lui-même les paroles de saint Augustin : « O Dieu de vérité ! ceux qui savent ces subtilités de raisonnement vous sont-ils pour cela plus agréables ? » Il plaignoit ce philosophe qui se piquoit et se déchiroit de toutes parts des épines qu'il se formoit, comme saint Augustin dit de lui-même lorsqu'il étoit en cet état. Après donc une assez longue patience, il dit à M. Pascal :

« Je vous suis obligé, monsieur; je suis sûr que si j'avois longtemps lu Montaigne, je ne le connoîtrois pas autant que je fais depuis cet entretien que je viens d'avoir avec vous. Cet homme devroit souhaiter qu'on ne le connût que par les récits que vous faites de ses écrits; et il pourroit dire avec saint Augustin : *Ibi me vide, attende.* Je crois assurément que cet homme avoit de l'esprit; mais je ne sais si vous ne lui en prêtez pas un peu plus qu'il n'en a, par cet enchaînement si juste que vous faites de ses principes. Vous pouvez juger qu'ayant passé ma vie comme j'ai fait, on m'a peu conseillé de lire cet auteur, dont tous les ouvrages n'ont rien de ce que nous devons principalement rechercher dans nos lectures, selon la règle de saint Augustin, parce que ses paroles ne paroissent pas sortir d'un grand fonds d'humilité et de piété. On pardonneroit à ces philosophes d'autrefois, qu'on nommoit académiciens, de mettre tout dans le doute. Mais qu'avoit besoin Montaigne de s'égayer l'esprit en renouvelant une doctrine qui passe maintenant aux yeux des chrétiens pour une folie? C'est le jugement que saint Augustin fait de ces personnes. Car on peut dire après lui de Montaigne : « il met dans tout ce qu'il « dit la foi à part; ainsi nous, qui avons la foi, devons de même mettre à part « tout ce qu'il dit. » Je ne blâme point l'esprit de cet auteur, qui est un grand don de Dieu; mais il pouvoit s'en servir mieux, et en faire plutôt un sacrifice à Dieu qu'au démon. A quoi sert un bien, quand on en use si mal? *Quid proderat*, etc.? dit de lui ce saint docteur avant sa conversion. Vous êtes heureux, monsieur, de vous être élevé au-dessus de ces personnes qu'on appelle des docteurs, plongés dans l'ivresse, mais qui ont le cœur vide de la vérité. Dieu a répandu dans votre cœur d'autres douceurs et d'autres attraits que ceux que vous trouviez dans Montaigne. Il vous a rappelé de ce plaisir dangereux, *jucunditate pestifera*, dit saint Augustin, qui rend grâces à Dieu de ce qu'il lui a pardonné les péchés qu'il avoit commis en goûtant trop la vanité. Saint Augustin est d'autant plus croyable en cela, qu'il étoit autrefois dans ces sentimens; et comme vous dites de Montaigne que c'est par ce doute universel qu'il combat les hérétiques de son temps, aussi par ce même doute des académiciens, saint Augustin quitta l'hérésie des manichéens. Depuis qu'il fut à Dieu, il renonça à ces vanités qu'il appelle sacriléges. Il reconnut avec quelle sagesse saint Paul nous avertit de ne nous pas laisser séduire par ces discours. Car il avoue qu'il y a en cela un certain agrément qui enlève : on croit quelquefois les choses véritables, seulement parce qu'on les dit éloquemment. Ce sont des viandes dangereuses, dit-il, que l'on sert dans de beaux plats; mais ces viandes, au lieu de nourrir le cœur, elles le vident. On ressemble alors à des gens qui dorment, et qui croient manger en dormant : ces viandes imaginaires les laissent aussi vides qu'ils étoient. »

M. de Saci dit à M. Pascal plusieurs choses semblables : sur quoi M. Pascal lui dit que s'il lui faisoit compliment de bien posséder Montaigne et de le savoir bien tourner, il pouvoit lui dire sans compliment qu'il savoit bien mieux saint Augustin, et qu'il le savoit bien mieux tourner, quoique peu avantageusement pour le pauvre Montaigne. Il lui témoigna être extrêmement édifié de la solidité de tout ce qu'il venoit de lui représenter; cependant, étant encore tout plein de son auteur, il ne put se retenir et lui dit :

« Je vous avoue, monsieur, que je ne puis voir sans joie dans cet auteur la superbe raison si invinciblement froissée par ses propres armes, et cette révolte si sanglante de l'homme contre l'homme, qui, de la société avec Dieu, où il s'élevoit par les maximes, le précipite dans la nature des bêtes; et j'aurois aimé de tout mon cœur le ministre d'une si grande vengeance, si, étant disciple de l'Église par la foi, il eût suivi les règles de la morale, en portant les hommes, qu'il avoit si utilement humiliés, à ne pas irriter par de nouveaux crimes celui qui peut seul les tirer des crimes qu'il les a convaincus de ne pouvoir pas seulement connoître.

« Mais il agit au contraire en païen de cette sorte. De ce principe, dit-il, que hors de la foi tout est dans l'incertitude, et considérant bien combien il y a que l'on cherche le vrai et le bien sans aucun progrès vers la tranquillité, il conclut qu'on en doit laisser le soin aux autres; et demeurer cependant en repos, coulant légèrement sur les sujets de peur d'y enfoncer en appuyant; et prendre le vrai et le bien sur la première apparence, sans les presser, parce qu'ils sont si peu solides, que quelque peu qu'on serre les mains ils s'échappent entre les doigts et les laissent vides. C'est pourquoi il suit le rapport des sens et les notions communes, parce qu'il faudroit qu'il se fît violence pour les démentir, et qu'il ne sait s'il gagneroit, ignorant où est le vrai. Ainsi il fuit la douleur et la mort, parce que son instinct l'y pousse, et qu'il ne veut pas résister par la même raison, mais sans en conclure que ce soient de véritables maux, ne se fiant pas trop à ces mouvemens naturels de crainte, vu qu'on en sent d'autres de plaisir qu'on accuse d'être mauvais, quoique la nature parle au contraire. Ainsi, il n'a rien d'extravagant dans la conduite; il agit comme les autres hommes; et tout ce qu'ils font dans la sotte pensée qu'ils suivent le vrai bien, il le fait par un autre principe, qui est que les vraisemblances étant pareillement d'un et d'autre côté, l'exemple et la commodité sont les contre-poids qui l'emportent.

« Il monte sur son cheval, comme un autre qui ne seroit pas philosophe, parce qu'il le souffre, mais sans croire que ce soit de droit, ne sachant pas si cet animal n'a pas, au contraire, celui de se servir de lui. Il se fait aussi quelque violence pour éviter certains vices; et même il a gardé la fidélité au mariage, à cause de la peine qui suit les désordres; mais si celle qu'il prendroit surpasse celle qu'il évite, il y demeure en repos, la règle de son action étant en tout la commodité et la tranquillité. Il rejette donc bien loin cette vertu stoïque qu'on peint avec une mine sévère, un regard farouche, des cheveux hérissés, le front ridé et en sueur, dans une posture pénible et tendue, loin des hommes, dans un morne silence, et seule sur la pointe d'un rocher : fantôme, à ce qu'il dit, capable d'effrayer les enfans, et qui ne fait là autre chose, avec un travail continuel, que de chercher le repos, où il n'arrive jamais. La sienne est naïve, familière, plaisante, enjouée, et pour ainsi dire folâtre : elle suit ce qui la charme, et badine négligemment des accidens bons ou mauvais, couchée mollement dans le sein de l'oisiveté tranquille, d'où elle montre aux hommes, qui cherchent la félicité avec tant de peines, que c'est là seulement où elle repose, et que l'ignorance et l'incuriosité sont deux doux oreillers pour une tête bien faite, comme il dit lui-même.

« Je ne puis pas vous dissimuler, monsieur, qu'en lisant cet auteur et le comparant avec Épictète, j'ai trouvé qu'ils étoient assurément les deux plus grands défenseurs des deux plus célèbres sectes du monde et les seules conformes à la raison, puisqu'on ne peut suivre qu'une de ces deux routes, savoir : ou qu'il y a un Dieu, et lors il y place son souverain bien; ou qu'il est incertain, et qu'alors le vrai bien l'est aussi, puisqu'il en est incapable. J'ai pris un plaisir extrême à remarquer dans ces divers raisonnemens en quoi les uns et les autres sont arrivés à quelque conformité avec la sagesse véritable qu'ils ont essayé de connoître. Car, s'il est agréable d'observer dans la nature le désir qu'elle a de peindre Dieu dans tous ses ouvrages, où l'on en voit quelques caractères parce qu'ils en sont les images, combien est-il plus juste de considérer dans les productions des esprits les efforts qu'ils font pour imiter la vérité essentielle, même en la fuyant, et de remarquer en quoi ils y arrivent et en quoi ils s'en égarent, comme j'ai tâché de faire dans cette étude !

« Il est vrai, monsieur, que vous venez de me faire voir admirablement le peu d'utilité que les chrétiens peuvent retirer de ces études philosophiques. Je ne laisserai pas, néanmoins, avec votre permission, de vous en dire encore ma pensée, prêt néanmoins de renoncer à toutes les lumières qui ne viendront pas de vous, en quoi j'aurai l'avantage, ou d'avoir rencontré la vérité par bonheur, ou de la recevoir de vous avec assurance. Il me semble que la source des erreurs de ces deux sectes est de n'avoir pas su que l'état de l'homme à présent diffère de celui de sa création; de sorte que l'un remarquant quelques traces de sa première grandeur, et ignorant sa corruption, a traité la nature comme saine et sans besoin de réparateur, ce qui le mène au comble de la superbe; au lieu que l'autre éprouvant la misère présente et ignorant la première dignité, traite la nature comme nécessairement infirme et irréparable, ce qui le précipite dans le désespoir d'arriver à un véritable bien, et de là dans une extrême lâcheté. Ainsi ces deux états qu'il falloit connoître ensemble pour voir toute la vérité, étant connus séparément, conduisent nécessairement à l'un de ces deux vices, d'orgueil ou de paresse, où sont infailliblement tous les hommes avant la grâce, puisque, s'ils ne demeurent dans leurs désordres par lâcheté, ils en sortent par vanité, tant il est vrai ce que vous venez de me dire de saint Augustin, et que je trouve d'une grande étendue; car en effet on leur rend hommage en bien des manières.

« C'est donc de ces lumières imparfaites qu'il arrive que l'un, connoissant les devoirs de l'homme et ignorant son impuissance, se perd dans la présomption, et que l'autre connoissant l'impuissance et non le devoir, il s'abat dans la lâcheté; d'où il semble que puisque l'un conduit à la vérité, l'autre à l'erreur, l'on formeroit en les alliant une morale parfaite. Mais au lieu de cette paix, il ne résulteroit de leur assemblage qu'une guerre et qu'une destruction générale : car l'un établissant la certitude, l'autre le doute, l'un la grandeur de l'homme, l'autre sa foiblesse, ils ruinent les vérités aussi bien que les faussetés l'un de l'autre. De sorte qu'ils ne peuvent subsister seuls à cause de leurs défauts, ni s'unir à cause de leurs oppositions, et qu'ainsi ils se brisent et s'anéantissent pour faire place à la vérité de l'Évangile. C'est elle qui accorde les contrariétés par un art tout divin, et, unissant tout ce qui est de vrai et chassant tout ce qui est de faux, elle en fait une sagesse véritablement céleste où s'accordent ces opposés, qui étoient incompatibles dans ces doctrines humaines. Et la raison en est que ces sages du monde placent les contraires dans un même sujet; car l'un attribuoit la grandeur à la nature et l'autre la foiblesse à cette même nature, ce qui ne pouvoit subsister; au lieu que la foi nous apprend à les mettre en des sujets différens : tout ce qu'il y a d'infirme appartenant à la nature, tout ce qu'il y a de puissant appartenant à la grâce. Voilà l'union étonnante et nouvelle que Dieu seul pouvoit enseigner, et que lui seul pouvoit faire, et qui n'est qu'une image et qu'un effet de l'union ineffable de deux natures dans la seule personne de l'Homme-Dieu.

« Je vous demande pardon, monsieur, dit M. Pascal à M. de Saci, de m'emporter ainsi devant vous dans la théologie, au lieu de demeurer dans la philosophie, qui étoit seule mon sujet; mais il m'y a conduit insensiblement; et il est difficile de ne pas y entrer, quelque vérité qu'on traite, parce qu'elle est le centre de toutes les vérités; ce qui paroît ici parfaitement, puisqu'elle enferme si visiblement toutes celles qui se trouvent dans ces opinions. Aussi je ne vois pas comment aucun d'eux pourroit refuser de la suivre. Car s'ils sont pleins de la pensée de la grandeur de l'homme, qu'ont-ils imaginé qui ne cède aux promesses de l'Évangile, qui ne sont autre chose que le digne prix de la mort d'un

Dieu? Et s'ils se plaisoient à voir l'infirmité de la nature, leurs idées n'égalent point celles de la véritable foiblesse du péché, dont la même mort a été le remède. Ainsi tous y trouvent plus qu'ils n'ont désiré; et ce qui est admirable, ils s'y trouvent unis, eux qui ne pouvoient s'allier dans un degré infiniment inférieur! »

M. de Saci ne put s'empêcher de témoigner à M. Pascal qu'il étoit surpris comment il savoit tourner les choses; mais il avoua en même temps que tout le monde n'avoit pas le secret comme lui de faire sur ces lectures des réflexions si sages et si élevées. Il lui dit qu'il ressembloit à ces médecins habiles qui, par la manière adroite de préparer les plus grands poisons, en savent tirer les plus grands remèdes. Il ajouta que, quoiqu'il vît bien, par ce qu'il venoit de lui dire, que ces lectures lui étoient utiles, il ne pouvoit pas croire néanmoins qu'elles fussent avantageuses à beaucoup de gens dont l'esprit se traîneroit un peu, et n'auroit pas assez d'élévation pour lire ces auteurs et en juger, et savoir tirer les perles du milieu du fumier, *aurum ex stercore*, disoit un Père. Ce qu'on pouvoit bien plus dire de ces philosophes, dont le fumier, par sa noire fumée, pouvoit obscurcir la foi chancelante de ceux qui les lisent. C'est pourquoi il conseilleroit toujours à ces personnes de ne pas s'exposer légèrement à ces lectures, de peur de se perdre avec ces philosophes, et de devenir la proie des démons et la pâture des vers, selon le langage de l'Écriture, comme ces philosophes l'ont été.

« Pour l'utilité de ces lectures, dit M. Pascal, je vous dirai fort simplement ma pensée. Je trouve dans Épictète un art incomparable pour troubler le repos de ceux qui le cherchent dans les choses extérieures, et pour les forcer à reconnoître qu'ils sont de véritables esclaves et de misérables aveugles; qu'il est impossible qu'ils trouvent autre chose que l'erreur et la douleur qu'ils fuient, s'ils ne se donnent sans réserve à Dieu seul. Montaigne est incomparable pour confondre l'orgueil de ceux qui, hors la foi, se piquent d'une véritable justice; pour désabuser ceux qui s'attachent à leurs opinions, et qui croient trouver dans les sciences des vérités inébranlables; et pour convaincre si bien la raison de son peu de lumière et de ses égaremens, qu'il est difficile, quand on fait un bon usage de ses principes, d'être tenté de trouver des répugnances dans les mystères : car l'esprit en est si battu, qu'il est bien éloigné de vouloir juger si l'incarnation ou le mystère de l'eucharistie sont possibles; ce que les hommes du commun n'agitent que trop souvent.

« Mais si Epictète combat la paresse, il mène à l'orgueil, de sorte qu'il peut être très-nuisible à ceux qui ne sont pas persuadés de la corruption de la plus parfaite justice qui n'est pas de la foi. Et Montaigne est absolument pernicieux à ceux qui ont quelque pente à l'impiété et aux vices. C'est pourquoi ces lectures doivent être réglées avec beaucoup de soin, de discrétion et d'égard à la condition et aux mœurs de ceux à qui on les conseille. Il me semble seulement qu'en les joignant ensemble elles ne pourroient réussir fort mal, parce que l'une s'oppose au mal de l'autre : non qu'elles puissent donner la vertu, mais seulement troubler dans les vices : l'âme se trouvant combattue par les contraires, dont l'un chasse l'orgueil et l'autre la paresse, et ne pouvant reposer dans aucun de ces vices par ses raisonnemens ni aussi les fuir tous. »

Ce fut ainsi que ces deux personnes d'un si bel esprit s'accordèrent enfin au sujet de la lecture de ces philosophes, et se rencontrèrent au même terme, où ils arrivèrent néanmoins d'une manière un peu différente : M. de Saci y étant arrivé tout d'un coup par la claire vue du christianisme, et M. Pascal n'y étant arrivé qu'après beaucoup de détours en s'attachant aux principes de ces philosophes.

.... M. de Saci et tout Port-Royal des Champs étoient ainsi tout occupés de la joie que causoient la conversion et la vue de M. Pascal... On y admiroit la force toute-puissante de la grâce, qui, par une miséricorde dont il y a peu d'exemples, avoit si profondément abaissé cet esprit si élevé de lui-même.

TROIS DISCOURS

SUR LA CONDITION DES GRANDS.

Une des choses sur lesquelles feu M. Pascal avoit plus de vues[1] étoit l'instruction d'un prince que l'on tâcheroit d'élever de la manière la plus proportionnée à l'état où Dieu l'appelle, et la plus propre pour le rendre capable d'en remplir tous les devoirs et d'en éviter tous les dangers. On lui a souvent ouï dire qu'il n'y avoit rien à quoi il désirât plus de contribuer s'il y étoit engagé, et qu'il sacrifieroit volontiers sa vie pour une chose si importante. Et comme il avoit accoutumé d'écrire les pensées qui lui venoient sur les sujets dont il avoit l'esprit occupé, ceux qui l'ont connu se sont étonnés de n'avoir rien trouvé dans celles qui sont restées de lui, qui regardât expressément cette matière, quoique l'on puisse dire en un sens qu'elles la regardent toutes, n'y ayant guère de livres qui puissent plus servir à former l'esprit d'un prince que le recueil que l'on en a fait.

Il faut donc ou que ce qu'il a écrit de cette matière ait été perdu, ou qu'ayant ces pensées extrêmement présentes, il ait négligé de les écrire. Et comme par l'une et l'autre cause le public s'en trouve également privé, il est venu dans l'esprit d'une personne[2], qui a assisté à trois discours assez courts qu'il fit à un enfant de grande condition, et dont l'esprit, qui étoit extrêmement avancé, étoit déjà capable des vérités les plus fortes, d'écrire neuf ou dix ans après ce qu'il en a retenu. Or, quoique après un si long temps il ne puisse pas dire que ce soient les propres paroles dont M. Pascal se servit alors, néanmoins tout ce qu'il disoit faisoit une impression si vive sur l'esprit, qu'il n'étoit pas possible de l'oublier. Et ainsi il peut assurer que ce sont au moins ses pensées et ses sentimens.

1. Ce préambule est de Nicole.
2. C'est Nicole lui-même.

PREMIER DISCOURS.

Pour entrer dans la véritable connoissance de votre condition, considérez-la dans cette image :

Un homme est jeté par la tempête dans une île inconnue, dont les habitans étoient en peine de trouver leur roi, qui s'étoit perdu; et ayant beaucoup de ressemblance de corps et de visage avec ce roi, il est pris pour lui. et reconnu en cette qualité par tout ce peuple. D'abord il ne savoit quel parti prendre; mais il se résolut enfin de se prêter à sa bonne fortune. Il reçut tous les respects qu'on lui voulut rendre, et il se laissa traiter de roi.

Mais comme il ne pouvoit oublier sa condition naturelle, il songeoit, en même temps qu'il recevoit ces respects, qu'il n'étoit pas ce roi que ce peuple cherchoit, et que ce royaume ne lui appartenoit pas. Ainsi il avoit une double pensée : l'une par laquelle il agissoit en roi, l'autre par laquelle il reconnoissoit son état véritable, et que ce n'étoit que le hasard qui l'avoit mis en la place où il étoit. Il cachoit cette dernière pensée, et il découvroit l'autre. C'étoit par la première qu'il traitoit avec le peuple, et par la dernière qu'il traitoit avec soi-même.

Ne vous imaginez pas que ce soit par un moindre hasard que vous possédez les richesses dont vous vous trouvez maître, que celui par lequel cet homme se trouvoit roi. Vous n'y avez aucun droit de vous-même et par votre nature, non plus que lui : et non-seulement vous ne vous trouvez fils d'un duc, mais vous ne vous trouvez au monde que par une infinité de hasards. Votre naissance dépend d'un mariage, ou plutôt de tous les mariages de ceux dont vous descendez. Mais ces mariages, d'où dépendent-ils? D'une visite faite par rencontre, d'un discours en l'air, de mille occasions imprévues.

Vous tenez, dites-vous, vos richesses de vos ancêtres; mais n'est-ce pas par mille hasards que vos ancêtres les ont acquises et qu'ils les ont conservées? Mille autres, aussi habiles qu'eux, ou n'en ont pu acquérir, ou les ont perdues après les avoir acquises. Vous imaginez-vous aussi que ce soit par quelque voie naturelle que ces biens ont passé de vos ancêtres à vous? Cela n'est pas véritable. Cet ordre n'est fondé que sur la seule volonté des législateurs qui ont pu avoir de bonnes raisons, mais dont aucune n'est prise d'un droit naturel que vous ayez sur ces choses. S'il leur avoit plu d'ordonner que ces biens, après avoir été possédés par les pères durant leur vie, retourneroient à la république après leur mort, vous n'auriez aucun sujet de vous en plaindre.

Ainsi tout le titre par lequel vous possédez votre bien n'est pas un titre de nature, mais d'un établissement humain. Un autre tour d'imagination dans ceux qui ont fait les lois vous auroit rendu pauvre; et ce n'est que cette rencontre du hasard qui vous a fait naître avec la fantaisie des lois favorable à votre égard, qui vous met en possession de tous ces biens.

Je ne veux pas dire qu'ils ne vous appartiennent pas légitimement, et qu'il soit permis à un autre de vous les ravir; car Dieu, qui en est le maître, a permis aux sociétés de faire des lois pour les partager; et quand ces lois sont une fois établies, il est injuste de les violer. C'est ce qui vous distingue un peu de cet homme qui ne posséderoit son royaume que par l'erreur du peuple; parce que Dieu n'autoriseroit pas cette possession et l'obligeroit à y renoncer, au lieu qu'il autorise la vôtre. Mais ce qui vous est entièrement commun avec lui, c'est que ce droit que vous y avez n'est point fondé, non plus que le sien, sur quelque qualité et sur quelque mérite qui soit en vous et qui vous en rende digne. Votre âme et votre corps sont d'eux-mêmes indifférens à l'état de batelier ou à celui de duc; et il n'y a nul lien naturel qui les attache à une condition plutôt qu'à une autre.

Que s'ensuit-il de là? que vous devez avoir, comme cet homme dont nous avons avons parlé, une double pensée; et que si vous agissez extérieurement avec les hommes selon votre rang, vous devez reconnoître, par une pensée plus cachée mais plus véritable, que vous n'avez rien naturellement au-dessus d'eux. Si la pensée publique vous élève au-dessus du commun des hommes, que l'autre vous abaisse et vous tienne dans une parfaite égalité avec tous les hommes: car c'est votre état naturel.

Le peuple qui vous admire ne connoît pas peut-être ce secret. Il croit que la noblesse est une grandeur réelle, et il considère presque les grands comme étant d'une autre nature que les autres. Ne leur découvrez pas cette erreur, si vous voulez; mais n'abusez pas de cette élévation avec insolence, et surtout ne vous méconnoissez pas vous-même en croyant que votre être a quelque chose de plus élevé que celui des autres.

Que diriez-vous de cet homme qui auroit été fait roi par l'erreur du peuple, s'il venoit à oublier tellement sa condition naturelle, qu'il s'imaginât que ce royaume lui étoit dû, qu'il le méritoit et qu'il lui appartenoit de droit? Vous admireriez sa sottise et sa folie. Mais y en a-t-il moins dans les personnes de condition qui vivent dans un si étrange oubli de leur état naturel?

Que cet avis est important! Car tous les emportemens, toute la violence et toute la vanité des grands vient de ce qu'ils ne connoissent point ce qu'ils sont: étant difficile que ceux qui se regarderoient intérieurement comme égaux à tous les hommes, et qui seroient bien persuadés qu'ils n'ont rien en eux qui mérite ces petits avantages que Dieu leur a donnés au-dessus des autres, les traitassent avec insolence. Il faut s'oublier soi-même pour cela, et croire qu'on a quelque excellence réelle au-dessus d'eux: en quoi consiste cette illusion que je tâche de vous découvrir.

SECOND DISCOURS.

Il est bon, monsieur, que vous sachiez ce que l'on vous doit, afin que vous ne prétendiez pas exiger des hommes ce qui ne vous est pas dû; car c'est une injustice visible: et cependant elle est fort commune à ceux de votre condition, parce qu'ils en ignorent la nature.

Il y a dans le monde deux sortes de grandeurs; car il y a des grandeurs d'établissement et des grandeurs naturelles. Les grandeurs d'établissement dépendent de la volonté des hommes, qui ont cru avec raison devoir honorer certains états et y attacher certains respects. Les dignités et la noblesse sont de ce genre. En un pays on honore les nobles, en l'autre les roturiers : en celui-ci les aînés, en cet autre les cadets. Pourquoi cela? parce qu'il a plu aux hommes. La chose étoit indifférente avant l'établissement : après l'établissement elle devient juste, parce qu'il est injuste de la troubler.

Les grandeurs naturelles sont celles qui sont indépendantes de la fantaisie des hommes, parce qu'elles consistent dans les qualités réelles et effectives de l'âme ou du corps, qui rendent l'une ou l'autre plus estimable, comme les sciences, la lumière de l'esprit, la vertu, la santé, la force.

Nous devons quelque chose à l'une et à l'autre de ces grandeurs; mais comme elles sont d'une nature différente, nous leur devons aussi différens respects. Aux grandeurs d'établissement, nous leur devons des respects d'établissement, c'est-à-dire certaines cérémonies extérieures qui doivent être néanmoins accompagnées, selon la raison, d'une reconnoissance intérieure de la justice de cet ordre, mais qui ne nous font pas concevoir quelque qualité réelle en ceux que nous honorons de cette sorte. Il faut parler aux rois à genoux; il faut se tenir debout dans la chambre des princes. C'est une sottise et une bassesse d'esprit que de leur refuser ces devoirs.

Mais pour les respects naturels qui consistent dans l'estime, nous ne les devons qu'aux grandeurs naturelles; et nous devons au contraire le mépris et l'aversion aux qualités contraires à ces grandeurs naturelles. Il n'est pas nécessaire, parce que vous êtes duc, que je vous estime; mais il est nécessaire que je vous salue. Si vous êtes duc et honnête homme, je rendrai ce que je dois à l'une et à l'autre de ces qualités. Je ne vous refuserai point les cérémonies que mérite votre qualité de duc, ni l'estime que mérite celle d'honnête homme. Mais si vous étiez duc sans être honnête homme, je vous ferois encore justice; car en vous rendant les devoirs extérieurs que l'ordre des hommes a attachés à votre naissance, je ne manquerois pas d'avoir pour vous le mépris intérieur que mériteroit la bassesse de votre esprit.

Voilà en quoi consiste la justice de ces devoirs. Et l'injustice consiste à attacher les respects naturels aux grandeurs d'établissement, ou à exiger les respects d'établissement pour les grandeurs naturelles. M. N. est un plus grand géomètre que moi; en cette qualité il veut passer devant moi : je lui dirai qu'il n'y entend rien. La géométrie est une grandeur naturelle; elle demande une préférence d'estime; mais les hommes n'y ont attaché aucune préférence extérieure. Je passerai donc devant lui; et l'estimerai plus que moi, en qualité de géomètre. De même si, étant duc et pair, vous ne vous contentiez pas que je me tinsse découvert devant vous, et que vous voulussiez encore que je vous estimasse, je vous prierois de me montrer les qualités qui méritent mon estime. Si vous le faisiez, elle vous est acquise, et je ne pourrois vous la refuser avec justice; mais si vous ne le faisiez pas, vous seriez injuste de me la demander, et assurément vous n'y réussiriez pas, fussiez-vous le plus grand prince du monde

TROISIÈME DISCOURS.

Je vous veux faire connoître, monsieur, votre condition véritable; car c'est la chose du monde que les personnes de votre sorte ignorent le plus. Qu'est-ce, à votre avis, que d'être grand seigneur? C'est être maître de plusieurs objets de la concupiscence des hommes, et ainsi pouvoir satisfaire aux besoins et aux désirs de plusieurs. Ce sont ces besoins et ces désirs qui les attirent auprès de vous, et qui font qu'ils se soumettent à vous : sans cela ils ne vous regarderoient pas seulement: mais ils espèrent, par ces services et ces déférences qu'ils vous rendent, obtenir de vous quelque part de ces biens qu'ils désirent et dont ils voient que vous disposez.

Dieu est environné de gens pleins de charité, qui lui demandent les biens de la charité qui sont en sa puissance : ainsi il est proprement le roi de la charité. Vous êtes de même environné d'un petit nombre de personnes, sur qui vous régnez en votre manière. Ces gens sont pleins de concupiscence. Ils vous demandent les biens de la concupiscence; c'est la concupiscence qui les attache à vous. Votre royaume est de peu d'étendue; mais vous êtes égal en cela aux plus grands rois de la terre : ils sont comme vous des rois de concupiscence. C'est la concupiscence qui fait leur force, c'est-à-dire la possession des choses que la cupidité des hommes désire.

Mais en connoissant votre condition naturelle, usez des moyens qu'elle vous donne, et ne prétendez pas régner par une autre voie que par celle qui vous fait roi. Ce n'est point votre force et votre puissance naturelle qui vous assujettit toutes ces personnes. Ne prétendez donc point les dominer par la force, ni les traiter avec dureté. Contentez leurs justes désirs; soulagez leurs nécessités; mettez votre plaisir à être bienfaisant; avancez-les autant que vous le pourrez, et vous agirez en vrai roi de concupiscence.

Ce que je vous dis ne va pas bien loin; et si vous en demeurez là, vous ne laisserez pas de vous perdre ; mais au moins vous vous perdrez en honnête homme. Il y a des gens qui se damnent si sottement, par l'avarice, par la brutalité, par les débauches, par la violence, par les emportemens, par les blasphèmes! Le moyen que je vous ouvre est sans doute plus honnête; mais en vérité c'est toujours une grande folie que de se damner; et c'est pourquoi il ne faut pas en demeurer là. Il faut mépriser la concupiscence et son royaume, et aspirer à ce royaume de charité où tous les sujets ne respirent que la charité, et ne désirent que les biens de la charité. D'autres que moi vous en diront le chemin : il me suffit de vous avoir détourné de ces vies brutales où je vois que plusieurs personnes de votre condition se laissent emporter faute de bien connoître l'état véritable de cette condition.

LETTRE SUR LA MORT DE M. PASCAL LE PÈRE[1],

ÉCRITE PAR PASCAL A SA SŒUR AÎNÉE, MADAME PERIER, ET A SON MARI.

17 octobre 1651.

Puisque vous êtes maintenant informés l'un et l'autre de notre malheur commun, et que la lettre que nous avions commencée vous a donné quelque consolation, par le récit des circonstances heureuses qui ont accompagné le sujet de notre affliction, je ne puis vous refuser celles qui me restent dans l'esprit, et que je prie Dieu de me donner, et de me renouveler de plusieurs que nous avons autrefois reçues de sa grâce, et qui nous ont été nouvellement données de nos amis en cette occasion.

Je ne sais plus par où finissoit la première lettre. Ma sœur l'a envoyée sans prendre garde qu'elle n'étoit pas finie. Il me semble seulement qu'elle contenoit en substance quelques particularités de la conduite de Dieu sur la vie et sur la maladie, que je voudrois vous répéter ici, tant je les ai gravées dans le cœur, et tant elles portent de consolation solide, si vous ne les pouviez voir vous-mêmes dans la précédente lettre, et si ma sœur ne devoit pas vous en faire un récit plus exact à sa première commodité. Je ne vous parlerai donc ici que de la conséquence que j'en tire, qui est, qu'ôtés ceux qui sont intéressés par les sentimens de la nature, il n'y a point de chrétien qui ne s'en doive réjouir.

Sur ce grand fondement, je vous commencerai ce que j'ai à dire par un discours bien consolatif à ceux qui ont assez de liberté d'esprit pour le concevoir au fort de la douleur. C'est que nous devons chercher la consolation à nos maux, non pas dans nous-mêmes, non pas dans les hommes, non pas dans tout ce qui est créé; mais dans Dieu. Et la raison en est que toutes les créatures ne sont pas la première cause des accidens que nous appelons maux; mais que la providence de Dieu en étant l'unique et véritable cause, l'arbitre et la souveraine, il est indubitable qu'il faut recourir directement à la source et remonter jusqu'à l'origine pour trouver un solide allégement. Que si nous suivons ce précepte, et que nous envisagions cet événement, non pas comme un effet du hasard, non pas comme une nécessité fatale de la nature, non pas comme le jouet des élémens et des parties qui composent l'homme (car Dieu n'a pas abandonné ses élus au caprice et au hasard), mais comme une suite indispensable, inévitable, juste, sainte, utile au bien de l'Église et à l'exaltation du nom et de la grandeur de Dieu, d'un arrêt de sa providence conçu de toute éternité pour être exécuté dans la plénitude de son temps, en telle année, en tel jour, en telle heure, en tel lieu, en telle manière; et enfin que tout ce qui est arrivé a été de tout temps présu et préordonné de Dieu; si, dis-je, par un transport de grâce, nous considérons cet accident, non pas dans lui-même et hors de Dieu, mais

1. Pascal le père était mort le 24 septembre 1651.

hors de lui-même et dans l'intime de la volonté de Dieu, dans la justice de son arrêt, dans l'ordre de sa providence, qui en est la véritable cause, sans qui il ne fût pas arrivé, par qui seul il est arrivé, et de la manière dont il est arrivé: nous adorerons dans un humble silence la hauteur impénétrable de ses secrets, nous vénérerons la sainteté de ses arrêts, nous bénirons la conduite de sa providence; et unissant notre volonté à celle de Dieu même, nous voudrons avec lui, en lui, et pour lui, la chose qu'il a voulue en nous et pour nous de toute éternité.

Considérons-la donc de la sorte, et pratiquons cet enseignement que j'ai appris d'un grand homme dans le temps de notre plus grande affliction, qu'il n'y a de consolation qu'en la vérité seulement. Il est sans doute que Socrate et Sénèque n'ont rien de persuasif en cette occasion. Ils ont été sous l'erreur qui a aveuglé tous les hommes dans le premier : ils ont tous pris la mort comme naturelle à l'homme[1]; et tous les discours qu'ils ont fondés sur ce faux principe sont si futiles, qu'ils ne servent qu'à montrer par leur inutilité combien l'homme en général est foible, puisque les plus hautes productions des plus grands d'entre les hommes sont si basses et si puériles. Il n'en est pas de même de Jésus-Christ, il n'en est pas ainsi des livres canoniques : la vérité y est découverte, et la consolation y est jointe aussi infailliblement qu'elle est infailliblement séparée de l'erreur.

Considérons donc la mort dans la vérité que le Saint-Esprit nous a apprise. Nous avons cet admirable avantage de connoître que véritablement et effectivement la mort est une peine du péché imposée à l'homme pour expier son crime, nécessaire à l'homme pour le purger du péché; que c'est la seule qui peut délivrer l'âme de la concupiscence des membres, sans laquelle les saints ne viennent point dans ce monde. Nous savons que la vie, et la vie des chrétiens, est un sacrifice continuel qui ne peut être achevé que par la mort : nous savons que comme Jésus-Christ, étant au monde, s'est considéré et s'est offert à Dieu comme un holocauste et une véritable victime; que sa naissance, sa vie, sa mort, sa résurrection, son ascension, et sa présence dans l'eucharistie, et sa séance éternelle à la droite, ne sont qu'un seul et unique sacrifice; nous savons que ce qui est arrivé en Jésus-Christ, doit arriver en tous ses membres.

Considérons donc la vie comme un sacrifice; et que les accidens de la vie ne fassent d'impression dans l'esprit des chrétiens qu'à proportion qu'ils interrompent ou qu'ils accomplissent ce sacrifice. N'appelons mal que ce qui rend la victime de Dieu victime du diable, mais appelons bien ce qui rend la victime du diable en Adam victime de Dieu; et sur cette règle examinons la nature de la mort.

Pour cette considération, il faut recourir à la personne de Jésus-Christ; car tout ce qui est dans les hommes est abominable, et comme Dieu ne considère les hommes que par le médiateur Jésus-Christ, les hommes aussi ne devroient regarder ni les autres ni eux-mêmes que

1. La mort n'est pas naturelle à l'homme; elle est la condamnation que Dieu a prononcée contre nous après la chute.

médiatement par Jésus-Christ. Car si nous ne passons par le milieu, nous ne trouverons en nous que de véritables malheurs ou des plaisirs abominables; mais si nous considérons toutes choses en Jésus-Christ, nous trouverons toute consolation, toute satisfaction, toute édification.

Considérons donc la mort en Jésus-Christ, et non pas sans Jésus-Christ. Sans Jésus-Christ elle est horrible, elle est détestable, et l'horreur de la nature. En Jésus-Christ elle est tout autre: elle est aimable, sainte, et la joie du fidèle. Tout est doux en Jésus-Christ, jusqu'à la mort: et c'est pourquoi il a souffert et est mort pour sanctifier la mort et les souffrances: et que, comme Dieu et comme homme, il a été tout ce qu'il y a de grand et tout ce qu'il y a d'abject, afin de sanctifier en soi toutes choses, excepté le péché, et pour être modèle de toutes les conditions.

Pour considérer ce que c'est que la mort, et la mort en Jésus-Christ, il faut voir quel rang elle tient dans son sacrifice continuel et sans interruption, et pour cela remarquer que dans les sacrifices la principale partie est la mort de l'hostie. L'oblation et la sanctification qui précèdent sont des dispositions; mais l'accomplissement est la mort, dans laquelle, par l'anéantissement de la vie, la créature rend à Dieu tout l'hommage dont elle est capable, en s'anéantissant devant les yeux de sa majesté, et en adorant sa souveraine existence, qui seule existe réellement. Il est vrai qu'il y a une autre partie, après la mort de l'hostie, sans laquelle sa mort est inutile; c'est l'acceptation que Dieu fait du sacrifice. C'est ce qui est dit dans l'Écriture : *Et odoratus est Dominus suavitatem*[1] : « Et Dieu a odoré et reçu l'odeur du sacrifice. » C'est véritablement celle-là qui couronne l'oblation ; mais elle est plutôt une action de Dieu vers la créature, que de la créature envers Dieu, et n'empêche pas que la dernière action de la créature ne soit la mort.

Toutes ces choses ont été accomplies en Jésus-Christ. En entrant au monde, il s'est offert : *Obtulit semetipsum per Spiritum sanctum*[2]. *Ingrediens mundum, dixit : Hostiam noluisti.... Tunc dixi : Ecce venio. In capite*[3], etc. « Il s'est offert par le Saint-Esprit. En entrant au monde, Jésus-Christ a dit : « Seigneur, les sacrifices ne te sont point agréables; « mais tu m'as donné un corps. » Lors j'ai dit : « Voici que je viens pour « faire, ô Dieu, ta volonté, et ta loi est dans le milieu de mon cœur. » Voilà son oblation. Sa sanctification a été immédiate de son oblation. Ce sacrifice a duré toute sa vie, et a été accompli par sa mort. « Il a fallu qu'il ait passé par les souffrances, pour entrer en sa gloire[4]. Et, quoiqu'il fût Fils de Dieu, il a fallu qu'il ait appris l'obéissance. Mais au jour de sa chair, ayant crié avec grands cris à celui qui le pouvoit sauver de mort, il a été exaucé pour sa révérence. » Et Dieu l'a ressuscité, et envoyé sa gloire, figurée autrefois par le feu du ciel qui tomboit sur les victimes, pour brûler et consumer son corps, et le faire vivre spirituel de la vie de la gloire. C'est ce que Jésus-Christ a obtenu, et qui a été accompli par sa résurrection.

1. *Gen.*, VIII, 21. — 2. *Hébr.*, IX, 14. — 3. *Ibid.*, X, 5. — 4. Luc, XXIV, 18.

Ainsi ce sacrifice étant parfait par la mort de Jésus-Christ, et consommé même en son corps par sa résurrection, où l'image de la chair du péché a été absorbée par la gloire, Jésus-Christ avoit tout achevé de sa part; il ne restoit que le sacrifice fût accepté de Dieu, que, comme la fumée s'élevoit et portoit l'odeur au trône de Dieu, aussi Jésus-Christ fût, en cet état d'immolation parfaite, offert, porté et reçu au trône de Dieu même : et c'est ce qui a été accompli en l'ascension, en laquelle il est monté, et par sa propre force, et, par la force de son Saint-Esprit qui l'environnoit de toutes parts, il a été enlevé; comme la fumée des victimes, figures de Jésus-Christ, étoit portée en haut par l'air qui la soutenoit, figure du Saint-Esprit : et les *Actes des apôtres* nous marquent expressément[1] qu'il fut reçu au ciel, pour nous assurer que ce saint sacrifice accompli en terre a été reçu et acceptable à Dieu, reçu dans le sein de Dieu, où il brûle de la gloire dans les siècles des siècles.

Voilà l'état des choses en notre souverain Seigneur. Considérons-les en nous maintenant. Dès le moment que nous entrons dans l'Église, qui est le monde des fidèles[2] et particulièrement des élus, où Jésus-Christ entra dès le moment de son incarnation par un privilége particulier au Fils unique de Dieu, nous sommes offerts et sanctifiés. Ce sacrifice se continue par la vie, et s'accomplit à la mort, dans laquelle l'âme quittant véritablement tous les vices, et l'amour de la terre, dont la contagion l'infecte toujours durant cette vie, elle achève son immolation, et est reçue dans le sein de Dieu.

Ne nous affligeons donc pas comme les païens qui n'ont point d'espérance. Nous n'avons pas perdu mon père au moment de sa mort : nous l'avons perdu, pour ainsi dire, dès qu'il entra dans l'Église par le baptême. Dès lors il étoit à Dieu; sa vie étoit vouée à Dieu; ses actions ne regardoient le monde que pour Dieu. Dans sa mort il s'est totalement détaché des péchés; et c'est en ce moment qu'il a été reçu de Dieu, et que son sacrifice a reçu son accomplissement et son couronnement. Il a donc fait ce qu'il avoit voué : il a achevé l'œuvre que Dieu lui avoit donnée à faire; il a accompli la seule chose pour laquelle il étoit créé. La volonté de Dieu est accomplie en lui, et sa volonté est absorbée en Dieu. Que notre volonté ne sépare donc pas ce que Dieu a uni; et étouffons ou modérons, par l'intelligence de la vérité, les sentimens de la nature corrompue et déçue qui n'a que les fausses images, et qui trouble par ses illusions la sainteté des sentimens que la vérité et l'Évangile nous doit donner.

Ne considérons donc plus la mort comme des païens, mais comme les chrétiens, c'est-à-dire avec l'espérance, comme saint Paul l'ordonne[3], puisque c'est le privilége spécial des chrétiens. Ne considérons plus un corps comme une charogne infecte, car la nature trompeuse se le figure de la sorte; mais comme le temple inviolable et éternel du Saint-Esprit,

1. *Act.*, I, 11.

2. « Qui est le monde des fidèles. » Cela est ajouté, pour appliquer à l'entrée du chrétien dans l'Eglise le texte : *Ingrediens mundum*.

3. I *Thess.*, IV, 12, 17.

comme la foi l'apprend. Car nous savons que les corps saints sont habités par le Saint-Esprit jusqu'à la résurrection, qui se fera par la vertu de cet Esprit qui réside en eux pour cet effet. C'est pour cette raison que nous honorons les reliques des morts, et c'est sur ce vrai principe que l'on donnoit autrefois l'eucharistie dans la bouche des morts, parce que, comme on savoit qu'ils étoient le temple du Saint-Esprit, on croyoit qu'ils méritoient d'être aussi unis à ce saint sacrement. Mais l'Église a changé cette coutume: non pas pour ce que ces corps ne soient pas saints, mais par cette raison que l'eucharistie étant le pain de vie et des vivans, il ne doit pas être donné aux morts.

Ne considérons plus un homme comme ayant cessé de vivre, quoi que la nature suggère; mais comme commençant à vivre, comme la vérité l'assure. Ne considérons plus son âme comme périe et réduite au néant, mais comme vivifiée et unie au souverain vivant : et corrigeons ainsi, par l'attention à ces vérités, les sentimens d'erreur qui sont si empreints en nous-mêmes, et ces mouvemens d'horreur qui sont si naturels à l'homme.

Pour dompter plus fortement cette horreur, il faut en bien comprendre l'origine; et pour vous le toucher en peu de mots, je suis obligé de vous dire en général quelle est la source de tous les vices et de tous les péchés. C'est ce que j'ai appris de deux très-grands et très-saints personnages. La vérité que couvre ce mystère est que Dieu a créé l'homme avec deux amours, l'un pour Dieu, l'autre pour soi-même; mais avec cette loi, que l'amour pour Dieu seroit infini, c'est-à-dire sans aucune autre fin que Dieu même; et que l'amour pour soi-même seroit fini et rapportant à Dieu.

L'homme en cet état non-seulement s'aimoit sans péché, mais ne pouvoit pas ne point s'aimer sans péché.

Depuis, le péché étant arrivé, l'homme a perdu le premier de ces amours; et l'amour pour soi-même étant resté seul dans cette grande âme capable d'un amour infini, cet amour-propre s'est étendu et débordé dans le vide que l'amour de Dieu a quitté; et ainsi il s'est aimé seul, et toutes choses pour soi, c'est-à-dire infiniment. Voilà l'origine de l'amour-propre. Il étoit naturel à Adam, et juste en son innocence; mais il est devenu et criminel et immodéré, ensuite de son péché.

Voilà la source de cet amour, et la cause de sa défectuosité et de son excès. Il en est de même du désir de dominer, de la paresse, et des autres. L'application en est aisée. Venons à notre seul sujet. L'horreur de la mort étoit naturelle à Adam innocent, parce que sa vie étant très-agréable à Dieu, elle devoit être agréable à l'homme : et la mort étoit horrible lorsqu'elle finissoit une vie conforme à la volonté de Dieu. Depuis, l'homme ayant péché, sa vie est devenue corrompue, son corps et son âme ennemis l'un de l'autre, et tous deux de Dieu. Cet horrible changement ayant infecté une si sainte vie, l'amour de la vie est néanmoins demeuré; et l'horreur de la mort étant restée pareille, ce qui étoit juste en Adam est injuste et criminel en nous.

Voilà l'origine de l'horreur de la mort, et la cause de sa défectuosité. Éclairons donc l'erreur de la nature par la lumière de la foi. L'horreur de la mort est naturelle, mais c'est en l'état d'innocence; la mort à la vérité est horrible, mais c'est quand elle finit une vie toute pure. Il étoit juste de la haïr, quand elle séparoit une âme sainte d'un corps saint : mais il est juste de l'aimer, quand elle sépare une âme sainte d'un corps impur. Il étoit juste de la fuir, quand elle rompoit la paix entre l'âme et le corps: mais non pas quand elle en calme la dissension irréconciliable. Enfin quand elle affligeoit un corps innocent, quand elle ôtoit au corps la liberté d'honorer Dieu, quand elle séparoit de l'âme un corps soumis et coopérateur à ses volontés, quand elle finissoit tous les biens dont l'homme est capable, il étoit juste de l'abhorrer : mais quand elle finit une vie impure, quand elle ôte au corps la liberté de pécher, quand elle délivre l'âme d'un rebelle très-puissant et contredisant tous les motifs de son salut, il est très-injuste d'en conserver les mêmes sentimens.

Ne quittons donc pas cet amour que la nature nous a donné pour la vie, puisque nous l'avons reçu de Dieu; mais que ce soit pour la même vie pour laquelle Dieu nous l'a donné, et non pas pour un objet contraire. En consentant à l'amour qu'Adam avoit pour sa vie innocente, et que Jésus-Christ même a eu pour la sienne, portons-nous à haïr une vie contraire à celle que Jésus-Christ a aimée, et à n'appréhender que la mort que Jésus-Christ a appréhendée, qui arrive à un corps agréable à Dieu; mais non pas à craindre une mort qui, punissant un corps coupable, et purgeant un corps vicieux, doit nous donner des sentimens tout contraires, si nous avons un peu de foi, d'espérance et de charité.

C'est un des grands principes du christianisme, que tout ce qui est arrivé à Jésus-Christ doit se passer dans l'âme et dans le corps de chaque chrétien : que comme Jésus-Christ a souffert durant sa vie mortelle, est mort à cette vie mortelle, est ressuscité d'une nouvelle vie, est monté au ciel, et sied à la droite du Père; ainsi le corps et l'âme doivent souffrir, mourir, ressusciter, monter au ciel, et seoir à la dextre. Toutes ces choses s'accomplissent en l'âme durant cette vie, mais non pas dans le corps. L'âme souffre et meurt au péché dans la pénitence et dans le baptême; l'âme ressuscite à une nouvelle vie dans le même baptême; l'âme quitte la terre et monte au ciel à l'heure de la mort, et sied à la droite au temps où Dieu l'ordonne. Aucune de ces choses n'arrive dans le corps durant cette vie; mais les mêmes choses s'y passent ensuite. Car, à la mort, le corps meurt à sa vie mortelle; au jugement, il ressuscitera à une nouvelle vie; après le jugement, il montera au ciel, et seoira à la droite. Ainsi les mêmes choses arrivent au corps et à l'âme, mais en différens temps; et les changemens du corps n'arrivent que quand ceux de l'âme sont accomplis, c'est-à-dire à l'heure de la mort : de sorte que la mort est le couronnement de la béatitude de l'âme, et le commencement de la béatitude du corps.

Voilà les admirables conduites de la sagesse de Dieu sur le salut des saints; et saint Augustin[1] nous apprend sur ce sujet que Dieu en a disposé de la sorte, de peur que si le corps de l'homme fût mort et ressus-

1. *De Civ. Dei*, XIII, IV.

cité pour jamais dans le baptême, on ne fût entré dans l'obéissance de l'Évangile que par l'amour de la vie; au lieu que la grandeur de la foi éclate bien davantage lorsque l'on tend à l'immortalité par les ombres de la mort.

Voilà certainement quelle est notre créance, et la foi que nous professons; et je crois qu'en voilà plus qu'il n'en faut pour aider vos consolations par mes petits efforts. Je n'entreprendrois pas de vous porter ce secours de mon propre, mais comme ce ne sont que des répétitions de ce que j'ai appris, je le fais avec assurance en priant Dieu de bénir ces semences, et de leur donner de l'accroissement, car sans lui nous ne pouvons rien faire, et ses plus saintes paroles ne prennent point en nous, comme il l'a dit lui-même.

Ce n'est pas que je souhaite que vous soyez sans ressentiment : le coup est trop sensible; il seroit même insupportable sans un secours surnaturel. Il n'est donc pas juste que nous soyons sans douleur comme des anges qui n'ont aucun sentiment de la nature; mais il n'est pas juste aussi que nous soyons sans consolation comme des païens qui n'ont aucun sentiment de la grâce : mais il est juste que nous soyons affligés et consolés comme chrétiens, et que la consolation de la grâce l'emporte par-dessus les sentimens de la nature; que nous disions comme les apôtres : « Nous sommes persécutés et nous bénissons [1], » afin que la grâce soit non-seulement en nous, mais victorieuse en nous; qu'ainsi en sanctifiant le nom de notre Père, sa volonté soit faite la nôtre; que sa grâce règne et domine sur la nature, et que nos afflictions soient comme la matière d'un sacrifice que sa grâce consomme et anéantisse pour la gloire de Dieu; et que ces sacrifices particuliers honorent et préviennent le sacrifice universel où la nature entière doit être consommée par la puissance de Jésus-Christ. Ainsi nous tirerons avantage de nos propres imperfections, puisqu'elles serviront de matière à cet holocauste : car c'est le but des vrais chrétiens de profiter de leurs propres imperfections, parce que « tout coopère en bien pour les élus [2]. »

Et si nous y prenons garde de près, nous trouverons de grands avantages pour notre édification, en considérant la chose dans la vérité comme nous avons dit tantôt. Car, puisqu'il est véritable que la mort du corps n'est que l'image de celle de l'âme, et que nous bâtissons sur ce principe, qu'en cette rencontre nous avons tous les sujets possibles de bien espérer de son salut, il est certain que si nous ne pouvons arrêter le cours du déplaisir, nous en devons tirer ce profit que, puisque la mort du corps est si terrible qu'elle nous cause de tels mouvemens, celle de l'âme nous en devroit bien causer de plus inconsolables. Dieu nous a envoyé la première; Dieu a détourné la seconde. Considérons donc la grandeur de nos biens dans la grandeur de nos maux, et que l'excès de notre douleur soit la mesure de celle de notre joie.

Il n'y a rien qui la puisse modérer, sinon la crainte qu'il ne languisse pour quelque temps dans les peines qui sont destinées à purger le reste des péchés de cette vie; et c'est pour fléchir la colère de Dieu sur lui

1. I *Cor.*, IV, 12. — 2. *Rom.*, VIII, 28.

que nous devons soigneusement nous employer. La prière et les sacrifices sont un souverain remède à ses peines. Mais j'ai appris d'un saint homme dans notre affliction qu'une des plus solides et plus utiles charités envers les morts est de faire les choses qu'ils nous ordonneroient s'ils étoient encore au monde, et de pratiquer les saints avis qu'ils nous ont donnés, et de nous mettre pour eux en l'état auquel ils nous souhaitent à présent. Par cette pratique, nous les faisons revivre en nous en quelque sorte, puisque ce sont leurs conseils qui sont encore vivans et agissans en nous; et comme les hérésiarques sont punis en l'autre vie des péchés auxquels ils ont engagé leurs sectateurs, dans lesquels leur venin vit encore, ainsi les morts sont récompensés, outre leur propre mérite, pour ceux auxquels ils ont donné suite par leurs conseils et par leur exemple.

Faisons-le donc revivre devant Dieu en nous de tout notre pouvoir; et consolons-nous en l'union de nos cœurs, dans laquelle il me semble qu'il vit encore, et que notre réunion nous rend en quelque sorte sa présence, comme Jésus-Christ se rend présent en l'assemblée de ses fidèles.

Je prie Dieu de former et maintenir en nous ces sentimens, et de continuer ceux qu'il me semble qu'il me donne, d'avoir pour vous et pour ma sœur plus de tendresse que jamais; car il me semble que l'amour que nous avions pour mon père ne doit pas être perdu, et que nous en devons faire une réfusion sur nous-mêmes, et que nous devons principalement hériter de l'affection qu'il nous portoit, pour nous aimer encore plus cordialement s'il est possible.

Je prie Dieu de nous fortifier dans ces résolutions, et sur cette espérance je vous conjure d'agréer que je vous donne un avis que vous prendriez bien sans moi; mais je ne laisserai pas de le faire. C'est qu'après avoir trouvé des sujets de consolation pour sa personne, nous n'en venions point à manquer pour la nôtre, par les prévoyances des besoins et des utilités que nous aurions de sa présence.

C'est moi qui y suis le plus intéressé. Si je l'eusse perdu il y a six ans, je me serois perdu, et quoique je croie en avoir à présent une nécessité moins absolue, je sais qu'il m'auroit été encore nécessaire dix ans, et utile toute ma vie. Mais nous devons espérer que Dieu l'ayant ordonné en tel temps, en tel lieu, en telle manière, sans doute c'est le plus expédient pour sa gloire et pour notre salut.

Quelque étrange que cela paroisse, je crois qu'on en doit estimer de la sorte en tous les événemens, et que, quelque sinistres qu'ils nous paroissent, nous devons espérer que Dieu en tirera la source de notre joie si nous lui en remettons la conduite. Nous connoissons des personnes de condition qui ont appréhendé des morts domestiques que Dieu a peut-être détournées à leur prière, qui ont été cause ou occasion de tant de misères, qu'il seroit à souhaiter qu'ils n'eussent pas été exaucés.

L'homme est assurément trop infirme pour pouvoir juger sainement de la suite des choses futures. Espérons donc en Dieu, et ne nous fatiguons pas par des prévoyances indiscrètes et téméraires. Remettons-nous à Dieu pour la conduite de nos vies, et que le déplaisir ne soit pas dominant en nous.

Saint Augustin nous apprend [1] qu'il y a dans chaque homme un serpent, une Ève et un Adam. Le serpent sont les sens et notre nature, l'Ève est l'appétit concupiscible, et l'Adam est la raison. La nature nous tente continuellement, l'appétit concupiscible désire souvent; mais le péché n'est pas achevé, si la raison ne consent. Laissons donc agir ce serpent et cette Ève, si nous ne pouvons l'empêcher; mais prions Dieu que sa grâce fortifie tellement notre Adam qu'il demeure victorieux; et que Jesus-Christ en soit vainqueur, et qu'il règne éternellement en nous. Amen.

PRIÈRE

POUR DEMANDER A DIEU LE BON USAGE DES MALADIES [2].

I. Seigneur, dont l'esprit est si bon et si doux en toutes choses, et qui êtes tellement miséricordieux que non-seulement les prospérités, mais les disgrâces mêmes qui arrivent à vos élus sont les effets de votre miséricorde, faites-moi la grâce de n'agir pas en païen dans l'état où votre justice m'a réduit : que comme un vrai chrétien je vous reconnoisse pour mon père et pour mon Dieu, en quelque état que je me trouve, puisque le changement de ma condition n'en apporte pas à la vôtre; que vous êtes toujours le même, quoique je sois sujet au changement, et que vous n'êtes pas moins Dieu quand vous affligez et quand vous punissez, que quand vous consolez et que vous usez d'indulgence.

II. Vous m'aviez donné la santé pour vous servir, et j'en ai fait un usage tout profane. Vous m'envoyez maintenant la maladie pour me corriger : ne permettez pas que j'en use pour vous irriter par mon impatience. J'ai mal usé de ma santé, et vous m'en avez justement puni. Ne souffrez pas que j'use mal de votre punition. Et puisque la corruption de ma nature est telle qu'elle me rend vos faveurs pernicieuses, faites, ô mon Dieu! que votre grâce toute-puissante me rende vos châtimens salutaires. Si j'ai eu le cœur plein de l'affection du monde pendant qu'il a eu quelque vigueur, anéantissez cette vigueur pour mon salut; et rendez-moi incapable de jouir du monde, soit par foiblesse de corps, soit par zèle de charité, pour ne jouir que de vous seul.

III. O Dieu, devant qui je dois rendre un compte exact de toutes mes actions à la fin de ma vie et à la fin du monde! O Dieu, qui ne laissez subsister le monde et toutes les choses du monde que pour exercer vos élus, ou pour punir les pécheurs! O Dieu, qui laissez les pécheurs endurcis dans l'usage délicieux et criminel du monde! O Dieu, qui faites mourir nos corps, et qui à l'heure de la mort détachez notre âme de tout ce qu'elle aimoit au monde! O Dieu, qui m'arracherez, à ce dernier moment de ma vie, de toutes les choses auxquelles je me suis attaché,

1. *De Genesi contra manichæos*, II, 20.
2. Cette pièce a été composée vers 1648.

et où j'ai mis mon cœur! O Dieu, qui devez consumer au dernier jour le ciel et la terre et toutes les créatures qu'ils contiennent, pour montrer à tous les hommes que rien ne subsiste que vous, et qu'ainsi rien n'est digne d'amour que vous, puisque rien n'est durable que vous! O Dieu, qui devez détruire toutes ces vaines idoles et tous ces funestes objets de nos passions! Je vous loue, mon Dieu, et je vous bénirai tous les jours de ma vie, de ce qu'il vous a plu prévenir en ma faveur ce jour épouvantable, en détruisant à mon égard toutes choses, dans l'affoiblissement où vous m'avez réduit. Je vous loue, mon Dieu, et je vous bénirai tous les jours de ma vie, de ce qu'il vous a plu me réduire dans l'incapacité de jouir des douceurs de la santé et des plaisirs du monde, et de ce que vous avez anéanti en quelque sorte, pour mon avantage, les idoles trompeuses que vous anéantirez effectivement pour la confusion des méchans au jour de votre colère. Faites, Seigneur, que je me juge moi-même, ensuite de cette destruction que vous avez faite à mon égard, afin que vous ne me jugiez pas vous-même, ensuite de l'entière destruction que vous ferez de ma vie et du monde. Car, Seigneur, comme à l'instant de ma mort je me trouverai séparé du monde, dénué de toutes choses, seul en votre présence, pour répondre à votre justice de tous les mouvemens de mon cœur, faites que je me considère en cette maladie comme en une espèce de mort, séparé du monde, dénué de tous les objets de mes attachemens, seul en votre présence, pour implorer de votre miséricorde la conversion de mon cœur; et qu'ainsi j'aie une extrême consolation de ce que vous m'envoyez maintenant une espèce de mort pour exercer votre miséricorde, avant que vous m'envoyiez effectivement la mort pour exercer votre jugement. Faites donc, ô mon Dieu, que comme vous avez prévenu ma mort, je prévienne la rigueur de votre sentence, et que je m'examine moi-même avant votre jugement, pour trouver miséricorde en votre présence.

IV. Faites, ô mon Dieu! que j'adore en silence l'ordre de votre providence adorable sur la conduite de ma vie; que votre fléau me console; et qu'ayant vécu dans l'amertume de mes péchés pendant la paix, je goûte les douceurs célestes de votre grâce durant les maux salutaires dont vous m'affligez! Mais je reconnois, mon Dieu, que mon cœur est tellement endurci et plein des idées, des soins, des inquiétudes et des attachemens du monde, que la maladie non plus que la santé, ni les discours, ni les livres, ni vos Écritures sacrées, ni votre Évangile, ni vos mystères les plus saints, ni les aumônes, ni les jeûnes, ni les mortifications, ni les miracles, ni l'usage des sacremens, ni le sacrifice de votre corps, ni tous mes efforts, ni ceux de tout le monde ensemble, ne peuvent rien du tout pour commencer ma conversion, si vous n'accompagnez toutes ces choses d'une assistance toute extraordinaire de votre grâce. C'est pourquoi, mon Dieu, je m'adresse à vous, Dieu tout-puissant, pour vous demander un don que toutes les créatures ensemble ne peuvent m'accorder. Je n'aurois pas la hardiesse de vous adresser mes cris, si quelque autre pouvoit les exaucer. Mais, mon Dieu, comme la conversion de mon cœur, que je vous demande, est un ouvrage qui passe tous les efforts de la nature, je ne puis m'adresser qu'à l'auteur et au maître tout-puissant de la nature et de mon cœur. A qui crierai-je, Seigneur, à qui aurai-je recours, si ce n'est à vous? Tout ce qui n'est pas Dieu ne peut pas remplir mon attente. C'est Dieu même que je demande et que je cherche: et c'est à vous seul, mon Dieu, que je m'adresse pour vous obtenir. Ouvrez mon cœur, Seigneur; entrez dans cette place rebelle que les vices ont occupée. Ils la tiennent sujette. Entrez-y comme dans la maison du fort[1]; mais liez auparavant le fort et puissant ennemi qui la maîtrise, et prenez ensuite les trésors qui y sont. Seigneur, prenez mes affections que le monde avoit volées; volez vous-même ce trésor, ou plutôt reprenez-le, puisque c'est à vous qu'il appartient, comme un tribut que je vous dois, puisque votre image y est empreinte. Vous l'y aviez formée, Seigneur, au moment de mon baptême qui est ma seconde naissance; mais elle est toute effacée. L'idée du monde y est tellement gravée, que la vôtre n'est plus connoissable. Vous seul avez pu créer mon âme; vous seul pouvez la créer de nouveau; vous seul y avez pu former votre image, vous seul pouvez la reformer, et y réimprimer votre portrait effacé, c'est-à-dire Jésus-Christ mon Sauveur, qui est votre image et le caractère de votre substance.

V. O mon Dieu! qu'un cœur est heureux qui peut aimer un objet si charmant, qui ne le déshonore point, et dont l'attachement lui est si salutaire! Je sens que je ne puis aimer le monde sans vous déplaire, sans me nuire et sans me déshonorer; et néanmoins le monde est encore l'objet de mes délices. O mon Dieu! qu'une âme est heureuse dont vous êtes les délices, puisqu'elle peut s'abandonner à vous aimer, non-seulement sans scrupule, mais encore avec mérite! Que son bonheur est ferme et durable, puisque son attente ne sera point frustrée, parce que vous ne serez jamais détruit, et que ni la vie ni la mort ne la sépareront jamais de l'objet de ses désirs; et que le même moment qui entraînera les méchans avec leurs idoles dans une ruine commune, unira les justes avec vous dans une gloire commune; et que comme les uns périront avec les objets périssables auxquels ils se sont attachés, les autres subsisteront éternellement dans l'objet éternel et subsistant par soi-même auquel ils se sont étroitement unis! Oh! qu'heureux sont ceux qui avec une liberté entière et une pente invincible de leur volonté aiment parfaitement et librement ce qu'ils sont obligés d'aimer nécessairement!

VI. Achevez, ô mon Dieu, les bons mouvemens que vous me donnez. Soyez-en la fin comme vous en êtes le principe. Couronnez vos propres dons: car je reconnois que ce sont vos dons. Oui, mon Dieu: et bien loin de prétendre que mes prières aient du mérite qui vous oblige de les accorder de nécessité, je reconnois très-humblement qu'ayant donné aux créatures mon cœur, que vous n'aviez formé que pour vous, et non pas pour le monde, ni pour moi-même, je ne puis attendre aucune grâce que de votre miséricorde, puisque je n'ai rien en moi qui vous y puisse engager, et que tous les mouvemens naturels de mon cœur, se portant

1. Le démon.

vers les créatures ou vers moi-même, ne peuvent que vous irriter. Je vous rends donc grâces, mon Dieu, des bons mouvemens que vous me donnez, et de celui même que vous me donnez de vous en rendre grâces.

VII. Touchez mon cœur du repentir de mes fautes, puisque, sans cette douleur intérieure, les maux extérieurs dont vous touchez mon corps me seroient une nouvelle occasion de péché. Faites-moi bien connoître que les maux du corps ne sont autre chose que la punition et la figure tout ensemble des maux de l'âme. Mais, Seigneur, faites aussi qu'ils en soient le remède, en me faisant considérer, dans les douleurs que je sens, celle que je ne sentois pas dans mon âme, quoique toute malade et couverte d'ulcères. Car, Seigneur, la plus grande de ses maladies est cette insensibilité et cette extrême foiblesse, qui lui avoit ôté tout sentiment de ses propres misères. Faites-les-moi sentir vivement, et que ce qui me reste de vie soit une pénitence continuelle pour laver les offenses que j'ai commises.

VIII. Seigneur, bien que ma vie passée ait été exempte de grands crimes, dont vous avez éloigné de moi les occasions, elle vous a été néanmoins très-odieuse par sa négligence continuelle, par le mauvais usage de vos plus augustes sacremens, par le mépris de votre parole et de vos inspirations, par l'oisiveté et l'inutilité totale de mes actions et de mes pensées, par la perte entière du temps que vous ne m'aviez donné que pour vous adorer, pour rechercher en toutes mes occupations les moyens de vous plaire, et pour faire pénitence des fautes qui se commettent tous les jours, et qui même sont ordinaires aux plus justes; de sorte que leur vie doit être une pénitence continuelle sans laquelle ils sont en danger de déchoir de leur justice. Ainsi, mon Dieu, je vous ai toujours été contraire.

IX. Oui, Seigneur, jusqu'ici j'ai toujours été sourd à vos inspirations, j'ai méprisé vos oracles; j'ai jugé au contraire de ce que vous jugez; j'ai contredit aux saintes maximes que vous avez apportées au monde du sein de votre père éternel, et suivant lesquelles vous jugerez le monde. Vous dites: « Bienheureux sont ceux qui pleurent, et malheur à ceux qui sont consolés[1]! » Et moi j'ai dit: « Malheureux ceux qui gémissent, et très-heureux ceux qui sont consolés! » J'ai dit: « Heureux ceux qui jouissent d'une fortune avantageuse, d'une réputation glorieuse et d'une santé robuste! » Et pourquoi les ai-je réputés heureux, sinon parce que tous ces avantages leur fournissoient une facilité très-ample de jouir des créatures, c'est-à-dire de vous offenser? Oui, Seigneur, je confesse que j'ai estimé la santé un bien, non pas parce qu'elle est un moyen facile pour vous servir avec utilité, pour consommer plus de soins et de veilles à votre service, et pour l'assistance du prochain; mais parce qu'à sa faveur je pouvois m'abandonner avec moins de retenue dans l'abondance des délices de la vie, et en mieux goûter les funestes plaisirs. Faites-moi la grâce, Seigneur, de réformer ma raison corrompue, et de conformer mes sentimens aux vôtres. Que je m'estime heureux dans l'afflic-

1. Luc, VI, 21, 24.

tion, et que dans l'impuissance d'agir au dehors, vous purifiiez tellement mes sentimens qu'ils ne répugnent plus aux vôtres; et qu'ainsi je vous trouve au dedans de moi-même, puisque je ne puis vous chercher au dehors à cause de ma foiblesse. Car, Seigneur, votre royaume est dans vos fidèles: et je le trouverai dans moi-même, si j'y trouve votre esprit et vos sentimens.

X. Mais, Seigneur, que ferai-je pour vous obliger à répandre votre esprit sur cette misérable terre? Tout ce que je suis vous est odieux, et je ne trouve rien en moi qui vous puisse agréer. Je n'y vois rien, Seigneur, que mes seules douleurs, qui ont quelque ressemblance avec les vôtres. Considérez donc les maux que je souffre et ceux qui me menacent. Voyez d'un œil de miséricorde les plaies que votre main m'a faites, ô mon Sauveur, qui avez aimé vos souffrances en la mort! ô Dieu, qui ne vous êtes fait homme que pour souffrir plus qu'aucun homme pour le salut des hommes! ô Dieu, qui ne vous êtes incarné après le péché des hommes et qui n'avez pris un corps que pour y souffrir tous les maux que nos péchés ont mérités! ô Dieu, qui aimez tant les corps qui souffrent, que vous avez choisi pour vous le corps le plus accablé de souffrances qui ait jamais été au monde! Ayez agréable mon corps, non pas pour lui-même, ni pour tout ce qu'il contient, car tout y est digne de votre colère, mais pour les maux qu'il endure, qui seuls peuvent être dignes de votre amour. Aimez mes souffrances, Seigneur, et que mes maux vous invitent à me visiter. Mais pour achever la préparation de votre demeure, faites, ô mon Sauveur, que si mon corps a cela de commun avec le vôtre qu'il souffre pour mes offenses, mon âme ait aussi cela de commun avec la vôtre, qu'elle soit dans la tristesse pour les mêmes offenses; et qu'ainsi je souffre avec vous, et comme vous, et dans mon corps, et dans mon âme, pour les péchés que j'ai commis.

XI. Faites-moi la grâce, Seigneur, de joindre vos consolations à mes souffrances, afin que je souffre en chrétien. Je ne demande pas d'être exempt des douleurs; car c'est la récompense des saints : mais je demande de n'être pas abandonné aux douleurs de la nature sans les consolations de votre esprit; car c'est la malédiction des juifs et des païens. Je ne demande pas d'avoir une plénitude de consolation sans aucune souffrance; car c'est la vie de la gloire. Je ne demande pas aussi d'être dans une plénitude de maux sans consolation; car c'est un état de judaïsme. Mais je demande, Seigneur, de ressentir tout ensemble et les douleurs de la nature pour mes péchés, et les consolations de votre esprit par votre grâce; car c'est le véritable état du christianisme. Que je ne sente pas des douleurs sans consolation; mais que je sente des douleurs et de la consolation tout ensemble, pour arriver enfin à ne sentir plus que vos consolations sans aucune douleur. Car, Seigneur, vous avez laissé languir le monde dans les souffrances naturelles sans consolation, avant la venue de votre Fils unique : vous consolez maintenant et vous adoucissez les souffrances de vos fidèles par la grâce de votre Fils unique; et vous comblez d'une béatitude toute pure vos saints dans la gloire de votre Fils unique. Ce sont les admirables degrés par lesquels vous conduisez vos ouvrages. Vous m'avez tiré du premier : faites-moi passer par le second, pour arriver au troisième. Seigneur, c'est la grâce que je vous demande.

XII. Ne permettez pas que je sois dans un tel éloignement de vous, que je puisse considérer votre âme triste jusqu'à la mort, et votre corps abattu par la mort pour mes propres péchés, sans me réjouir de souffrir et dans mon corps et dans mon âme. Car qu'y a-t-il de plus honteux, et néanmoins de plus ordinaire dans les chrétiens et dans moi-même, que tandis que vous suez le sang pour l'expiation de nos offenses, nous vivons dans les délices; et que des chrétiens qui font profession d'être à vous, que ceux qui par le baptême ont renoncé au monde pour vous suivre, que ceux qui ont juré solennellement à la face de l'Église de vivre et de mourir avec vous, que ceux qui font profession de croire que le monde vous a persécuté et crucifié, que ceux qui croient que vous vous êtes exposé à la colère de Dieu et à la cruauté des hommes pour les racheter de leurs crimes; que ceux, dis-je, qui croient toutes ces vérités, qui considèrent votre corps comme l'hostie qui s'est livrée pour leur salut, qui considèrent les plaisirs et les péchés du monde comme l'unique sujet de vos souffrances, et le monde même comme votre bourreau, recherchent à flatter leurs corps par ces mêmes plaisirs, parmi ce même monde; et que ceux qui ne pourroient, sans frémir d'horreur, voir un homme caresser et chérir le meurtrier de son père qui se seroit livré pour lui donner la vie, puissent vivre comme j'ai fait, avec une pleine joie, parmi le monde que je sais avoir été véritablement le meurtrier de celui que je reconnois pour mon Dieu et mon père, qui s'est livré pour mon propre salut, et qui a porté en sa personne la peine de mes iniquités? Il est juste, Seigneur, que vous ayez interrompu une joie aussi criminelle que celle dans laquelle je me reposois à l'ombre de la mort.

XIII. Otez donc de moi, Seigneur, la tristesse que l'amour de moi-même me pourroit donner de mes propres souffrances et des choses du monde qui ne réussissent pas au gré des inclinations de mon cœur, et qui ne regardent pas votre gloire; mais mettez en moi une tristesse conforme à la vôtre. Que mes souffrances servent à apaiser votre colère. Faites-en une occasion de mon salut et de ma conversion. Que je ne souhaite désormais de santé et de vie qu'afin de l'employer et la finir pour vous, avec vous et en vous. Je ne vous demande ni santé, ni maladie, ni vie, ni mort; mais que vous disposiez de ma santé et de ma maladie, de ma vie et de ma mort, pour votre gloire, pour mon salut et pour l'utilité de l'Église et de vos saints, dont j'espère par votre grâce faire une portion. Vous seul savez ce qui m'est expédient : vous êtes le souverain maître, faites ce que vous voudrez. Donnez-moi, ôtez-moi; mais conformez ma volonté à la vôtre; et que dans une soumission humble et parfaite et dans une sainte confiance, je me dispose à recevoir les ordres de votre providence éternelle, et que j'adore également tout ce qui me vient de vous.

XIV. Faites, mon Dieu, que dans une uniformité d'esprit toujours égale je reçoive toutes sortes d'événemens, puisque nous ne savons ce que nous devons demander, et que je n'en puis souhaiter l'un plutôt que l'autre sans présomption, et sans me rendre juge et responsable des suites que votre sagesse a voulu justement me cacher. Seigneur, je sais que je ne sais qu'une chose; c'est qu'il est bon de vous suivre, et qu'il est mauvais de vous offenser. Après cela, je ne sais lequel est le meilleur ou le pire en toutes choses; je ne sais lequel m'est profitable de la santé ou de la maladie, des biens ou de la pauvreté, ni de toutes les choses du monde. C'est un discernement qui passe la force des hommes et des anges, et qui est caché dans les secrets de votre providence que j'adore et que je ne veux pas approfondir.

XV. Faites donc, Seigneur, que tel que je sois je me conforme à votre volonté; et qu'étant malade comme je suis, je vous glorifie dans mes souffrances. Sans elles je ne puis arriver à la gloire; et vous-même, mon Sauveur, n'y avez voulu parvenir que par elles. C'est par les marques de vos souffrances que vous avez été reconnu de vos disciples; et c'est par les souffrances que vous reconnoissez aussi ceux qui sont vos disciples. Reconnoissez moi donc pour votre disciple dans les maux que j'endure et dans mon corps et dans mon esprit, pour les offenses que j'ai commises, et parce que rien n'est agréable à Dieu s'il ne lui est offert par vous, unissez ma volonté à la vôtre, et mes douleurs à celles que vous avez souffertes. Faites que les miennes deviennent les vôtres. Unissez-moi à vous; remplissez-moi de vous et de votre Esprit saint. Entrez dans mon cœur et dans mon âme, pour y porter mes souffrances, et pour continuer d'endurer en moi ce qui vous reste à souffrir de votre passion, que vous achevez dans vos membres jusqu'à la consommation parfaite de votre corps, afin qu'étant plein de vous, ce ne soit plus moi qui vive et qui souffre, mais que ce soit vous qui viviez et qui souffriez en moi, ô mon Sauveur! et qu'ainsi ayant quelque petite part à vos souffrances, vous me remplissiez entièrement de la gloire qu'elles vous ont acquise, dans laquelle vous vivez avec le Père et le Saint-Esprit, par tous les siècles des siècles. Ainsi soit-il.

COMPARAISON

DES CHRÉTIENS DES PREMIERS TEMPS AVEC CEUX D'AUJOURD'HUI[1].

Dans les premiers temps, les chrétiens étoient parfaitement instruits dans tous les points nécessaires au salut; au lieu que l'on voit aujourd'hui une ignorance si grossière qu'elle fait gémir tous ceux qui ont des sentimens de tendresse pour l'Église.

On n'entroit alors dans l'Eglise qu'après de grands travaux et de longs désirs : on s'y trouve maintenant sans aucune peine, sans soin et sans travail.

On n'y étoit admis qu'après un examen très-exact. On y est reçu maintenant avant qu'on soit en état d'être examiné.

On n'y étoit reçu alors qu'après avoir abjuré sa vie passée, qu'après

1. Ce morceau paraît antérieur aux *Provinciales*.

avoir renoncé au monde, et à la chair, et au diable. On y entre maintenant avant qu'on soit en état de faire aucune de ces choses.

Enfin il falloit autrefois sortir du monde pour être reçu dans l'Église; au lieu qu'on entre aujourd'hui dans l'Église au même temps que dans le monde. On connoissoit alors par ce procédé une distinction essentielle du monde d'avec l'Église. On les considéroit comme deux contraires, comme deux ennemis irréconciliables, dont l'un persécute l'autre sans discontinuation, et dont le plus foible en apparence doit un jour triompher du plus fort; en sorte que de ces deux partis contraires on quittoit l'un pour entrer dans l'autre; on abandonnoit les maximes de l'un pour embrasser les maximes de l'autre; on se dévêtoit des sentimens de l'un pour se revêtir des sentimens de l'autre; enfin on quittoit, on renonçoit, on abjuroit le monde où l'on avoit reçu sa première naissance, pour se vouer totalement à l'Église où l'on prenoit comme sa seconde naissance, et ainsi on concevoit une différence épouvantable entre l'un et l'autre; au lieu qu'on se trouve maintenant presque au même temps dans l'un et dans l'autre; et le même moment qui nous fait naître au monde nous fait renaître dans l'Église; de sorte que la raison survenant ne fait plus de distinction de ces deux mondes si contraires. Elle est élevée dans l'un et dans l'autre tout ensemble. On fréquente les sacremens, et on jouit des plaisirs du monde; et ainsi, au lieu qu'autrefois on voyoit une distinction essentielle entre l'un et l'autre, on les voit maintenant confondus et mêlés, en sorte qu'on ne les discerne plus.

De là vient qu'on ne voyoit autrefois entre les chrétiens que des personnes très-instruites; au lieu qu'elles sont maintenant dans une ignorance qui fait horreur; de là vient qu'autrefois ceux qui avoient été régénérés par le baptême, et qui avoient quitté les vices du monde pour entrer dans la piété de l'Église, retomboient si rarement de l'Église dans le monde; au lieu qu'on ne voit maintenant rien de plus ordinaire que les vices du monde dans le cœur des chrétiens. L'Église des saints se trouve toute souillée par le mélange des méchans; et ses enfans, qu'elle a conçus et nourris dès l'enfance dans son sein, sont ceux-là mêmes qui portent dans son cœur, c'est-à-dire jusqu'à la participation de ses plus augustes mystères, le plus cruel de ses ennemis, l'esprit du monde, l'esprit d'ambition, l'esprit de vengeance, l'esprit d'impureté, l'esprit de concupiscence : et l'amour qu'elle a pour ses enfans l'oblige d'admettre jusque dans ses entrailles le plus cruel de ses persécuteurs.

Mais ce n'est pas l'Église à qui on doit imputer les malheurs qui ont suivi un changement de discipline si salutaire, car elle n'a pas changé d'esprit, quoiqu'elle ait changé de conduite. Ayant donc vu que la dilation [1] du baptême laissoit un grand nombre d'enfans dans la malédiction d'Adam, elle a voulu les délivrer de cette masse de perdition en précipitant le secours qu'elle leur donne; et cette bonne mère ne voit qu'avec un regret extrême que ce qu'elle a procuré pour le salut de ses enfans est devenu l'occasion de la perte des adultes. Son véritable esprit est que ceux qu'elle retire dans un âge si tendre de la con-

1. Le retard.

tagion du monde, prennent des sentimens tout opposés à ceux du monde. Elle prévient l'usage de la raison pour prévenir les vices où la raison corrompue les entraîneroit; et avant que leur esprit puisse agir, elle les remplit de son esprit, afin qu'ils vivent dans une ignorance du monde et dans un état d'autant plus éloigné du vice qu'ils ne l'auront jamais connu. Cela paroît par les cérémonies du baptême; car elle n'accorde le baptême aux enfans qu'après qu'ils ont déclaré, par la bouche des parrains, qu'ils le désirent, qu'ils croient, qu'ils renoncent au monde et à Satan. Et comme elle veut qu'ils conservent ces dispositions dans toute la suite de leur vie, elle leur commande expressément de les garder inviolablement, et ordonne, par un commandement indispensable, aux parrains d'instruire les enfans de toutes ces choses; car elle ne souhaite pas que ceux qu'elle a nourris dans son sein soient aujourd'hui moins instruits et moins zélés que les adultes qu'elle admettoit autrefois au nombre des siens; elle ne désire pas une moindre perfection dans ceux qu'elle nourrit que dans ceux qu'elle reçoit. . . . .

Cependant on en use d'une façon si contraire à l'intention de l'Église qu'on n'y peut penser sans horreur. On ne fait quasi plus de réflexion sur un aussi grand bienfait, parce qu'on ne l'a jamais souhaité, parce qu'on ne l'a jamais demandé, parce qu'on ne se souvient pas même de l'avoir reçu. . . . .

Mais comme il est évident que l'Église ne demande pas moins de zèle dans ceux qui ont été élevés domestiques de la foi que dans ceux qui aspirent à le devenir, il faut se mettre devant les yeux l'exemple des catéchumènes, considérer leur ardeur, leur dévotion, leur horreur pour le monde, leur généreux renoncement au monde; et si on ne les jugeoit pas dignes de recevoir le baptême sans ces dispositions, ceux qui ne les trouvent pas en eux. . . . .

Il faut donc qu'ils se soumettent à recevoir l'instruction qu'ils auroient eue s'ils commençoient à entrer dans la communion de l'Église; il faut de plus qu'ils se soumettent à une pénitence continuelle, et qu'ils aient moins d'aversion pour l'austérité de leur mortification, qu'ils ne trouvent de charmes dans l'usage des délices empoisonnées du péché. . .

Pour les disposer à s'instruire, il faut leur faire entendre la différence des coutumes qui ont été pratiquées dans l'Église suivant la diversité des temps. . . . .

Qu'en l'Église naissante on enseignoit les catéchumènes, c'est-à-dire ceux qui prétendoient au baptême, avant que de le leur conférer; et on ne les y admettoit qu'après une pleine instruction des mystères de la religion, qu'après une pénitence de leur vie passée, qu'après une grande connoissance de la grandeur et de l'excellence de la profession de la foi et des maximes chrétiennes où ils désiroient entrer pour jamais, qu'après des marques éminentes d'une conversion véritable du cœur, et qu'après un extrême désir du baptême. Ces choses étant connues de toute l'Église, on leur conféroit le sacrement d'incorporation par lequel ils devenoient membres de l'Église; au lieu qu'en ces temps le baptême ayant été accordé aux enfans avant l'usage de la raison, par des considérations très-importantes, il arrive que la négligence des parens laisse vieillir les chrétiens sans aucune connoissance de la grandeur de notre religion.

Quand l'instruction précédoit le baptême, tous étoient instruits; mais maintenant que le baptême précède l'instruction, l'enseignement qui étoit nécessaire est devenu volontaire, et ensuite négligé et presque aboli. La véritable raison de cette conduite est qu'on est persuadé de la nécessité du baptême, et on ne l'est pas de la nécessité de l'instruction. De sorte que quand l'instruction précédoit le baptême, la nécessité de l'un faisoit que l'on avoit recours à l'autre nécessairement; au lieu que le baptême précédant aujourd'hui l'instruction, comme on a été fait chrétien sans avoir été instruit, on croit pouvoir demeurer chrétien sans se faire instruire. . . . .

Et qu'au lieu que les premiers chrétiens témoignoient tant de reconnoissance envers l'Église pour une grâce qu'elle n'accordoit qu'à leurs longues prières, ils témoignent aujourd'hui tant d'ingratitude pour cette même grâce, qu'elle leur accorde avant même qu'ils aient été en état de la demander. Et si elle détestoit si fort les chutes des premiers, quoique si rares, combien doit-elle avoir en abomination les chutes et rechutes continuelles des derniers, quoiqu'ils lui soient beaucoup plus redevables, puisqu'elle les a tirés bien plus tôt et bien plus libéralement de la damnation où ils étoient engagés par leur première naissance! Elle ne peut voir, sans gémir, abuser de la plus grande de ses grâces, et que ce qu'elle a fait pour assurer leur salut devienne l'occasion presque assurée de leur perte. . . . .

SUR LA CONVERSION DU PÉCHEUR.

La première chose que Dieu inspire à l'âme qu'il daigne toucher véritablement est une connoissance et une vue toute extraordinaire par laquelle l'âme considère les choses et elle-même d'une façon toute nouvelle.

Cette nouvelle lumière lui donne de la crainte, et lui apporte un trouble qui traverse le repos qu'elle trouvoit dans les choses qui faisoient ses délices. Elle ne peut plus goûter avec tranquillité les choses qui la charmoient. Un scrupule continuel la combat dans cette jouissance, et cette vue intérieure ne lui fait plus trouver cette douceur accoutumée parmi les choses où elle s'abandonnoit avec une pleine effusion de cœur. Mais elle trouve encore plus d'amertume dans les exercices de piété que dans les vanités du monde. D'une part, la présence des objets visibles la touche plus que l'espérance des invisibles, et de l'autre la solidité des invisibles la touche plus que la vanité des visibles. Et ainsi la présence des uns et la solidité des autres disputent son affection, et la vanité des uns et l'absence des autres excitent son aversion; de sorte qu'il naît dans elle un désordre et une confusion. . . . . . .

Elle considère les choses périssables comme périssantes et même déjà péries; et dans la vue certaine de l'anéantissement de tout ce qu'elle aime, elle s'effraye dans cette considération, en voyant que chaque instant lui arrache la jouissance de son bien, et que ce qui lui est le plus cher s'écoule à tout moment, et qu'enfin un jour certain viendra auquel elle se trouvera dénuée de toutes les choses auxquelles elle avoit mis son espérance. De sorte qu'elle comprend parfaitement que son cœur ne s'étant attaché qu'à des choses fragiles et vaines, son âme doit se trouver seule et abandonnée au sortir de cette vie, puisqu'elle n'a pas eu soin de se joindre à un bien véritable et subsistant par lui-même, qui pût la soutenir et durant et après cette vie

De là vient qu'elle commence à considérer comme un néant tout ce qui doit retourner dans le néant, le ciel, la terre, son esprit, son corps, ses parens, ses amis, ses ennemis; les biens, la pauvreté; la disgrâce, la prospérité; l'honneur, l'ignominie; l'estime, le mépris; l'autorité, l'indigence; la santé, la maladie et la vie même. Enfin tout ce qui doit moins durer que son âme est incapable de satisfaire le désir de cette âme, qui recherche sérieusement à s'établir dans une félicité aussi durable qu'elle-même.

Elle commence à s'étonner de l'aveuglement où elle a vécu; et quand elle considère d'une part le long temps qu'elle a vécu sans faire ces réflexions, et le grand nombre de personnes qui vivent de la sorte, et de l'autre combien il est constant que l'âme, étant immortelle comme elle est, ne peut trouver sa félicité parmi des choses périssables, et qui lui seront ôtées au moins à la mort, elle entre dans une sainte confusion, et dans un étonnement qui lui porte un trouble bien salutaire. Car elle considère que quelque grand que soit le nombre de ceux qui vieillissent dans les maximes du monde, et quelque autorité que puisse avoir cette multitude d'exemples de ceux qui posent leur félicité au monde, il est constant néanmoins que quand les choses du monde auroient quelque plaisir solide, ce qui est reconnu pour faux par un nombre infini d'expériences si funestes et si continuelles, il est inévitable que la perte de ces choses ou que la mort enfin nous en prive; de sorte que l'âme s'étant amassé des trésors de biens temporels, de quelque nature qu'ils soient, soit or, soit science, soit réputation, c'est une nécessité indispensable qu'elle se trouve dénuée de tous ces objets de sa félicité; et qu'ainsi, s'ils ont eu de quoi la satisfaire, ils n'auront pas de quoi la satisfaire toujours; et que si c'est se procurer un bonheur véritable, ce n'est pas se proposer un bonheur bien durable, puisqu'il doit être borné avec le cours de cette vie. De sorte que par une sainte humilité, que Dieu relève au-dessus de la superbe, elle commence à s'élever au-dessus du commun des hommes; elle condamne leur conduite, elle déteste leurs maximes, elle pleure leur aveuglement; elle se porte à la recherche du véritable bien; elle comprend qu'il faut qu'il ait ces deux qualités : l'une qu'il dure autant qu'elle, et qu'il ne puisse lui être ôté que de son consentement, et l'autre qu'il n'y ait rien de plus aimable.

Elle voit que dans l'amour qu'elle a eu pour le monde elle trouvoit en lui cette seconde qualité dans son aveuglement; car elle ne reconnoissoit rien de plus aimable. Mais comme elle n'y voit pas la première, elle connoît que ce n'est pas le souverain bien. Elle le cherche donc ailleurs, et connoissant par une lumière toute pure qu'il n'est point dans les choses qui sont en elle, ni hors d'elle, ni devant elle (rien donc en elle ni à ses côtés), elle commence à le chercher au-dessus d'elle.

Cette élévation est si éminente et si transcendante, qu'elle ne s'arrête pas au ciel, il n'a pas de quoi la satisfaire; ni au-dessus du ciel, ni aux anges, ni aux êtres les plus parfaits. Elle traverse toutes les créatures, et ne peut arrêter son cœur qu'elle ne se soit rendue jusqu'au trône de Dieu, dans lequel elle commence à trouver son repos; et ce bien qui est tel qu'il n'y a rien de plus aimable, et qui ne peut lui être ôté que par son propre consentement. Car encore qu'elle ne sente pas ces charmes dont Dieu récompense l'habitude dans la piété, elle comprend néanmoins que les créatures ne peuvent pas être plus aimables que le Créateur, et sa raison aidée des lumières de la grâce lui fait connoître qu'il n'y a rien de plus aimable que Dieu, et qu'il ne peut être ôté qu'à ceux qui le rejettent, puisque c'est le posséder que de le désirer, et que le refuser c'est le perdre. Ainsi elle se réjouit d'avoir trouvé un bien qui ne peut pas lui être ravi tant qu'elle le désirera, et qui n'a rien au-dessus de soi.

Et dans ces réflexions nouvelles, elle entre dans la vue des grandeurs de son Créateur, et dans des humiliations et des adorations profondes. Elle s'anéantit en conséquence, et ne pouvant former d'elle-même une idée assez basse, ni en concevoir une assez relevée de ce bien souverain, elle fait de nouveaux efforts pour se rabaisser jusqu'aux derniers abîmes du néant, en considérant Dieu dans des immensités qu'elle multiplie sans cesse. Enfin dans cette conception, qui épuise ses forces, elle l'adore en silence, elle se considère comme sa vile et inutile créature, et par ses respects réitérés l'adore et le bénit, et voudroit à jamais le bénir et l'adorer. Ensuite elle reconnoît la grâce qu'il lui a faite, de manifester son infinie majesté à un si chétif vermisseau; et après une ferme résolution d'en être éternellement reconnoissante, elle entre en confusion d'avoir préféré tant de vanités à ce divin maître; et dans un esprit de componction et de pénitence elle a recours à sa pitié pour arrêter sa colère dont l'effet lui paroît épouvantable. Dans la vue de ces immensités. . . . .

Elle fait d'ardentes prières à Dieu pour obtenir de sa miséricorde que, comme il lui a plu de se découvrir à elle, il lui plaise de la conduire à lui, et lui faire connoître les moyens d'y arriver. Car comme c'est à Dieu qu'elle aspire, elle aspire encore à n'y arriver que par des moyens qui viennent de Dieu même, parce qu'elle veut qu'il soit lui-même son chemin, son objet et sa dernière fin. Ensuite de ces prières, elle commence d'agir, et cherche entre ceux. . . . .

Elle commence à connoître Dieu, et désire d'y arriver; mais comme elle ignore les moyens d'y parvenir, si son désir est sincère et véritable, elle fait la même chose qu'une personne qui désirant arriver en quelque lieu, ayant perdu le chemin, et connoissant son égarement, auroit recours à ceux qui sauroient parfaitement ce chemin. . . . .

Elle se résout de conformer à ses volontés le reste de sa vie; mais comme sa foiblesse naturelle, avec l'habitude qu'elle a aux péchés où elle a vécu, l'ont réduite dans l'impuissance d'arriver à cette félicité, elle implore de sa miséricorde les moyens d'arriver à lui, de s'attacher à lui, d'y adhérer éternellement. . . . .

Ainsi elle reconnoît qu'elle doit adorer Dieu comme créature, lui rendre grâce comme redevable, lui satisfaire comme coupable, le prier comme indigente. . . . .

EXTRAITS

DES LETTRES A MADEMOISELLE DE ROANNEZ[1].

1.

.... Pour répondre à tous vos articles, et bien écrire malgré mon peu de temps.

Je suis ravi de ce que vous goûtez le livre de M. de Laval[2] et les *Méditations sur la grâce;* j'en tire de grandes conséquences pour ce que je souhaite.

Je mande le détail de cette condamnation qui vous avoit effrayée[3]; cela n'est rien du tout. Dieu merci, et c'est un miracle de ce qu'on n'y fait pas pis, puisque les ennemis de la vérité ont le pouvoir et la volonté de l'opprimer. Peut-être êtes-vous de celles qui méritent que Dieu ne l'abandonne pas, et ne la retire pas de la terre, qui s'en est rendue si indigne; et il est assuré que vous servez à l'Église par vos prières, si l'Église vous a servi par les siennes. Car c'est l'Église qui mérite, avec Jésus-Christ qui en est inséparable, la conversion de tous ceux qui ne sont pas dans la vérité; et ce sont ensuite ces personnes converties qui secourent la mère qui les a délivrées. Je loue de tout mon cœur le petit zèle que j'ai reconnu dans votre lettre pour l'union avec le pape. Le corps n'est non plus vivant sans le chef, que le chef sans le corps. Quiconque se sépare de l'un ou de l'autre n'est plus du corps, et n'appartient plus à Jésus-Christ. Je ne sais s'il y a des personnes dans l'Église plus attachées à cette unité du corps que ceux que vous appelez nôtres. Nous savons que toutes les vertus, le martyre, les austérités et toutes les bonnes œuvres sont inutiles hors de l'Église, et de la communion du chef de l'Église, qui est le pape. Je ne me séparerai jamais de sa communion, au moins je prie Dieu de m'en faire la grâce; sans quoi je serois perdu pour jamais.

Je vous fais une espèce de profession de foi, et je ne sais pourquoi; mais je ne l'effacerai pas ni ne recommencerai pas.

1. Cette sœur de M. de Roannez, née en 1633, entra d'abord à Port-Royal, en fut tirée par lettre de cachet, mais après avoir prononcé le vœu de virginité, fut déliée de ce vœu après la mort de Pascal et la retraite du duc de Roannez, son frère, à l'Oratoire, épousa le duc de La Feuillade, et ne put trouver dans cet état ni le bonheur, ni la tranquillité de sa conscience. Elle mourut, après quinze ans de mariage, d'un cancer au sein.

2. Pseudonyme sous lequel le duc de Luynes a écrit plusieurs ouvrages de piété.

3. Probablement la condamnation d'Arnauld par la Sorbonne.

M. du Gas m'a parlé ce matin de votre lettre avec autant d'étonnement et de joie qu'on en peut avoir : il ne sait où vous avez pris ce qu'il m'a rapporté de vos paroles; il m'en a dit des choses surprenantes et qui ne me surprennent plus tant. Je commence à m'accoutumer à vous et à la grâce que Dieu vous fait, et néanmoins je vous avoue qu'elle m'est toujours nouvelle, comme elle est toujours nouvelle en effet. Car c'est un flux continuel de grâces, que l'Écriture compare à un fleuve, et à la lumière que le soleil envoie incessamment hors de soi, et qui est toujours nouvelle, en sorte que, s'il cessoit un instant d'en envoyer, toute celle qu'on auroit reçue disparoîtroit, et on resteroit dans l'obscurité.

Il m'a dit qu'il avoit commencé à vous répondre, et qu'il le transcriroit pour le rendre plus lisible, et qu'en même temps il l'étendroit. Mais il vient de me l'envoyer avec un petit billet, où il me mande qu'il n'a pu ni le transcrire ni l'étendre; cela me fait croire que cela sera mal écrit. Je suis témoin de son peu de loisir, et du désir qu'il avoit d'en avoir pour vous.

Je prends part à la joie que vous donnera l'affaire des.... car je vois bien que vous vous intéressez pour l'Église; vous lui êtes bien obligée. Il y a seize cents ans qu'elle gémit pour vous. Il est temps de gémir pour elle, et pour nous tout ensemble, et de lui donner tout ce qui nous reste de vie, puisque Jésus-Christ n'a pris la sienne que pour la perdre pour elle et pour nous.

2.

Il me semble que vous prenez assez de part au miracle pour vous mander en particulier que la vérification en est achevée par l'Église, comme vous le verrez par cette sentence de M. le grand vicaire.

Il y a si peu de personnes à qui Dieu se fasse paroître par ces coups extraordinaires, qu'on doit bien profiter de ces occasions, puisqu'il ne sort du secret de la nature qui le couvre que pour exciter notre foi à le servir avec d'autant plus d'ardeur que nous le connoissons avec plus de certitude.

Si Dieu se découvroit continuellement aux hommes, il n'y auroit point de mérite à le croire; et s'il ne se découvroit jamais, il y auroit peu de foi. Mais il se cache ordinairement, et se découvre rarement à ceux qu'il veut engager dans son service. Cet étrange secret, dans lequel Dieu s'est retiré, impénétrable à la vue des hommes, est une grande leçon pour nous porter à la solitude loin de la vue des hommes. Il est demeuré caché, sous le voile de la nature qui nous le couvre, jusques à l'incarnation; et quand il a fallu qu'il ait paru, il s'est encore plus caché en se couvrant de l'humanité. Il étoit bien plus reconnoissable quand il étoit invisible, que non pas quand il s'est rendu visible. Et enfin, quand il a voulu accomplir la promesse qu'il fit à ses apôtres de demeurer avec les hommes jusqu'à son dernier avénement, il a choisi d'y demeurer dans le plus étrange et le plus obscur secret de tous, qui sont les espèces de l'eucharistie. C'est ce sacrement que saint Jean appelle dans l'*Apocalypse*[1] une manne cachée; et je crois qu'Isaïe le voyoit en cet état,

1. II, 17.

lorsqu'il dit en esprit de prophétie : « Véritablement tu es un Dieu caché[1]. » C'est là le dernier secret où il peut être. Le voile de la nature qui couvre Dieu a été pénétré par plusieurs infidèles, qui, comme dit saint Paul[2], ont reconnu un Dieu invisible par la nature visible. Les chrétiens hérétiques l'ont connu à travers son humanité, et adorent Jésus-Christ Dieu et homme. Mais de le reconnoître sous des espèces de pain, c'est le propre des seuls catholiques : il n'y a que nous que Dieu éclaire jusque-là. On peut ajouter à ces considérations le secret de l'esprit de Dieu caché encore dans l'Écriture. Car il y a deux sens parfaits, le littéral et le mystique; et les juifs s'arrêtant à l'un ne pensent pas seulement qu'il y en ait un autre, et ne songent pas à le chercher; de même que les impies, voyant les effets naturels, les attribuent à la nature, sans penser qu'il y en ait un autre auteur; et comme les juifs, voyant un homme parfait en Jésus-Christ, n'ont pas pensé à y chercher une autre nature : « Nous n'avons pas pensé que ce fût lui, » dit encore Isaïe[3]; et de même enfin que les hérétiques, voyant les apparences parfaites du pain dans l'eucharistie, ne pensent pas à y chercher une autre substance. Toutes choses couvrent quelque mystère; toutes choses sont des voiles qui couvrent Dieu. Les chrétiens doivent le reconnoître en tout. Les afflictions temporelles couvrent les biens éternels où elles conduisent. Les joies temporelles couvrent les maux éternels qu'elles causent. Prions Dieu de nous le faire reconnoître et servir en tout; et rendons-lui des grâces infinies de ce que s'étant caché en toutes choses pour les autres, il s'est découvert en toutes choses et en tant de manières pour nous.

3.

Je ne sais comment vous aurez reçu la perte de vos lettres. Je voudrois bien que vous l'eussiez prise comme il faut. Il est temps de commencer à juger de ce qui est bon ou mauvais par la volonté de Dieu, qui ne peut être ni injuste ni aveugle, et non pas par la nôtre propre, qui est toujours pleine de malice et d'erreur. Si vous avez eu ces sentimens, j'en serai bien content, afin que vous vous en soyez consolée sur une raison plus solide que celle que j'ai à vous dire, qui est que j'espère qu'elles se retrouveront. On m'a déjà apporté celle du 5; et quoique ce ne soit pas la plus importante, car celle de M. du Gas l'est davantage, néanmoins cela me fait espérer de ravoir l'autre.

Je ne sais pourquoi vous vous plaignez de ce que je n'avois rien écrit pour vous; je ne vous sépare point vous deux, et je songe sans cesse à l'un et à l'autre. Vous voyez bien que mes autres lettres, et encore celle-ci, vous regardent assez. En vérité, je ne puis m'empêcher de vous dire que je voudrois être infaillible dans mes jugemens; vous ne seriez pas mal si cela étoit, car je suis bien content de vous, mais mon jugement n'est rien. Je dis cela sur la manière dont je vois que vous parlez de ce bon cordelier persécuté, et de ce que fait le.... Je ne suis pas surpris de voir M. N.... s'y intéresser, je suis accoutumé à son zèle, mais le vôtre m'est tout à fait nouveau; c'est ce langage nouveau que

1. XLV, 15. — 2. *Rom.*, I, 20. — 3. LIII, 3.

produit ordinairement le cœur nouveau. Jésus-Christ a donné dans l'Évangile cette marque pour reconnoître ceux qui ont la foi, qui est qu'ils parleront un langage nouveau[1]; et en effet, le renouvellement des pensées et des désirs cause celui des discours. Ce que vous dites des jours où vous vous êtes trouvée seule, et la consolation que vous donne la lecture, sont des choses que M. N.... sera bien aise de savoir quand je les lui ferai voir, et ma sœur aussi. Ce sont assurément des choses nouvelles, mais qu'il faut sans cesse renouveler; car cette nouveauté, qui ne peut déplaire à Dieu, comme le vieil homme ne lui peut plaire, est différente des nouveautés de la terre, en ce que les choses du monde, quelque nouvelles qu'elles soient, vieillissent en durant; au lieu que cet esprit nouveau se renouvelle d'autant plus, qu'il dure davantage. « Notre vieil homme périt, dit saint Paul, et se renouvelle de jour en jour[2], » et ne sera parfaitement nouveau que dans l'éternité, où l'on chantera sans cesse ce cantique nouveau dont parle David dans les psaumes de laudes, c'est-à-dire ce chant qui part de l'esprit nouveau de la charité.

Je vous dirai pour nouvelle de ce qui touche ces deux personnes, que je vois bien que leur zèle ne se refroidit pas: cela m'étonne, car il est bien plus rare de voir continuer dans la piété que d'y voir entrer. Je les ai toujours dans l'esprit, et principalement celle du miracle, parce qu'il y a quelque chose de plus extraordinaire, quoique l'autre le soit aussi beaucoup et quasi sans exemple. Il est certain que les grâces que Dieu fait en cette vie sont la mesure de la gloire qu'il prépare en l'autre. Aussi, quand je prévois la fin et le couronnement de son ouvrage par les commencemens qui en paroissent dans les personnes de piété, j'entre en une vénération qui me transit de respect envers ceux qu'il semble avoir choisis pour ses élus. Je vous avoue qu'il me semble que je les vois déjà dans un de ces trônes où ceux qui auront tout quitté jugeront le monde avec Jésus-Christ, selon la promesse qu'il en a faite. Mais quand je viens à penser que ces mêmes personnes peuvent tomber, et être au contraire au nombre malheureux des jugés, et qu'il y en aura tant qui tomberont de la gloire, et qui laisseront prendre à d'autres par leur négligence la couronne que Dieu leur avoit offerte, je ne puis souffrir cette pensée; et l'effroi que j'aurois de les voir en cet état éternel de misère, après les avoir imaginées avec tant de raison dans l'autre état, me fait détourner l'esprit de cette idée, et revenir à Dieu pour le prier de ne pas abandonner les foibles créatures qu'il s'est acquises, et à lui dire pour les deux personnes que vous savez ce que l'Église dit aujourd'hui avec saint Paul : « Seigneur, achevez vous-même l'ouvrage que vous-même avez commencé[3]. » Saint Paul se considéroit souvent en ces deux états, et c'est ce qui lui fait dire ailleurs[4] : « Je châtie mon corps, de peur que moi-même, qui convertis tant de peuples, je ne devienne réprouvé. » Je finis donc par ces paroles de Job[5] : « J'ai toujours craint le Seigneur comme les flots d'une mer

1. Marc, XVI, 17. — 2. *Coloss.*, III, 9, 10. — 3. I *Philipp.*, I, 6. — 2. *Cor.*, IX, 27. — 5. XXXI, 23.

furieuse et enflée pour m'engloutir. » Et ailleurs : « Bienheureux est l'homme qui est toujours en crainte[1]. »

4.

Il est bien assuré qu'on ne se détache jamais sans douleur. On ne sent pas son lien quand on suit volontairement celui qui entraîne, comme dit saint Augustin; mais quand on commence à résister et à marcher en s'éloignant, on souffre bien; le lien s'étend et endure toute la violence; et ce lien est notre propre corps, qui ne se rompt qu'à la mort. Notre-Seigneur a dit que, depuis la venue de Jean-Baptiste, c'est-à-dire depuis son avénement dans chaque fidèle, le royaume de Dieu souffre violence et que les violens le ravissent[2]. Avant que l'on soit touché, on n'a que le poids de sa concupiscence, qui porte à la terre. Quand Dieu attire en haut, ces deux efforts contraires font cette violence que Dieu seul peut faire surmonter. Mais nous pouvons tout, dit saint Léon, avec celui sans lequel nous ne pouvons rien[3]. Il faut donc se résoudre à souffrir cette guerre toute sa vie : car il n'y a point ici de paix. « Jésus-Christ est venu apporter le couteau, et non pas la paix[4]. » Mais néanmoins il faut avouer que comme l'Écriture dit que la sagesse des hommes n'est que folie devant Dieu[5], aussi on peut dire que cette guerre qui paroît dure aux hommes est une paix devant Dieu; car c'est cette paix que Jésus-Christ a aussi apportée. Elle ne sera néanmoins parfaite que quand le corps sera détruit; et c'est ce qui fait souhaiter la mort, en souffrant néanmoins de bon cœur la vie pour l'amour de celui qui a souffert pour nous et la vie et la mort, et qui peut nous donner plus de biens que nous ne pouvons ni demander ni imaginer, comme dit saint Paul[6], en l'épître de la messe d'aujourd'hui.

5.

Je ne crains plus rien pour vous, Dieu merci, et j'ai une espérance admirable. C'est une parole bien consolante que celle de Jésus-Christ : « Il sera donné à ceux qui ont déjà[7]. » Par cette promesse, ceux qui ont beaucoup reçu ont droit d'espérer davantage, et ainsi ceux qui ont reçu extraordinairement doivent espérer extraordinairement.

J'essaye autant que je puis de ne m'affliger de rien, et de prendre tout ce qui arrive pour le meilleur. Je crois que c'est un devoir, et qu'on pèche en ne le faisant pas. Car enfin la raison pour laquelle les péchés sont péchés, c'est seulement parce qu'ils sont contraires à la volonté de Dieu : et ainsi l'essence du péché consistant à avoir une volonté opposée à celle que nous connoissons en Dieu, il est visible, ce me semble, que, quand il nous découvre sa volonté par les événemens, ce seroit un péché de ne s'y pas accommoder. J'ai appris que tout ce qui est arrivé a quelque chose d'admirable, puisque la volonté de Dieu y est marquée. Je le loue de tout mon cœur de la continuation faite de ses grâces, car je vois bien qu'elles ne diminuent point.

1. *Ps.*, CXI, 1. — 2. Matth., XI, 12. — 3. *Huitième sermon pour l'Épiphanie.* — 4. Matth., X, 34. — 5. I *Cor.*, III, 19. — 6. *Éph*, III, 20. — 7. Matth., XIII, 12.

L'affaire du.... ne va guère bien : c'est une chose qui fait trembler ceux qui ont de vrais mouvemens de Dieu de voir la persécution qui se prépare non-seulement contre les personnes (ce seroit peu), mais contre la vérité. Sans mentir, Dieu est bien abandonné. Il me semble que c'est un temps où le service qu'on lui rend lui est bien agréable. Il veut que nous jugions de la grâce par la nature ; et ainsi il permet de considérer que comme un prince chassé de son pays par ses sujets a des tendresses extrêmes pour ceux qui lui demeurent fidèles dans la révolte publique, de même il semble que Dieu considère avec une bonté particulière ceux qui défendent aujourd'hui la pureté de la religion et de la morale qui est si fort combattue. Mais il y a cette différence entre les rois de la terre et le Roi des rois, que les princes ne rendent pas leurs sujets fidèles, mais qu'ils les trouvent tels : au lieu que Dieu ne trouve jamais les hommes qu'infidèles, et qu'il les rend fidèles quand ils le sont. De sorte qu'au lieu que les rois ont une obligation insigne à ceux qui demeurent dans leur obéissance, il arrive, au contraire, que ceux qui subsistent dans le service de Dieu lui sont eux-mêmes redevables infiniment. Continuons donc à le louer de cette grâce, s'il nous l'a faite, de laquelle nous le louerons dans l'éternité, et prions-le qu'il nous la fasse encore, et qu'il ait pitié de nous et de l'Église entière, hors laquelle il n'y a que malédiction.

Je prends part aux.... persécutés dont vous parlez. Je vois bien que Dieu s'est réservé des serviteurs cachés, comme il le dit à Élie. Je le prie que nous en soyons, bien et comme il faut, en esprit et en vérité et sincèrement.

6.

Quoi qu'il puisse arriver de l'affaire de.., il y en a assez, Dieu merci, de ce qui est déjà fait pour en tirer un admirable avantage contre ces maudites maximes. Il faut que ceux qui ont quelque part à cela en rendent de grandes grâces à Dieu, et que leurs parens et amis prient Dieu pour eux, afin qu'ils ne tombent pas d'un si grand bonheur et d'un si grand honneur que Dieu leur a faits. Tous les honneurs du monde n'en sont que l'image ; celui-là seul est solide et réel, et néanmoins il est inutile sans la bonne disposition du cœur. Ce ne sont ni les austérités du corps ni les agitations de l'esprit, mais les bons mouvemens du cœur qui méritent, et qui soutiennent les peines du corps et de l'esprit. Car enfin il faut ces deux choses pour sanctifier, peines et plaisirs. Saint Paul a dit que ceux qui entreront dans la bonne vie trouveront des troubles et des inquiétudes en grand nombre[1]. Cela doit consoler ceux qui en sentent, puisque, étant avertis que le chemin du ciel qu'ils cherchent en est rempli, ils doivent se réjouir de rencontrer des marques qu'ils sont dans le véritable chemin. Mais ces peines-là ne sont pas sans plaisirs, et ne sont jamais surmontées que par le plaisir. Car de même que ceux qui quittent Dieu pour retourner au monde ne le font que parce qu'ils trouvent plus de douceur dans les plaisirs de la terre que dans ceux de l'union avec Dieu, et que ce charme victorieux les entraîne, et, les faisant repentir de leur premier choix, les rend

1. Act. XIV, 21.

des pénitens du diable, selon la parole de Tertullien[1] : de même on ne quitteroit jamais les plaisirs du monde pour embrasser la croix de Jésus-Christ, si on ne trouvoit plus de douceur dans le mépris, dans la pauvreté, dans le dénûment et dans le rebut des hommes, que dans les délices du péché. Et ainsi, comme dit Tertullien[2], il ne faut pas croire que la vie des chrétiens soit une vie de tristesse. On ne quitte les plaisirs que pour d'autres plus grands. « Priez toujours, dit saint Paul, rendez grâces toujours, réjouissez-vous toujours[3]. » C'est la joie d'avoir trouvé Dieu qui est le principe de la tristesse de l'avoir offensé et de tout le changement de vie. Celui qui a trouvé le trésor dans un champ en a une telle joie, que cette joie, selon Jésus-Christ, lui fait vendre tout ce qu'il a pour l'acheter[4]. Les gens du monde n'ont point cette joie « que le monde ne peut ni donner ni ôter, » dit Jésus-Christ même[5]. Les bienheureux ont cette joie sans aucune tristesse; les gens du monde ont leur tristesse sans cette joie, et les chrétiens ont cette joie mêlée de la tristesse d'avoir suivi d'autres plaisirs, et de la crainte de la perdre par l'attrait de ces autres plaisirs qui nous tentent sans relâche. Et ainsi nous devons travailler sans cesse à nous conserver cette joie qui modère notre crainte, et à conserver cette crainte qui conserve notre joie, et selon qu'on se sent trop emporter vers l'une, se pencher vers l'autre pour demeurer debout. « Souvenez-vous des biens dans les jours d'affliction, et souvenez-vous de l'affliction dans les jours de réjouissance, » dit l'Écriture[6], jusqu'à ce que la promesse que Jésus-Christ nous a faite[7] de rendre sa joie pleine en nous soit accomplie. Ne nous laissons donc pas abattre à la tristesse, et ne croyons pas que la piété ne consiste qu'en une amertume sans consolation. La véritable piété, qui ne se trouve parfaite que dans le ciel, est si pleine de satisfactions, qu'elle en remplit et l'entrée et le progrès et le couronnement. C'est une lumière si éclatante, qu'elle rejaillit sur tout ce qui lui appartient; et s'il y a quelque tristesse mêlée, et surtout à l'entrée, c'est de nous qu'elle vient, et non pas de la vertu; car ce n'est pas l'effet de la piété qui commence d'être en nous, mais de l'impiété qui y est encore. Otons l'impiété, et la joie sera sans mélange. Ne nous en prenons donc pas à la dévotion, mais à nous-mêmes, et n'y cherchons du soulagement que par notre correction.

7.

Je suis bien aise de l'espérance que vous me donnez du bon succes de l'affaire dont vous craignez de la vanité. Il y a à craindre partout, car si elle ne réussissoit pas, j'en craindrois cette mauvaise tristesse dont saint Paul dit qu'elle donne la mort, au lieu qu'il y en a une autre qui donne la vie[8]. Il est certain que cette affaire-là étoit épineuse, et que si la personne en sort, il y a sujet d'en prendre quelque vanité; si ce n'est à cause qu'on a prié Dieu pour cela, et qu'ainsi il doit croire que le bien qui en viendra sera son ouvrage. Mais si elle réussissoit mal, il ne devroit pas en tomber dans l'abattement, par cette même raison qu'on a prié

1. *De pœnitentia*, v. — 2. *De spectaculis*, xxviii. — 3. *Thess.*, v, 16-18.
4. Matth., xiii, 44. — 5. Jean, xiv, 27. — 6. *Eccles.*, xi, 27. — 7. Jean, xvi, 24. — 8. II *Cor.*, vii, 10.

Dieu pour cela, et qu'il y a apparence qu'il s'est approprié cette affaire : aussi il le faut regarder comme l'auteur de tous les biens et de tous les maux, excepté le péché. Je lui répéterai là-dessus ce que j'ai autrefois rapporté de l'Écriture : « Quand vous êtes dans les biens, souvenez-vous des maux que vous méritez, et quand vous êtes dans les maux, souvenez-vous des biens que vous espérez. » Cependant je vous dirai sur le sujet de l'autre personne que vous savez, qui mande qu'elle a bien des choses dans l'esprit qui l'embarrassent, que je suis bien fâché de la voir en cet état. J'ai bien de la douleur de ses peines, et je voudrois bien l'en pouvoir soulager; je la prie de ne point prévenir l'avenir, et de se souvenir que, comme dit Notre-Seigneur, « à chaque jour suffit sa malice[1]. »

Le passé ne nous doit point embarrasser, puisque nous n'avons qu'à avoir regret de nos fautes; mais l'avenir nous doit encore moins toucher, puisqu'il n'est point du tout à notre égard, et que nous n'y arriverons peut-être jamais. Le présent est le seul temps qui est véritablement à nous, et dont nous devons user selon Dieu. C'est là où nos pensées doivent être principalement comptées. Cependant le monde est si inquiet, qu'on ne pense presque jamais à la vie présente et à l'instant où l'on vit; mais à celui où l'on vivra. De sorte qu'on est toujours en état de vivre à l'avenir, et jamais de vivre maintenant. Notre-Seigneur n'a pas voulu que notre prévoyance s'étendît plus loin que le jour où nous sommes. C'est les bornes qu'il faut garder, et pour notre propre salut, et pour notre propre repos. Car, en vérité, les préceptes chrétiens sont les plus pleins de consolations : je dis plus que les maximes du monde.

Je prévois aussi bien des peines et pour cette personne, et pour d'autres, et pour moi. Mais je prie Dieu, lorsque je sens que je m'engage dans ces prévoyances, de me renfermer dans mes limites; je me ramasse dans moi-même, et je trouve que je manque à faire plusieurs choses à quoi je suis obligé présentement, pour me dissiper en des pensées inutiles de l'avenir, auxquelles, bien loin d'être obligé de m'arrêter, je suis au contraire obligé de ne m'y point arrêter. Ce n'est que faute de savoir bien connoître et étudier le présent qu'on fait l'entendu pour étudier l'avenir. Ce que je dis là, je le dis pour moi, et non pas pour cette personne, qui a assurément bien plus de vertu et de méditation que moi; mais je lui représente mon défaut pour l'empêcher d'y tomber : on se corrige quelquefois mieux par la vue du mal que par l'exemple du bien; et il est bon de s'accoutumer à profiter du mal, puisqu'il est si ordinaire, au lieu que le bien est si rare.

8.

Je plains la personne que vous savez dans l'inquiétude où je sais qu'elle est, et où je ne m'étonne pas de la voir. C'est un petit jour du jugement, qui ne peut arriver sans une émotion universelle de la personne, comme le jugement général en causera une générale dans le monde, excepté ceux qui se seront déjà jugés eux-mêmes, comme elle prétend

1. Matth., VI, 34.

faire : cette peine temporelle garantiroit de l'éternelle, par les mérites infinis de Jésus-Christ, qui la souffre et qui se la rend propre; c'est ce qui doit la consoler. Notre joug est aussi le sien, sans cela il seroit insupportable. « Portez, dit-il, mon joug sur vous. » Ce n'est pas notre joug, c'est le sien, et aussi il le porte. « Sachez, dit-il, que mon joug est doux et léger[1]. » Il n'est léger qu'à lui et à sa force divine. Je lui voudrois dire qu'elle se souvienne que ces inquiétudes ne viennent pas du bien qui commence d'être en elle, mais du mal qui y est encore et qu'il faut diminuer continuellement; et qu'il faut qu'elle fasse comme un enfant qui est tiré par des voleurs d'entre les bras de sa mère, qui ne le veut point abandonner; car il ne doit pas accuser de la violence qu'il souffre la mère qui le retient amoureusement, mais ses injustes ravisseurs. Tout l'office de l'Avent est bien propre pour donner courage aux foibles, et on y dit souvent ce mot de l'Écriture : « Prenez courage, lâches et pusillanimes, voici votre rédempteur qui vient[2]; » et on dit aujourd'hui à Vêpres : « Prenez de nouvelles forces, et bannissez désormais toute crainte; voici notre Dieu qui arrive, et vient pour nous secourir et nous sauver. »

9.

Votre lettre m'a donné une extrême joie. Je vous avoue que je commençois à craindre, ou au moins à m'étonner. Je ne sais ce que c'est que ce commencement de douleur dont vous parlez; mais je sais qu'il faut qu'il en vienne. Je lisois tantôt le XIIIe chapitre de saint Marc en pensant à vous écrire, et aussi je vous dirai ce que j'y ai trouvé. Jésus-Christ y fait un grand discours à ses apôtres sur son dernier avénement; et comme tout ce qui arrive à l'Église arrive aussi à chaque chrétien en particulier, il est certain que tout ce chapitre prédit aussi bien l'état de chaque personne qui, en se convertissant, détruit le vieil homme en elle, que l'état de l'univers entier, qui sera détruit pour faire place à de nouveaux cieux et à une nouvelle terre, comme dit l'Écriture[3]. Et aussi je songeois que cette prédiction de la ruine du temple réprouvé, qui figure la ruine de l'homme réprouvé qui est en chacun de nous, et dont il est dit qu'il ne sera laissé pierre sur pierre, marque qu'il ne doit être laissé aucune passion du vieil homme; et ces effroyables guerres civiles et domestiques représentent si bien le trouble intérieur que sentent ceux qui se donnent à Dieu, qu'il n'y a rien de mieux peint.

Mais cette parole est étonnante : « Quand vous verrez l'abomination dans le lieu où elle ne doit pas être, alors que chacun s'enfuie sans rentrer dans sa maison pour reprendre quoi que ce soit. » Il me semble que cela prédit parfaitement le temps où nous sommes, où la corruption de la morale est aux maisons de sainteté, et dans les livres des théologiens et des religieux où elle ne devroit pas être. Il faut sortir après un tel désordre, et malheur à celles qui sont enceintes ou nourrices en ce temps-là, c'est-à-dire à ceux qui ont des attachemens au monde qui les y retiennent! La parole d'une sainte est à propos sur ce sujet : qu'il ne faut pas examiner si on a vocation pour sortir du monde,

1. Matth., XI, 29 30. — 2. Isaïe, XXXV, 4. — 3. *Ibid*, LXV, 17; LXVI, 22.

mais seulement si on a vocation pour y demeurer, comme on ne consulteroit point si on est appelé à sortir d'une maison pestiférée ou embrasée.

Ce chapitre de l'Évangile, que je voudrois lire avec vous tout entier, finit par une exhortation à veiller et à prier pour éviter tous ces malheurs, et en effet il est bien juste que la prière soit continuelle quand le péril est continuel.

J'envoie à ce dessein des prières qu'on m'a demandées; c'est à trois heures après midi. Il s'est fait un miracle depuis votre départ à une religieuse de Pontoise, qui, sans sortir de son couvent, a été guérie d'un mal de tête extraordinaire par une dévotion à la sainte épine. Je vous en manderai un jour davantage. Mais je vous dirai sur cela un beau mot de saint Augustin, et bien consolatif pour de certaines personnes; c'est qu'il dit que ceux-là voient véritablement les miracles auxquels les miracles profitent : car on ne les voit pas si on n'en profite pas.

Je vous ai une obligation que je ne puis assez vous dire du présent que vous m'avez fait; je ne savois ce que ce pouvoit être, car je l'ai déployé avant que de lire votre lettre, et je me suis repenti ensuite de ne lui avoir pas rendu d'abord le respect que je lui devois. C'est une vérité que le Saint-Esprit repose invisiblement dans les reliques de ceux qui sont morts dans la grâce de Dieu, jusqu'à ce qu'il y paroisse visiblement en la résurrection, et c'est ce qui rend les reliques des saints si dignes de vénération. Car Dieu n'abandonne jamais les siens, non pas même dans le sépulcre, où leurs corps, quoique morts aux yeux des hommes, sont plus vivans devant Dieu, à cause que le péché n'y est plus : au lieu qu'il y réside toujours durant cette vie, au moins quant à sa racine, car les fruits du péché n'y sont pas toujours, et cette malheureuse racine, qui en est inséparable pendant la vie, fait qu'il n'est pas permis de les honorer alors, puisqu'ils sont plutôt dignes d'être haïs. C'est pour cela que la mort est nécessaire pour mortifier entièrement cette malheureuse racine, et c'est ce qui la rend souhaitable. Mais il ne sert de rien de vous dire ce que vous savez si bien; il vaudroit mieux le dire à ces autres personnes dont vous parlez, mais elles ne l'écouteroient pas.

DISCOURS SUR LES PASSIONS DE L'AMOUR [1].

L'homme est né pour penser; aussi n'est-il pas un moment sans le faire : mais les pensées pures, qui le rendroient heureux s'il pouvoit toujours les soutenir, le fatiguent et l'abattent. C'est une vie unie à laquelle il ne peut s'accommoder; il lui faut du remuement et de l'action, c'est-à-dire qu'il est nécessaire qu'il soit quelquefois agité

1. Ce fragment, publié pour la première fois par M. Cousin, a dû être écrit pendant la vie mondaine de Pascal, c'est-à-dire en 1652 ou 1653, lorsqu'il avait vingt-six ou vingt-sept ans.

des passions, dont il sent dans son cœur des sources si vives et si profondes.

Les passions qui sont les plus convenables à l'homme, et qui en renferment beaucoup d'autres, sont l'amour et l'ambition : elles n'ont guère de liaison ensemble, cependant on les allie assez souvent : mais elles s'affoiblissent l'une l'autre réciproquement, pour ne pas dire qu'elles se ruinent.

Quelque étendue d'esprit que l'on ait, l'on n'est capable que d'une grande passion ; c'est pourquoi, quand l'amour et l'ambition se rencontrent ensemble, elles ne sont grandes que de la moitié de ce qu'elles seroient s'il n'y avoit que l'une ou l'autre. L'âge ne détermine point, ni le commencement, ni la fin de ces deux passions ; elles naissent dès les premières années, et elles subsistent bien souvent jusqu'au tombeau. Néanmoins, comme elles demandent beaucoup de feu, les jeunes gens y sont plus propres, et il semble qu'elles se ralentissent avec les années ; cela est pourtant fort rare.

La vie de l'homme est misérablement courte. On la compte depuis la première entrée dans le monde : pour moi je ne voudrois la compter que depuis la naissance de la raison, et depuis qu'on commence à être ébranlé par la raison, ce qui n'arrive pas ordinairement avant vingt ans. Devant ce temps l'on est enfant ; et un enfant n'est pas un homme.

Qu'une vie est heureuse quand elle commence par l'amour et qu'elle finit par l'ambition ! Si j'avois à en choisir une, je prendrois celle-là. Tant que l'on a du feu, l'on est aimable ; mais ce feu s'éteint, il se perd : alors que la place est belle et grande pour l'ambition ! La vie tumultueuse est agréable aux grands esprits, mais ceux qui sont médiocres n'y ont aucun plaisir : ils sont machines partout. C'est pourquoi l'amour et l'ambition commençant et finissant la vie, on est dans l'état le plus heureux dont la nature humaine est capable.

A mesure que l'on a plus d'esprit, les passions sont plus grandes, parce que les passions n'étant que des sentimens et des pensées, qui appartiennent purement à l'esprit, quoiqu'elles soient occasionnées par le corps, il est visible qu'elles ne sont plus que l'esprit même, et qu'ainsi elles remplissent toute sa capacité. Je ne parle que des passions de feu, car pour les autres, elles se mêlent souvent ensemble, et causent une confusion très-incommode ; mais ce n'est jamais dans ceux qui ont de l'esprit. Dans uné grande âme tout est grand.

L'on demande s'il faut aimer. Cela ne se doit pas demander, on le doit sentir. L'on ne délibère point là-dessus, l'on y est porté, et l'on a le plaisir de se tromper quand on consulte.

La netteté d'esprit cause aussi la netteté de la passion ; c'est pourquoi un esprit grand et net aime avec ardeur, et il voit distinctement ce qu'il aime.

Il y a de deux sortes d'esprits, l'un géométrique, et l'autre que l'on peut appeler de finesse. Le premier a des vues lentes, dures et inflexibles ; mais le dernier a une souplesse de pensée qu'il applique en même temps aux diverses parties aimables de ce qu'il aime. Des yeux il va jusques au cœur, et par le mouvement du dehors il connoît ce qui se passe au dedans. Quand on a l'un et l'autre esprit tout ensemble, que l'amour donne de plaisir ! Car on possède à la fois la force et la flexibilité de l'esprit, qui est très-nécessaire pour l'éloquence de deux personnes.

Nous naissons avec un caractère d'amour dans nos cœurs, qui se développe à mesure que l'esprit se perfectionne, et qui nous porte à aimer ce qui nous paroît beau sans que l'on nous ait jamais dit ce que c'est. Qui doute après cela si nous sommes au monde pour autre chose que pour aimer? En effet, on a beau se cacher, l'on aime toujours. Dans les choses même où il semble que l'on ait séparé l'amour, il s'y trouve secrètement et en cachette, et il n'est pas possible que l'homme puisse vivre un moment sans cela.

L'homme n'aime pas à demeurer avec soi; cependant il aime : il faut donc qu'il cherche ailleurs de quoi aimer. Il ne le peut trouver que dans la beauté; mais comme il est lui-même la plus belle créature que Dieu ait jamais formée, il faut qu'il trouve dans soi-même le modèle de cette beauté qu'il cherche au dehors. Chacun peut en remarquer en soi-même les premiers rayons; et selon que l'on s'aperçoit que ce qui est au dehors y convient ou s'en éloigne, on se forme les idées de beau ou de laid sur toutes choses. Cependant, quoique l'homme cherche de quoi remplir le grand vide qu'il a fait en sortant de soi-même, néanmoins il ne peut pas se satisfaire par toutes sortes d'objets. Il a le cœur trop vaste; il faut au moins que ce soit quelque chose qui lui ressemble, et qui en approche le plus près. C'est pourquoi la beauté qui peut contenter l'homme consiste non-seulement dans la convenance, mais aussi dans la ressemblance : elle la restreint et elle l'enferme dans la différence du sexe.

La nature a si bien imprimé cette vérité dans nos âmes, que nous trouvons cela tout disposé; il ne faut point d'art ni d'étude; il semble même que nous ayons une place à remplir dans nos cœurs et qui se remplit effectivement. Mais on le sent mieux qu'on ne le peut dire. Il n'y a que ceux qui savent brouiller et mépriser leurs idées qui ne le voient pas.

Quoique cette idée générale de la beauté soit gravée dans le fond de nos âmes avec des caractères ineffaçables, elle ne laisse pas que de recevoir de très-grandes différences dans l'application particulière: mais c'est seulement pour la manière d'envisager ce qui plaît. Car l'on ne souhaite pas nûment une beauté, mais l'on y désire mille circonstances qui dépendent de la disposition où l'on se trouve; et c'est en ce sens que l'on peut dire que chacun a l'original de sa beauté, dont il cherche la copie dans le grand monde. Néanmoins les femmes déterminent souvent cet original. Comme elles ont un empire absolu sur l'esprit des hommes, elles y dépeignent ou les parties des beautés qu'elles ont, ou celles qu'elles estiment, et elles ajoutent par ce moyen ce qui leur plaît à cette beauté radicale. C'est pourquoi il y a un siècle pour les blondes, un autre pour les brunes, et le partage qu'il y a entre les femmes sur l'estime des unes ou des autres fait aussi le partage entre les hommes dans un même temps sur les unes et sur les autres. La mode même et les pays règlent souvent ce que l'on appelle beauté. C'est une chose étrange que la coutume se mêle si fort de nos passions. Cela n'empêche pas que chacun n'ait son idée de beauté sur laquelle il juge des autres et à laquelle il les rapporte; c'est sur ce principe qu'un amant trouve sa maîtresse plus belle, et qu'il la propose comme exemple.

La beauté est partagée en mille différentes manières. Le sujet le plus propre pour la soutenir, c'est une femme. Quand elle a de l'esprit, elle l'anime et la relève merveilleusement. Si une femme veut plaire, et qu'elle possède les avantages de la beauté, ou du moins une partie, elle y réussira; et même, si les hommes y prenoient tant soit peu garde, quoiqu'elle n'y tâchât point, elle s'en feroit aimer. Il y a une place d'attente dans leur cœur, elle s'y logeroit.

L'homme est né pour le plaisir : il le sent, il n'en faut point d'autre preuve. Il suit donc sa raison en se donnant au plaisir. Mais bien souvent il sent la passion dans son cœur sans savoir par où elle a commencé.

Un plaisir vrai ou faux peut remplir également l'esprit. Car qu'importe que ce plaisir soit faux, pourvu que l'on soit persuadé qu'il est vrai?

A force de parler d'amour, on devient amoureux. Il n'y a rien si aisé. C'est la passion la plus naturelle à l'homme.

L'amour n'a point d'âge; il est toujours naissant. Les poëtes nous l'ont dit; c'est pour cela qu'ils nous le représentent comme un enfant. Mais sans lui rien demander, nous le sentons.

L'amour donne de l'esprit, il se soutient par l'esprit. Il faut de l'adresse pour aimer. L'on épuise tous les jours les manières de plaire; cependant il faut plaire, et l'on plaît.

Nous avons une source d'amour-propre qui nous représente à nous-mêmes comme pouvant remplir plusieurs places au dehors; c'est ce qui est cause que nous sommes bien aises d'être aimés. Comme on le souhaite avec ardeur, on le remarque bien vite et on le reconnoît dans les yeux de la personne qui aime. Car les yeux sont les interprètes du cœur; mais il n'y a que celui qui y a intérêt qui entend leur langage.

L'homme seul est quelque chose d'imparfait; il faut qu'il trouve un second pour être heureux. Il le cherche bien souvent dans l'égalité de la condition, à cause que la liberté et que l'occasion de se manifester s'y rencontrent plus aisément. Néanmoins l'on va quelquefois bien au-dessus, et l'on sent le feu s'agrandir, quoiqu'on n'ose pas le dire à celle qui l'a causé.

Quand on aime une dame sans égalité de condition, l'ambition peut accompagner le commencement de l'amour; mais en peu de temps il devient le maître. C'est un tyran qui ne souffre point de compagnon; il veut être seul; il faut que toutes les passions ploient et lui obéissent.

Une haute amitié remplit bien mieux qu'une commune et égale le cœur de l'homme; et les petites choses flottent dans sa capacité; il n'y a que les grandes qui s'y arrêtent et qui y demeurent.

L'on écrit souvent des choses que l'on ne prouve qu'en obligeant tout le monde à faire réflexion sur soi-même et à trouver la vérité dont on parle. C'est en cela que consiste la force des preuves de ce que je dis.

Quand un homme est délicat en quelque endroit de son esprit, il l'est en amour. Car comme il doit être ébranlé par quelque objet qui est hors de lui, s'il y a quelque chose qui répugne à ses idées, il s'en aperçoit, et il le fuit. La règle de cette délicatesse dépend d'une raison pure, noble et sublime : ainsi l'on se peut croire délicat, sans qu'on le soit effectivement, et les autres ont le droit de nous condamner. Au lieu que pour la beauté chacun a sa règle souveraine et indépendante de celle des autres. Néanmoins entre être délicat et ne l'être point du tout, il faut demeurer d'accord que, quand on souhaite d'être délicat, l'on n'est pas loin de l'être absolument. Les femmes aiment à apercevoir une délicatesse dans les hommes; et c'est, ce me semble, l'endroit le plus tendre pour les gagner : l'on est aise de voir que mille autres sont méprisables, et qu'il n'y a que nous d'estimables.

Les qualités d'esprit ne s'acquièrent point par l'habitude; on les perfectionne seulement. De là, il est aisé de voir que la délicatesse est un don de nature, et non pas une acquisition de l'art.

A mesure que l'on a plus d'esprit, l'on trouve plus de beautés originales; mais il ne faut pas être amoureux; car quand l'on aime, l'on n'en trouve qu'une.

Ne semble-t-il pas qu'autant de fois qu'une femme sort d'elle-même pour se caractériser dans le cœur des autres, elle fait une place vide pour les autres dans le sien? Cependant j'en connois qui disent que cela n'est pas vrai. Oseroit-on appeler cela injustice? Il est naturel de rendre autant qu'on a pris.

L'attachement à une même pensée fatigue et ruine l'esprit de l'homme. C'est pourquoi pour la solidité.... du plaisir de l'amour, il faut quelquefois ne pas savoir que l'on aime; et ce n'est pas commettre une infidélité, car l'on n'en aime pas d'autre; c'est reprendre des forces pour mieux aimer. Cela se fait sans que l'on y pense; l'esprit s'y porte de soi-même; la nature le veut; elle le commande. Il faut pourtant avouer que c'est une misérable suite de la nature humaine, et que l'on seroit plus heureux si l'on n'étoit point obligé de changer de pensée; mais il n'y a point remède.

Le plaisir d'aimer sans l'oser dire a ses peines, mais aussi il a ses douceurs. Dans quel transport n'est-on point de former toutes ses actions dans la vue de plaire à une personne que l'on estime infiniment? L'on s'étudie tous les jours pour trouver les moyens de se découvrir, et l'on y emploie autant de temps que si l'on devoit entretenir celle que l'on aime. Les yeux s'allument et s'éteignent dans un même moment; et quoique l'on ne voie pas manifestement que celle qui cause tout ce désordre y prenne garde, l'on a néanmoins la satisfaction de sentir tous ces remuemens pour une personne qui le mérite si bien. L'on voudroit avoir cent langues pour le faire connoître; car comme l'on ne peut pas se servir de la parole, l'on est obligé de se réduire à l'éloquence d'action.

Jusque-là on a toujours de la joie, et l'on est dans une assez grande occupation. Ainsi l'on est heureux; car le secret d'entretenir toujours une passion, c'est de ne pas laisser naître aucun vide dans l'esprit, en l'obligeant de s'appliquer sans cesse à ce qui le touche si agréablement. Mais quand il est dans l'état que je viens de décrire, il n'y peut pas durer longtemps, à cause qu'étant seul acteur dans une passion où il en faut nécessairement deux, il est difficile qu'il n'épuise bientôt tous les mouvemens dont il est agité.

Quoique ce soit une même passion, il faut de la nouveauté; l'esprit s'y plaît, et qui sait se la procurer sait se faire aimer.

Après avoir fait ce chemin, cette plénitude quelquefois diminue, et ne recevant point de secours du côté de la source, l'on décline misérablement, et les passions ennemies se saisissent d'un cœur qu'elles déchirent en mille morceaux. Néanmoins un rayon d'espérance, si bas que l'on soit, relève aussi haut qu'on étoit auparavant. C'est quelquefois un jeu auquel les dames se plaisent: mais quelquefois en faisant semblant d'avoir compassion, elles l'ont tout de bon. Que l'on est heureux quand cela arrive!

Un amour ferme et solide commence toujours par l'éloquence d'action; les yeux y ont la meilleure part. Néanmoins il faut deviner, mais bien deviner.

Quand deux personnes sont de même sentiment, ils ne devinent point, ou du moins il y en a une qui devine ce que veut dire l'autre sans que cet autre l'entende ou qu'il ose l'entendre.

Quand nous aimons, nous paroissons à nous-mêmes tout autres que nous n'étions auparavant. Ainsi nous nous imaginons que tout le monde s'en aperçoit: cependant il n'y a rien de si faux. Mais parce que la raison a sa vue bornée par la passion, l'on ne peut s'assurer, et l'on est toujours dans la défiance.

Quand l'on aime, on se persuade que l'on découvriroit la passion d'un autre: ainsi l'on a peur.

Tant plus le chemin est long dans l'amour, tant plus un esprit délicat sent de plaisir.

Il y a de certains esprits à qui il faut donner longtemps des espérances, et ce sont les délicats. Il y en a d'autres qui ne peuvent pas résister longtemps aux difficultés, et ce sont les plus grossiers. Les premiers aiment plus longtemps et avec plus d'agrément; les autres aiment plus vite, avec plus de liberté, et finissent bientôt.

Le premier effet de l'amour c'est d'inspirer un grand respect; l'on a de la vénération pour ce que l'on aime. Il est bien juste: on ne reconnoît rien au monde de grand comme cela.

Les auteurs ne nous peuvent pas bien dire les mouvemens de l'amour de leurs héros: il faudroit qu'ils fussent héros eux-mêmes.

L'égarement à aimer en divers endroits est aussi monstrueux que l'injustice dans l'esprit.

En amour un silence vaut mieux qu'un langage. Il est bon d'être interdit; il y a une éloquence de silence qui pénètre plus que la langue ne sauroit faire. Qu'un amant persuade bien sa maîtresse quand il est interdit, et que d'ailleurs il a de l'esprit! Quelque vivacité que l'on ait, il est bon dans certaines rencontres qu'elle s'éteigne. Tout cela se passe sans règle et sans réflexion; et quand l'esprit le fait, il n'y pensoit pas auparavant. C'est par nécessité que cela arrive.

L'on adore souvent ce qui ne croit pas être adoré, et l'on ne laisse pas de lui garder une fidélité inviolable, quoiqu'il n'en sache rien. Mais il faut que l'amour soit bien fin ou bien pur.

Nous connoissons l'esprit des hommes, et par conséquent leurs passions, par la comparaison que nous faisons de nous-mêmes avec les autres. Je suis de l'avis de celui qui disoit que dans l'amour on oublioit sa fortune, ses parens et ses amis : les grandes amitiés vont jusque-là. Ce qui fait que l'on va si loin dans l'amour, c'est que l'on ne songe pas que l'on a besoin d'autre chose que de ce que l'on aime : l'esprit est plein; il n'y a plus de place pour le soin ni pour l'inquiétude. La passion ne peut pas être sans excès; de là vient qu'on ne se soucie plus de ce que dit le monde, que l'on sait déjà ne devoir pas condamner notre conduite, puisqu'elle vient de la raison. Il y a une plénitude de passion, il ne peut pas y avoir un commencement de réflexion.

Ce n'est point un effet de la coutume, c'est une obligation de la nature que les hommes fassent les avances pour gagner l'amitié des dames.

Cet oubli que cause l'amour, et cet attachement à ce que l'on aime, fait naître des qualités que l'on n'avoit pas auparavant. L'on devient magnifique, sans l'avoir jamais été. Un avaricieux même qui aime devient libéral, et il ne se souvient pas d'avoir jamais eu une habitude opposée : l'on en voit la raison en considérant qu'il y a des passions qui resserrent l'âme et qui la rendent immobile, et qu'il y en a qui l'agrandissent et la font répandre au dehors.

L'on a ôté mal à propos le nom de raison à l'amour, et on les a opposés sans un bon fondement, car l'amour et la raison n'est qu'une même chose. C'est une précipitation de pensées qui se porte d'un côté sans bien examiner tout, mais c'est toujours une raison, et l'on ne doit et on ne peut pas souhaiter que ce soit autrement, car nous serions des machines très-désagréables. N'excluons donc point la raison de l'amour, puisqu'elle en est inséparable. Les poëtes n'ont donc pas eu raison de nous dépeindre l'amour comme un aveugle; il faut lui ôter son bandeau, et lui rendre désormais la jouissance de ses yeux.

Les âmes propres à l'amour demandent une vie d'action qui éclate en événemens nouveaux. Comme le dedans est mouvement, il faut aussi que le dehors le soit, et cette manière de vivre est un merveilleux acheminement à la passion. C'est de là que ceux de la cour sont mieux reçus dans l'amour que ceux de la ville, parce que les uns sont tout de feu, et que les autres mènent une vie dont l'uniformité n'a rien qui frappe : la vie de tempête surprend, frappe et pénètre. Il semble que l'on ait toute une autre âme quand on aime que quand on n'aime pas; on s'élève par cette passion, et on devient toute grandeur; il faut donc que le reste ait proportion; autrement cela ne convient pas, et partant cela est désagréable.

L'agréable et le beau n'est que la même chose, tout le monde en a l'idée. C'est d'une beauté morale que j'entends parler, qui consiste dans les paroles et dans les actions du dehors. L'on a bien une règle pour devenir agréable; cependant la disposition du corps y est nécessaire; mais elle ne se peut acquérir.

Les hommes ont pris plaisir à se former une idée de l'agréable si élevée, que personne n'y peut atteindre. Jugeons-en mieux, et disons que ce n'est que le naturel, avec une facilité et une vivacité d'esprit qui surprennent. Dans l'amour ces deux qualités sont nécessaires : il ne faut rien de force, et cependant il ne faut rien de lenteur. L'habitude donne le reste.

Le respect et l'amour doivent être si bien proportionnés qu'ils se soutiennent sans que ce respect étouffe l'amour.

Les grandes âmes ne sont pas celles qui aiment le plus souvent; c'est d'un amour violent que je parle : il faut une inondation de passion pour les ébranler et pour les remplir. Mais quand elles commencent à aimer, elles aiment beaucoup mieux.

L'on dit qu'il y a des nations plus amoureuses les unes que les autres : ce n'est pas bien parler, ou du moins cela n'est pas vrai en tout sens.

L'amour ne consistant que dans un attachement de pensée, il est certain qu'il doit être le même par toute la terre. Il est vrai que, se déterminant autre part que dans la pensée, le climat peut ajouter quelque chose, mais ce n'est que dans le corps.

Il est de l'amour comme du bon sens; comme l'on croit avoir autant d'esprit qu'un autre, on croit aussi aimer de même. Néanmoins quand on a plus de vue, l'on aime jusques aux moindres choses, ce qui n'est pas possible aux autres. Il faut être bien fin pour remarquer cette différence.

L'on ne peut presque faire semblant d'aimer que l'on ne soit bien près d'être amant, ou du moins que l'on n'aime en quelque endroit; car il faut avoir l'esprit et les pensées de l'amour pour ce semblant, et le moyen de bien parler sans cela? La vérité des passions ne se déguise pas si aisément que les vérités sérieuses. Il faut du feu, de l'activité et un feu d'esprit naturel et prompt pour la première; les autres se cachent avec la lenteur et la souplesse, ce qu'il est plus aisé de faire.

Quand on est loin de ce que l'on aime, l'on prend la résolution de faire ou de dire beaucoup de choses; mais quand on est près, on est irrésolu. D'où vient cela? C'est que quand on est loin la raison n'est pas si ébranlée, mais elle l'est étrangement en la présence de l'objet : or pour la résolution il faut de la fermeté, qui est ruinée par l'ébranlement.

Dans l'amour on n'ose hasarder parce que l'on craint de tout perdre : il faut pourtant avancer, mais qui peut dire jusques où? L'on tremble toujours jusques à ce que l'on ait trouvé ce point. La prudence ne fait rien pour s'y maintenir quand on l'a trouvé.

Il n'y a rien de si embarrassant que d'être amant, et de voir quelque chose en sa faveur sans l'oser croire : l'on est également combattu de l'espérance et de la crainte. Mais enfin, la dernière devient victorieuse de l'autre.

Quand on aime fortement, c'est toujours une nouveauté de voir la personne aimée. Après un moment d'absence on la trouve de manque dans son cœur. Quelle joie de la retrouver! l'on sent aussitôt une cessation d'inquiétudes. Il faut pourtant que cet amour soit déjà bien avancé; car quand il est naissant et que l'on n'a fait aucun progrès, on sent bien une cessation d'inquiétudes, mais il en survient d'autres

Quoique les maux se succèdent ainsi les uns aux autres, on ne laisse pas de souhaiter la présence de sa maîtresse par l'espérance de moins souffrir; cependant quand on la voit, on croit souffrir plus qu'auparavant. Les maux passés ne frappent plus, les présens touchent, et c'est sur ce qui touche que l'on juge. Un amant dans cet état n'est-il pas digne de compassion?

LETTRE

SUR LA POSSIBILITÉ D'ACCOMPLIR LES COMMANDEMENS DE DIEU.

I.

Je n'ai ni loisir, ni livres, ni suffisance pour vous répondre aussi exactement que je voudrois: je le ferai néanmoins suivant ce que je puis maintenant, afin que, voyant par écrit des choses que je vous ai souvent dites, elles fassent plus d'impression sur vous, sans que vous ayez besoin que je vous les répète.

Vous me demandez que je réponde à ces paroles du chapitre XI de la session VI du concile de Trente, que « les commandemens ne sont pas impossibles aux justes. » Je vais vous satisfaire selon mon pouvoir.

Cette proposition : « les commandemens sont possibles aux justes, » a deux sens tout différens et éloignés l'un de l'autre. Ce n'est pas ici une distinction d'école; elle est solide, réelle, et dans la nature de la chose, et dans les termes du concile.

Le premier sens qui s'offre d'abord, et que vous croyez être celui du concile en cet endroit (ce que vous verrez bien ne pas être vrai), est que le juste, considéré en un instant de sa justice, a toujours le *pouvoir prochain*[1] d'accomplir les commandemens dans l'instant suivant: ce qui est un reste de l'opinion des pélagiens, que l'Église a toujours combattue, et particulièrement dans ce concile; parce qu'il supposeroit que le juste n'a pas besoin, à chaque instant, d'un secours spécial pour agir.

L'autre sens, qui ne s'offre pas avec tant de promptitude, et qui est néanmoins celui du concile en cet endroit, est que le juste, agissant comme juste et par un mouvement de charité, peut accomplir les commandemens dans l'action qu'il fait par charité. Je sais bien qu'il y a si peu de lieu de douter que ces actions faites par charité ne soient conformes aux préceptes, que l'on a peine à croire que le concile ait voulu définir une chose si claire: mais quand vous penserez que les luthériens soutenoient formellement que les actions des justes, même faites par la charité, sont nécessairement toujours des péchés, et que la concu-

1. On appelle *pouvoir prochain* celui auquel ne manque aucune des conditions nécessaires à son exercice.

piscence, qui demeure toujours en cette vie, ruine si fort l'effet de la charité, que quelque justes que soient les hommes, et par quelques mouvemens de la charité qu'ils agissent, la convoitise y a toujours tant de part, que non-seulement ils n'accomplissent pas les préceptes, mais qu'ils les violent, et qu'ainsi ils sont absolument incapables de les observer, de quelque grâce qu'ils soient secourus : vous jugerez sans doute qu'il étoit nécessaire que le concile prononcât contre une erreur si insupportable.

Vous voyez combien ces deux sens sont différens : en l'un, on entend proprement que les justes ont le pouvoir de persévérer dans la justice ; en l'autre, on entend proprement que les commandemens sont possibles à la charité, telle qu'elle est dans les justes en cette vie : et quoique ces deux sens soient exprimés ici par des paroles si différentes, ils peuvent néanmoins tous deux être exprimés par ces paroles : « Les commandemens sont possibles aux justes. »

Mais comme cette proposition est équivoque, vous ne trouverez pas étrange qu'on puisse l'accorder en un sens et la nier en l'autre. Aussi elle a eu des hérétiques contraires dans les deux sens. Les restes des pélagiens soutiennent les commandemens toujours possibles aux justes, au premier sens; et l'Église le nie. Les luthériens soutiennent les commandemens impossibles au second sens; l'Église le nie.

Ainsi, le concile ayant à combattre deux erreurs si différentes (puisqu'il est aussi hérétique de soutenir que les commandemens sont toujours possibles au premier sens, que de les soutenir impossibles au second), comme ce sont des matières toutes séparées, il les réfute séparément. Il combat celle de Luther dans le chapitre XI, qui n'est fait que contre cet hérésiarque, et dans les canons 18 et 25, qui en sont formés : et il combat celle des semi-pélagiens dans le chapitre XIII, et dans les canons 16 et 22, qui en sont formés. Ainsi son objet, dans le chapitre XI, est seulement de faire voir que le juste agissant par l'amour de Dieu peut faire des œuvres exemptes de péché; et qu'ainsi il peut observer les commandemens, s'il agit par charité, et non pas qu'il a toujours le *pouvoir prochain* de conserver cette charité qui les rend possibles. Et son objet, dans le chapitre XIII, est de déclarer qu'il est faux que les justes aient toujours le *pouvoir prochain* de persévérer, condamnant d'anathème dans le canon 22, qui en est formé, ceux qui disent que le juste a le pouvoir de persévérer dans la justice sans un secours spécial, et partant, qui n'est pas commun à tous les justes.

Et quoiqu en cela le concile établisse que les justes, non-seulement n'ont pas la persévérance actuelle sans un secours spécial, mais qu'ils n'ont pas même le pouvoir de persévérer sans un secours spécial (ce qui n'est autre chose que de dire que tous les justes qui n'ont pas ce pouvoir spécial, n'ont pas le *pouvoir prochain* et *complet* d'accomplir les commandemens dans l'instant suivant, puisque persévérer n'est autre chose que d'accomplir les commandemens dans les instans suivans) : néanmoins sa décision n'est pas contraire à celle du chapitre XI, que « les commandemens ne sont pas impossibles aux justes, » à cause des divers sens de cette proposition.

Pour prouver ce que je dis, il ne faudroit que traduire tout ce chapitre XI; et si vous le faites faire, vous verrez le sens du concile à découvert. Il déclare d'abord sa proposition, que « les commandemens ne sont pas impossibles aux justes, » qui sont les paroles de saint Augustin. Et pour examiner en quel sens il l'entend, je vous prie seulement de voir la preuve qu'il en donne, la conclusion qu'il tire de sa preuve, et les canons qu'il en forme. Que si la preuve qu'il en donne n'a de force que pour le premier sens : si la conclusion qu'il en tire est en termes univoques dans ce même premier sens, et les canons de même dans ce premier sens, qui pourroit douter de celui de la proposition?

Voici sa preuve : « Les commandemens ne sont pas impossibles aux justes; car ceux qui sont enfans de Dieu, c'est-à-dire les justes, aiment Jésus-Christ, » et il a dit que « ceux qui l'aiment, gardent sa parole, » c'est-à-dire ses préceptes. Cette preuve est excellente pour montrer la possibilité au premier sens : c'est-à-dire que les commandemens sont possibles à la charité; car Jésus-Christ a dit que « ceux qui l'aiment observent ses commandemens; » mais elle ne peut pas valoir pour montrer la possibilité en l'autre sens, c'est-à-dire pour l'avenir; car il est bien dit que ceux qui aiment Jésus-Christ au temps présent, observent ses commandemens dans le même temps présent où ils l'aiment, mais non pas qu'ils auront le pouvoir de les garder à l'avenir : aussi le concile avertit, au même endroit, qu'ils peuvent garder les commandemens par le secours de Dieu.

Ensuite de quoi ayant cité beaucoup de passages de l'Écriture qui commandent la justice et l'observation des préceptes, ce qui seroit ridicule, si la nature humaine, même aidée de la grâce, en étoit absolument incapable, il conclut de cette sorte : « d'où il est constant que ceux-là répugnent à la vraie foi, qui disent que le juste pèche en toutes ses bonnes actions. » Et partant, le concile prétendant avoir prouvé ce qu'il avoit proposé, que les commandemens ne sont pas impossibles aux justes, lorsque, par le moyen de cette preuve, « car ceux qui aiment Jésus-Christ gardent sa parole, » il tire cette conclusion : « donc le juste ne pèche pas dans toutes ses bonnes actions : » peut-on nier qu'il n'a prétendu dire autre chose dans sa proposition (qu'on rend équivoque), que ce qu'il dit dans sa conclusion (qu'on ne peut tirer en divers sens), savoir, que « le juste ne pèche pas quand il fait de bonnes actions et par le mouvement de la grâce. » Et cela est parfaitement éclairci par les canons qu'il en forme, qui sont toujours la substance et comme l'âme des chapitres. Voici tous ceux qu'il en tire touchant cette possibilité.

Canon 25. « Si quelqu'un dit que le juste pèche en toute bonne œuvre véniellement, ou, ce qui est plus insupportable, mortellement, et qu'il en mérite la peine éternelle, et qu'il n'est pas damné par cette seule raison, que Dieu ne lui impute pas ses œuvres à damnation : qu'il soit anathème. » Le sens du concile n'est-il pas clair?

Canon 18. « Si quelqu'un dit que l'observation des commandemens est impossible à l'homme même justifié et constitué sous la grâce : qu'il soit anathème. » Y a-t-il rien de plus clair?

Il semble que le concile ait craint qu'on n'abusât de son expression, et que pour cela il ne se soit pas contenté de dire : « Si quelqu'un dit que les commandemens sont impossibles aux justes, qu'il soit anathème ; » mais il dit : « Si on dit que les commandemens sont impossibles au juste qui est constitué sous la grâce, qu'il soit anathème ; » afin qu'on ne pût pas croire qu'il parlât de cette possibilité pélagienne ; et qu'il parût clairement qu'il ne combat que ceux qui disent que les commandemens sont impossibles aux justes, même avec la grâce et dans le temps où ils sont constitués sous la grâce, pour user de ses termes : car le concile ayant dit « justifié, » n'auroit pas ajouté, « et constitué sous la grâce, » sinon pour rendre son intention plus manifeste et son sens sans équivoque ; vu que les canons sont toujours conçus en des termes très-courts et très-serrés.

Je vous laisse donc à juger combien ceux-là sont destitués de force, qui en cherchent dans ce chapitre du concile ; et quoique ceci suffise pour répondre à ce que vous me demandez, j'y joindrai pourtant une autre preuve, pour vous satisfaire plus pleinement. Ces paroles, « les commandemens ne sont pas impossibles aux justes, » étant prises de saint Augustin, qui est cité à la marge du concile, on ne doit pas penser qu'elles y aient été employées dans un sens contraire à celui de saint Augustin ; car on n'a rapporté ses paroles que pour rapporter son sens, puisque autrement ce seroit agir de mauvaise foi.

Or que saint Augustin ait jamais entendu autre chose par ces paroles, toutes les fois qu'il en a usé, sinon ce que fait le concile en cet endroit, il ne faut qu'avoir jeté les yeux dans ses ouvrages pour en être éclairci. Je crois qu'il ne l'a presque jamais dit sans l'avoir expliqué de la sorte ; c'est-à-dire que les commandemens ne sont pas impossibles à la charité, et que la seule raison pour laquelle ils sont donnés, est pour faire connoître le besoin qu'on a de recevoir de Dieu cette charité. C'est ainsi qu'il dit : « Dieu juste et bon n'a pu commander les choses impossibles » (Aug. *De nat. et gratia*, cap. LXIX) ; ce qui nous avertit de faire ce qui est facile, et de demander ce qui est difficile ; car toutes choses sont faciles à la charité ; et ailleurs : « Qui ne sait que ce qui se fait par amour, n'est pas difficile ? » (*De perfect. just.*, cap. X.)

Il seroit inutile de rapporter plus de passages ; mais, après vous avoir montré que le concile n'a pas entendu que les justes ont le *pouvoir prochain* d'observer les commandemens à l'avenir, il vous sera bien aisé de voir qu'il n'a pu le prétendre, et qu'ainsi non-seulement il ne l'a pas fait, mais qu'il n'a pu le faire.

C'est ce qui paroît manifestement par le canon 22 ; car puisqu'il défend, sous peine d'anathème, de dire que tous les justes ont le pouvoir de persévérer dans la justice, cela n'emporte-t-il pas nécessairement que tous les justes n'ont pas le *pouvoir prochain* d'observer les commandemens à l'instant suivant, puisqu'il n'y a aucune différence entre avoir le pouvoir d'observer les commandemens à l'instant suivant, et avoir le pouvoir de persévérer dans la justice, puisque persévérer dans la justice n'est autre chose qu'observer les commandements à l'instant suivant ?

Cette définition de ce 22e canon emporte aussi nécessairement que les justes n'ont pas toujours le *pouvoir prochain* de persévérer dans la prière; car puisque les promesses de l'Évangile et de l'Écriture nous assurent d'obtenir infailliblement la justice nécessaire pour le salut, si nous la demandons par l'esprit de la grâce et comme il faut, n'est-il pas indubitable qu'il n'y a point de différence entre persévérer dans la prière, et persévérer dans l'impétration de la justice; et qu'ainsi si tous les justes ont le *pouvoir prochain* de persévérer à prier, ils ont aussi tous le *pouvoir prochain* de persévérer dans la justice, qui ne peut être refusée à leur prière; ce qui est formellement contraire à la décision du canon?

Cette même décision n'enferme-t-elle pas encore, par une conséquence nécessaire, qu'il n'est pas vrai que Dieu ne laisse jamais les justes sans le *pouvoir prochainement suffisant* pour prier à l'instant suivant, puisqu'il n'y a point de différence entre avoir le *pouvoir prochain* de prier dans l'instant suivant, et avoir le *pouvoir prochain* de persévérer dans la prière; et qu'ainsi si tous les justes ont le *pouvoir prochain* de prier dans l'instant suivant, ils ont tous le *pouvoir prochain* de persévérer dans la prière, et partant, ils ont tous le *pouvoir prochain* de persévérer dans la justice; contre les termes exprès du concile, qui déclare que non-seulement les justes n'ont pas la persévérance, mais même le pouvoir de persévérer, sans un secours spécial, c'est-à-dire qui n'est pas commun à tous?

D'où vous voyez combien il se conclut nécessairement, qu'encore qu'il soit vrai en un sens que Dieu ne laisse jamais un juste, si le juste ne le laisse le premier, c'est-à-dire que Dieu ne refuse jamais sa grâce à ceux qui le prient comme il faut, et qu'il ne s'éloigne jamais de ceux qui le cherchent sincèrement : il est pourtant vrai en un autre sens que Dieu laisse quelquefois les justes avant qu'ils l'aient laissé, c'est-à-dire que Dieu ne donne pas toujours aux justes le *pouvoir prochain* de persévérer dans la prière, ou, ce qui est la même chose, la grâce avec laquelle rien n'est plus nécessaire pour prier effectivement; car puisque le concile déclare que les justes n'ont pas toujours le pouvoir de persévérer, d'où nous avons vu qu'il s'infère de nécessité que c'est s'opposer au concile, de dire de quelque juste que ce soit, que Dieu lui donne le *pouvoir prochain* de prier dans l'instant suivant; ne paroît-il pas qu'il y a des justes que Dieu laisse sans ce pouvoir pendant qu'ils sont encore justes, c'est-à-dire avant qu'ils aient laissé Dieu, même par aucun péché véniel, puisque si Dieu ne refusoit ce *secours prochain* à aucun de ceux qui n'ont commis aucun péché véniel depuis leur justification, il s'ensuivroit que tous les justifiés recevroient avec leur justification le *pouvoir prochain* de persévérer par un secours général, et non pas spécial?

Concluons donc que, suivant le concile, les commandemens sont toujours possibles aux justes en un sens; et qu'en un autre sens, les commandemens sont quelquefois impossibles aux justes : que Dieu ne laisse jamais le juste, si celui-ci ne le quitte, et qu'en un autre sens, Dieu laisse quelquefois le juste le premier, et qu'il faut être, ou bien aveugle, ou bien peu sincère, pour trouver de la contradiction dans ces propositions qui subsistent si facilement ensemble, puisque ce n'est autre chose que dire que les commandemens sont toujours possibles à la charité, et que tous les justes n'ont pas toujours le *pouvoir prochain* de persévérer dans cette charité : ce qui n'est point contradictoire ; que Dieu ne refuse jamais ce qu'on lui demande bien dans la prière, et que Dieu ne donne pas toujours la persévérance dans la prière ; ce qui n'est en aucune sorte contradictoire.

Voilà ce que j'avois à vous dire sur ce sujet, où je suis bien aise d'être entré, pour vous faire voir que les propositions qui sont contradictoires dans les paroles, ne le sont pas toujours dans le sens ; et parce que vous avez pensé souvent trouver de la contradiction dans les choses que j'ai eu l'honneur de vous dire, et que l'on voit aujourd'hui un nombre de personnes assez téméraires pour avancer qu'il y a de la contradiction dans les sentimens de saint Augustin : je ne puis refuser une occasion si commode de vous ouvrir amplement les principes qui accordent si solidement toutes ces propositions contradictoires en apparence, mais en effet liées ensemble par un enchaînement admirable.

Il ne faut que remarquer qu'il y a deux manières dont l'homme recherche Dieu, deux manières dont Dieu recherche l'homme ; deux manières dont Dieu quitte l'homme, deux manières dont l'homme quitte Dieu ; deux dont l'homme persévère, deux dont Dieu persévère à lui faire du bien, et ainsi du reste.

Car la manière dont Dieu cherche l'homme lorsqu'il lui donne les foibles commencemens de la foi, pour faire que l'homme lui crie dans la vue de son égarement : « Seigneur, cherchez votre serviteur, » est bien différente de celle dont Dieu recherche l'homme quand il exauce cette prière, et qu'il le recherche pour se faire trouver ; car celui qui disoit : « Cherchez votre serviteur, » avoit sans doute déjà été cherché et trouvé ; mais parce qu'il savoit bien, lui qui avoit l'esprit de prophétie, qu'il y avoit une autre manière dont Dieu pouvoit le rechercher, il se servoit de la première pour obtenir la seconde.

Ainsi la manière dont nous cherchons Dieu foiblement, quand il nous donne les premiers souhaits de sortir de nos engagemens, est bien différente de la manière dont nous le cherchons, quand, après qu'il a rompu nos liens, nous marchons vers lui en courant dans la voie de ses préceptes. Toutes ces choses-là, qui sont sans contestation, nous conduiront insensiblement à concevoir celles qui sont contestées.

Il y a de même deux manières dont l'homme persévère. La persévérance à prier et à demander simplement les forces dont on se sent dépourvu, est bien différente de la persévérance dans l'usage de ces mêmes forces et dans la pratique des mêmes vertus. Ainsi il y a deux manières dont Dieu quitte l'homme comme nous l'avons déjà dit ; et ainsi du reste.

L'intelligence de ces différences éclaircit toutes les difficultés et toutes les contradictions apparentes, et qui ne le sont pas en effet, parce que des deux propositions qui semblent opposées, l'une appartient à l'une de ces manières, et l'autre à l'autre. Car comme on peut considérer la justification de deux manières, l'une dans ses effets particuliers, et l'autre dans tous ses effets en commun, on peut aussi en parler de deux manières différentes. Qui doute qu'on ne puisse considérer la première lumière de la foi séparément, et les actions qui en naissent séparément, et qu'on ne puisse considérer et la foi et les œuvres en commun et comme en un corps, et ainsi en parler diversement? C'est ainsi que fait saint Augustin, lorsque pour s'accommoder à ceux à qui il parle, il dit : « On peut distinguer la foi d'avec les œuvres, comme on distingue le royaume de Juda d'avec celui d'Israël. » N'est-ce pas ainsi que saint Thomas, parlant de la prédestination gratuite, sur laquelle vous n'avez point de difficulté, dit qu'on peut la considérer, ou en commun, ou dans ses effets particuliers, et en parler ainsi en deux manières contraires? En la considérant dans ses effets, on peut leur alléguer des causes, les premiers étant les causes méritoires des seconds, et les seconds la cause finale des premiers; mais en les considérant tous en commun, ils n'ont aucune cause que la volonté divine; c'est-à-dire, comme il l'explique, que la grâce est donnée pour mériter la gloire, et que la gloire est donnée parce qu'on l'a méritée par la grâce; mais le don de la gloire et de la grâce ensemble et en commun n'a aucune cause que la volonté divine.

Ainsi, si nous considérons la vie chrétienne, qui n'est autre chose qu'un saint désir, selon saint Augustin, nous trouverons, et que Dieu prévient l'homme, et que l'homme prévient Dieu; que Dieu donne sans qu'on demande, et que Dieu donne ce qu'on demande, que Dieu opère sans que l'homme coopère, et que l'homme coopère avec Dieu; que la gloire est une grâce et une récompense; que Dieu quitte le premier, et que l'homme quitte le premier; que Dieu ne peut sauver l'homme sans l'homme, et que cela ne dépend nullement de l'homme qui veut et qui court, mais seulement de Dieu qui fait miséricorde.

Par où vous voyez que presque tout ce que les semi-pélagiens ont dit de la justification en commun, est véritable de ses effets particuliers, qu'ainsi on peut dire les mêmes choses qu'eux sans être de leur sentiment, à cause des différens objets des mêmes propositions; et que toutes les expressions suivantes sont communes à saint Augustin et à ses adversaires. « Les commandemens sont toujours possibles aux justes; Dieu ne nous sauve point sans notre coopération : nous garderons les commandemens; si nous voulons; il est en notre pouvoir de garder les commandemens, il est en notre pouvoir de changer notre volonté en mieux; la gloire est donnée aux mérites: demandez, et vous recevrez; j'ai attendu le Seigneur, j'ai prévenu le Seigneur; tous les hommes ne sont pas sauvés, parce qu'ils ne le veulent pas; Dieu ne quitte point, s'il n'est quitté; Dieu veut que tous les hommes soient sauvés, » etc.

Tous les discours de cette sorte sont communs aux deux partis. Saint Augustin eût ainsi parlé aussi bien que ses ennemis. Et comment ne le feroit-il pas, vu que la plupart de ces phrases sont de l'Écriture sainte? Mais les expressions contraires sont particulières à saint Augustin et à ses disciples, comme : « Le salut ne dépend que de Dieu; la gloire est gratuite; elle n'appartient, ni à celui qui veut, ni à celui qui court, mais elle vient de Dieu, qui fait miséricorde; ce n'est point par les œuvres que nous sommes sauvés, mais par la vocation; c'est Dieu qui opère le vouloir et l'action suivant son bon plaisir; les commandemens ne sont pas toujours possibles; la grâce n'est pas donnée à tous; tous les hommes ne sont pas sauvés, non parce qu'ils ne le veulent pas, mais parce que Dieu ne le veut pas; chaque action que nous faisons en Dieu, est faite en nous par Dieu même, » etc.

Toutes celles de cette sorte sont propres à saint Augustin; de sorte que, par un merveilleux avantage pour sa doctrine, les expressions semi-pélagiennes sont aussi augustiniennes, mais non pas au contraire. D'où l'on voit combien il est injuste de prétendre que les passages de l'Écriture qui semblent favoriser les semi-pélagiens, ruinent les sentimens de saint Augustin, puisque tous ces passages peuvent avoir deux sens; au lieu que ceux qui établissent la doctrine de saint Augustin, ruinent nécessairement les sentimens des semi-pélagiens, parce qu'ils sont univoques.

2.

Les mêmes choses que nous venons d'observer sur les passages de l'Écriture qui sont susceptibles de deux sens, doivent être dites à ceux qui abusent des passages équivoques de saint Augustin, au lieu de les expliquer par les passages univoques. Je ne m'arrêterai pas à ceux qui sont foibles, comme à ceux-ci : « Jamais l'homme ne prévient Dieu; et, la bonne volonté de l'homme précède beaucoup de dons de Dieu (*Enchir.*, cap. XXXII); » car il s'en explique trop clairement lui-même à l'endroit d'où ces dernières paroles sont tirées. La bonne volonté de l'homme précède beaucoup de dons de Dieu, mais non pas tous; et elle est elle-même entre ceux qu'elle ne précède point; car l'un et l'autre se dit dans l'Écriture : et sa miséricorde me préviendra, et sa miséricorde me suivra. Il prévient celui qui ne veut pas, pour faire qu'il veuille; et il suit celui qui veut, pour faire qu'il ne veuille pas en vain.

La véritable cause de toutes ces différentes expressions est que toutes nos bonnes actions ont deux sources : l'une, notre volonté; l'autre, la volonté de Dieu. Car, comme dit saint Augustin, Dieu ne nous sauve point sans nous; et si nous voulons, nous garderons ses commandemens : il dépend du mouvement de notre volonté de mériter et de démériter. De sorte que, si on demande pourquoi un adulte est sauvé, on a droit de dire que c'est parce qu'il l'a voulu; et aussi de dire que c'est parce que Dieu l'a voulu : car si l'un ou l'autre ne l'eût pas voulu, cela n'eût pas été. Mais encore que ces deux causes aient concouru à cet effet, il y a pourtant bien de la différence entre leur concours; la volonté de l'homme n'étant pas la cause de la volonté de Dieu, au lieu que la volonté de Dieu est la cause, la source et le principe de la volonté de l'homme, celle qui opère en lui cette volonté de telle sorte, qu'encore qu'on puisse attribuer les actions, ou à la volonté de l'homme, ou à la volonté de Dieu, et qu'en cela ces deux causes semblent y concourir également, néanmoins, il y a cette entière différence, qu'on peut, dans un sens très-vrai, attribuer l'action à la seule volonté de Dieu, à l'exclusion de la volonté de l'homme; au lieu qu'elle ne peut jamais, ni dans aucun sens, être attribuée à la seule volonté de l'homme, à l'exclusion de celle de Dieu.

Car, quand on dit que l'action vient de notre volonté, on considère la volonté humaine comme cause seconde, mais non pas comme première cause; mais, quand on cherche la première cause, on l'attribue à la seule volonté de Dieu, et on exclut la volonté de l'homme. C'est ainsi que saint Paul ayant dit : «J'ai travaillé plus qu'eux tous, » il ajoute : «Non pas moi, c'est-à-dire je n'ai point travaillé, mais la grâce qui est avec moi a travaillé.» Par où l'on voit qu'il attribue son travail à sa volonté, et qu'il le refuse à sa volonté, suivant qu'il en cherche, ou la cause seconde, ou la première cause, mais jamais à soi seul; au lieu qu'il le donne à la seule grâce. C'est ainsi qu'il dit : « Je vis, non pas moi, mais Jésus-Christ en moi. » Il dit donc : « Je vis, » et il ajoute : « Je ne vis pas; » tant il est vrai que la vie est de lui, et qu'elle n'est pas de lui, suivant qu'il veut en marquer ou la cause seconde, ou la cause première. Mais, à proprement parler, il attribue cette vie à Jésus-Christ, et jamais à lui seul.

Voilà l'origine de toutes ces contrariétés apparentes, que l'incarnation du Verbe, qui a joint Dieu à l'homme, et la puissance à l'infirmité, a mises dans les ouvrages de la grâce.

Vous ne vous étonnerez pas après cela de voir dans saint Augustin de ces contrariétés pareilles à celles de l'Écriture. Je ne vous en marquerai qu'un ou deux des principaux endroits, comme celui-ci : « Cette lumière ne repaît pas les yeux des animaux brutes, mais les cœurs purs de ceux qui croient en Dieu, et qui se convertissent de l'amour des choses visibles à l'accomplissement des préceptes; ce que tous les hommes peuvent, s'ils veulent. » Qui ne croiroit qu'en cela saint Augustin est d'accord avec Pélage? Car cet hérétique n'a jamais rien dit de plus formel pour les forces de la liberté; et cependant saint Augustin trouve cette expression si équivoque, qu'il juge qu'elle peut avoir un sens très-conforme à sa prétention : mais parce qu'elle est aussi capable d'un mauvais sens, il la rétracte et la retouche en cette sorte en ses *Rétractations* : « Que les nouveaux hérétiques pélagiens ne pensent pas que cela les favorise; cela est entièrement véritable, que tous les hommes peuvent, s'ils veulent; mais la volonté est préparée par le Seigneur, et est augmentée par le don de la charité, en sorte qu'ils le puissent; ce que je n'avois pas dit en cet endroit, parce que cela n'y étoit pas nécessaire à la question. » Par où l'on voit en passant, quand il est échappé à saint Augustin des expressions de cette sorte en des occasions où il n'étoit pas nécessaire de les expliquer, combien il est ridicule de détourner ces termes équivoques aux sens tout contraires à ses principes; et l'on voit en même temps que le sens catholique de ces paroles est qu'on peut garder les commandemens, si on le veut, et au cas que le don de la charité nous en donne le vouloir.

Cet autre endroit est de la même sorte : « Personne ne peut faire le bien s'il ne change sa volonté : ce que le Seigneur nous a appris être en notre puissance, lorsqu'il a dit : « Ou faites l'arbre bon, et son fruit sera « bon; ou faites l'arbre mauvais, et son fruit sera mauvais. »

Voilà quelles expressions il faudroit prendre dans saint Augustin pour l'accuser de contradictions, et non pas celle-là simplement : « Les commandemens sont possibles aux justes. » En effet, qui ne voit que le mot de *puissance* est tellement vague, qu'il enferme toutes les opinions; car enfin, si l'on appelle une chose être en notre puissance, lorsque nous la faisons quand nous voulons, ce qui est une façon de parler très-naturelle et très-familière, ne s'ensuivra-t-il pas qu'il est en notre pouvoir, pris en ce sens, de garder les commandemens et de changer notre volonté, puisque, dès que nous le voulons, non-seulement cela arrive, mais qu'il y a implication à ce que cela n'arrive pas? Mais si l'on appelle une chose être en notre pouvoir, lors seulement qu'elle est au pouvoir qu'on appelle *prochain*, ce qui est aussi une façon fort ordinaire d'employer le mot de *pouvoir* : en ce sens, nous n'avons plus ce pouvoir que quand il nous sera donné de Dieu. Ainsi cette expression de saint Augustin est catholique au premier sens, et pélagienne au second. C'est ainsi qu'il en parle dans ses *Rétractations* : « Cela n'est nullement contre la grâce de Dieu que nous prêchons: car il est en la puissance de l'homme de changer sa volonté en mieux; mais cette puissance est nulle si elle n'est donnée de Dieu; car puisqu'une chose est en notre puissance, laquelle nous faisons quand nous voulons, rien n'est tant en notre puissance que notre volonté même; mais la volonté est préparée par le Seigneur; c'est donc de cette sorte qu'il en donne la puissance; c'est ainsi qu'il faut entendre ce que j'ai dit après : il est en notre puissance de mériter, ou la récompense, ou la peine: car rien n'est en notre puissance que ce qui suit notre volonté, à laquelle, lorsque Dieu la prépare forte et puissante, la même bonne action devient facile, qui étoit difficile et même impossible auparavant. » (Lib. I, cap. XXII.)

Après de si grands exemples, vous ne pouvez pas douter qu'il n'y ait certaines propositions semi-pélagiennes qui ne soient aussi augustiniennes.

C'est ainsi que saint Augustin n'est pas contraire à lui-même, lorsque, ayant fait deux livres entiers pour montrer que la persévérance est un don de Dieu, il ne laisse pas de dire en un endroit de ces livres, que la persévérance peut être méritée par la prière. Car il est sans doute que la persévérance dans la justice peut être méritée par la persévérance dans la prière; mais la persévérance dans la prière ne peut l'être; et c'est proprement elle qui est ce don spécial de Dieu dont parle le concile; et c'est ainsi que la persévérance en commun est un don spécial, et que la persévérance qui peut être méritée est la persévérance des œuvres; ce qui paroît par cette expression même : « La persévérance peut être méritée par les prières. »

C'est ainsi qu'il ne se contredit pas, lorsque, ayant établi par tous ces principes que la grâce est tellement efficace et nécessaire, que l'homme ne quitte jamais Dieu, si Dieu ne le laisse auparavant sans ce secours, puisque, tant qu'il lui plaît de le retenir, l'homme ne s'en sépare jamais : il ne laisse pas de dire en quelques endroits que Dieu ne quitte point le juste que le juste ne l'ait quitté, parce que ces deux choses subsistent ensemble à cause de leurs différens sens; car Dieu ne cesse point de donner ses secours à ceux qui ne cessent point de les demander; mais aussi l'homme ne cesseroit jamais de les demander, si Dieu ne cessoit de lui donner la grâce efficace de les demander. De sorte qu'en cette double cessation, il arrive que Dieu commence l'une toujours, et qu'il ne commence jamais l'autre.

Ce double délaissement, l'un dans lequel Dieu commence, et l'autre dans lequel Dieu suit, vous est marqué clairement dans saint Prosper, lorsqu'il dit : « Dieu ne quitte point si on ne le quitte, et il fait bien souvent qu'on ne le quitte point; mais d'où vient qu'il retient ceux-ci, et qu'il ne retient pas ceux-là? Il n'est ni permis de le rechercher, ni possible de le trouver. » Où l'on voit qu'à la vérité *Dieu ne quitte point si l'on ne le quitte* : voilà un délaissement où l'homme commence ; et *Dieu fait bien souvent qu'on ne le quitte pas* : donc il ne le fait pas toujours; donc quand on le quitte, c'est parce qu'il ne fait pas qu'on ne le quitte pas; c'est parce qu'il ne retient pas. Donc il arrive premièrement que Dieu ne retient pas, et ensuite on le quitte; car ceux qu'il retient ne le quittent pas : n'est-ce pas précisément ce que je viens de dire? Le premier délaissement consiste en ce que Dieu ne retient pas, ensuite de quoi l'homme quitte, et donne lieu au second délaissement par lequel Dieu le quitte. En un de ces délaissemens. Dieu suit, et il ne s'y trouve aucun mystère, car il n'y a rien d'étrange en ce que Dieu quitte des hommes qui le quittent; mais le premier délaissement est tout mystérieux et incompréhensible. Et saint Augustin, maître de saint Prosper, traite la même chose avec la même netteté, lorsqu'il dit (en parlant de la chute de tous les réprouvés généralement qui arrivent pour un temps à la justification), « qu'ils reçoivent la grâce, mais pour un temps; ils quittent et ils sont quittés; car ils ont été abandonnés à leur libre arbitre par un jugement juste, mais caché. » Où l'on voit qu'*ils quittent* et qu'ensuite *ils sont quittés* : voilà le délaissement où Dieu suit, et qui n'a rien de mystérieux. Mais si l'on demande pourquoi ils quittent, il en donne pour raison, « car ils ont été abandonnés à leur libre arbitre; » ils ont donc été abandonnés avant que de quitter, et même ils ne quittent que parce qu'ils ont été quittés : voilà le délaissement où Dieu commence; et celui-là est par un jugement caché et impénétrable.

Il paroît donc que Dieu ne quitte que parce qu'il a été quitté, et que l'homme ne quitte que parce qu'il a été quitté; et qu'ainsi il est absurde de conclure que, dans les sentimens de saint Augustin, Dieu ne quitte jamais le premier, parce qu'il a dit que Dieu ne quitte point le premier; et que l'un et l'autre est ensemble véritable, et qu'il quitte et qu'il ne quitte point le premier, à cause des différentes manières de quitter.

Il n'en faut pas davantage pour vous faire voir de quelle manière on doit accorder ces contradictions apparentes. Je ne m'étendrai donc pas davantage sur ce sujet; mais parce qu'il m'a conduit insensiblement à parler du délaissement des justes, et que je sais que c'est la seule difficulté qui vous retient, et la seule chose, de tous les points que l'on conteste aujourd'hui, que vous avez peine à croire qu'elle soit de saint Augustin; je ne finirai point cette lettre sans vous éclaircir cet article parfaitement, si Dieu m'en donne le pouvoir.

Je prétends donc vous faire voir par saint Augustin que le juste ne quitteroit jamais Dieu, si Dieu ne le quittoit en ne lui donnant pas toute la grâce nécessaire pour persévérer à prier; et que non-seulement c'est un point de la théologie de ce Père, mais que l'on ne peut le nier sans détruire tous les principes et tous les fondemens de sa doctrine, et sans tomber dans les égaremens de ses adversaires et des ennemis de la grâce, qu'il a combattus et vaincus durant sa vie par ces mêmes écrits par lesquels l'Église les combattra et les vaincra toujours.

Examinons donc, s'il vous plaît, cette question à fond, car je sais que c'est le point qui vous touche le plus; et voyons dans la doctrine de saint Augustin et de saint Prosper, s'il est possible que les justes quittent Dieu avant que Dieu les ait en un sens laissés à eux-mêmes.

Pour cela, il faut prendre pour fondement et pour avoué que Dieu ne laisse jamais ceux qui le prient; et qu'au contraire il leur accorde toujours les moyens nécessaires à leur salut, s'ils le lui demandent sincèrement.

Il n'est donc pas question de savoir si Dieu cesse de donner ses secours à ceux qui persévèrent à les demander, car cela n'a jamais été pensé; mais de savoir si Dieu ne cesse jamais de donner aux justes tous les secours nécessaires pour prier : vo là l'état de la question.

Si nous trouvons que ce soit un principe ferme dans saint Augustin, que tous ceux qui ont la prière actuelle, l'ont par une grâce efficace; et qu'aucun de ceux qui n'ont pas la prière actuelle n'a le *pouvoir prochain* de prier, la question ne sera-t-elle pas résolue? et ne s'ensuivr -t-il pas nécessairement que, tandis que les justes prient, ils sont secourus efficacement; et qu'ils ne cessent point de prier tant que ce secours efficace leur est présent, et que, quand ils cessent, ils n'ont pas le *pouvoir prochain* de prier; et partant, que Dieu les a laissés le premier, je ne dis pas sans aucun secours, mais sans le secours prochain? certainement cela s'ensuit. Voyons donc si je prouverai ces principes.

Si nous trouvons que c'est un principe ferme dans saint Augustin, que non-seulement les grandes actions sont des dons de Dieu (dont personne aujourd'hui ne doute plus), mais que la prière même et la foi, qui sont les moindres choses par lesquelles on adhère à Dieu, et sans lesquelles il est sûr qu'on le quitte, sont aussi des dons de la grâce, des effets de l'ouvrage de la grâce, et qu'elles ne se trouvent en personne que par l'opération expresse de la grâce : cela ne suffira-t-il pas pour montrer qu'on n'a jamais la prière que par une grâce qui fasse prier? Peut-être direz-vous que non; et qu'encore que tous les justes aient la grâce suffisante pour prier, il arrive néanmoins que pas un ne prie que par une grâce efficace; et qu'ainsi, encore que la prière ne se trouve en personne, si elle n'est produite par la grâce efficace, le pouvoir néanmoins pour prier se trouve en tous les justes.

Mais cela n'est pas soutenable; car c'est une question de fait, de savoir si aucun juste ne réduit en acte le *pouvoir prochain* qu'il a de prier, sur laquelle on ne sauroit répondre qu'en s'informant de tous les justes en particulier de quelle sorte la prière se forme en eux; de sorte que ce seroit une témérité impertinente, d'assurer de tous les justes passés et à venir que jamais la prière ne se trouvera en eux par la réduction qu'ils auront faite de leur *pouvoir prochain* en acte. Or, on ne peut pas dire la même chose de la grâce suffisante des Thomistes, c'est-à-dire qu'on peut. sans impertinence, dire qu'elle ne sera jamais réduite en acte, parce qu'ils ne l'établissent pas *prochainement suffisante*. Mais si ce *pouvoir* prétendu de tous les justes pour prier est *prochain*, on ne peut plus dire avec assurance que tous ceux en qui se trouve la prière. ne l'ont pas par ce *pouvoir prochain*, et qu'ils l'ont par une grâce efficace; et par conséquent, si saint Augustin et tous les Pères déclarent affirmativement que la prière est toujours un effet d'une grâce efficace, il s'ensuit nécessairement de cette affirmation universelle, que ceux qui n'ont pas la prière n'ont pas un *pouvoir prochain* pour prier.

Donc, pour montrer que tous ceux qui ne prient pas n'ont pas un *pouvoir prochain* de prier, il suffit de montrer que tous ceux qui prient, prient par une grâce efficace; et c'est ce que nous trouvons dans tout saint Augustin : c'est même pourquoi sont faits tous ses ouvrages sur la grâce, sans presque aucune exception. « Cette grâce, pour être choisie, choisit la première, et n'est point reçue, ni aimée, sinon lorsqu'elle opère cela dans le cœur de l'homme. Donc, et la réception, et le désir de la grâce, est l'ouvrage de la grâce. » (Fulg., 160.) Et après : « Donc c'est elle qui se fait connoître, aimer, désirer, demander. On ne peut pas avoir le désir de l'oraison, s'il ne nous est donné de Dieu. » (Fulg., 268.) « Que ceux qui pensent que la prière est de nous, au lieu qu'elle nous est donnée, prennent garde comme ils se trompent. » (Aug., 438.) Et puis : « Ils ne veulent pas entendre que cela même, que nous prions, est un don de Dieu. (Aug., 438.) « Et ainsi c'est lui-même qui nous fait demander tout ce que nous désirons recevoir : il nous fait chercher tout ce que nous désirons de trouver; il nous fait heurter où nous désirons d'arriver; car l'oraison elle-même est un don de la grâce. » (Aug., 438.) « Donc, afin que nous voulions croire en Dieu, il nous donne cette bonne volonté : afin que nous croyions en lui, il nous donne la foi : afin que nous l'aimions, il nous donne la charité. » Et ensuite : « Donc c'est la seule grâce qui f it en nous la bonne volonté; elle seule donne la foi à cette volonté. » (Fulg., 490.)

Il seroit inutile d'en rapporter plus de témoignages, puisque c'est tout l'objet de saint Augustin et de ses disciples. Considérons donc la force de leurs expressions. S'il est vrai que cette grâce n'est ni aimée, ni reçue, sinon lorsqu'elle opère elle-même ces effets dans le cœur, comment pourra-t-on dire que ceux qui ne l'aiment point, ont le *pouvoir prochain* de l'aimer, et qu'il dépend d'eux de l'aimer sans une grâce efficace, puisqu'elle n'est jamais aimée que par sa propre efficacité? Comment dira-t-on avec hardiesse que la prière est un don de la grâce, et que c'est elle qui nous fait demander tout ce que nous désirons. s'il peut se faire que par un *pouvoir prochain* on demande, quoique la grâce ne fasse pas demander? Comment dira-t-on que c'est la seule grâce qui donne la foi à la volonté, si tant de personnes ayant un *pouvoir prochain* d'avoir la foi, il peut arriver qu'ils l'aient en le réduisant en acte, et qu'ainsi il ne soit pas vrai d'eux que la seule grâce l'ait donné? Mais pour montrer par des passages exprès que le *pouvoir prochain* de prier n'est point dans ceux qui n'ont pas la grâce, écoutons saint Fulgence : « On ne peut pas même avoir le désir de la prière, si ce désir n'est donné de Dieu. » (Fulg., 278.) Donc ceux qui n'ont pas ce désir n'ont pas le *pouvoir prochain* de l'avoir. « Donc quand il nous est commandé de vouloir, notre devoir nous est marqué; mais parce que nous ne pouvons pas l'avoir de nous-mêmes, nous sommes avertis d'en demander le pouvoir à celui qui nous en donne le commandement; ce que toutefois nous ne pouvons demander, si Dieu n'en opère en nous la volonté même. » (Fulg., 178.) Donc ceux qui n'ont pas la volonté même, n'ont pas ce pouvoir.

Ce n'est pas qu'ils n'aient un pouvoir éloigné, tel qu'est la possibilité, par exemple, qu'ont tous les hommes d'être sauvés. Car toutes les fois qu'on dit qu'on n'a pas le pouvoir de faire une chose, on n'exclut pas toujours ces pouvoirs éloignés : mais il est indubitable qu'on exclut toujours le *pouvoir prochainement suffisant;* donc, quand il est dit qu'on ne peut avoir la volonté de prier, si elle n'est donnée de Dieu, il est certain que cette impuissance est pour le moins à l'égard du *pouvoir prochainement suffisant.*

Ces passages, qui excluent formellement le *pouvoir prochain* de ceux qui n'ont pas l'acte, sont aussi forts qu'on peut souhaiter. Mais cela n'empêche pas que ceux qui n'excluent pas formellement le pouvoir, et qui ne font qu'attribuer toujours l'acte à l'efficacité de la grâce, ont infailliblement la même force pour exclure ce *pouvoir prochainement suffisant;* puisqu'il n'est pas possible, comme nous l'avons tant dit, d'assigner pour unique cause de la foi et de la prière l'efficacité de la grâce, s'il y a dans tous les justes un *pouvoir prochainement suffisant* qui puisse en être la cause.

Concluons donc que tous ceux qui ont la foi et la prière, l'ont par une grâce efficace; et que tous ceux qui ne l'ont pas, n'ont pas le *pouvoir prochain* de l'avoir. Il s'ensuit que tous ceux qui persévèrent à prier, ont une grâce efficace qui les fait prier et les fait persévérer à prier; et que tous ceux qui ont cette grâce, prient; et que ceux qui ne persévèrent pas à prier, sont destitués de cette grâce efficace et d'une grâce *prochainement suffisante;* et que ceux qui sont destitués de cette grâce suffisante, ne prient pas; et qu'ainsi un juste ne cesse point de prier, qu'après que Dieu l'a destitué de la grâce efficace et *prochainement suffisante* pour la prière.

Ce chef capital de la doctrine de saint Augustin se prouve invinciblement, et par le principe qui vient de l'éclaircir, et par tous les autres. Donnons un nouveau jour à cette démonstration.

S'il est incontestablement vrai que les élus persévèrent jusqu'à la fin par des voies très-efficaces, c'est-à-dire que les seuls qui persévèrent jusqu'à la fin, persévèrent par des moyens très-efficaces, ne s'ensuivra-t-il pas qu'aucun de tous ceux qui ne persévèrent pas n'a le *pouvoir prochain* de persévérer, par le même raisonnement que nous venons de faire? Car, si les réprouvés qui sont dans la justice ont le *pouvoir pro-*

chain de persévérer à prier, et par conséquent d'obtenir la persévérance dans la justice, comment osera-t-on assurer qu'aucun de tous ceux qui ont persévéré, et qui persévèrent effectivement, ne persévère que par des voies très-efficaces, puisqu'il n'y a nulle absurdité, ni impossibilité que tant de personnes qui ont un *pouvoir prochain* de persévérer, persévèrent? et qu'au contraire, il est moralement impossible qu'entre tant de milliers d'hommes qui ont ce *pouvoir prochain*, il n'y en ait pas au moins un qui le réduise en acte; qu'il est même vraisemblable qu'il y en aura beaucoup, et qu'il est absolument faux qu'il y ait certitude à dire qu'il n'y en aura pas un. Si donc saint Augustin établit positivement que tous les élus sont sauvés par des grâces efficaces, et que tous les justes qui ne sont point élus indubitablement ne persévéreront point : n'est-il pas indubitable qu'ils n'en ont pas le *pouvoir prochain?* Car, s'ils l'avoient, il seroit impertinent d'assurer qu'il ne seroit jamais réduit en acte, puisque la qualité essentielle de *prochain* est telle qu'elle met l'homme dans une certitude absolue de la réduction à l'acte. Et cependant, qui ne sait que c'est un principe de ce Père, répandu dans tous ses ouvrages et fondamental de sa doctrine, que les élus, c'est-à-dire tous ceux qui persévèrent, persévèrent très-certainement par des moyens très-efficaces, et que les justes réprouvés très-certainement ne persévèrent point?

Si c'est un principe ferme dans la doctrine de saint Augustin, qu'Adam et les anges avoient un *secours prochain suffisant* pour ne point s'éloigner de Dieu, par lequel ils pouvoient, ou ne point s'en éloigner, ou s'en éloigner en ne s'en servant pas; et que maintenant cela ne soit pas dans les forces de notre libre arbitre, mais que Dieu veuille qu'il n'appartienne plus qu'à sa seule grâce, et que nous nous approchions de lui, et que nous ne nous en éloignions point : n'avons-nous pas sujet de conclure par la différence de la volonté de Dieu à l'égard de la nature innocente et corrompue, et par la différence des moyens par lesquels il nous donne de ne point nous éloigner de lui, que ceux qui persévèrent, persévèrent par l'efficacité de sa grâce; et que ceux qui ne persévèrent pas n'ont pas le *pouvoir prochain* de persévérer? Et cependant qu'y a-t-il de plus familier dans la doctrine de saint Augustin, que la différence de ces secours? N'aurons-nous pas sujet de conclure aussi que Dieu ne veut plus maintenant commettre la persévérance au libre arbitre des hommes, et qu'ils ne sont plus capables maintenant de se servir d'un *secours prochainement suffisant?* Or c'est ce qu'il établit dans tous ses livres, et particulièrement dans tout celui *De la correction et de la grâce*, et presque dans tout celui *Du don de la persévérance*, dont ce trait suffit : « Car, afin que nous ne nous éloignions point de Dieu (il montre que cela ne peut nous être donné que de Dieu), cela n'est plus en aucune sorte dans les forces du libre arbitre. Cela a été dans l'homme avant sa chute; et cette liberté de la volonté a paru dans l'excellence de cette première condition dans les anges, qui, lorsque le diable est tombé avec les siens, sont demeurés fermes dans la vérité, et ont mérité de parvenir à une assurance éternelle. Mais après la chute de l'homme, Dieu a voulu qu'il n'appartînt plus qu'à sa grâce que l'homme s'approchât de lui, et qu'il n'appartînt plus qu'à sa grâce que l'homme ne se retirât point de lui. »

Nous voyons assez par là que le premier homme ayant reçu un *secours prochainement suffisant* (ce qui est indubitable dans la doctrine de saint Augustin; et si on en doute, il ne faut que recourir au livre *De la correction et de la grâce*, qui en est tout rempli), par lequel il pouvoit persévérer et ne pas persévérer, en sorte qu'il étoit laissé à son libre arbitre d'user de ce pouvoir suivant sa volonté, saint Augustin nous déclare deux choses : l'une, que le libre arbitre, en l'état qu'il est maintenant, n'a plus cette puissance; l'autre, que Dieu ne veut plus commettre la persévérance à ce libre arbitre, mais qu'il veut qu'il n'appartienne qu'à sa grâce de s'approcher de Dieu, et qu'il n'appartienne encore qu'à sa grâce de ne point s'éloigner de Dieu. Considérez sur cela s'il y a rien de plus opposé à cette doctrine, que de dire que Dieu donne maintenant aux justes un *secours prochain* pour persévérer, et qu'il commet à leur libre arbitre de ne point s'éloigner de lui. Saint Augustin soutient que le libre arbitre n'est point maintenant capable de ce *pouvoir prochain;* et ils prétendent que le libre arbitre a effectivement ce *pouvoir prochain!* Saint Augustin dit que Dieu ne veut plus que ce soit avec un tel pouvoir, soumis au libre arbitre, que les hommes ne s'éloignent point de lui; et ils disent que Dieu donne en effet un tel pouvoir aux hommes pour ne point s'éloigner de lui! Saint Augustin dit qu'au lieu que les saints anges ont mérité la gloire en persévérant par leur libre arbitre, aidé d'un tel pouvoir, Dieu veut maintenant qu'il n'appartienne plus, sinon à sa grâce, que les hommes ne s'éloignent point de lui; et ils disent que Dieu donne aux justes un tel pouvoir pour ne point s'éloigner de lui!

Vous voyez que bien loin que cette doctrine soit la même que celle de saint Augustin, je crois qu'il n'est pas possible d'en fabriquer une qui lui soit plus formellement contraire.

Dieu ne veut pas que ce soit autre chose que sa grâce qui fasse maintenant qu'on ne s'éloigne pas de lui, c'est-à-dire qu'on ne cesse de le prier; au lieu qu'il l'avoit laissé au libre arbitre d'Adam. Car, si c'est un principe ferme dans la doctrine de saint Augustin, que le libre arbitre n'est plus maintenant capable de se servir d'un *secours prochainement suffisant :* n'avons-nous pas sujet de conclure qu'il n'y a rien de plus absurde que de dire que les justes ont un *secours prochainement suffisant* pour ne point s'éloigner de Dieu dans la prière? Et cependant il faut être bien peu versé dans l'intelligence de ses maximes capitales, pour l'ignorer.

La raison de cette incapacité qui est maintenant en l'homme d'entrer dans cet équilibre, et d'avoir cette *indifférence prochaine* aux opposites, qui étoient dans Adam, c'est que le libre arbitre d'Adam n'étoit attiré par aucune concupiscence. Sa volonté, dit saint Augustin, n'avoit rien dans elle-même qui lui résistât de la part de la concupiscence, ce qui n'est contesté par personne : de sorte qu'étant entièrement libre et dégagé, il pouvoit, par ce *secours prochainement suffisant*, demeurer dans la justice, ou s'en éloigner sans être ni forcé, ni attiré de part ni d'autre; mais maintenant, dans la corruption qui a infecté l'âme et le corps, la concupiscence, s'étant élevée, a rendu l'homme esclave de sa délectation : de sorte qu'étant esclave du péché il ne peut être délivré de l'esclavage du péché que par une délectation plus puissante qui le rende esclave de la justice.

Aussi cet admirable enseignement de saint Paul devroit suffire pour nous en instruire, quand il dit que l'homme est, ou esclave de la justice et libre du péché, ou libre de la justice et esclave du péché; c'est-à-dire, ou esclave du péché, ou esclave de la justice : jamais sans être esclave ou de l'un, ou de l'autre; et partant, jamais libre et de l'un et de l'autre.

Il est maintenant esclave de la délectation : ce qui le délecte davantage l'attire infailliblement : ce qui est un principe si clair, et dans le sens commun, et dans saint Augustin, qu'on ne peut le nier sans renoncer à l'un et à l'autre. Car qu'y a-t-il de plus clair que cette proposition, que l'on fait toujours ce qui délecte le plus, puisque ce n'est autre chose que de dire que l'on fait toujours ce qui plaît le mieux, c'est-à-dire que l'on veut toujours ce qui plaît, c'est-à-dire que l'on veut toujours ce que l'on veut, et que dans l'état où est aujourd'hui notre âme, il est inconcevable qu'elle veuille autre chose que ce qu'il lui plaît vouloir, c'est-à-dire ce qui la délecte le plus.

Et qu'on ne prétende pas subtiliser en disant que la volonté, pour marquer sa puissance, choisira quelquefois ce qui lui plaît le moins; car alors il lui plaira davantage de marquer sa puissance, que de vouloir le bien qu'elle quitte : de sorte que quand elle s'efforce de fuir ce qui lui plaît, ce n'est que pour faire ce qui lui plaît : étant impossible qu'elle veuille autre chose que ce qu'il lui plaît de vouloir. Et c'est ce qui a fait établir à saint Augustin cette maxime, pour fondement de la manière dont la volonté agit : « Quod amplius delectat, secundum id operemur « necesse est. » C'est une nécessité que nous opérions selon ce qui nous délecte davantage.

Voilà de quelle sorte l'homme étant aujourd'hui esclave de la délectation quelconque, il suit infailliblement, quoique très-librement, celle de la chair ou celle de l'esprit; et il n'est délivré de l'une de ces dominations que par l'autre.

On dira peut-être qu'en posant les délectations égales de la part de l'esprit et de la part de la chair, il recouvrera ses premières indifférences et son premier équilibre; et qu'il sera en cet état aussi libre de choisir les opposés qui le délectent également, qu'Adam étoit libre de s'y porter, quand il ne sentoit aucune délectation. Mais il est bien facile de répondre à cette objection, quoiqu'elle paroisse considérable. Il est bien vrai que le libre arbitre en cet état ne sera entraîné, ni par l'une, ni par l'autre de ces concupiscences : mais il ne s'ensuit pas qu'il soit libre d'aller à l'une ou à l'autre; il s'ensuit, au contraire, qu'il ne pourra choisir ni l'une ni l'autre : car comment feroit-il un choix entre deux délectations égales, lui qui ne veut maintenant que ce qui le délecte le plus?

Aussi si nous voulons nous arrêter sur cette considération métaphysique, et qui n'arrive jamais en effet, elle s'éclaircira bien nettement par cette comparaison : figurons-nous un homme entre deux amis qui l'appellent, l'un d'un côté, l'autre d'un autre, mais sans lui faire de violence pour l'attirer : n'est-il pas clair qu'il est libre de s'approcher de celui qu'il voudra? Mais figurons-nous le même homme qu'un de ses amis appelle sans lui faire de violence pour l'attirer, mais que l'autre attire à soi avec une chaîne de fer : n'est-il pas visible qu'il suivra le plus fort? Et enfin figurons-nous que ces deux amis le tirent vers leur côté chacun avec sa chaîne, mais avec différente force : n'est-il pas visible qu'il suivra infailliblement la plus forte attraction? Et s'il arrive que les efforts par lesquels ils l'attirent en divers sens soient également forts, il est clair qu'il n'avancera d'aucun côté. Figurons-nous maintenant que ce même homme étant placé entre ces deux amis, chacun d'eux le retire avec une chaîne, de peur qu'il ne s'éloigne d'eux davantage : dira-t-on que cet homme ait recouvré sa première liberté, et qu'il soit au même état qu'auparavant et dans l'indifférence de choisir? Et n'est-il pas vrai, au contraire, qu'il est dans l'impuissance d'aller, ni d'un côté, ni d'autre, et qu'il ne peut s'approcher de l'un, si la chaîne qui le tient n'est rompue?

Voilà, en quelque sorte, une image des deux libertés : la première, qui étoit dans Adam, étoit prochainement indifférente aux opposites, sans être liée, ni d'un côté, ni d'autre; mais, depuis qu'elle est tombée dans les liens de la concupiscence, elle est maintenant hors d'état de se porter à Dieu, si ce n'est que le lien de sa grâce le tirant avec plus de force, rompe ceux de la cupidité, et lui fasse dire : « Seigneur, vous avez rompu mes liens. » Mais si cette supposition métaphysique arrive, où la bonne et la mauvaise convoitise le tirent également : qui ne voit que, bien loin d'être dans sa première indifférence, il y sera moins que jamais; bien loin d'être dans l'indépendance, il sera tout dépendant; bien loin d'être libre, il sera esclave des deux côtés; et bien loin de pouvoir se porter aux opposés, il demeurera immobile?

Cette comparaison explique à peu près son état, mais non pas parfaitement; parce qu'il est impossible de trouver dans la nature aucun exemple, ni aucune comparaison qui convienne parfaitement aux actions de la volonté, qui, demeurant toujours libre, ne peut être attirée et liée que par des liens qui sont son vouloir même, et qui ne peuvent enchaîner ce vouloir. Il y a donc toujours cette différence entre le libre arbitre des deux conditions, et cet homme en ces deux états, que, quand l'homme est lié de la sorte, quoique son corps soit lié, sa volonté demeure libre; de sorte qu'il peut vouloir se porter au lieu opposé à celui où il est attiré : au lieu que, dans la liberté de l'homme dans les deux conditions, c'est la volonté qui est elle-même liée, et liée par elle-même par cette délectation qui lui fait préférer un objet à un autre. C'est pourquoi la comparaison ne pourroit être juste qu'au cas que cette même chaîne, qui attire un homme de son côté, eût la force de porter dans sa volonté un plaisir victorieux, qui lui fît aussi infailliblement aimer celui qui l'attire, que sa chaîne attire infailliblement son corps : et alors l'immobilité du corps entre ces deux chaînes qui le retiennent seroit une image parfaite de l'immobilité de sa volonté entre deux délectations égales. De sorte que, pour finir cette comparaison, comme cet homme ne seroit pas remis en sa liberté par ses chaînes contraires, et qu'il ne pourroit l'être que par le brisement de ses chaînes : ainsi l'homme ne peut pas être remis dans l'indifférence par l'égalité de ses convoitises contraires, et il ne pourroit l'être que par la délivrance de ses deux convoitises : si bien que comme l'homme n'est jamais délivré en cette vie de toute la concupiscence, il est clair par ces principes qu'il ne peut rester dans cette *indifférence prochaine* de sa première condition. *Hoc non est amplius in viribus*, etc. Ainsi saint Augustin n'a jamais entendu que l'homme pût sortir du péché et de la convoitise où sa corruption l'a précipité, s'il n'en est tiré par une délectation plus puissante, non pas seulement aussi forte, mais plus forte et absolument victorieuse, comme il se voit par tous ses écrits.

Vous voyez par là combien ce *pouvoir prochain* est contraire aux lumières du sens commun et aux maximes de saint Augustin, outre qu'il est si ridicule de lui-même, qu'il ne peut être proposé sérieusement; car, comme l'homme change à toute heure et ne peut jamais demeurer en même état, il faudroit qu'à mesure qu'il s'attache ou se détache des choses du monde (ce qui est toujours dans son pouvoir, plus ou moins, quoique non pas entièrement), il faudroit, dis-je, que cette délectation de la grâce, pour le mettre toujours dans ce *pouvoir prochain* et cet équilibre, changeât aussi à toute heure pour suivre son inconstance; et, ce qui seroit monstrueux à la grâce, qu'elle augmentât à mesure qu'il s'attache plus au monde, et qu'elle diminuât sa force à mesure qu'il s'en détache.

Nous trouvons une nouvelle preuve de cette vérité dans la raison que saint Augustin apporte du délaissement des justes : car; s'il établit partout que la rechute est permise pour leur apprendre à n'espérer qu'en Dieu; n'est-il pas visible qu'il n'y a rien de si contraire à ce dessein, que de les assurer qu'ils ont toujours le *pouvoir prochain* de prier, puisque la prière est toujours certaine d'obtenir sa demande? Mais, si l'on veut savoir la cause pourquoi ils ont quitté Dieu, il en donne pour unique raison que Dieu les avoit laissés à leur libre arbitre. Et, si l'on demande pourquoi, étant justes aussi bien que les élus, Dieu les laisse à leur libre arbitre, et non pas les élus, il déclare que c'est par un jugement caché. D'où il se voit que ce n'est point pour avoir mal usé de la grâce qui étoit en eux, ni pour s'être attribué l'effet de la grâce ; car en ce cas le discernement n'auroit pas une cause cachée, mais bien connue. Enfin ce n'est pour aucune raison qui puisse nous être connue, puisque c'est par un jugement occulte; ce qui est d'une si grande force, que je vous la laisse à exagérer. Et comme saint Augustin parle en ces endroits de tous les réprouvés qui ont quelque temps la grâce, on voit de quelle manière leur chute arrive, par cette connoissance qu'il en donne.

Car qui ne sait que c'est un principe indubitable dans la doctrine de saint Augustin, que la raison pour laquelle de deux justes, l'un persévère, et l'autre ne persévère pas, est un secret absolument incompréhensible? D'où il se voit que tous les justes n'ont pas le *pouvoir prochain* de persévérer, puisque, si le différent usage que leur libre arbitre feroit de ce pouvoir étoit la cause de leur discernement, il n'y auroit point de mystère. Qui ne sait que dans saint Augustin, tous les élus, c'est-à-dire tous ceux qui persévèrent, persévèrent par une grâce qui les fait persévérer très-invinciblement, et sans laquelle ils ne pourroient pas persévérer? Qui ne sait quelle différence il met entre la persévérance d'Adam et des anges, et celle des hommes d'à présent? Qui ne sait que c'est Dieu qui donne la persévérance dans l'oraison : que la grâce se fait désirer, et opère dans l'homme tout le bien qu'il fait : que les justes sont retenus en cette vie, jusqu'à ce que la grâce ait rendu leur volonté bonne, et en sont ôtés lorsque leur volonté deviendroit méchante; et qu'au contraire les réprouvés qui sont justes, sont laissés en cette vie jusqu'à ce que leur volonté soit changée, quoiqu'ils pussent en être ôtés auparavant?

Qui ne voit, dans tous ces principes, la fausseté de cette proposition, que les justes ont toujours un *pouvoir prochain* de persévérer au moins dans la prière? Car si cela est, et que ce pouvoir soit *prochain*, et non pas tel que la grâce suffisante des thomistes, qui n'a jamais son effet, mais qu'il soit véritablement prochain, il s'ensuit qu'il pourroit arriver (ce qui implique) que les justes même réprouvés seroient persévérans; qu'il n'y a nulle différence entre la persévérance d'Adam ou des anges, et celle d'aujourd'hui; qu'il n'y a plus de mystère dans le discernement de ceux qui persévèrent d'avec ceux qui ne persévèrent pas; et enfin toutes les absurdités contraires aux chefs de la doctrine du docteur de la grâce; et, parce que les passages où il établit tous ces points ne vous sont peut-être pas familiers, je vous en donnerai ceux que j'ai en main. « Il arrive que chacun de nous sait quelquefois entreprendre, faire et accomplir une bonne œuvre, et quelquefois ne le sait pas; quelquefois il y sent de la délectation, et quelquefois il n'en sent point : afin d'apprendre que ce n'est point par notre puissance, mais par le don de Dieu, que nous savons et que nous sentons cette délectation, et qu'ainsi nous soyons guéris de la superbe, et que nous sachions combien véritablement il est dit que le Seigneur donnera la délectation, et que notre terre donnera son fruit. » (Aug., lib. II, *De peccat. merit.*, cap. XVII.)

N'est-il pas visible que dans ce passage saint Augustin établit une sorte d'impuissance où l'on se trouve d'accomplir quelque bonne œuvre, puisqu'il dit que cette délectation ne nous est pas toujours présente, afin que nous apprenions à ne point nous élever? ce qui ne seroit pas véritable, si nous avions le *pouvoir prochain* de l'accomplir.

C'est pour cette raison que Dieu guérit plus tard de quelques vices même ses saints et ses fidèles, en sorte que « la délectation qu'ils ont dans le bien soit moindre qu'il ne suffit pour accomplir entièrement la justice. » (Aug., *ibid.*, cap. XIX.) Et ensuite : « Et en cela il ne veut pas qu'ils se damnent, mais qu'ils deviennent humbles. » N'est-il pas visible que ce dessein de Dieu ne peut réussir dans ses saints, s'ils ont toujours ce *secours prochainement suffisant*?

Pesez aussi la force de ces passages : « Cette grâce que Dieu donne aux vaisseaux de miséricorde commence par l'illumination du cœur, et ne trouve pas la volonté de l'homme bonne, mais elle la rend bonne; et afin qu'elle soit élue, elle-même élit la première; et elle n'est reçue ou aimée, si elle-même n'opère ces effets dans le cœur de l'homme : donc, et la réception, et le désir de la grâce, est l'ouvrage de la grâce même. » (Fulg, lib. I, *De veritate prædest.*, cap. xv et xvi.) Et ensuite : « Donc elle-même se fait connoître, aimer et désirer davantage. » Donc, ou le pouvoir qu'ont toujours les justes de désirer la grâce, n'est qu'un pouvoir suffisant, comme celui des thomistes, et non pas *prochain;* ou, s'il est *prochain*, ils pourront aimer la grâce sans qu'elle opère ses effets en eux. Mais cela étant si contraire aux principes de ce saint, concluons que, puisque jamais la grâce n'est reçue ni désirée que quand elle opère elle-même ces effets, il n'est pas vrai que les justes aient ce *pouvoir prochain* par lequel leur libre arbitre pourroit opérer ces effets. Je ne l'exagère pas davantage.

« Quand donc il nous est commande de vouloir le bien, notre devoir nous est montré; mais parce que nous ne pouvons l'avoir de nous-mêmes, nous sommes avertis de demander ce secours à celui qui nous donne ce précepte : ce que néanmoins nous ne pouvons demander, si Dieu n'opère en nous-mêmes de le vouloir. » (Fulg., lib. II, *De veritate prædest.*, cap. iv.) Saint Fulgence ne dit pas que nous ne le demandons pas, si Dieu n'opère en nous de vouloir le demander; mais que nous ne pouvons point le demander. Il n'y a donc point, suivant ce Père, de *pouvoir prochain* de demander l'accomplissement des préceptes dans ceux qui n'en ont pas la volonté: et suivant lui, le pouvoir et le vouloir sont tellement joints, que jamais l'homme n'a le pouvoir, si Dieu ne lui en donne le vouloir.

« Car qui peut prier comme il faut, si ce divin médecin ne nous inspire lui-même le commencement de ce désir? Ou qui peut persévérer dans l'oraison, si Dieu n'augmente dans nous ce qu'il a commencé, ne nourrit ce qu'il a semé, et ne conduit à l'effet de la perfection, par la suite de sa miséricorde, ce qu'il a donné gratuitement à des indignes par sa miséricorde prévenante? donc c'est la seule grâce qui fait en nous la bonne volonté, elle seule donne la foi à la volonté; mais, quand la bonne volonté a eu la foi, elle commence d'opérer le bien, si toutefois le secours de la grâce ne nous manque point; car la grâce fait en nous la bonne volonté. » (Fulg., *Epist.* IV, cap. ii.) « Car, afin que nous ne nous éloignions point de Dieu, cela ne nous est donné que de Dieu, cela n'est plus maintenant dans les forces du libre arbitre. » (Saint Aug., lib. *De dono persev.*, cap. vii.) Et ensuite : « Et Dieu a voulu qu'après la chute de l'homme, il n'appartînt plus, sinon à sa grâce, que l'homme s'approche de lui; et qu'il n'appartînt, sinon à sa grâce, que l'homme ne se retire point de lui. » Par elle, « il est fait que l'homme soit de bonne volonté, au lieu qu'il étoit méchant auparavant: » par elle, « il est fait que cette bonne volonté qui maintenant a commencé d'être, soit augmentée, et devienne assez grande pour faire le bien. » (Aug., *De grat. et lib.*, cap. xv et xvi.)

Quand on a compris une fois parfaitement cette doctrine, on n'est plus surpris de voir que saint Augustin dise que les commandemens sont possibles à l'homme, et toujours possibles, non-seulement aux justes, mais à tous les hommes; car le salut ne peut s'opérer que par la coopération de l'homme; qu'il est en notre puissance de garder les commandemens, parce que toutes ces choses sont véritables dans les effets particuliers. Ce ne sont pas là les expressions discernantes et particulières des deux sentimens. Mais quand on voit dans saint Augustin que l'homme ne peut accomplir les commandemens, que la grâce seule opère tout le salut, on connoît à ces marques quel est son sentiment: et ses dernières expressions ne sont pas contraires aux premières, parce qu'elles regardent des choses différentes.

Et ce que nous disons de saint Augustin doit s'entendre de l'Écriture. Tous les passages qui marquent la nécessité de la coopération, les commandemens, les corrections: et même ces expressions: « Si vous voulez, vous garderez les commandemens; venez à moi tous; » et toutes les choses de cette nature; « J'ai prévenu le Seigneur, » etc., « J'ai attendu, j'ai travaillé, » etc., ne favorisent en aucune sorte l'erreur semi-pélagienne: mais au contraire ces passages : « C'est lui qui opère le vouloir et l'action: Sans moi vous ne pouvez rien faire; Nul ne vient à moi si le Père ne l'entraîne; Ce n'est ni de celui qui veut ni de celui qui court, » etc.: tous ceux de cette nature qui sont en si grand nombre ruinent absolument cette erreur. Les premières expressions sont équivoques, celles-ci sont univoques. Et toutes ces expressions ne sont non plus contraires dans l'Écriture que dans saint Augustin, à cause des différens objets où elles se rapportent; car vous savez que la contrariété des propositions est dans le sens, et non pas dans les paroles: autrement l'Écriture seroit pleine de contradictions, comme quand il est dit : « Le Père est plus grand que moi; » et qu'il est dit ailleurs que « Jésus-Christ est égal à Dieu; » et: « On est justifié par la foi sans les œuvres; » et: « La foi sans les œuvres est morte: » et tous les autres de cette espèce.

Vous concevez donc bien que, sans contradiction, on peut dire que Dieu prévient l'homme, et que l'homme prévient Dieu; que les commandemens sont toujours possibles au juste, et que quelques commandemens ne sont quelquefois pas possibles à quelques justes (de cette espèce de possibilité dont nous avons parlé): que Dieu ne quitte point le juste, si le juste ne le quitte le premier, et que Dieu quitte le premier le juste. Toutes ces choses peuvent être vraies ensemble, à cause des différens sujets; et c'est ce que je vous ai fait voir dans saint Augustin et dans les Pères, par le peu de passages que j'ai présentés.

Mais, pour revenir plus directement à l'objet qui nous occupe ici, observons que, suivant saint Augustin, Dieu, par sa permission ou par sa providence et par sa disposition, mêle parmi les élus des justes qui ne doivent pas persévérer, afin de tenir dans la crainte ceux qui demeurent, par la chute de ceux qui tombent. Or, il n'y auroit rien de si contraire à ce dessein de Dieu, que de donner un *pouvoir suffisamment prochain* à ceux qui ne tombent pas, et de les assurer qu'il leur est toujours présent, puisque l'exemple des autres qui seroient tombés par le mauvais usage de ce pouvoir, n'auroit rien qui dût les effrayer nécessairement; car, si Dieu ne soustrait ce pouvoir à personne tant qu'il est juste, quelle conséquence pourroit-on tirer de la chute de ceux qui en usent mal pour porter la terreur dans les autres, puisqu'il seroit dans leur pouvoir d'en bien user? Et n'est-il pas nécessaire que cette soustraction soit toute libre de la part de Dieu, pour faire qu'étant ôté à quelques justes, ceux qui ne sont pas plus justes qu'eux aient sujet de craindre un pareil effet de la part de leur maître? Mais s'ils ont en eux-mêmes l'assurance de conserver ce secours autant que leur justice, et s'ils sont assurés de ne point le perdre qu'en en usant mal, comment pourroit-on les porter à l'humilité par l'exemple des autres, puisqu'il n'y a rien dans les autres qui doive les faire craindre, sinon le mauvais usage de ce pouvoir qu'il est en eux de ne point faire?

Qui est-ce qui sait en cette vie s'il est prédestiné? Il est nécessaire que cela soit caché en ce monde, où l'orgueil est si fort à craindre qu'il a fallu qu'un grand apôtre fût souffleté par un ange de Satan, de peur qu'il ne s'élevât. C'est pour cela qu'il est dit aux apôtres mêmes: « Si vous demeurez en moi; » quoique celui qui le disoit sût bien qui étoient ceux qui devoient y demeurer; et par le prophète : « Si vous voulez, et si vous m'écoutez; » encore qu'il sût bien qui étoient ceux en qui il opéreroit le vouloir; et ainsi plusieurs choses semblables sont dites pour l'utilité de ce secret.

Si donc il faut croire que c'est pour l'utilité de ce secret que la justice est donnée à quelques réprouvés, et qu'ils ne sont point ôtés de cette vie jusqu'à ce qu'ils tombent, afin d'apprendre aux élus qu'ils n'ont jamais l'assurance de persévérer; et puisqu'il ne faut pas craindre seulement devant la justice, mais encore après la justice, ne s'ensuit-il pas que les justes n'ont pas le *pouvoir prochain* de demeurer?

Si donc c'est encore un principe ferme dans saint Augustin que les justes sont sans assurance de persévérer, comment peut-on leur donner l'assurance de la présence d'un *pouvoir prochain* de prier, dont le bon usage leur donne l'assurance de l'effet de leur demande? N'est-il pas manifeste que, suivant l'opinion non-seulement de saint Augustin, mais de toute l'Église sans aucune exception, et de celui même qui vous importune du contraire, que l'on n'a jamais l'assurance de persévérer, et que les plus justes ne sont pas exempts de cette crainte? Et cependant comment peut-elle subsister dans les justes, puisqu'on les assure qu'ils ont toujours le *pouvoir prochain* de prier, et que d'ailleurs l'Évangile les assure qu'ils obtiendront toujours ce qu'ils demanderont avec justice?

Se peut-il rien de plus contraire au sens commun et à la vérité? Leur crainte ne seroit pas seulement détruite, mais encore leur espérance; car puisqu'on n'espère pas des choses certaines, ils n'espéreront pas la continuation de ce secours, puisqu'il leur est certain : leur espérance ne sera pas aussi d'obtenir ce qu'ils demandent, puisque cela est encore certain. Quel sera donc l'objet de leur espérance, sinon eux-mêmes, de qui ils espéreront le bon usage d'un pouvoir qui leur est assuré?

Vous voyez que par ces nouveaux dogmes les justes ne doivent plus avoir de crainte ni d'espérance qu'en eux-mêmes. Aussi ils interprètent ce passage : « Opérez votre salut avec crainte, » c'est-à-dire avec crainte de ne pas bien user des grâces; et non pas avec crainte que Dieu vous quitte. Ce sont leurs termes, comme vous le savez; et partant, cette crainte est fondée sur ce que l'on peut, par sa volonté, user bien de ce pouvoir; au lieu que saint Paul la fonde sur ce que c'est Dieu qui opère lui-même en nous ce vouloir, et il opère ce vouloir, non pas suivant la disposition de notre volonté, mais suivant sa propre bonne volonté.

Reconnoissez donc, suivant saint Augustin, que la prière est toujours l'effet d'une grâce efficace: que ceux qui ont cette grâce, prient; que ceux qui ne l'ont pas ne prient pas, et qu'ils n'ont pas le *pouvoir prochain* de prier; que tant que Dieu ne laisse point sans la grâce de prier on prie; que ceux qui ne prient pas sont laissés sans ce *pouvoir;* que c'est un mystère inconcevable, pourquoi Dieu retient l'un et non pas l'autre de deux justes; que ceux qui persévèrent ont un secours efficace; que ceux qui ne persévèrent pas n'en ont pas le *pouvoir prochain;* que le libre arbitre n'a plus la force de s'en servir; que Dieu ne veut pas lui commettre le succès de ce secours; que la persévérance dans les anges a été par un *pouvoir prochain;* qu'elle n'est plus dans les hommes de cette sorte; que ce qui étoit l'effet de leurs mérites est maintenant l'effet de la grâce; qu'il n'appartient plus au libre arbitre de persévérer; que c'est l'ouvrage de la grâce; que c'est elle seule qui fait prier; qu'elle seule fait qu'on s'approche de Dieu; qu'elle seule fait qu'on ne s'en éloigne pas: que Dieu veut que ce soit elle seule et que ce ne soit point autre chose qu'elle qui fasse qu'on ne s'en éloigne pas; que de tous ceux qui persévèrent aucun ne persévère que par une grâce efficace; que de tous ceux qui ne persévèrent pas, il n'y en a pas un qui, dans son premier détour de Dieu, ne soit délaissé de lui auparavant; qu'il y a bien de la différence entre la chute des anges et la chute des justes d'à présent; que la chute d'Adam n'a rien d'inconcevable, mais que la chute des justes réprouvés est inconcevable; que le libre arbitre n'a plus maintenant les forces de se servir de ce *pouvoir prochain*, et qu'avec un tel pouvoir, il ne pourroit effectivement persévérer; que la justice n'est donnée aux réprouvés que pour tenir les élus dans la crainte; que les élus mêmes sont quelquefois laissés, pour leur apprendre la crainte et l'humilité; et enfin qu'il est inconcevable pourquoi, de deux enfans jumeaux, si l'on veut, et, pour mieux dire, quelconques, l'un reçoit le baptême, et non pas l'autre; mais qu'il est encore plus impénétrable pourquoi, de deux justes, l'un persévère, et non pas l'autre. Si tout cela est textuellement la doctrine et le langage de saint Augustin, reconnoissez franchement qu'il est bien faux, suivant ses maximes, que tous les justes aient le pouvoir de prier *prochainement suffisant*, puisque si cela étoit, il s'en concluroit nécessairement le contraire de tout ce que je viens de rapporter de saint Augustin, c'est-à-dire qu'il ne seroit pas impénétrable pourquoi, de deux justes, l'un persévère et non pas l'autre; et tout le reste que vous pouvez suivre aussi facilement de l'esprit que le lire.

Reconnoissez donc franchement la grandeur de ce mystère, pourquoi l'un persévère, et non pas l'autre. Car, pour le regarder dans toute sa profondeur, vous concevez bien que si Dieu avoit voulu damner tous les hommes, il auroit exercé sa justice, mais sans mystère; s'il avoit voulu sauver effectivement tous les hommes, il auroit exercé sa miséricorde, mais sans mystère; et en ce qu'il a voulu sauver les uns, et non pas les autres, il a exercé sa miséricorde et sa justice; et en cela il n'y a point encore de mystère. Mais en ce que tous étant également coupables, il a voulu sauver ceux-ci et non pas ceux-là, c'est en cela proprement qu'est la grandeur du mystère; et partant, si le mystère est grand en ce que de deux hommes également coupables, il sauve celui-ci, et non pas celui-là, sans aucune vue de leurs œuvres : certainement saint Augustin a raison de dire que le mystère est encore plus étonnant pourquoi, de deux justes, il donne la persévérance à l'un, et non pas à l'autre.

Voilà les sujets de crainte et d'espérance qui doivent animer continuellement les saints; et c'est pourquoi, suivant saint Augustin, Jésus-Christ voulut, dans sa Passion, donner un insigne exemple de l'un et de l'autre, dans l'abandonnement de saint Pierre et dans la conversion du larron, par un prodigieux effet de grâce. C'est en cette sorte que tous les hommes doivent toujours s'humilier sous la main de Dieu en qualité de pauvres, et dire comme David : « Seigneur, je suis pauvre et mendiant. » Certainement il ne parloit pas des biens de la fortune, car il étoit roi; il ne parloit pas aussi des biens de la grâce, car il étoit prophète et juste. En quoi consistoit donc la pauvreté de cet homme si abondant, sinon en ce qu'il pouvoit perdre à toute heure son abondance, et qu'il n'étoit pas le maître de la conserver? Car s'il eût eu le *pouvoir prochain* de demeurer dans cette justice, qu'est-ce qui lui eût manqué pour se dire riche, et non pas pauvre? Certainement il n'y a personne qui puisse être appelé pauvre, s'il a le *pouvoir prochain* de demander, et l'assurance d'obtenir, s'il demande. Et c'est pourquoi tout pauvre manque infailliblement, ou du pouvoir de demander, ou du pouvoir d'obtenir. Or les pauvres de la grâce ne manquent jamais du pouvoir d'obtenir, s'ils demandent; reste donc nécessairement qu'ils manquent quelquefois de ce pouvoir spécial de demander. Aussi il y a cette différence entre les pauvres dans l'ordre de la nature, et les pauvres dans l'ordre de la grâce, que les pauvres du monde ont toujours le *pouvoir prochain* de demander, et ne sont jamais assurés de celui d'obtenir : au lieu que les pauvres de la grâce sont toujours assurés d'obtenir ce qu'ils demandent, mais ils ne sont jamais assurés d'avoir le *pouvoir prochain* de demander.

Voilà tout ce que je puis vous dire maintenant dans le peu de loisir et de suffisance que j'ai. Je prie le Seigneur de vous rendre ceci utile pour la connoissance de la vérité.

DISSERTATION

Sur le véritable sens de ces paroles des saints Pères et du concile de Trente : « Les commandemens ne sont pas impossibles aux justes. »

Après avoir si clairement montré que le véritable sens du concile de Trente touchant la possibilité des préceptes, est qu'ils sont possibles avec la grâce; et que le secours de la grâce qui les rend possibles, de ce *plein et dernier pouvoir* auquel il ne manque rien de la part de Dieu pour agir, est présent ou non aux justes, selon qu'il plaît à Dieu, qui ne le doit à personne, de le donner ou de le refuser, conformément aux lois impénétrables de sa sagesse : il paroîtra sans doute étrange qu'on voie ici traiter cette question particulière du sens d'un seul passage détaché que, « les commandemens ne sont pas impossibles aux justes. » qui est si manifeste de lui-même, puisqu'il signifie simplement qu'il n'est pas impossible que les justes accomplissent les préceptes, comme le prétendoient les luthériens, en soutenant que jamais, même avec la grâce, le juste ne pouvoit accomplir les commandemens. Mais ce qui oblige à un nouvel éclaircissement, est la résistance que font à la vérité ceux qui sont prévenus de cette fausse doctrine, que Dieu donne toujours aux justes le secours nécessaire, et auquel il ne manque rien de sa part pour accomplir les préceptes; doctrine qu'ils veulent faire passer pour être celle du concile, sur ce seul fondement, que le concile dit que les commandemens ne sont pas impossibles aux justes.

Pour renverser cet unique appui de leur sentiment, il faut déclarer nettement l'état de la question, et les moyens qui seront employés à la résoudre.

« Les commandemens ne sont pas impossibles aux justes : » cette proposition est susceptible de deux sens. Le premier, qu'il n'est pas impossible que les justes accomplissent les commandemens; le second, que les commandemens sont toujours possibles à tous les justes, de ce *plein et dernier pouvoir* auquel il ne manque rien de la part de Dieu, pour agir.

Les moyens que nous emploierons pour reconnoître lequel de ces deux sens est le véritable, seront ceux-ci. Le premier sera d'examiner par les termes de la proposition, quel est le sens qu'elle exprime, et que l'on en forme naturellement; le second, d'examiner par l'objet qu'ont eu les Pères et le concile en faisant cette décision, lequel de ces deux sens ils ont eu; et le troisième sera d'examiner par la suite du discours, et par les autres passages des Pères et du concile qui l'expliquent, lequel est le véritable.

J'espère que, si l'on voit ici que les termes de cette proposition n'expriment et ne forment que le premier sens seulement: que l'objet des Pères et du concile n'a été que d'établir ce seul premier sens: que la suite de leur discours, et une infinité d'autres passages, s'expliquent en ce même sens; que les preuves qu'ils en donnent, ne concluent que pour ce seul sens; que la conclusion qu'ils tirent de leurs preuves, n'enferme que ce seul sens en d'autres termes très-univoques; qu'ils n'ont jamais établi formellement le second sens en aucuns lieux de leurs ouvrages; et qu'ils ont non-seulement établi formellement le premier sens, mais ruiné formellement le second sens; je doute qu'après tant de preuves, on puisse nier qu'ils n'aient eu en vue que le premier sens seulement.

PREMIER MOYEN. — *Examiner le sens par les simples termes*

Il n'est pas nécessaire d'employer un long discours pour montrer que les termes de cette proposition, que « les commandemens ne sont pas impossibles aux justes, » n'enferment simplement que ce sens, « qu'il n'est pas impossible que les justes observent les commandemens ; » et qu'elles n'ont point celui-ci, « que tous les justes ont toujours le plein et entier pouvoir auquel il ne manque rien de la part de Dieu, pour accomplir les préceptes. »

La simple intelligence de la langue le témoigne, et il n'y a point de règles de grammaire, par lesquelles on puisse prétendre que dire « qu'une chose n'est pas impossible, » soit dire, « qu'elle est toujours possible du plein et dernier pouvoir, » puisqu'il suffit qu'elle soit possible quelquefois, pour faire voir qu'elle ne soit pas impossible, sans qu'il soit nécessaire qu'elle le soit toujours.

Et s'il est besoin d'éclaircir une chose si claire par des exemples, n'est-il pas véritable qu'il n'est pas impossible aux hommes de faire la guerre ? Et cependant il n'est pas toujours au pouvoir de tous les hommes de la faire. Il n'est pas impossible qu'un prince du sang soit roi ; et cependant il n'est pas toujours au plein pouvoir des princes du sang de l'être. Il n'est pas impossible aux hommes de vivre soixante ans ; et cependant il n'est pas au plein pouvoir de tous les hommes d'arriver à cet âge, ni de s'assurer seulement d'un instant de vie. Enfin, pour demeurer dans les termes de notre sujet, les commandemens ne sont pas impossibles aux hommes ; et cependant ce seroit une erreur pélagienne, de dire que tous les hommes, et ceux même qui ont comblé la mesure de leurs crimes, aient toujours le plein et dernier pouvoir de les accomplir.

On voit assez par là comment il est vrai que les commandemens ne sont pas impossibles aux justes, sans qu'il soit nécessaire que tous les justes aient toujours le plein pouvoir de les accomplir.

Que ceux qui entendent cette décision de la sorte pensent à l'importance du mot *toujours*, que leur interprétation suppose. Je souhaite que ceux qui ne craignent pas de rapporter ce passage en y joignant le terme de *toujours*, se souviennent de la malédiction qui menace ceux qui ajoutent aux paroles du Saint-Esprit ; et que ceux qui, rapportant plus fidèlement le même passage, ne laissent pas d'y en ajouter le sens, aient dans la pensée que Dieu ne punit pas seulement ceux qui font ces choses, mais aussi ceux qui y donnent leur consentement.

SECOND MOYEN. — *Examiner le sens par l'objet.*

Si l'on montre que les Pères et le concile, ayant à réfuter cette erreur, que les commandemens sont impossibles aux hommes, en ce sens que cette impossibilité soit absolue et invincible, y ont simplement opposé ces paroles : « Les commandemens ne sont point impossibles aux hommes ; » il sera vrai sans doute qu'on ne pourra prétendre qu'ils aient par là fait autre chose que nier ce qui étoit affirmé, et dans le même sens précisément. c'est-à-dire qu'ils auront établi « qu'il n'est pas impossible qu'on observe les préceptes, » et qu'il sera ridicule de dire que cette décision enferme un pouvoir continuel et accompli pour les observer actuellement

Car n'est-il pas visible que si quelqu'un, par exemple, dit qu'il est impossible que l'on vive cinquante ans sans maladie, celui qui dira simplement au contraire qu'il n'est pas impossible que l'on vive cinquante ans sans maladie, n'a fait autre chose que de nier ce qui étoit affirmé, et dans le même sens, c'est-à-dire que de nier cette impossibilité absolue, sans néanmoins établir par là un pouvoir continuel et entier de vivre tout cet âge sans indisposition? Cela étant posé généralement, il n'est plus question sur ce sujet que de faire voir que les Pères et le concile ont eu cette erreur à combattre, que les commandemens sont impossibles aux justes, d'une impossibilité invincible, pour faire entendre a tout le monde que la proposition contraire qu'ils ont établie n'a d'autre sens que celui-ci, qu'il n'est pas impossible que les hommes observent les commandemens.

Je ne m'arrêterai pas à montrer que le concile de Trente avoit à réfuter des hérétiques qui étoient dans cette erreur, puisqu'on sait que c'est celle de Luther. Ces hérétiques étant encore vivans, on ne peut en avoir aucun doute; aussi on ne conteste plus que le sens de cette décision du concile ne soit opposé à celui de Luther, et qu'il ne nie l'impossibilité d'observer les préceptes, au sens de cet hérésiarque, c'est-à-dire au premier sens; mais on prétend qu'on ne peut pas dire la même chose de cette même décision qui se trouve dans les Peres, parce qu'on dit qu'il n'y avoit pas alors d'hérétiques qui fussent dans ce sentiment; et qu'ainsi ayant parlé avant la naissance de cette erreur, leur expression ne peut être restreinte à ce sens par aucune circonstance; de sorte qu'elle doit être prise généralement et entendue au second sens, c'est-à-dire à celui-ci, que les justes ont toujours le pouvoir entier d'accomplir les commandemens.

Voilà de quelle sorte on entreprend d'expliquer le sens des saints Pères, et l'on fait un si grand état de ce raisonnement, qu'il importe extrêmement de le ruiner, pour renverser par là le seul fondement de cette interprétation.

Ce discours suppose trois choses : la première, que les Pères n'avoient pas en tête des hérétiques qui soutinssent l'impossibilité invincible des préceptes; la seconde, que n'ayant point d'hérétiques qui soutinssent cette erreur, ils n'ont pu avoir aucun autre sujet de s'y opposer; la troisième, que n'ayant aucun sujet de la ruiner, ils n'ont pu l'entreprendre, puisqu'ils auroient combattu des chimères, en réfutant des erreurs que personne ne soutenoit.

Et c'est à quoi il faut repartir, et renverser ces trois fondemens par trois réponses particulières : la première, qu'encore que personne ne parlât de cette erreur les Pères n'auroient pas laissé de la condamner, si l'occasion s'en fût offerte, sans qu'on puisse dire pour cela qu'ils eussent combattu des chimères; la seconde, qu'encore qu'il n'y eût point d'hérétiques qui la soutinssent, ils auroient pu avoir d'autres raisons de s'y opposer, puisqu'il auroit pu arriver qu'on la leur auroit imputée à eux-mêmes, et qu'on les auroit mis, par cette calomnie, dans la nécessité de la réfuter pour s'en défendre, ce qui est en effet si véritable, qu'il ne faut avoir aucune connoissance de l'histoire de l'hérésie pélagienne et des écrits des saints Pères sur ce sujet, pour douter des reproches continuels que ces hérétiques leur faisoient d'être dans cette erreur; la troisième, que les Pères avoient en tête des hérétiques, savoir : les manichéens, qui soutenoient cette erreur comme un dogme capital de leur doctrine, que Luther n'a pas inventée, mais renouvelée, « que les commandemens sont impossibles absolument, » que les hommes n'ont point le libre arbitre, et qu'ils sont nécessités à pécher, et dans une impuissance invincible de ne pas pécher.

De sorte que ces trois preuves ensemble feront connoître que les Pères ont été obligés à établir cette proposition, « que les commandemens ne sont pas impossibles, » en ce sens qu'il n'est pas impossible qu'on les observe, non-seulement par autant de considérations que le concile, mais par plus de raisons que le concile, puisqu'ils avoient de pareils hérétiques à convaincre, et de plus, des reproches si outrageux à repousser.

Preuves du premier point. — *Que l'Église condamne souvent des erreurs qui ne sont soutenues par aucuns hérétiques, sans qu'on doive dire pour cela qu'elle combatte des chimères; et qu'ainsi les Pères auroient bien pu établir que les préceptes ne sont pas impossibles, en ce sens qu'il n'est pas impossible qu'on les observe, encore qu'il n'y eût point d'hérésie du sentiment contraire.*

Je ne sais par quel vain raisonnement on peut prétendre que l'Église ne puisse prévenir les maux en retranchant la racine des hérésies avant leur naissance, sans s'exposer à cette raillerie, qu'elle combatte des chimères. Ne suffit il pas qu'une erreur soit véritable, pour être un digne objet de son zèle? Et pourquoi faut-il qu'elle soit obligée d'attendre à la condamner, qu'elle se soit glissée dans le cœur de ses enfans? Bannira-t-on de sa conduite, toute sage et toute prudente, la prévoyance qui est une partie si essentielle et la plus utile de la prudence? Et par quel etrange renversement cette vigilance si salutaire, qui est louable aux particuliers, aux familles, aux États et à toutes sortes de gouvernemens, quoiqu'ils soient sujets à périr, deviendra-t-elle ridicule à l'Église, dont les soins doivent être tout autrement étendus, par l'assurance qu'elle a de son éternelle durée?

Mais ce que je combats est véritablement une chimère; et il n'y a rien de plus vain que ce raisonnement : car l'Église regarde les enfans qui lui sont promis dans tous les siècles, comme s'ils étoient présens; et les unissant tous dans son sein, après avoir formé ceux qui sont passés, elle trace les règles de la conduite de ceux qui sont à venir, et leur prépare les moyens de leur salut avec autant d'amour qu'à ceux qu'elle nourrit présentement, par une prévoyance qui n'a non plus de bornes que la charité qu'elle leur porte. Ainsi elle n'a pas seulement eu un soin particulier de s'opposer aux erreurs présentes, et de prévenir celles qui n'ont jamais paru, quand l'occasion s'en est offerte, mais encore de condamner les erreurs déjà étouffées, pour les empêcher de renaître un jour de nouveau.

Les conciles en fournissent des exemples de toutes les sortes. On voit que celui de Trente condamne cette opinion, que « les justes aient le pouvoir de persévérer sans la grâce, » quoique les luthériens, qui étoient les seuls ennemis vivans qu'il attaquoit, fussent bien éloignés d'être dans ce sentiment, qui est purement pélagien. Et cependant on ressent aujourd'hui l'effet d'une décision si peu nécessaire alors en apparence, et maintenant si utile.

C'est ainsi que le concile d'Orange condamne ceux qui oseroient dire que Dieu prédestine les hommes aux mauvaises actions, quoiqu'il témoigne par ses paroles qu'il ne sait pas que jamais cette erreur ait été avancée (*Conc. Araul. II*, can. 25). Et c'est ainsi que le concile de Valence confirme la même condamnation, sans supposer de même qu'elle soit soutenue par qui que ce soit, mais pour empêcher seulement que ce mal n'arrive (*Conc. Valent.*, can. 3). C'est par un semblable zèle que les saints Pères, imitant une prudence si nécessaire, ont réfuté dans leurs écrits les erreurs qui n'étoient pas encore. Et comment, sans cela, pourroit-on s'y opposer quand elles commencent à paroître? Les saints Pères, qui ont combattu Nestorius, publient, avec une sainte joie, que saint Augustin l'a étouffé avant sa naissance, admirant la providence particulière de Dieu sur son Église, de l'avoir si saintement armée des écrits de ce saint docteur, avant que le démon eût armé cet hérésiarque des erreurs dont il devoit la combattre.

Il seroit inutile d'en rapporter plus d'exemples. On voit assez de là qu'on ne peut pas conclure de ce qu'une hérésie n'auroit point encore eu de sectateurs, qu'il seroit faux que les Pères s'y fussent opposés. D'où l'on peut tirer la conséquence sur le sujet dont il s'agit en ce discours.

PREUVES DU SECOND POINT. — *Que les saints Pères qui ont établi que les commandemens ne sont pas impossibles auroient été obligés à l'établir en ce sens, qu'il n'est pas impossible que les hommes les observent, quand même il n'y auroit point eu d'hérésie de ce sentiment, par cette seule raison que les pélagiens leur reprochoient continuellement de la tenir, de nier le libre arbitre, et de soutenir que les commandemens sont impossibles absolument, et que les hommes sont dans une nécessité inévitable de pécher.*

On ne peut révoquer en doute que les pélagiens n'imposassent continuellement aux catholiques, qu'ils nioient le libre arbitre, et qu'ils tenoient l'impossibilité absolue des préceptes, de telle sorte qu'il y avoit une nécessité inévitable qui forçoit les hommes à pécher, et que ces seuls reproches ne fussent une raison suffisante pour obliger les saints docteurs à réfuter de telles erreurs, quand même elles n'auroient été soutenues par aucuns hérétiques, puisqu'il leur eût été nécessaire de déclarer qu'il n'est pas impossible que les hommes observent les préceptes, pour fermer la bouche à ceux qui osoient leur imposer si injustement une croyance opposée. Et ainsi il suffira de montrer que ces hérétiques fatiguoient continuellement les Pères de ces reproches, pour montrer l'obligation qu'ils avoient de s'en défendre, ce qui est fort facile.

Les écrits des saints Pères, défenseurs de la grâce, sont remplis de passages qui le témoignent. On y voit en toutes les pages avec quels termes outrageux ces hérétiques objectoient aux catholiques de nier le libre arbitre et de soutenir l'impossibilité des commandemens. « Ces manichéens (dit Julien, en parlant des défenseurs de la grâce), avec lesquels nous n'avons plus de communication, je veux dire tous ceux-là auxquels nous ne voulons pas accorder que le libre arbitre est péri par le péché du premier homme, et que personne n'a maintenant la puissance de vivre vertueusement, mais que tous les hommes sont forcés à pécher, par la nécessité avec laquelle la chair les y contraint.... » Ne falloit-il pas que saint Augustin se défendît contre ce reproche, et qu'il répondît nécessairement qu'il tient qu'il n'est pas impossible que les hommes vivent vertueusement, et qu'ils ne sont pas dans une nécessité inévitable de pécher?

De même Julien disant ailleurs : « C'est contre cette doctrine que nous sommes tous les jours occupés à nous défendre; et la raison pour laquelle nous résistons à ces prévaricateurs, est que nous disons que le libre arbitre est naturellement dans tous les hommes, et qu'il n'a pu périr par le péché d'Adam : ce qui est confirmé par toutes les saintes Écritures; » ne falloit-il pas que saint Augustin déclarât qu'il ne nie pas le libre arbitre, contre ces objections, et contre celle-ci de Pélage? « Nous soutenons que cette puissance du libre arbitre est dans tous les hommes généralement, soit chrétiens, soit juifs, soit païens; le libre arbitre est également dans tous les hommes par la nature » (par ces paroles, il vouloit se distinguer d'avec les catholiques, auxquels il imposoit qu'ils le nioient); « mais dans les seuls chrétiens il est secouru par la grâce. » (Et par ces dernières paroles, il vouloit paroître ne pas être distingué des catholiques.)

« Tous les catholiques, disoit-il encore, le reconnoissent (le libre arbitre); au lieu que vous (en parlant de saint Augustin) le niez. » Et ailleurs : « Ceux qui ont craint d'être appelés pélagiens se sont précipités dans le manichéisme; et de peur d'être hérétiques de nom, ils sont devenus manichéens en effet; en pensant éviter une fausse infamie, ils sont tombés dans un véritable crime. »

Et Pélage, s'opposant à deux hérétiques contraires, pour montrer qu'il tient un milieu que la vérité remplit ordinairement : « Nous reconnoissons le libre arbitre, dit-il, de telle sorte néanmoins qu'il a toujours besoin du secours de la grâce; de sorte que ceux-là errent également, qui disent, avec Manichée, que l'homme ne peut éviter le péché, et qui assurent, avec Jovinien, que l'homme ne peut le commettre : car les uns et les autres ôtent la liberté; au lieu que nous soutenons que l'homme a toujours le pouvoir de pécher, afin de reconnoître sincèrement qu'il n'est pas privé du libre arbitre. »

Aussi saint Augustin, se plaignant de cette erreur qu'on lui impose, répond : « Qui est celui d'entre nous qui ait jamais dit que le libre arbitre soit péri dans les hommes par la chute du premier homme ? Il est bien vrai que la liberté est périe par le péché ; mais c'est celle qui régnoit dans le paradis terrestre. » Et saint Prosper : « C'est errer de dire que le libre arbitre n'est rien, ou qu'il n'est point. »

Saint Augustin, pour montrer qu'il ne nie pas la liberté, quand il soutient la grâce : « C'est, dit-il, une impertinence insupportable à nos ennemis de dire que, par cette grâce que nous défendons, on ne laisse rien à la liberté de la volonté. » Et ailleurs : « Car le libre arbitre n'est point ôté, parce qu'il est secouru : mais au contraire il est secouru, parce qu'il n'est pas ôté. » Et dans le livre *De l'esprit et de la lettre* (chap. XXIX) : « Est-ce que nous ruinons le libre arbitre par la grâce ? qu'ainsi ne soit, mais au contraire nous l'établissons par là. Car le libre arbitre n'est pas anéanti, mais établi par la grâce, de même que la loi par la foi. » Et saint Prosper, sur le même sujet, en l'*Épître à Démétriade* : « Faudra-t-il craindre qu'il ne semble que nous ôtons le libre arbitre, quand nous disons que toutes les choses par lesquelles on se rend Dieu favorable, doivent lui être attribuées ? »

En rapportant les paroles des pélagiens, par lesquelles ils vouloient se distinguer d'avec lui : « Les pélagiens, dit saint Augustin, pensent savoir quelque chose de bien important, quand ils disent que Dieu ne commanderoit pas les choses qu'il sauroit que les hommes ne pourroient observer. Qui ne le sait ? » Et ailleurs : « Ils pensent nous opposer une chose bien pressante, quand ils disent que nous ne péchons pas si nous ne le voulons, et que Dieu ne commanderoit pas ce qui seroit impossible à la volonté de l'homme ; comme s'il y avoit quelqu'un parmi nous qui l'ignorât ! »

Saint Jérôme a eu pareillement à se défendre des mêmes argumens des mêmes hérétiques. « Vous nous objectez que Dieu a commandé des choses possibles : qui le nie ? Vous avez accoutumé de nous dire : ou les commandemens sont possibles, et alors il est juste qu'ils soient donnés ; ou impossibles, et alors l'infraction ne doit pas en être imputée comme un péché à ceux qui les ont reçus, mais à Dieu qui les a donnés. » Et saint Augustin : « Cela n'est point véritable ; vous vous trompez grossièrement vous-mêmes, ou vous essayez de surprendre et de tromper les autres : nous ne nions point le libre arbitre. »

Il seroit inutile de rapporter plus de preuves d'une vérité si claire, que les défenseurs de la grâce étoient sans cesse attaqués de ces reproches, qu'ils nioient le libre arbitre, et qu'ils soutenoient que les commandemens sont impossibles absolument, et que les hommes sont dans une nécessité invincible de pécher, ce qui est l'erreur des luthériens : après quoi il n'y a rien de plus évident que l'obligation qu'ils avoient de réfuter ces erreurs aussi bien que les Pères du concile, puisque encore qu'ils n'eussent pas d'hérétiques qui les soutinssent, ils en avoient qui les leur imputoient avec tant d'assurance. Mais afin de confirmer invinciblement la nécessité qu'ils avoient de le faire, il faut ajouter qu'il y avoit en effet des hérétiques, dont ces erreurs étoient les capitales, ce qui achève l'obligation qu'ils avoient de condamner ces opinions. C'est le sujet du troisième point.

Preuves du troisième point. — *Que les Pères qui ont établi que les commandemens ne sont pas impossibles, étoient obligés à le déclarer en ce sens, qu'il n'est pas impossible que l'on garde les commandemens; à cause des manichéens qu'ils avoient à combattre, qui soutenoient une impossibilité absolue, et une nécessité inévitable qui forçoit les hommes à pécher.*

On ne peut contester que les saints Pères qui ont établi que les commandemens ne sont pas impossibles aux hommes, n'aient été obligés à le faire en ce sens, qu'il n'est pas impossible qu'on les observe, au cas qu'il soit véritable qu'ils eussent des ennemis présens qui soutinssent le contraire, qui niassent le libre arbitre, qui soutinssent que les hommes sont dans l'impossibilité absolue de les observer, et qu'il y a une nécessité inévitable qui les force à pécher. Or qui ne sait que c'est un des chefs de l'erreur des manichéens, et que la méchante nature qu'ils soutenoient ne fût telle qu'il n'y eût aucune puissance capable de vaincre sa malice, non pas même celle de Dieu? Ne sait-on pas que saint Augustin a réfuté ces erreurs, et qu'il en a remporté une victoire si glorieuse à l'Église? Je ne m'arrêterai donc pas à le prouver ici, puisqu'il ne faut que lire ce qu'il en a écrit contre eux, et je me contenterai d'en rapporter quelques passages pour ne pas laisser la chose sans preuve, quelque connue qu'elle soit d'elle-même.

Manichée soutient que la nature, qu'il dit être mauvaise, «ne peut, en aucune manière, être guérie et rendue bonne.» Et il est misérablement extravagant, en ce qu'il veut que la nature du mal soit absolument incapable d'être changée. C'est ce qui fait dire à Pélage: «Nous reconnoissons le libre arbitre; et que ceux-là errent, qui tiennent avec Manichée que l'homme n'a point le pouvoir de ne point pécher.» C'est ce qui fait que Julien appelle sans cesse saint Augustin et les catholiques du nom de *manichéens*, comme il paroît dans les passages rapportés dans l'autre point. Et c'est pourquoi saint Jérôme, ayant dit que les commandemens sont impossibles sans la grâce, prévient l'objection ordinaire de ces hérétiques par ces paroles : «Vous vous écrierez incontinent, et vous nous accuserez de suivre le dogme des manichéens.»

Il est donc hors de doute que tout ce que les luthériens ont dit de la concupiscence étoit dit mille ans avant leur naissance, par ces anciens hérétiques, de cette mauvaise nature. On ne peut donc plus contester que les Pères n'aient été forcés à ruiner ces horribles et impies sentimens, «que le libre arbitre est anéanti; que les préceptes sont invinciblement impossibles; que les hommes sont contraints nécessairement et inévitablement à pécher;» puisqu'ils y étoient obligés, autant pour convaincre d'erreur ceux qui les soutenoient, que pour confondre la calomnie de ceux qui les leur imputoient;

et qu'ainsi cette proposition qu'ils ont été forcés d'établir, que « les commandemens ne sont pas impossibles, » ne soit autre chose que la négative de celle-ci qu'on leur imposoit, que les commandemens sont absolument impossibles; que, par conséquent, elle n'exclut que ce seul sens, et qu'elle n'exprime autre chose, sinon qu'il n'est pas impossible que les hommes observent les préceptes.

On voit assez par tant de preuves que les manichéens et les luthériens étoient dans une erreur pareille touchant la possibilité des préceptes; et qu'encore qu'ils différassent en ce que les uns attribuoient à une nature mauvaise et incorrigible ce que les autres imputent à la corruption invincible de la nature, ils convenoient néanmoins dans ces conséquences, que « le libre arbitre n'est point dans les hommes; qu'ils sont contraints à pécher par une nécessité inévitable; et qu'ainsi les préceptes leur sont absolument impossibles. » De sorte que ne différant que dans les causes, et non pas dans l'effet, qui est le seul dont il est question en cette matière, on peut dire avec vérité que leurs sentimens sont semblables touchant la possibilité des preceptes; et que les manicheens étoient les luthériens de leur temps, comme les luthériens sont les manichéens du nôtre.

Qui sera donc si aveugle que de ne pas reconnoître que les Pères autrefois, et le concile de Trente en ces derniers temps, ont eu une obligation pareille et également indispensable d'opposer à ces sentimens impies celui dont nous traitons, que « les commandemens ne sont pas impossibles, » au sens de ces hérétiques? Aussi il n'y a personne qui, jugeant de cette question avec sincérité, ne reconnoisse une vérité si évidente; et tous ceux qui en ont écrit avec froideur l'ont témoigné par leurs écrits, dont il seroit aisé de rapporter plusieurs passages; mais je me contenterai de celui ci d'Estius : « Porro eam sententiam qua dicitur impossi « bile aliquid a Deo homini præceptum pelagiani catholicis odiose im- « pingebant, et catholici studiose a se repellebant, quod ea ad hæresim « manichæorum pertineret, ponentium hominem, propter naturam ma- « lam ex qua compositus esset, non posse peccatum vitare. Hoc autem « ita damnatum catholicis, ut non tantum ex malo principio, cujus- « modi revera nullum est, verum etiam ex corruptione naturæ facta « per Adam, negent homini simpliciter impossibile esse ut legem Dei « impleat, quod quum naturæ et legi impossibile est, possibile facit, « immo et præstat gratia Dei per Christum. Hujus dogmatis definitio- « nem, et claram interpretationem videre licet in synodo Tridentina, « sess. VI, chap. II, et can. 18. » (Estius, lib. III, distinct. XXVII, p. 6.) C'est-à-dire : « Or cette proposition, que Dieu commande des choses impossibles aux hommes, étoit imputée avec aigreur par les pélagiens aux catholiques, et les catholiques la repoussoient avec autant d'ardeur parce qu'elle appartient à la doctrine des manichéens qui soutenoient que les hommes ne peuvent éviter de pécher, à cause de la mauvaise nature dont ils sont composés : et les Pères ont condamné cette opinion, en telle sorte qu'ils ont nié cette impossibilité simple d'observer les préceptes, soit qu'on l'attribuât à ce mauvais principe, qui n'est point en effet soit à la corruption de la nature arrivée par Adam : parce qu'encore que l'observation des préceptes soit impossible à la nature et à la loi, néanmoins la grâce de Jésus-Christ la rend possible, et même l'accomplit : et l'on peut voir cette doctrine définie et clairement expliquée dans le concile de Trente (sess. VI, chap. XI, et can. 18).

TROISIÈME MOYEN. — *Examiner le sens par la suite du discours et par les autres endroits.*

Le véritable et unique sens du concile est que les commandemens ne sont pas impossibles aux justes, quand ils sont secourus par la grâce, comme il l'explique partout ailleurs : c'est-à-dire, pour user de termes sans équivoques, que les justes, étant aidés par ce secours, peuvent faire des actions bonnes et exemptes de péché : contre ce que prétendoit Luther. La suite du discours fait voir que ce dernier sens est le véritable; comme il paroîtra par toutes les preuves suivantes :

1° Par l'objet du concile dans cette décision, qui étoit de ruiner simplement l'hérésie de Luther, opposée à ce dernier sens seulement;

2° Par les preuves que le concile en donne, qui n'ont de force qu'en ce dernier sens :

3° Par la conclusion qu'il en tire, qui n'exprime que ce seul sens en termes univoques ;

4° Par les canons qu'il en forme, qui n'expriment que ce seul sens ;

5° Par les mêmes canons, qui excluent et anathématisent le premier sens.

Après quoi je doute qu'on puisse refuser de reconnoître que ce ne soit le seul sens du concile. Or tout ce que je dis paroît par la seule lecture de ce chapitre XI et des canons 18, 21, 25. Car l'intention qu'a eue le concile de s'opposer à cette pernicieuse maxime de Luther, que « les justes sont dispensés des préceptes, » paroît par les premiers mots de ce chapitre : « Personne ne doit s'estimer exempt de l'observation des préceptes, quelque justifié qu'on soit. » Et pour ruiner la source de cette erreur, qui consistoit dans la prétendue impossibilité invincible d'accomplir les préceptes avec la grâce, et de faire de bonnes œuvres, le concile continue en ces termes : « Personne ne doit avancer cette proposition condamnée d'anathème par les Pères, que l'observation des commandemens soit impossible. »

Comme il n'y a que les luthériens qui soutiennent l'impossibilité absolue des préceptes, ce n'est que contre eux que cette décision est faite, et non pas contre cette proposition très-vraie en un sens, que « les commandemens sont impossibles aux justes qui n'ont pas la grâce; » car le concile l'établit lui-même, et frappe d'anathème ceux qui ne la confessent pas. Le concile n'entend donc pas par cette expression, que les commandemens sont toujours possibles de ce *dernier et plein pouvoir ;* car, outre qu'il décide ailleurs le contraire, il n'en étoit pas question en cet endroit. On n'avoit pas en tête des hérétiques qui soutinssent que les préceptes étoient quelquefois impossibles, contre lesquels on eût à opposer cette proposition contraire, que « les préceptes sont toujours possibles, » mais seulement ceux qui soutenoient que les préceptes étoient absolument impossibles, contre lesquels le concile décide simplement que la charité et la grâce actuelle peuvent les rendre possibles : et c'est ce qu'il exprime en ces termes : « Les préceptes ne sont pas impossibles, » et qu'il prouve en cette sorte : « Car Dieu ne commande pas des choses impossibles. » Cette raison montre bien que les commandemens ne sont pas absolument impossibles, mais non pas que les justes aient toujours tous les secours nécessaires pour les accomplir ; car il suffit que la grâce puisse les rendre possibles, pour faire que Dieu ne soit pas injuste en les imposant, puisqu'il ne faudra qu'avoir recours à lui pour en obtenir le pouvoir.

Aussi l'on ne doute pas que ceux qui ont comblé la mesure de leurs crimes, ne soient privés de la grâce ; et cependant les préceptes ne laissent pas de les obliger en cet état, quoiqu'ils ne leur soient pas possibles de ce *plein pouvoir* dont il s'agit. Et c'est pourquoi le concile continue ainsi : « Mais Dieu, en imposant, avertit de faire ce qu'on peut, et de demander ce qu'on ne peut pas. » Donc il commande quelquefois ce qu'on ne peut pas encore, *et il aide afin qu'on le puisse.* Donc il donne, à ceux qui le demandent, le secours qu'ils n'avoient pas quand ils ont reçu le commandement. « Et ses préceptes ne sont pas pesans ; car ceux qui sont enfans de Dieu, aiment Jésus-Christ ; et ceux qui l'aiment, gardent sa parole. »

Que marquent donc toutes ces preuves, sinon que ceux qui ont la charité *actuelle*, peuvent accomplir les préceptes ? Car afin qu'on ne l'entende pas de la charité *habituelle*, le concile ajoute immédiatement à ces paroles de l'Écriture celles-ci, qui les expliquent : « Ce qu'à la vérité ils peuvent accomplir par le secours de Dieu. » Par où il joint à la grâce sanctifiante qui rend les hommes enfans de Dieu, le secours actuel, pour donner le *pouvoir prochain* d'accomplir les commandemens.

Qui doute donc que le concile ait entendu autre chose, sinon que les commandemens sont possibles aux justes, pourvu que Dieu les secoure ; ce qui n'étoit contesté que par les seuls luthériens, lesquels seuls il avoit alors à combattre ?

Ensuite le concile déclare que les justes ne sont pas toujours exempts de péchés véniels, mais qu'ils ne détruisent pas la justice. Et rapportant plusieurs passages de l'Écriture qui montrent qu'il n'est pas impossible que les saints, aidés par la grâce, accomplissent les préceptes, il conclut en cette sorte : « D'où il s'ensuit nécessairement (*unde constat*) que ceux-là s'opposent à la vérité de la foi, qui soutiennent que les justes pèchent en toutes leurs actions. » Sur quoi il est aisé de juger que, puisque le concile a cru avoir conclu par ces paroles : « donc les justes ne pèchent pas en toutes leurs actions, » ce qu'il avoit proposé par celles-ci : « les commandemens ne sont pas impossibles aux justes, » il n'avoit entendu autre chose, sinon qu'il n'est pas impossible qu'ils observent les préceptes, et non pas que les justes ont toujours le pouvoir de les observer ; puisque autrement il n'auroit ni prouvé, ni conclu ce qu'il avoit proposé. Car c'est bien une même chose, de dire qu'on ne pèche pas toujours, et, qu'il est possible d'accomplir quelquefois les préceptes; mais ce sont deux choses bien différentes de dire qu'on ne pèche pas toujours, et de dire qu'on a toujours le pouvoir d'accomplir les préceptes, ce qui est sans difficulté.

Enfin les trois canons suivans, qui ramassent cette doctrine, l'éclaircissent entièrement, puisqu'ils ne déclarent pas seulement que les commandemens sont possibles aux justes avec la grâce, mais qu'ils ne sont possibles qu'avec ce secours spécial.

Canon 18. « Si quelqu'un dit que l'observation des préceptes est impossible à un homme qui est justifié et qui est constitué sous la grâce : qu'il soit anathème. »

Canon 21. « Si quelqu'un dit que le juste ait le pouvoir de persévérer sans un secours spécial de Dieu, ou qu'il ne le puisse avec ce secours : qu'il soit anathème. »

Canon 25. « Si quelqu'un dit que le juste pèche en toute bonne œuvre véniellement, ou, ce qui est plus insupportable, mortellement, et qu'il mérite la peine éternelle, mais qu'il n'est pas damné, par cette seule raison que Dieu ne lui impute pas ses œuvres à damnation : qu'il soit anathème. »

Par où l'on voit, non-seulement que ces paroles, que « les commandemens ne sont pas impossibles aux justes, » sont restreintes à cette condition, quand ils sont secourus par la grâce; mais qu'elles n'ont que la même force que celles-ci, que « les justes ne pèchent pas en toutes leurs actions; » et enfin tant s'en faut que *le pouvoir prochain* soit étendu à tous les justes, qu'il est défendu de l'attribuer à ceux qui ne sont pas secourus de ce secours spécial, qui n'est pas commun à tous comme il a été expliqué.

Tous les Pères ne tiennent pas un autre langage. Saint Augustin et les Pères qui l'ont suivi, n'ont jamais parlé des commandemens, qu'en disant qu'ils ne sont pas impos[illegible] la charité, et qu'ils ne nous sont faits que pour nous faire se[illegible]oin que nous avons de la charité, qui seule les accomplit. « [illegible]e et bon, n'a pu commander des choses impossibles; ce qui [illegible]ertit de faire ce qui est facile, et de demander ce qui est difficile. » (Aug., *De nat. et grat.*, cap. LXIX.) « Car toutes choses sont faciles à la charité. » (*De perfect. justit.*, cap. X.) Et ailleurs : « Qui ne sait que ce qui se fait par amour n'est pas difficile? Ceux-là ressentent de la peine à accomplir les préceptes, qui s'efforcent de les observer par la crainte; mais la parfaite charité chasse la crainte, et rend le joug du précepte doux; et, bien loin d'accabler par son poids, elle soulève comme si elle nous donnoit des ailes. » Cette charité ne vient pas de notre libre arbitre (si la grâce de Jésus-Christ ne nous secourt), parce qu'elle est infuse et mise dans nos cœurs, non par nous-mêmes, mais par le Saint-Esprit. Et l'Écriture nous avertit que les préceptes ne sont pas difficiles, par cette seule raison, qui est que l'âme qui les ressent pesans, entende qu'elle n'a pas encore reçu les forces par lesquelles ils lui sont doux et légers.

« Quand il nous est commandé de vouloir, notre devoir nous est marqué; mais parce que nous ne pouvons pas l'avoir de nous-mêmes, nous sommes avertis à qui nous devons le demander; mais toutefois nous ne pouvons pas faire cette demande, si Dieu n'opère en nous de le vouloir.» (*Fulg.*, lib. II, *De verit. prædest.*, cap. IV.)

« Les préceptes ne nous sont donnés que par cette seule raison, qui est de nous faire rechercher le secours de celui qui nous commande, » etc. (Prosper. *Epist. ad Demetriad.*)

« Les pélagiens s'imaginent dire quelque chose d'important, quand ils disent que Dieu ne commanderoit pas ce qu'il sauroit que l'homme ne pourroit faire. Qui ne sait cela? Mais il commande des choses que nous ne pouvons pas, afin que nous connoissions à qui nous devons le demander.» (Aug., *De nat. et grat.*, cap. XV et XVI.)

« O homme! reconnois dans le précepte ce que tu dois; dans la correction, que c'est par ton vice que tu ne le fais pas; et dans la prière, d'où tu peux en avoir le pouvoir! (Aug., *De corrept.*, cap. III.) Car la loi commande, afin que l'homme, sentant qu'il manque de force pour l'accomplir, ne s'enfle pas de superbe, mais étant fatigué, recoure à la grâce, et qu'ainsi la loi l'épouvantant le mène à l'amour de Jésus-Christ.» (Aug., *De perfect respons.* et *ratiocin. xj.*, cap. V.)

CONCLUSION.

Concluons donc de ces décisions toutes saintes : que Dieu, par sa miséricorde, donne, quand il lui plaît, aux justes le *pouvoir plein et parfait* d'accomplir les préceptes, et qu'il ne le donne pas toujours, par un jugement juste, quoique caché.

Apprenons, par cette doctrine si pure, à défendre tout ensemble la puissance de la nature contre les luthériens, et l'impuissance de la nature contre les pélagiens; la force de la grâce contre les luthériens, et la nécessité de la grâce contre les pélagiens: sans ruiner le libre arbitre par la grâce, comme les luthériens; et sans ruiner la grâce par le libre arbitre, comme les pélagiens; et ne pensons pas qu'il suffise de fuir une de ces erreurs pour être dans la vérité.

DISCOURS

Où l'on fait voir qu'il n'y a pas une relation nécessaire entre la possibilité et le pouvoir.

Toutes les choses qu'il est possible qui arrivent à un sujet, ne sont pas toujours au pouvoir de ce sujet : et quoiqu'on se laisse aisément prévenir de l'opinion qu'il y a une relation nécessaire de l'un à l'autre, il n'y a rien de plus facile et de plus commun que de voir le contraire Ce n'est pas que cette relation ne soit aussi ordinaire; mais il s'en faut beaucoup qu'elle soit générale et nécessaire. Voici des exemples de l'un et de l'autre.

Un prince étant légitime héritier d'un royaume, et reconnu pour véritable roi par tous ses sujets, sans division et sans répugnance, il est ensemble véritable, et qu'il est possible qu'il soit roi, et qu'il est en son pouvoir de l'être. Il est possible qu'un homme sain et libre coure quand il lui plaît, et il est aussi en son pouvoir de le faire. En ces exemples, il y a relation de la possibilité au pouvoir. Mais on sait aussi qu'il est possible qu'un homme vive soixante ans, et que cependant il n'est au pouvoir de personne. non-seulement d'arriver à cet âge, mais de s'assurer d'un instant de vie; qu'il est possible qu un prince du sang, quoique le dernier de la maison royale, devienne roi légitime, sans qu'il soit toujours en son pouvoir de le devenir, etc. Et ainsi il est aussi simple et aussi ordinaire de voir que cette relation ne se rencontre pas, que le contraire; d'où il paroît assez qu'elle n'est pas perpétuelle et nécessaire

Règle pour discerner en quelles circonstances il y a relation de la possibilité au pouvoir.

Il est facile de déterminer, par une règle générale, en quelles circonstances cette relation de la possibilité au pouvoir se rencontre. Celle-ci y satisfait : toutes les fois que la cause par laquelle un effet est possible est présente et soumise au sujet où il doit être produit, il y a relation de la possibilité au pouvoir; c'est-à-dire que l'effet est au pouvoir de ce sujet, et non pas autrement. C'est ainsi qu'il est au pouvoir de ce légitime héritier du royaume, reçu avec applaudissement de tous ses sujets, d'être roi ou non; parce que toutes choses étant disposées à le reconnoître, sa seule volonté est cause et maîtresse de l'événement; et comme sa volonté est en sa disposition et dans lui-même, l'effet est dit être en sa puissance. Il n'en est pas de même d'un captif retenu dans les fers : sa liberté est bien possible, mais elle n'est pas en sa puissance, parce que la rupture de ses chaînes, qui est la cause capable de la lui donner, n'est pas en sa dépendance; et ainsi on ne peut dire que sa sortie soit en sa puissance, quelque possible qu'elle soit en elle-même.

Selon cette règle, on peut toujours dire que l'observation des préceptes est au pouvoir de tous les hommes. Ainsi, quoiqu'elle semble d'abord éloigner du pouvoir de tous les hommes cet accomplissement, elle l'en approche au contraire, et l'y soumet : car, comme la cause immédiate de l'observation des préceptes est la volonté de l'homme, de sorte que, comme nous avons déjà dit, on les observe quand on veut, et qu'on les enfreint quand on le veut, il est manifeste que cette cause résidant toujours dans l'homme, et dépendant de lui, on ne peut refuser de dire, selon cette règle, que l'observation des préceptes ne soit toujours au pouvoir des hommes.

Mais ce qui est étrange, c'est que, selon cette même règle, l'observation des préceptes n est pas toujours au pouvoir des hommes. Car encore qu'il soit véritable que la cause immédiate de l'observation des commandemens soit la volonté de l'homme, il y en a néanmoins une autre cause et une première dominante, maîtresse elle-même de la volonté de l'homme, qui est la grâce et le secours actuel de Dieu. De sorte que cette cause première et principale n'étant pas résidante dans l'homme, mais dans Dieu, ni dépendante de l'homme, mais de Dieu, il est manifeste en ce sens que l'observation des commandemens n'est pas toujours au pouvoir de l'homme. Et ainsi ceux-là mêmes desquels on peut dire en un sens orthodoxe qu'il est en leur pouvoir de les accomplir, en ce que, s'ils le vouloient, ils le feroient, sont néanmoins en tel état, qu'on dit aussi, en un sens catholique et orthodoxe, qu'il n'est pas en leur pouvoir de le faire, si la privation de la grâce les met hors d'état de le vouloir

Qu'il y a des choses possibles et d'autres impossibles, qui perdent ces conditions, en les considérant accompagnées de quelques circonstances.

Il est donc évident que les qualités de *possible* et d'*impossible* conviennent ensemble à beaucoup de sujets, selon les divers sens qu'on leur donne; mais il est aussi véritable qu'on peut supposer de telles circonstances, qu'elles excluront l'une de ces deux conditions. C'est ainsi qu'encore qu'on puisse dire d'un homme sain, mais enchaîné, qu'il n'est pas impossible qu'il coure, puisque la rupture de ses fers, qui lui en donnera la possibilité, a une cause dans la nature, mais qu'il n'est pas en son pouvoir de courir, parce que cette cause n'est pas en sa disposition: néanmoins, si l'on considère ce captif comme captif, on peut dire absolument que, tandis qu'il sera dans les fers, sa fuite est tellement impossible, qu'elle n'est possible en aucun sens, puisque cette supposition exclut totalement la cause de sa liberté. Saint Thomas exprime cet état par le mot d'*incompossible*, lorsqu'il dit qu'encore qu'il soit possible qu'un homme pèche mortellement, qu'il soit aussi possible qu'il soit élu, et qu'il soit encore possible qu'il soit tué à chaque instant de sa vie: il est néanmoins absolument, et en quelque temps que ce soit, *incompossible* à toutes ces suppositions qu'il soit ensemble élu, en péché mortel, et tué en cet état. C'est aussi de cette sorte qu'on peut dire d'un homme qui a les yeux sains, qu'il peut voir la lumière qu'on lui offre, s'il le veut; de telle sorte qu'il n'y a aucun sens auquel on puisse dire qu'il n'ait pas le pouvoir de voir, s'il le veut absolument, la lumière qu'on lui présente.

De même on peut dire d'un juste qui a toutes les grâces nécessaires pour accomplir les préceptes, et qui est tellement en état de se passer de toute autre chose pour les accomplir actuellement, qu'avec ce seul secours il les accomplisse en effet quelquefois, qu'il est en son pouvoir de les accomplir dans cette supposition; de telle sorte qu'il n'y a aucun sens où toutes ces circonstances étant posées, on puisse dire qu'il n'est pas en son pouvoir de les accomplir, ou qu'il soit impossible qu'il les accomplisse. Et c'est ainsi, au contraire, qu'on peut dire d'un juste, en le supposant destitué du secours nécessaire pour vouloir les accomplir, qu'il n'est pas en son pouvoir de les accomplir; de telle sorte qu'on ne peut dire en aucun sens, en supposant cette circonstance, qu'il soit totalement en son pouvoir de les accomplir.

C'est par cette raison que, pour présenter la vérité toute pure et toute dégagée des erreurs contraires qui la combattent, le concile de Trente a formé deux importantes décisions, par l'une desquelles il établit que les justes ont le pouvoir de persévérer quand ils ont la grâce; et par l'autre, qu'ils n'ont pas le pouvoir de persévérer quand ils n'ont pas la grâce.

Canon 18. « Si quelqu'un dit que l'observation des préceptes est impossible à un homme qui est justifié et qui est constitué sous la grâce, qu'il soit anathème. »

Canon 21. « Si quelqu'un dit que le juste ait le pouvoir de persévérer sans un secours spécial de Dieu, ou qu'il ne le puisse avec ce secours, qu'il soit anathème. »

Voilà deux décisions, dont l'une arrête les conséquences de l'autre, et qui ne peuvent ensemble qu'instruire solidement les fidèles, puisque faisant dépendre le pouvoir ou l'impuissance d'observer les préceptes, non pas de la capacité ou de l'incapacité naturelle des hommes, mais de la présence ou de l'absence de la grâce, le concile n'a ni trop élevé la nature avec les pélagiens, ni trop abaissé la nature avec les luthériens, mais établi le vrai règne de la grâce dans les âmes, comme doivent faire les vrais chrétiens. Elles ne font que confirmer ce que les Pères avoient établi depuis tant de siècles par ces saintes maximes :

« Si Deus miseretur, etiam volumus; si Deus tangit cor, homo præ- « parat cor; si audisset et didicisset a patre, veniret. » (*De prædest. sanctor.*, cap. VIII.)

« Quando Deus docet non per legis litteram, sed per Spiritus gra- « tiam, ita docet, ut quod quisque didicerit non tantum cognoscendo « videat, sed etiam volendo appetat, agendoque perficiat. » (*De grat. Ch.*, cap. XIV.)

« Quum vero dat incrementum Deus, sine dubio credit et proficit. » (Lib. II, *Oper. imperf.*, note 157.)

« Tunc ergo efficimur vere liberi, quum Deus nos fingit, id est, « format et creat, non ut homines, quod jam fecit; sed ut boni homines « simus, quod nunc sua gratia facit. »

Toutes ces expressions des Pères, auxquelles le concile a rendu ses décisions conformes, nous montrent donc manifestement que les justes peuvent accomplir les préceptes avec la grâce, et non pas sans la grâce; qu'ils le peuvent, s'ils ont la grâce, et non pas s'ils n'ont pas la grâce; qu'ils le peuvent quand ils ont la grâce, et non pas quand ils n'ont pas la grâce.

Il y avoit lieu d'esperer qu'une si sainte doctrine étoufferoit pour jamais les erreurs opposées de Luther et de Pélage, et toutes celles qui pouvoient en naître, en retenant quelque chose de leur esprit; et néanmoins il est arrivé que ceux qui ont résolu d'établir, comme un article inviolable de la foi, que tous les justes ont toujours le plein pouvoir d'accomplir les commandemens, n'ont pas été retenus par des condamnations si manifestes; ils les ont éludées par un artifice ridicule, et qu'il faut mettre en évidence, pour en découvrir toute la malice et l'exposer au jugement des fidèles. Voici leur fondement.

Le concile, disent-ils, décide bien, à la vérité, que les justes n'ont pas le pouvoir de persévérer sans la grâce, mais il ne dit pas, à ce qu'ils prétendent, que cette grâce manque jamais aux justes. Et sur le défaut de cette expression, ils ont pris sujet d'établir cette doctrine, que cette

BIBLIOTHÈQUE NATIONALE

grâce est toujours présente aux justes, et que, par ce secours, ils ont toujours le pouvoir d'accomplir les commandemens. Ce n'est pas que le concile ait jamais dit que cette grâce soit toujours présente, mais c'est seulement que n'ayant décidé, à ce qu'ils veulent, ni si elle l'est toujours, ni si elle ne l'est jamais, ni si elle l'est quelquefois, ils ont cru avoir la liberté de dire, sans blesser sa définition, qu'elle n'est jamais absente, et d'en conclure, sans répugner à sa définition, que tous les justes ont toujours le plein pouvoir d'observer les commandemens.

Mais pour anéantir par le principe leur vaine subtilité, et pour leur faire sentir l'absurdité et le ridicule de leur manière de corrompre le concile, il faut leur proposer un raisonnement semblable, afin qu'ils reconnoissent sans obscurité dans les autres ce que les passions, qui les engagent au sentiment qu'ils ont embrassé, les empêchent d'apercevoir dans eux-mêmes. Qu'ils se figurent donc qu'il s'offre aujourd'hui des personnes qui entreprennent d'introduire une opinion nouvelle, et de l'accommoder aux termes du concile en discourant en cette sorte : « Nous nous soumettons au concile, et anathématisons les luthériens et tous ceux qui disent qu'on ne peut accomplir les commandemens quand on est secouru de la grâce ; mais, comme le concile ne fait que défendre la possibilité des commandemens, avec la grâce nécessaire pour les observer, sans déclarer qu'elle soit jamais présente, il nous laisse la liberté de dire qu'elle ne l'est jamais, et de soutenir dans cette supposition, sans blesser sa définition, l'impossibilité continuelle des préceptes. » En vérité, que diroient nos catholiques d'une opinion si extravagante ? La trouveroient-ils fort conforme au concile ? L'y jugeroient-ils fort soumise ? Et comment supporteroient-ils qu'on voulût non-seulement la faire passer pour le véritable sens du concile, et pour la foi orthodoxe et unique, mais seulement comme soutenable et probable ? Ne crieroit-on pas, avec raison, que ce seroit se jouer des paroles du Saint-Esprit : qu'il n'y a point de différence considérable entre cette erreur et celle de Luther, puisqu'elles conviennent dans l'impossibilité des commandemens, quoiqu'elles diffèrent dans la cause de cette impossibilité ; que cette nouvelle opinion est condamnée d'anathème, et qu'il faudroit l'étouffer, comme un monstre pernicieux et détestable ?

Je prie ceux qui auroient ce zèle pour la religion, non pas de le refroidir, mais de ne pas le restreindre ; et, sans le renfermer dans ce seul sujet, de l'étendre à tous ceux qui font une pareille injure à l'Église : car je suppose que leur ardeur prend sa source de l'amour qu'ils ont pour la vérité, et non pas de la haine qu'ils auroient pour une erreur particulière ; et qu'ainsi tout ce qui est également faux, leur est également odieux. Qu'ils considèrent maintenant ce qu'ils font dans leur sentiment, et si ce n'est point une imitation parfaite de ce qu'ils viennent de détester dans les autres. Certainement il faut, ou qu'ils soient aveugles, s'ils n'en voient pas la parfaite conformité, ou qu'ils soient bien injustes, s'ils ne partagent pas leur aversion, puisqu'ils doivent avoir de semblables sentimens pour les sujets qui sont entièrement semblables.

Reconnoissons donc sincèrement qu'on ne doit point corrompre de cette sorte les plus saintes vérités que Dieu ait mises dans son Eglise, et que c'est en abuser d'une manière bien indigne et bien outrageuse, de prétendre que le concile ayant à ruiner ses hérésies touchant la possibilité absolue et l'impossibilité absolue des préceptes, il ait établi cette puissance contre les uns, et cette impuissance contre les autres en des cas qui n'arriveroient jamais.

Mais si le mot *possible* a un sens si vaste, celui de *pouvoir* n'en a pas un moins étendu; car n'est-il pas visible que, puisqu'une chose est dite être en notre puissance lorsqu'elle se fait quand nous le voulons, et qu'elle ne se fait pas quand nous ne voulons pas, rien n'est tant en notre puissance que notre propre volonté? Et c'est en ce sens qu'il est véritable que tous les hommes ont le pouvoir d'accomplir les commandemens, puisqu'il est assuré qu'il ne faut, pour les observer, que le vouloir : *si vis, servabis mandata.*

C'est ce qui a fait dire à saint Augustin, que tous les hommes peuvent, s'ils le veulent, se convertir de l'amour des choses temporelles à l'observation des commandemens de Dieu, sans que les pélagiens puissent prétendre que cela soit dit selon leurs maximes, « parce que, dit ce Père, il est vrai que les hommes le peuvent, s'ils le veulent; mais cette volonté est préparée par le Seigneur; » et c'est pourquoi il dit ailleurs, qu'il est dans la puissance de l'homme de changer et de corriger sa volonté, sans que cela blesse la grâce qu'il annonçoit, parce qu'il déclare que cette puissance n'est point, si elle n'est donnée de Dieu, « parce que, dit-il, comme une chose est dite en notre puissance, lorsque nous la faisons quand nous le voulons, rien n'est tant en notre puissance que notre propre volonté : mais la volonté est préparée par le Seigneur : c'est donc ainsi qu'il en donne la puissance. C'est ainsi qu'il faut entendre, continue ce saint docteur, ce que j'ai dit ailleurs : il est en notre puissance de mériter de recevoir les effets de sa miséricorde de Dieu, ou de sa colère, parce que rien n'est en notre puissance que ce qui suit notre volonté, à laquelle, lorsque Dieu la prépare forte et puissante, la même action de piété devient facile, qui étoit difficile et même impossible auparavant. »

Il est donc bien visible qu'en prenant le mot de *pouvoir* en ce sens, tous les hommes ont celui d'accomplir les préceptes; et cependant il est véritable en un autre sens, que ceux qui n'en sont pas instruits, comme les infidèles, n'ont pas le pouvoir de les accomplir, puisqu'ils les ignorent; car comment s'acquitteront-ils d'une obligation qu'ils ne savent pas leur être imposée? ou comment invoqueront-ils celui auquel ils ne croient pas? ou comment croiront-ils en celui dont ils n'ont pas ouï parler? ou comment en entendront-ils parler sans prédicateur? Et c'est ce qui a fait dire à saint Augustin : « Il est nécessaire et inévitable que ceux qui ignorent la justice la violent, *necesse est ut peccet a quo ignoratur justitia*, » et ailleurs : « On peut bien dire à un homme : « Vous « persévéreriez, si vous le vouliez, dans les choses que vous avez apprises « et tenues; » mais on ne peut dire en aucune sorte : « Vous croiriez, si vous « le vouliez, les choses dont vous n'avez point ouï parler. » D'où l'on voit que les chrétiens qui sont instruits de la loi de Dieu, ont, par cette connoissance, un pouvoir de l'accomplir, qui n'est pas commun à ceux qui en sont privés, puisque, connoissant la volonté de leur maître, il ne dépend plus que de leur consentement d'y obéir.

Mais on peut dire avec bien plus de raison des justes, qu'ils ont toujours le pouvoir de la suivre puisque leur volonté étant dégagée des liens qui la retenoient captive, et se trouvant guérie de ses langueurs, quoiqu'il lui en reste quelque foiblesse, qui n'empêche pas qu'on ne puisse dire avec les Pères qu'elle est libre, saine et forte, il est visible qu'ils ont un pouvoir d'observer les commandemens, qui n'est pas commun à ceux qui, étant asservis sous l'amour des créatures, ont une opposition à Dieu et des passions dominantes, qui les empêchent de suivre et d'observer sa loi; car de la même sorte qu'on dit d'un œil qu'il a le pouvoir de voir, quand il n'y a aucune indisposition intérieure qui empêche cet exercice, de même on peut dire avec vérité de la volonté de l'homme, quand elle est dégagée des passions qui y dominoient auparavant, qu'elle a alors le pouvoir d'aimer Dieu. Ce n'est pas qu'elle n'ait encore besoin d'être secourue de la grâce, quelque saine qu'elle soit; car, comme dit saint Augustin, de la même sorte que l'œil, quoiqu'il soit parfaitement sain, ne peut voir s'il n'est secouru de la lumière; ainsi l'homme, quoiqu'il soit parfaitement justifié, ne peut vivre dans la piété, s'il n'est assisté divinement par la lumière éternelle de la justice; et néanmoins, comme on ne laisse pas de dire que l'œil, quand il est sain, a le pouvoir de voir, en ne considérant que cette faculté en elle-même, parce qu'il n'a pas besoin de plus de santé pour voir, mais seulement de la lumière extérieure; de même on peut dire de l'âme, quand elle est justifiée, qu'elle a le pouvoir d'aimer Dieu, en ne la considérant qu'en elle-même, « parce que, comme dit saint Thomas, elle n'a pas besoin de plus de justice pour aimer Dieu, mais seulement des secours actuels; » mais il est nécessaire que ces secours actuels soient tels, que la délectation de la charité surmonte celle du péché, puisque autrement la mauvaise délectation qui subsiste sans être vaincue, tente toujours celui même qu'elle ne tient plus esclave, et certainement nous serons toujours vaincus, si nous ne sommes tellement aidés de Dieu, que non-seulement nous connoissions notre devoir, mais encore que l'âme, étant guérie, vainque et surmonte en nous la délectation des choses, dont le désir de les posséder, ou la crainte de les perdre, nous fait pécher. (Aug., lib. I, *Oper. imperf.*)

Néanmoins on peut dire de celui qui est secouru de la grâce, *quoiqu'il le soit moins qu'il le faut, pour faire qu'il marche parfaitement dans la voie de Dieu*, qu'il a un pouvoir qu'il n'auroit pas s'il étoit privé de tout secours, puisqu'il est plus proche d'avoir tout celui qui lui est nécessaire, lorsqu'il en a une partie, que s'il n'en avoit point du tout; et même que ce secours imparfait, ou trop foible dans la tentation où on le considère, deviendra assez puissant, si la tentation vient à se diminuer, et qu'il la lui fera vaincre alors effectivement : ce qui ne seroit pas véritable s'il n'en avoit aucun; de la même sorte qu'on peut dire d'un homme dont la vue est affoiblie par une maladie, et qui a besoin de beaucoup de lumières, qu'encore qu'une petite lumière ne lui donne pas le plein pouvoir de voir, néanmoins elle lui en donne un certain genre, ou un certain degré de pouvoir qu'il n'auroit pas s'il étoit dans les ténèbres, puisqu'il est plus proche d'avoir tout celui qui lui est nécessaire en cet état, et que même, si sa santé s'affermit, cette lumière deviendra assez forte pour lui en donner alors le pouvoir entier.

Voilà toutes les diverses manières dont on peut considérer les différens pouvoirs qui sont tous véritables, quoique le seul qui doit être appelé *entier*, *plein* et *parfait*, et qui donne l'action même, soit celui auquel il ne manque rien pour agir. De sorte qu'il est très-véritable qu'on peut dire de ceux auxquels il manque quelque secours, sans lequel il est assuré qu'ils ne feront jamais une action, qu'ils n'ont pas, en ce sens, le pouvoir de la faire. Comme on peut dire, avec vérité, qu'un homme, dans les ténèbres, n'a pas le pouvoir de voir, en considérant le plein et dernier pouvoir sans lequel on n'agit point; de même si un homme, quelque juste qu'il soit, n'est aidé d'une grâce assez puissante, ou, pour user des termes du concile, d'un *secours spécial de Dieu*, il est véritable, selon le même concile, qu'il n'a pas le pouvoir de persévérer, parce qu'encore qu'il en ait le pouvoir dans les divers sens qui ont été expliqués, il n'en a pas néanmoins le pouvoir plein et entier auquel il ne manque rien de la part de Dieu pour agir; et c'est pourquoi le concile défend, sous peine d'anathème, de dire qu'il en ait le pouvoir.

LETTRES.

I. Fragment.

Les grâces que Dieu fait en cette vie sont la mesure de la gloire qu'il prépare en l'autre. Aussi, quand je prévois la fin et le couronnement de son ouvrage, par les commencemens qui en paroissent dans les personnes de piété, j'entre dans une vénération qui me transit de respect envers ceux qu'il semble avoir choisis pour ses élus. Il me paroît que je les vois déjà dans un de ces trônes où ceux qui auront tout quitté, jugeront le monde avec Jésus-Christ, selon la promesse qu'il en a faite. Mais quand je viens à penser que ces personnes peuvent tomber, et être au contraire au nombre malheureux des jugés, et qu'il y en aura tant qui tomberont de leur gloire, et qui laisseront prendre à d'autres, par leur négligence, la couronne que Dieu leur avoit offerte, je ne puis souffrir cette pensée; et l'effroi que j'aurois de les voir en cet état éternel de misère, après les avoir imaginés, avec tant de raison, dans l'autre état, me fait détourner l'esprit de cette idée, et revenir à Dieu pour le prier de ne pas abandonner les foibles créatures qu'il s'est acquises, et lui dire avec saint Paul : « Seigneur, achevez vous-même l'ouvrage que vous-même avez commencé. » Saint Paul se considéroit souvent en ces deux états; et c'est ce qui lui fait dire ailleurs : « Je châtie mon corps, et je le réduis en servitude, de peur qu'après avoir prêché aux autres, je ne sois réprouvé moi-même. » (I *Cor.*, IX 27.)

II. A Mme Périer.

De Rouen, ce samedi dernier janvier 1643.

Ma chère sœur,

Je ne doute pas que vous n'ayez été bien en peine du long temps qu'il y a que vous n'avez reçu de nouvelles de ces quartiers ici. Mais je crois que vous vous serez bien doutée que le voyage des élus en a été la cause, comme en effet. Sans cela, je n'aurois pas manqué de vous écrire plus souvent. J'ai à te dire que MM. les commissaires étant à Gisors, mon père me fit aller faire un tour à Paris où je trouvai une lettre que tu m'écrivois, où tu me mandes que tu t'étonnes de ce que je te reproche que tu n'écris pas assez souvent, et où tu me dis que tu écris à Rouen toutes les semaines une fois. Il est bien assuré, si cela est, que tes lettres se perdent, car je n'en reçois pas toutes les trois semaines une. Étant retournés à Rouen, j'y ai trouvé une lettre de M. Périer, qui mande que tu es malade. Il ne mande point si ton mal est dangereux, ni si tu te portes mieux, et il s'est passé un ordinaire depuis sans avoir reçu de lettre, tellement que nous en sommes en une peine dont je te prie de nous tirer au plus tôt; mais je crois que la prière que je fais ici sera inutile, car, avant que tu aies reçu cette lettre ici, j'espère que nous aurons reçu des lettres de toi ou de M. Périer. Le département s'achève, Dieu merci. Si je savois quelque chose de nouveau, je te le ferois savoir. Je suis, ma chère sœur....

Ici ce post-scriptum de la main d'Étienne Pascal, le père : Ma bonne fille m'excusera si je ne lui écris comme je le désirerois, n'y ayant aucun loisir. Car je n'ai jamais été dans l'embarras à la dixième partie de ce que j'y suis à présent. Je ne saurois l'être davantage à moins d'en avoir trop; il y a quatre mois que je [ne] me suis pas couché six fois devant deux heures après minuit.

Je vous avois commencé dernièrement une lettre de raillerie sur le sujet de la vôtre dernière, touchant le mariage de M. Desjeux, mais je n'ai jamais eu le loisir de l'achever. Pour nouvelles, la fille de M. de Paris, maître des comptes, mariée à M. de Neufville, aussi maître des comptes, est décédée, comme aussi la fille de Belair, mariée au petit Lambert. Votre petit a couché céans cette nuit. Il se porte Dieu grâces très-bien. Je suis toujours

Votre bon et excellent ami,
Pascal.

Votre très-humble et très-affectionné serviteur et frère,
Pascal.

III. A sa sœur Jacqueline

Ce 26 janvier 1648.

Ma chère sœur,

Nous avons reçu tes lettres. J'avois dessein de te faire réponse sur la première que tu m'écrivis il y a plus de quatre mois; mais mon indisposition et quelques autres affaires m'empêchèrent de l'achever. Depuis ce temps-là, je n'ai pas été en état de t'écrire, soit à cause de mon mal, soit manque de loisir ou pour quelque autre raison J'ai peu d'heures de loisir et de santé tout ensemble. J'essayerai néanmoins d'achever celle-ci sans me forcer; je ne sais si elle sera longue ou courte. Mon principal dessein est de t'y faire entendre le fait des visites que tu sais, où j'espérois d'avoir de quoi te satisfaire et répondre à tes dernières lettres. Je ne puis commencer par autre chose que par le témoignage du plaisir qu'elles m'ont donné; j'en ai reçu des satisfactions si sensibles, que je ne te les pourrai pas dire de bouche. Je te prie de croire qu'encore que je ne t'aie point écrit, il n'y a point eu d'heure que tu ne m'aies été présente, où je n'aie fait des souhaits pour la continuation du grand dessein que Dieu t'a inspiré. J'ai ressenti de nouveaux accès de joie à toutes les lettres qui en portoient quelque témoignage, et j'ai été ravi d'en voir la continuation sans que tu eusses aucunes nouvelles de notre part. Cela m'a fait juger qu'il avoit un appui plus qu'humain, puisqu'il n'avoit pas besoin des moyens humains pour se maintenir. Je souhaiterois néanmoins d'y contribuer quelque chose, mais je n'ai aucune des parties qui sont nécessaires pour cet effet. Ma foiblesse est si grande que, si je l'entreprenois, je ferois plutôt une action de témérité que de charité, et j'aurois droit de craindre pour nous deux le malheur qui menace un aveugle conduit par un aveugle. J'en ai ressenti mon incapacité sans comparaison davantage depuis les visites dont il est question, et bien loin d'en avoir remporté assez de lumières pour d'autres, je n'en ai rapporté que de la confusion et du trouble pour moi, que Dieu seul peut calmer et où je travaillerai avec soin, mais sans empressement et sans inquiétude, sachant bien que l'un et l'autre m'en éloigneroient. Je te dis que Dieu seul le peut calmer et que j'y travaillerai, parce que je ne trouve que des occasions de le faire naître et de l'augmenter dans ceux dont j'en avois attendu la dissipation : de sorte que me voyant réduit à moi seul, il ne me reste qu'à prier Dieu qu'il en bénisse le succès. J'aurois pour cela besoin de la communication de personnes savantes et de personnes désintéressées : les premiers sont ceux qui ne le feront pas; je ne cherche plus que les autres, et pour cela je souhaite infiniment de te voir, car les lettres sont longues, incommodes et presque inutiles en ces occasions. Cependant je t'en écrirai peu de chose. La première fois que je vis M. Rebours, je me fis connoître à lui et j'en fus reçu avec autant de civilités que j'eusse pu souhaiter; elles appartenoient toutes à M. mon père, puisque je les reçus à sa considération. Ensuite des premiers complimens, je lui demandai la permission de le revoir de temps en temps; il me l'accorda. Ainsi je fus en liberté de le voir, de sorte que je ne compte pas cette première vue pour visite, puisqu'elle n'en fut que la permission. J'y fus à quelque temps de là, et entre autres discours je lui dis avec ma franchise et ma naïveté ordinaires que nous avions vu leurs livres et ceux de leurs adversaires; que c'étoit assez pour lui faire entendre que nous étions de leurs sentimens. Il m'en témoigna quelque joie. Je lui dis ensuite que je pensois que l'on pouvoit, suivant les principes mêmes du sens commun, démontrer beaucoup de choses que les adversaires disent lui être contraires, et que le raisonnement bien conduit portoit à les croire, quoiqu'il les faille croire sans l'aide du raisonnement.

Ce furent mes propres termes, où je ne crois pas qu'il y ait de quoi blesser la plus sévère modestie. Mais, comme tu sais que toutes les actions peuvent avoir deux sources, et que ce discours pouvoit procéder d'un principe de vanité et de confiance dans le raisonnement, ce soupçon, qui fut augmenté par la connoissance qu'il avoit de mon étude de la géométrie, suffit pour lui faire trouver ce discours étrange, et il me le témoigna par une repartie si pleine d'humilité et de modestie, qu'elle eût sans doute confondu l'orgueil qu'il vouloit réfuter. J'essayai néanmoins de lui faire connoître mon motif; mais ma justification accrut son doute et il prit mes excuses pour une obstination. J'avoue que son discours étoit si beau, que, si j'eusse cru être en l'état qu'il se le figuroit, il m'en eût retiré; mais, comme je ne pensois pas être dans cette maladie, je m'opposai au remède qu'il me présentoit. Mais il le fortifioit d'autant plus que je semblois le fuir, parce qu'il prenoit mon refus pour endurcissement; et plus il s'efforçoit de continuer, plus mes remercîmens lui témoignoient que je ne le tenois pas nécessaire. De sorte que toute cette entrevue se passa dans cette équivoque et dans un embarras qui a continué dans toutes les autres et qui ne s'est pu débrouiller. Je ne te rapporterai pas les autres mot à mot, parce qu'il ne seroit pas nécessaire ni à propos. Je te dirai seulement en substance le principal de ce qui s'y est dit ou, pour mieux dire, le principal de leur retenue.

Mais je te prie avant toutes choses de ne tirer aucune conséquence de tout ce que je te mande, parce qu'il pourroit m'échapper de ne pas dire les choses avec assez de justesse; et cela te pourroit faire naître quelque soupçon peut-être aussi désavantageux qu'injuste. Car enfin, après y avoir bien songé, je n'y trouve qu'une obscurité où il seroit dangereux et difficile de décider, et pour moi j'en suspends entièrement mon jugement, autant à cause de ma foiblesse que pour mon manque de connoissance.

IV. Lettre de Pascal et de sa sœur Jacqueline a Mme Périer, leur sœur.

Ce 1er avril 1648.

Nous ne savons si celle-ci sera sans fin aussi bien que les autres, mais nous savons bien que nous voudrions bien t'écrire sans fin. Nous avons ici la lettre de M. de Saint-Cyran, *De la vocation*, imprimée depuis peu sans approbation ni privilége et qui a choqué beaucoup de monde. Nous la lisons; nous te l'enverrons après. Nous serons bien aises d'en savoir ton sentiment et celui de M. mon père. Elle est fort relevée.

Nous avons plusieurs fois commencé à t'écrire, mais j'en ai été retenu par l'exemple et par les discours ou, si tu veux, par les rebuffades que tu sais; mais après nous en être éclaircis tant que nous avons pu, je crois que, s'il faut y apporter quelque circonspection, et s'il y a des occasions où l'on ne doit pas parler de ces choses, nous en sommes dispensés; car comme nous ne doutons point l'un de l'autre, et que nous sommes comme assurés mutuellement que nous n'avons dans tous ces discours que la gloire de Dieu pour objet, et presque point de communication hors de nous-mêmes, je ne vois point que nous puissions avoir de scrupule, tant qu'il nous donnera ces sentimens. Si nous ajoutons à ces considérations celle de l'alliance que la nature a faite entre nous, et à cette dernière celle que la grâce y a faite, je crois que, bien loin d'y trouver une défense, nous y trouverons une obligation; car je trouve que notre bonheur a été si grand d'être unis de la dernière sorte, que nous nous devons unir pour le reconnoître et pour nous en réjouir. Car il faut avouer que c'est proprement depuis ce temps (que M. de Saint Cyran veut qu'on appelle le commencement de la vie) que nous devons nous considérer comme véritablement parens, et qu'il a plu à Dieu de nous joindre aussi bien dans son nouveau monde par l'esprit, comme il avoit fait dans le terrestre par la chair.

Nous te prions qu'il n'y ait point de jour où tu ne le repasses en ta mémoire, et de reconnoître souvent la conduite dont Dieu s'est servi en cette rencontre, où il ne nous a pas seulement faits frères les uns des autres, mais encore enfans d'un même père; car tu sais que mon père nous a tous prévenus et comme conçus dans ce dessein. C'est en quoi nous devons admirer que Dieu nous ait donné et la figure et la réalité de cette alliance: car, comme nous avons dit souvent entre nous, les choses corporelles ne sont qu'une image des spirituelles, et Dieu a représenté les choses invisibles dans les visibles. Cette pensée est si générale et si utile, qu'on ne doit point laisser passer un espace notable de temps sans y songer avec attention. Nous avons discouru assez particulièrement du rapport de ces deux sortes de choses; c'est pourquoi nous n'en parlerons pas ici: car cela est trop long pour l'écrire et trop beau pour ne t'être pas resté dans la mémoire, et, qui plus est, nécessaire absolument, suivant mon avis. Car comme nos péchés nous retiennent enveloppés parmi les choses corporelles et terrestres, et qu'elles ne sont pas seulement la peine de nos péchés, mais encore l'occasion d'en faire de nouveaux et la cause des premiers, il faut que nous nous servions du lieu même où nous sommes tombés pour nous relever de notre chute. C'est pourquoi nous devons bien ménager l'avantage que la bonté de Dieu nous donne de nous laisser toujours devant les yeux une image des biens que nous avons perdus, et de nous environner dans la captivité même où sa justice nous a réduits, de tant d'objets qui nous servent d'une leçon continuellement présente.

De sorte que nous devons nous considérer comme des criminels dans une prison toute remplie des images de leur libérateur et des instructions nécessaires pour sortir de la servitude; mais il faut avouer qu'on ne peut apercevoir ces saints caractères sans une lumière surnaturelle; car comme toutes choses parlent de Dieu à ceux qui le connoissent, et qu'elles le découvrent à tous ceux qui l'aiment, ces mêmes choses le cachent à tous ceux qui ne le connoissent pas. Aussi l'on voit que dans les ténèbres du monde on les suit par un aveuglement brutal, que l'on s'y attache et qu'on en fait la dernière fin de ses désirs, ce qu'on ne peut faire sans sacrilége, car il n'y a que Dieu qui doive être la dernière fin comme lui seul est le vrai principe. Car, quelque ressemblance que la nature créée ait avec son Créateur, et encore que les moindres choses et les plus petites et les plus viles parties du monde représentent au moins par leur unité la parfaite unité qui ne se trouve qu'en Dieu, on ne peut pas légitimement leur porter le souverain respect, parce qu'il n'y a rien de si abominable aux yeux de Dieu et des hommes que l'idolâtrie, à cause qu'on y rend à la créature l'honneur qui n'est dû qu'au Créateur. L'Écriture est pleine des vengeances que Dieu a exercées sur ceux qui en ont été coupables, et le premier commandement du Décalogue, qui enferme tous les autres, défend sur toutes choses d'adorer ses images. Mais comme il est beaucoup plus jaloux de nos affections que de nos respects, il est visible qu'il n'y a point de crime qui lui soit plus injurieux ni plus détestable que d'aimer souverainement les créatures, quoiqu'elles le représentent.

C'est pourquoi ceux à qui Dieu fait connoître ces grandes vérités doivent user de ces images pour jouir de celui qu'elles représentent, et ne demeurer pas éternellement dans cet aveuglement charnel et judaïque qui fait prendre la figure pour la réalité. Et ceux que Dieu, par la régénération, a retirés gratuitement du péché (qui est le véritable néant, parce qu'il est contraire à Dieu, qui est le véritable être) pour leur donner une place dans son Église qui est son véritable temple, après les avoir retirés gratuitement du néant au point de leur création, pour leur donner une place dans l'univers, ont une double obligation de le servir et de l'honorer, puisque en tant que créatures ils doivent se tenir dans l'ordre des créatures et ne pas profaner le lieu qu'ils remplissent, et qu'en tant que chrétiens, ils doivent sans cesse aspirer à se rendre dignes de faire partie du corps de Jésus-Christ. Mais qu'au lieu que les créatures qui composent le monde s'acquittent de leur obligation en se tenant dans une perfection bornée, parce que la perfection du monde est aussi bornée, les enfans de Dieu ne doivent point mettre de limites à leur pureté et à leur perfection, parce qu'ils font partie d'un corps tout divin et infiniment parfait; comme on voit que Jésus-Christ ne limite point le commandement de la perfection, et qu'il nous en propose un modèle où elle se trouve infinie, quand il dit : « Soyez donc parfaits comme votre Père céleste est parfait. » Aussi c'est une erreur bien préjudiciable et bien ordinaire parmi les chrétiens et parmi ceux-là mêmes qui font profession de piété, de se persuader qu'il y ait un certain degré de perfection dans lequel on soit en assurance et qu'il ne soit pas nécessaire de passer, puisqu'il n'y en a point qui ne soit mauvais si on s'y arrête, et dont on puisse éviter de tomber qu'en montant plus haut.

V. Lettre de Pascal et de sa sœur Jacqueline à Mme Périer, leur sœur.

A Paris, ce 5 novembre, après-midi, 1648.

Ma chère sœur,

Ta lettre nous a fait ressouvenir d'une brouillerie dont on avoit perdu la mémoire, tant elle est absolument passée. Les éclaircissemens un peu trop grands que nous avons procurés ont fait paroître le sujet général et ancien de nos plaintes, et les satisfactions que nous en avons faites ont adouci l'aigreur que mon père en avoit conçue. Nous avons dit ce que tu avois déjà dit, sans savoir que tu l'eusses dit, et ensuite nous avons excusé de bouche ce que tu avois depuis excusé par écrit, sans savoir que tu l'eusses excusé; et nous n'avons su ce que tu as fait qu'après que nous l'avons eu fait nous-mêmes; car comme nous n'avions rien caché à mon père, il nous a aussi tout découvert et guéri ensuite tous nos soupçons. Tu sais combien ces embarras troublent la paix de la maison extérieure et intérieure, et combien dans ces rencontres on a besoin des avertissemens que tu nous as donnés trop tard.

Nous avons à t'en donner nous-mêmes sur le sujet des tiens. Le premier est sur ce que tu mandes que nous t'avons appris ce que tu nous écris. 1° Je ne me souviens point de t'en avoir parlé, et si peu que cela m'a été très-nouveau, et de plus, quand cela seroit vrai, je craindrois que tu ne l'eusses retenu humainement, si tu n'avois oublié la personne dont tu l'avois appris pour ne te ressouvenir que de Dieu qui peut seul te l'avoir véritablement enseigné. Si tu t'en souviens comme d'une bonne chose, tu ne saurois penser le tenir d'aucun autre, puisque ni toi ni les autres ne le peuvent apprendre que de Dieu seul. Car, encore que dans cette sorte de reconnoissance on ne s'arrête pas aux hommes à qui on s'adresse comme s'ils étoient auteurs du bien qu'on a reçu par leur entremise, néanmoins cela ne laisse point de former une petite opposition à la vue de Dieu, et principalement dans les personnes qui ne sont pas entièrement épurées des impressions charnelles qui font considérer comme source de bien les objets qui le communiquent

Ce n'est pas que nous ne devions reconnoître et nous ressouvenir des personnes dont nous tenons quelques instructions, quand ces personnes ont le droit de les faire, comme les pères, les évêques et les directeurs, parce qu'ils sont les maîtres dont les autres sont les disciples. Mais quant à nous, il n'en est pas de même; car comme l'ange refusa les adorations d'un saint serviteur comme lui, nous te dirons, en te priant de n'user plus de ces termes d'une reconnoissance humaine, que tu te gardes de nous faire de pareils complimens, parce que nous sommes disciples comme toi.

Le second est sur ce que tu dis qu'il n'est pas nécessaire de nous répéter ces choses, puisque nous les savons déjà bien; ce qui nous fait craindre que tu ne mettes pas ici assez de différence entre les choses dont tu parles et celles dont le siècle parle, puisqu'il est sans doute qu'il suffit d'avoir appris une fois celles-ci et de les avoir bien retenues, pour n'avoir plus besoin d'en être instruit, au lieu qu'il ne suffit pas d'avoir une fois compris celles de l'autre sorte, et de les avoir connues de la bonne manière, c'est-à-dire par le mouvement intérieur de Dieu, pour en conserver la connoissance de la même sorte, quoique l'on en conserve bien le souvenir. Ce n'est pas qu'on ne s'en puisse souvenir, et qu'on ne retienne aussi facilement une épître de saint Paul qu'un livre de Virgile, mais les connoissances que nous acquérons de cette façon aussi bien que leur continuation, ne sont qu'un effet de mémoire, au lieu que pour y entendre ce langage secret et étranger à ceux qui le sont du ciel, il faut que la même grâce qui peut seule en donner la première intelligence, la continue et la rende toujours présente en la retraçant sans cesse dans le cœur des fidèles pour la faire toujours vivre; comme dans les bienheureux Dieu renouvelle continuellement leur béatitude, qui est un effet et une suite de sa grâce, comme aussi l'Église tient que le Père produit continuellement le Fils et maintient l'éternité de son essence pour une effusion de sa substance qui est sans interruption aussi bien que sa fin.

Ainsi la continuation de la justice des fidèles n'est autre chose que la continuation de l'infusion de la grâce, et non pas une seule grâce qui subsiste toujours; et c'est ce qui nous apprend parfaitement la dépendance perpétuelle où nous sommes de la miséricorde de Dieu, puisque, s'il en interrompt tant soit peu le cours, la sécheresse survient nécessairement. Dans cette nécessité, il est aisé de voir qu'il faut continuellement faire de nouveaux efforts pour acquérir cette nouveauté continuelle d'esprit, puisqu'on ne peut conserver la grâce ancienne que par l'acquisition d'une nouvelle grâce, et qu'autrement on perdra celle qu'on pensera retenir, comme ceux qui, voulant renfermer la lumière, n'enferment que des ténèbres. Ainsi, nous devons veiller à purifier sans cesse l'intérieur, qui se salit toujours de nouvelles taches en retenant aussi les anciennes, puisque sans le renouvellement assidu on n'est pas capable de recevoir ce vin nouveau qui ne sera point mis en vieux vaisseaux.

C'est pourquoi tu ne dois pas craindre de nous remettre devant les yeux les choses que nous avons dans la mémoire, et qu'il faut faire rentrer dans le cœur, puisqu'il est sans doute que ton discours en peut mieux servir d'instrument à la grâce que non pas l'idée qui nous en reste en la mémoire, puisque la grâce est particulièrement accordée à la prière, et que cette charité que tu as eue pour nous est une prière du nombre de celles qu'on ne doit jamais interrompre. C'est ainsi qu'on ne doit jamais refuser de lire ni d'ouïr les choses saintes, si communes et si connues qu'elles soient; car notre mémoire, aussi bien que les instructions qu'elle retient, n'est qu'un corps inanimé et judaïque sans l'esprit qui doit les vivifier. Et il arrive très-souvent que Dieu se sert de ces moyens extérieurs pour les faire comprendre et pour laisser d'autant moins de matière à la vanité des hommes lorsqu'ils reçoivent ainsi la grâce en eux-mêmes. C'est ainsi qu'un livre et un sermon, si communs qu'ils soient, apportent bien plus de fruit à celui qui s'y applique avec plus de disposition, que non pas l'excellence des discours plus relevés qui apportent d'ordinaire plus de plaisir que d'instruction; et l'on voit quelquefois que ceux qui les écoutent comme il faut, quoique ignorans et presque stupides, sont touchés au seul nom de Dieu et par les seules paroles qui les menacent de l'enfer, quoique ce soit tout ce qu'ils y comprennent et qu'ils le sussent aussi bien auparavant.

Le troisième est sur ce que tu dis que tu n'écris ces choses que pour nous faire entendre que tu es dans ce sentiment. Nous avons à te louer et à te remercier également sur ce sujet: nous te louons de ta persévérance et te remercions du témoignage que tu nous en donnes. Nous avions déjà tiré cet aveu de M. Périer, et les choses que nous lui en avions fait dire nous en avoient assurés : nous ne pouvons te dire combien elles nous ont satisfaits, qu'en te représentant la joie que tu recevrois si tu entendois dire de nous la même chose

Nous n'avons rien de particulier à te dire, sinon touchant le dessein de votre maison. Nous savons que M. Périer prend trop à cœur ce qu'il entreprend pour songer pleinement à deux choses à la fois, et que ce dessein entier est si long, que, pour l'achever, il faudroit qu'il fût longtemps sans penser à autre chose. Nous savons aussi bien que son projet n'est que pour une partie du bâtiment; mais, outre qu'elle n'est que trop longue elle seule, elle engage à l'achèvement du reste aussitôt qu'il n'y aura plus d'obstacle, de quelque résolution qu'on se fortifie pour s'en empêcher, principalement s'il emploie à bâtir le temps qu'il faudroit pour se détromper des charmes secrets qui s'y trouvent. Ainsi nous l'avons conseillé de bâtir bien moins qu'il ne prétendoit et rien que le simple nécessaire, quoique sur le même dessein, afin qu'il n'ait pas de quoi s'y engager, et qu'il ne s'ôte pas aussi le moyen de le faire. Nous te prions d'y penser sérieusement, de t'en résoudre et de l'en conseiller de peur qu'il arrive qu'il ait bien plus de prudence et qu'il donne bien plus de soin et de peine au bâtiment d'une maison qu'il n'est pas obligé de faire qu'à celui de cette tour mystique, dont tu sais que saint Augustin parle dans une de ses lettres, qu'il s'est engagé d'achever dans ses entretiens. Adieu. B. P. — J. P.

Post-scriptum de Jacqueline. J'espère que je t'écrirai en mon particulier de mon affaire, dont je te manderai le détail; cependant prie Dieu pour son issue.

Si tu sais quelque bonne âme, fais-la prier Dieu pour moi aussi.

VI. Extrait d'une lettre a M. Périer[1].

De Paris, le vendredi 6 juin 1653.

Je viens de recevoir votre lettre où étoit celle de ma sœur, que je n'ai pas eu le loisir de lire, et de plus je crois que cela seroit inutile.

Ma sœur fit hier profession, jeudi 5 juin 1653. Il m'a été impossible de retarder : MM. de Port-Royal craignoient qu'un petit retardement en apportât un grand et vouloient la hâter par cette raison qu'ils espèrent la mettre bientôt dans les charges; et partant il faut hâter, parce qu'il faut qu'elles aient pour cela plusieurs années de profession. Voilà de quoi ils m'ont payé. Enfin, je ne l'ai pu, etc.

VII. Extrait d'une lettre a Mme Périer[2].

1659.

En gros leur avis[3] fut que vous ne pouvez en aucune manière, sans blesser la charité et votre conscience mortellement et vous rendre cou-

1. Recueil ms. du P. Guerrier, p. 182.

2. J'ai copié cet extrait sur l'original écrit de la main de M. Pascal; il ne reste que la 4e et la 5e page de cette lettre; les autres sont perdues. (*Note du P. Guerrier.*)

3. De MM. de Singlin, de Sacy et de Rebours que M. Pascal consulta à Port-Royal, et qui furent tous trois du même avis. Ce fut M. de Singlin qui

pable d'un des plus grands crimes, engager un enfant[1] de son âge et de son innocence et même de sa piété à la plus périlleuse et la plus basse des conditions du christianisme. Qu'à la vérité suivant le monde l'affaire n'avoit nulle difficulté et qu'elle étoit à conclure sans hésiter: mais que selon Dieu, elle en avoit moins de difficulté et qu'elle étoit à rejeter sans hésiter, parce que la condition d'un mariage avantageux est aussi souhaitable suivant le monde, qu'elle est vile et préjudiciable selon Dieu. Que ne sachant à quoi elle devoit être appelée, ni si son tempérament ne sera pas si tranquillisé qu'elle puisse supporter avec piété sa virginité, c'étoit bien peu en connoître le prix que de l'engager à perdre ce bien si souhaitable pour chaque personne à soi-même et si souhaitable aux pères et aux mères pour leurs enfans, parce qu'ils ne le peuvent plus désirer pour eux; que c'est en eux qu'ils doivent essayer de rendre à Dieu ce qu'ils ont perdu d'ordinaire pour d'autres causes que pour Dieu.

De plus que les maris, quoique riches et sages suivant le monde, sont en vérité de francs païens devant Dieu; de sorte que les dernières paroles de ces messieurs sont que d'engager une enfant à un homme du commun, c'est une espèce d'homicide et comme un déicide en leurs personnes.

VIII. A la marquise de Sablé.

Décembre 1660.

Encore que je sois bien embarrassé, je ne puis différer à vous rendre mille grâces de m'avoir procuré la connoissance de M. Menjot, car c'est à vous sans doute, madame, que je la dois. Et comme je l'estimois déjà beaucoup par les choses que ma sœur m'en avoit dites, je ne puis vous dire avec combien de joie j'ai reçu la grâce qu'il m'a voulu faire. Il ne faut que lire son épître pour voir combien il a d'esprit et de jugement; et quoique je ne sois pas capable d'entendre le fond des matières qu'il traite dans son livre, je vous dirai néanmoins, madame, que j'y ai beaucoup appris par la manière dont il accorde en peu de mots l'immatérialité de l'âme avec le pouvoir qu'a la matière d'altérer ses fonctions et de causer le délire. J'ai bien de l'impatience d'avoir l'honneur de vous en entretenir.

IX. Fragment d'une lettre a M. Périer[2].

1661.

Vous me faites plaisir de me mander tout le détail de vos frondes, et principalement puisque vous y êtes intéressés. Car je m'imagine que vous n'imitez pas nos frondeurs de ce pays-ci qui usent si mal, au moins en ce qui me paroît, de l'avantage que Dieu leur offre de souffrir

voulut que cette affaire fût communiquée à ces deux autres messieurs, comme il le dit dans le commencement de cette lettre. (*Note du P. Guerrier.*)

1. Mlle Jacqueline Périer, pour lors âgée de quinze ans. (*Id.*)

2. Je transcris cette lettre sur l'original écrit de la main de M. Pascal. Le dernier feuillet est perdu. Il y a trois mots que je n'ai pu déchiffrer, et j'ai eu bien de la peine à lire les autres. (*Id.*)

quelque chose pour l'établissement de ses vérités. Car, quand ce seroit pour l'établissement de leurs vérités, ils n'agiroient pas autrement; et il me semble qu'ils ignorent que la même Providence, qui a inspiré les lumières aux uns, les refuse aux autres: et il me semble qu'en travaillant à les persuader, ils servent un autre Dieu que celui qui permet que des obstacles s'opposent à leur progrès. Ils croient rendre service à Dieu en murmurant contre les empêchemens, comme si c'étoit une autre puissance qui suscitât leur piété, et une autre qui donnât vigueur à ceux qui s'y opposent.

C'est ce que fait l'esprit propre. Quand nous voulons par notre propre mouvement que quelque chose réussisse, nous nous irritons contre les obstacles, parce que nous sentons dans ces empêchemens ce que le motif qui nous fait agir n'y a pas mis, et nous y trouvons des choses que l'esprit propre qui nous fait agir n'y a pas formées.

Mais, quand Dieu fait agir véritablement, nous ne sentons jamais rien au dehors qui ne vienne du même principe qui nous fait agir; il n'y a point d'opposition au motif qui nous presse; le même moteur qui nous porte à agir en porte d'autres à nous résister, au moins il le permet: de sorte que, comme nous n'y trouvons point de différence et que ce n'est pas notre esprit qui combat les événemens étrangers, mais un même esprit qui produit le bien et qui permet le mal, cette uniformité ne trouble point la paix d'une âme et est une des meilleures marques qu'on agit par l'esprit de Dieu, puisqu'il est bien plus certain que Dieu permet ce mal, quelque grand qu'il soit, que non pas que Dieu fait le bien en nous (et non pas quelque autre motif secret), quelque grand qu'il nous paroisse; de sorte que pour bien reconnoître si c'est Dieu qui nous fait agir, il vaut bien mieux s'examiner par nos comportemens au dehors que par nos motifs au dedans, puisque si nous n'examinons que le dedans, quoique nous n'y trouvions que du bien, nous ne pouvons pas nous assurer que ce bien vienne véritablement de Dieu. Mais, quand nous nous examinons au dehors, c'est-à-dire quand nous considérons si nous souffrons les empêchemens extérieurs avec patience, cela signifie qu'il y a une uniformité d'esprit entre le moteur qui inspire nos passions et celui qui permet les résistances à nos passions; et comme il est sans doute que c'est Dieu qui permet les unes, on a droit d'espérer humblement que c'est Dieu qui produit les autres.

Mais quoi! on agit comme si on avoit mission pour faire triompher la vérité, au lieu que nous n'avons mission que pour combattre pour elle. Le désir de vaincre est si naturel que, quand il se couvre du désir de faire triompher la vérité, on prend souvent l'un pour l'autre et on croit rechercher la gloire de Dieu, en cherchant, en effet, la sienne. Il me semble que la manière dont nous supportons les empêchemens en est la plus sûre marque: car enfin si nous ne voulons que l'ordre de Dieu, il est sans doute que nous souhaiterons autant le triomphe de sa justice que celui de sa miséricorde, et que, quand il n'y aura point de notre négligence, nous serons dans une égalité d'esprit, soit que la vérité soit connue, soit qu'elle soit combattue, puisqu'en l'un la miséricorde de Dieu triomphe et en l'autre sa justice.

Pater juste, mundus te non cognovit. « Père juste, le monde ne t'a pas connu. » Sur quoi saint Augustin dit que c'est un effet de sa justice qu'il ne soit point connu du monde. Prions et travaillons et réjouissons-nous de tout, comme dit saint Paul.

Si vous m'aviez repris dans mes premières fautes, je n aurois pas fait celle-ci, et je me serois modéré. Mais je n'effacerai pas non plus celle-ci que l'autre : vous l'effacerez bien vous-même si vous voulez. Je n'ai pu m'en empêcher, tant je suis en colère contre ceux qui veulent absolument que l'on croie la vérité lorsqu'ils la démontrent, ce que Jésus-Christ n'a pas fait en son humanité créée. C'est une moquerie et c'est, ce me semble, traiter.....

Je suis bien fâché de la maladie de M. de Laporte. Je vous assure que je l'honore de tout mon cœur. Je, etc

FIN DES LETTRES.

OUVRAGES

ATTRIBUÉS A PASCAL[1].

AVIS

De MM. les curés de Paris à MM. les curés des autres diocèses de France, sur le sujet des mauvaises maximes de quelques nouveaux casuistes

Messieurs,

Si tous les vrais chrétiens sont unis ensemble par un même esprit et un même cœur, et sont obligés, par les devoirs de la charité divine, de prendre part aux intérêts spirituels les uns des autres dans les occasions que Dieu leur en présente, tous les pasteurs de l'Église catholique le sont encore davantage; et leur charité devant être plus grande que celle des particuliers, puisqu'elle en est l'exemple et le modèle, elle les lie aussi plus étroitement ensemble, et les engage beaucoup plus à s'aider mutuellement pour le bien des âmes que Dieu a commises à leur conduite. C'est ce qui nous a portés à écouter favorablement ce qui nous a été représenté de la part de nos vénérables confrères MM. les curés de Rouen, dans nos dernières assemblées : savoir, que M. le curé de Saint-Maclou, l'un des plus considérables d'entre eux, s'étant cru obligé de parler dans un sermon synodal, en présence de Mgr l'archevêque de Rouen, de plus de huit cents curés, et de plusieurs autres personnes de condition, contre les mauvaises maximes de quelques casuistes, qui troublent l'ordre de la hiérarchie, et corrompent la morale chrétienne; et ayant depuis déclaré, dans un autre sermon fait en sa paroisse, qu'en prêchant contre ces pernicieuses maximes, il ne les attribuoit à aucun ordre, ni à aucun corps, mais les combattoit seulement en elles-mêmes : les jésuites de la ville de Rouen n'ont pas laissé de se tenir tellement offensés du décri de cette doctrine, qu'ils ont présenté à M. l'archevêque de Rouen, au nom de frère Jean Brisacier, recteur de leur collége en ladite ville, une requête remplie d'injures et de calomnies contre la personne dudit sieur curé de Saint-Maclou, afin que, l'ayant ruiné d'honneur et de crédit, il ne se trouvât plus personne qui osât entreprendre de décrier publiquement ce que ces auteurs scandaleux osent soutenir et écrire publiquement; que ce traitement si injurieux qu'on faisoit à leur confrère, les avoit obligés de s'assembler pour examiner les points touchant les mœurs qui avoient donné lieu à ce différend; que pour cela ils avoient lu les livres desquels ils ont été tirés, et qu'en ayant fait des extraits fidèles,

1. On croit que Nicole et Arnauld ont fourni les matériaux des écrits que nous réunissons sous ce titre, et que Pascal les mettait en ordre.

ils y avoient trouvé des propositions si étranges et si capables de corrompre les âmes, que cela les avoit encore plus engagés à se joindre à leur confrère, pour en demander tous ensemble la condamnation : qu'à cette fin ils avoient présenté une requête à Mgr l'archevêque de Rouen, qui, leur ayant dit que cette affaire étoit commune et regardoit toute l'Église, leur témoigna vouloir la renvoyer par-devant nosseigneurs de l'assemblée générale du clergé de France, qui se tient maintenant à Paris : ce qui les avoit encore portés davantage à s'adresser à nous, afin qu'étant joints ensemble, nous pussions travailler plus utilement à obtenir la censure de ces maximes entièrement opposées aux règles et à l'esprit de l'Évangile, dont ils nous ont envoyé les extraits, et à arrêter la violence de ceux qui voudroient, par leur crédit, fermer la bouche aux pasteurs de l'Église, qui, étant établis de Dieu pour servir de sentinelles à la maison d'Israël, selon les paroles de l'Écriture, doivent crier et avertir de tout ce qui peut porter préjudice aux âmes, dont Dieu leur demandera un compte si rigoureux. Cet avis, plein de prudence et de zèle, nous ayant puissamment touchés, nous a fait résoudre dans notre dernière assemblée, non-seulement de nous joindre à MM. les curés de Rouen, mais aussi de les imiter, en vous faisant part de cette affaire, qui nous est commune à tous, puisque nous avons tous le même intérêt, que l'Église, cette pure et chaste épouse de Jésus-Christ, dont la conduite nous est confiée sous l'autorité de nosseigneurs les évêques, ne reçoive aucune souillure dans ses mœurs par des maximes corrompues et toutes contraires à ses règles saintes; et qu'elle ne souffre pas davantage les reproches scandaleux que lui font les hérétiques, ses ennemis, qui veulent la rendre responsable de ces sentimens pernicieux de quelques casuistes particuliers, qu'elle a toujours improuvés par ses canons et par ses décrets. C'est dans ce dessein, et dans la seule vue de rendre quelque service à l'Église, que, pour vous instruire de tout ce qui s'est passé en cette rencontre, nous vous envoyons une copie de la requête que MM. les curés de Rouen ont présentée à M. leur archevêque, avec un extrait fidèle de quelques-unes des propositions que nous avons prises parmi le grand nombre d'autres semblables, qui contiennent une doctrine dont toute personne qui a quelque soin de son salut aura sans doute de l'horreur, et entre lesquelles nous n'avons mis que celles qui regardent la morale, et non celles qui concernent la hiérarchie. C'est afin que, dans un même esprit de paix, de concorde et de charité, et dans un même désir de profiter aux âmes qui nous sont commises, vous vous unissiez à nous, comme plusieurs de MM. les curés des autres diocèses offrent déjà de le faire, et envoyiez pour cela vos procurations aux syndics de notre compagnie, qui soient en bonne forme devant notaires, et mises au pied de l'extrait que nous vous envoyons des propositions à condamner, pour demander et poursuivre conjointement, tant par-devant nosseigneurs de l'assemblée générale du clergé de France, qu'ailleurs où il appartiendra, la censure et condamnation de ces mauvaises maximes, qui corrompent la morale chrétienne, et troublent même la société civile, telles que sont celles dont nous vous envoyons les extraits, et autres semblables, à ce que les peuples que Dieu a commis à notre garde, sous nosseigneurs les prélats, soient désormais préservés de ce venin mortel qui les porte au relâchement et au libertinage, et que nous puissions tous ensemble louer et bénir le Père des miséricordes, de ce qu'il nous aura donné la force de nous acquitter de notre devoir sans aucune crainte, ni considérations humaines, et de ce qu'il nous aura fait la grâce de contribuer, par ce moyen, au salut de tant d'âmes, qui ont été rachetées par le précieux sang de notre Seigneur Jésus-Christ.

A Paris, le 13 septembre 1656.

PREMIER FACTUM

Pour les curés de Paris, contre un livre intitulé : « Apologie pour les casuistes, contre les calomnies des jansénistes, » à Paris, 1657 ; *et contre ceux qui l'ont composé, imprimé et débité.*

Notre cause est la cause de la morale chrétienne : nos parties sont les casuistes qui la corrompent. L'intérêt que nous y avons est celui des consciences dont nous sommes chargés ; et la raison qui nous porte à nous élever, avec plus de vigueur que jamais, contre ce nouveau libelle, est que la hardiesse des casuistes augmentant tous les jours, et étant ici arrivée à son dernier excès, nous sommes obligés d'avoir recours aux derniers remèdes, et de porter nos plaintes à tous les tribunaux où nous croirons devoir le faire, pour y poursuivre sans relâche la condamnation et la censure de ces pernicieuses maximes.

Pour faire voir à tout le monde la justice de notre prétention, il n'y a qu'à représenter clairement l'état de l'affaire, et la manière dont les nouveaux casuistes se sont conduits depuis le commencement de leurs entreprises, jusqu'à ce dernier livre qui en est le couronnement ; afin qu'en voyant combien la patience avec laquelle ils ont été jusqu'ici soufferts a été pernicieuse à l'Église, on connoisse la nécessité qu'il y a de n'en plus avoir aujourd'hui. Mais il importe auparavant de bien faire entendre en quoi consiste principalement le venin de leurs méchantes doctrines, à quoi on ne fait pas assez de réflexion.

Ce qu'il y a de plus pernicieux dans ces nouvelles morales, est qu'elles ne vont pas seulement à corrompre les mœurs, mais à corrompre la règle des mœurs ; ce qui est d'une importance tout autrement considérable. Car c'est un mal bien moins dangereux et bien moins général d'introduire des déréglemens, en laissant subsister les lois qui les défendent, que de pervertir les lois et de justifier les déréglemens ; parce que, comme la nature de l'homme tend toujours au mal dès sa naissance, et qu'elle n'est ordinairement retenue que par la crainte de la loi, aussitôt que cette barrière est ôtée, la concupiscence se répand sans obstacle ; de sorte qu'il n'y a point de différence entre rendre les vices permis, et rendre tous les hommes vicieux.

Et de là vient que l'Église a toujours eu un soin particulier de cor server inviolablement les règles de sa morale, au milieu des désordres de ceux qu'elle n'a pu empêcher de les violer. Ainsi, quand on y a vu de mauvais chrétiens, on y a vu au même temps des lois saintes qui les condamnoient et les rappeloient à leur devoir; et il ne s'étoit point encore trouvé, avant ces nouveaux casuistes, que personne eût entrepris dans l'Église de renverser publiquement la pureté de ses règles.

Cet attentat étoit réservé à ces derniers temps, que le clergé de France appelle « la lie et la fin des siècles, où ces nouveaux théologiens, au lieu d'accommoder la vie des hommes aux préceptes de Jésus-Christ, ont entrepris d'accommoder les préceptes et les règles de Jésus-Christ aux intérêts, aux passions et aux plaisirs des hommes. » C'est par cet horrible renversement qu'on a vu ceux qui se donnent la qualité de docteurs et de théologiens, substituer à la véritable morale, qui ne doit avoir pour principe que l'autorité divine, et pour fin que la charité, une morale toute humaine, qui n'a pour principe que la raison, et pour fin que la concupiscence et les passions de la nature. C'est ce qu'ils déclarent avec une hardiesse incroyable, comme on le verra en ce peu de maximes qui leur sont les plus ordinaires. Une action, disent-ils, est probable et sûre en conscience, si elle est appuyée sur une raison raisonnable, « ratione rationabili, » ou sur l'autorité de quelques auteurs graves, ou même d'un seul; ou si elle a pour fin un objet honnête. Et on verra ce qu'ils appellent un « objet honnête » par ces exemples qu'ils en donnent. « Il est permis, disent-ils, de tuer celui qui nous fait quelque injure, pourvu qu'on n'ait en cela pour objet que le désir d'acquérir l'estime des hommes, « ad captandam hominum æstimationem. » On peut aller au lieu assigné pour se battre en duel, pourvu que ce soit dans le dessein de ne pas passer pour une poule, mais de passer pour un homme de cœur, « vir et non gallina. » On peut donner de l'argent pour un bénéfice, pourvu qu'on n'ait d'autre intention que l'avantage temporel qui nous en revient, et non pas d'égaler une chose temporelle à une chose spirituelle. Une femme peut se parer, quelque mal qu'il en arrive, pourvu qu'elle ne le fasse que par l'inclination naturelle qu'elle a à la vanité, « ob naturalem fastus inclinationem. » On peut boire et manger tout son soûl sans nécessité, pourvu que ce soit pour la seule volupté et sans nuire à sa santé, parce que l'appétit naturel peut jouir, sans aucun péché, des actions qui lui sont propres, « licite potest appe« titus naturalis suis actibus frui. »

On voit, en ce peu de mots, l'esprit de ces casuistes, et comment, en détruisant les règles de la piété, ils font succéder au précepte de l'Écriture, qui nous oblige de rapporter toutes nos actions à Dieu, une permission brutale de les rapporter toutes à nous-mêmes : c'est-à-dire, qu'au lieu que Jésus Christ est venu pour amortir en nous les concupiscences du vieil homme, et y faire régner la charité de l'homme nouveau, ceux-ci sont venus pour faire revivre les concupiscences et eteindre l'amour de Dieu, dont ils dispensent les hommes, et déclarent que c'est assez, pourvu qu'on ne le haïsse pas.

Voilà la morale toute charnelle qu'ils ont apportée, qui n'est appuyée que « sur le bras de chair, » comme parle l'Écriture et dont ils ne donnent pour fondement, sinon que Sanchez, Molina, Escobar, Azor, etc. la trouvent raisonnable ; d'où ils concluent « qu'on peut la suivre en toute sûreté de conscience, et sans aucun risque de se damner. »

C'est une chose étonnante, que la témérité des hommes se soit portée jusqu'à ce point! Mais cela s'est conduit insensiblement et par degrés en cette sorte.

Ces opinions accommodantes ne commencèrent pas par cet excès, mais par des choses moins grossières, et qu'on proposoit seulement comme des doutes. Elles se fortifièrent peu à peu par le nombre des sectateurs, dont les maximes relâchées ne manquent jamais : de sorte qu'ayant déjà formé un corps considérable de casuistes qui les soutenoient, les ministres de l'Église, craignant de choquer ce grand nombre, et espérant que la douceur et la raison seroient capables de ramener ces personnes égarées, supportèrent ces désordres avec une patience qui a paru par l'événement, non-seulement inutile, mais dommageable : car, se voyant ainsi en liberté d'écrire, ils ont tant écrit en peu de temps, que l'Église gémit aujourd'hui sous cette monstrueuse charge de volumes. La licence de leurs opinions, qui s'est accrue en même mesure que le nombre de leurs livres, les a fait avancer à grands pas dans la corruption des sentimens et dans la hardiesse de les proposer. Ainsi les maximes qu'ils n'avoient jetées d'abord que comme de simples pensées furent bientôt données pour probables; ils passèrent de là à les produire pour sûres en conscience, et enfin pour aussi sûres que les opinions contraires, par un progrès si hardi, qu'enfin les puissances de l'Église commençant à s'en émouvoir, on fit diverses censures de ces doctrines. L'assemblée générale de France les censura en 1642, dans le livre du P. Bauny, jésuite, où elles sont presque toutes ramassées; car ces livres ne font que se copier les uns les autres. La Sorbonne les condamna de même: la Faculté de Louvain ensuite; et feu M. l'archevêque de Paris aussi, par plusieurs censures. De sorte qu'il y avoit sujet d'espérer que tant d'autorités jointes ensemble arrêteroient un mal qui croissoit toujours. Mais on fut bien éloigné d'en demeurer à ce point : le P. Héreau fit, au collége de Clermont, des leçons si étranges pour permettre l'homicide, et les PP. Flahaut et Le Court en firent de même à Caen de si terribles pour autoriser les duels, que cela obligea l'Université de Paris à en demander justice au parlement, et à entreprendre cette longue procédure qui a été connue de tout le monde. Le P. Héreau ayant été, sur cette accusation, condamné par le conseil à tenir prison dans le collége des jésuites, avec défenses d'enseigner dorénavant, cela assoupit un peu l'ardeur des casuistes; mais ils ne faisoient cependant que préparer de nouvelles matières, pour les produire toutes à la fois en un temps plus favorable.

En effet, on vit paroître, un peu après Escobar, le P. Lamy, Mascaregnas, Caramuel et plusieurs autres, tellement remplis des opinions déjà condamnées, et de plusieurs nouvelles plus horribles qu'auparavant, que nous, qui, par la connoissance que nous avons de l'intérieur des consciences, remarquions le tort que ces déréglemens y apportoient, nous nous crûmes obligés à nous y opposer fortement. Ce fut pourquoi nous nous adressâmes, les années dernières, à l'assemblée du clergé qui se tenoit alors, pour y demander la condamnation des principales propositions de ces derniers auteurs, dont nous leur représentâmes un extrait.

Ce fut là que la chaleur de ceux qui vouloient les défendre parut : ils employèrent les sollicitations les plus puissantes, et toutes sortes de moyens pour en empêcher la censure, ou au moins pour la faire différer, espérant qu'en la prolongeant jusqu'à la fin de l'assemblée, on n'auroit plus le temps d'y travailler. Cela leur réussit en partie; et néanmoins, quelque artifice qu'ils y aient apporté, quelques affaires qu'eût l'assemblée sur la fin, et quoique nous n'eussions de notre côté que la seule vérité, qui a si peu de force aujourd'hui, cela ne put empêcher, par la providence de Dieu, que l'assemblée ne résolût de ne point se séparer sans laisser des marques authentiques de son indignation contre ces relâchemens, et du désir qu'elle avoit eu d'en faire une condamnation solennelle, si le temps le lui eût permis.

Et pour le faire connoître à tout le monde, ils firent une lettre circulaire à tous nosseigneurs les prélats du royaume, en leur envoyant le livre de saint Charles, imprimé l'année dernière par leur ordre avec cette lettre, où, pour combattre ces méchantes maximes, ils commencèrent par celle de la probabilité, qui est le fondement de toutes. Voici leurs termes : « Il y a longtemps que nous gémissons, avec raison, de voir nos diocèses pour ce point, non-seulement au même état que la province de saint Charles, mais dans un qui est beaucoup plus déplorable. Car si nos confesseurs sont plus éclairés que les siens, il y a grand danger qu'ils ne s'engagent dans de certaines opinions modernes, qui ont tellement altéré la morale chrétienne et les maximes de l'Évangile, qu'une profonde ignorance seroit beaucoup plus souhaitable qu'une telle science, qui apprend à tenir toutes choses problématiques, et à chercher des moyens, non pas pour exterminer les mauvaises habitudes des hommes, mais pour les justifier, et pour leur donner l'invention de les satisfaire en conscience. »

Ils viennent ensuite aux accommodemens qu'ils ont établis sur ce principe de la probabilité. « Car, disent-ils, au lieu que Jésus-Christ nous donne ses préceptes et nous laisse ses exemples, afin que ceux qui croient en lui y obéissent et y accommodent leur vie, le dessein de ces auteurs paroît être d'accommoder les préceptes et les règles de Jésus-Christ aux intérêts, aux plaisirs et aux passions des hommes : tant ils se montrent ingénieux à flatter leur avarice et leur ambition par des ouvertures qu'ils leur donnent pour se venger de leurs ennemis, pour prêter leur argent à usure, pour entrer dans les dignités ecclésiastiques par toutes sortes de voies, et pour conserver le faux honneur que le monde a établi par des voies toutes sanglantes! » Et après avoir traité de ridicule *la méthode des casuistes de bien diriger l'intention*, ils condamnent fortement l'abus qu'ils font des sacremens.

Enfin, pour témoigner à toute l'Église que ce qu'ils ont fait étoit peu au prix de ce qu'ils eussent voulu faire, s'ils en eussent eu le pouvoir, ils finissent en cette sorte : « Plusieurs curés de la ville de Paris et des autres villes principales de ce royaume, par les plaintes qu'ils nous ont faites de ces désordres, avec la permission de MM. leurs prélats, et par les conjurations d'y apporter quelque remède, ont encore augmenté notre zèle et redoublé notre douleur; s'ils se fussent plus tôt adressés à notre assemblée qu'ils n'ont fait, nous eussions examiné, avec un soin très-exact, toutes les propositions nouvelles des casuistes dont ils nous ont donné les extraits, et prononcé un jugement solennel qui eût arrêté le cours de cette peste des consciences. Mais ayant manqué de loisir pour faire cet examen avec toute la diligence et l'exactitude que demandoit l'importance du sujet, nous avons cru que nous ne pouvions, pour le présent, apporter un meilleur remède à un désordre si déplorable, que de faire imprimer, aux dépens du clergé, les instructions dressées par saint Charles Borromée, pour apprendre à ces confesseurs de quelle façon ils doivent se conduire en l'administration du sacrement de pénitence, et de les envoyer à tous MM. les évêques du royaume. »

Les sentimens de nosseigneurs les évêques ayant paru par là d'autant plus visiblement, qu'on ne peut douter que ce ne soit la seule force de la vérité qui les a obligés à parler de cette sorte, nous croyions que les auteurs de ces nouveautés seroient désormais plus retenus; et qu'ayant vu tous les curés des principales villes de France et nosseigneurs leurs prélats unis à condamner leur doctrine, ils demeureroient à l'avenir en repos, et qu'ils s'estimeroient bien heureux d'avoir évité une censure telle qu'ils l'avoient méritée, et aussi éclatante que les excès qu'ils avoient commis contre l'Église.

Les choses étoient en cet état, et nous ne pensions plus qu'à instruire paisiblement nos peuples des maximes pieuses et chrétiennes, sans crainte d'y être troublés, lorsqu'on a vu paroître ce nouveau livre dont il s'agit aujourd'hui; livre qui, étant l'apologie de tous les casuistes, contient seul autant que tous les autres ensemble, et renouvelle toutes les propositions condamnées avec un scandale et une témérité d'autant plus digne de censure, qu'on l'ose produire après tant de censures méprisées, et d'autant plus punissable, qu'on doit reconnoître, par l'inutilité des remèdes dont on a usé jusqu'ici, la nécessité qu'il y a d'en employer de plus puissans pour arrêter, une fois pour toutes, un mal si dangereux et si rebelle.

Nous venons maintenant aux raisons particulières que nous avons de poursuivre la condamnation de ce libelle. Il y en a plusieurs bien considérables, dont la première est la hardiesse tout extraordinaire dont on soutient dans ce livre les plus abominables propositions des casuistes: car ce n'est plus avec déguisement qu'on y agit; on ne s'y défend plus comme autrefois, en disant que ce sont des propositions qu'on leur impute; ils agissent ici plus ouvertement; ils les avouent et les soutiennent en même temps, comme sûres en conscience, « et aussi sûres, disent-ils, que les opinions contraires. Il est vrai, dit ce livre en cent endroits, que les casuistes tiennent ces maximes; mais il est vrai aussi qu'ils ont raison de les tenir. » Il va même quelquefois au delà de ce qu'on leur avoit reproché. « En effet, dit-il, nous soutenons cette proposition qu'on blâme si fort et les casuistes vont encore plus avant. »

Et ainsi il n'y a plus ici de question de fait; il demeure d'accord de tout; il confesse que, selon les casuistes, *il n'y a plus d'usure* dans les contrats les plus usuraires, par le moyen qu'il en donne pages 179, 189, 190, 191, etc. Les bénéficiers seront exempts de *simonie*, quelque trafic qu'ils puissent faire, en dirigeant bien leur intention (p. 109). Les blasphèmes, les parjures, les impuretés, « et enfin tous les crimes contre le Décalogue, ne sont plus péchés, si on les commet par ignorance, ou par emportement et passion (p. 47, 50). » « Les valets peuvent voler leurs maîtres pour égaler leurs gages à leurs peines, » selon le P. Bauny, qu'il confirme (p. 143). « Les femmes peuvent prendre de l'argent à leurs maris pour jouer (p. 269). Les juges ne sont pas obligés à restituer ce qu'ils auroient reçu pour faire une injustice (p. 217). On ne sera point obligé de quitter les occasions et les professions où l'on court risque de se perdre, si on ne le peut facilement (p. 86). On recevra dignement l'absolution et l'eucharistie, sans avoir d'autre regret de ses péchés que pour le mal temporel qu'on en ressent (p. 287 et 288). On pourra, sans crime, calomnier ceux qui médisent de nous, en leur imposant des crimes que nous savons être faux » (p. 225, 226 et 227).

Enfin tout sera permis, la loi de Dieu sera anéantie, et la seule raison naturelle deviendra notre lumière en toutes nos actions, et même pour discerner quand il sera permis aux particuliers de tuer leur prochain, ce qui est la chose du monde la plus pernicieuse, et dont les conséquences sont les plus terribles. « Qu'on me fasse voir, dit-il (p. 153, etc.), que nous ne devons pas nous conduire par la lumière naturelle, pour discerner quand il est permis ou défendu de tuer son prochain. » Et pour confirmer cette proposition : « Puisque les monarques se sont servis de la seule raison naturelle pour punir les malfaiteurs, ainsi la même raison naturelle doit servir pour juger si une personne particulière peut tuer celui qui l'attaque, non-seulement en sa vie, mais en son honneur et en son bien. » Et pour répondre à ce que la loi de Dieu le défend, il dit au nom de tous les casuistes : « Nous croyons avoir raison d'exempter de ce commandement de Dieu ceux qui tuent pour conserver leur honneur, leur réputation et leur bien. »

Si on considère les conséquences de cette maxime, que « c'est à la raison naturelle à discerner quand il est permis ou défendu de tuer son prochain, » et qu'on y ajoute les maximes exécrables des docteurs très-graves, qui, par leur raison naturelle, ont jugé qu'il étoit permis de commettre d'étranges parricides contre les personnes les plus inviolables, en de certaines occasions, on verra, que si nous nous taisions après cela, nous serions indignes de notre ministère; que nous serions les ennemis, et non pas les pasteurs de nos peuples; et que Dieu nous puniroit justement d'un silence si criminel. Nous faisons donc notre devoir en avertissant les peuples et les juges de ces abominations; et nous espérons que les peuples et les juges feront le leur, les uns en les évitant, et les autres en les punissant comme l'importance de la chose le mérite.

Mais ce qui nous presse encore d'agir en cette sorte est qu'il ne faut pas considérer ces propositions comme étant d'un livre anonyme et sans autorité, mais comme étant d'un livre soutenu et autorisé par un corps très-considérable. Nous avons douleur de le dire, car, quoique nous n'ayons jamais ignoré les premiers auteurs de ces désordres, nous n'avons pas voulu les découvrir néanmoins; et nous ne le ferions pas encore, s'ils ne se découvroient eux-mêmes, et s'ils n'avoient affecté de se faire connoître à tout le monde. Mais, puisqu'ils veulent qu'on le sache, il nous seroit inutile de le cacher, puisque c'est chez eux-mêmes qu'ils ont fait débiter ce libelle; que c'est dans le collége de Clermont que s'est fait ce trafic scandaleux; que ceux qui y ont porté leur argent, en ont rapporté autant qu'ils ont voulu d'*Apologies pour les casuistes;* que ces pères les ont portées chez leurs amis à Paris et dans les provinces; que le P. Brisacier, recteur de leur maison de Rouen, les a distribuées; qu'il a fait lire cet ouvrage en plein réfectoire, comme une pièce d'édification et de piété; qu'il a demandé permission de le réimprimer à l'un des principaux magistrats; que les jésuites de Paris ont sollicité deux docteurs de Sorbonne pour en avoir l'approbation; qu'ils en ont demandé le privilége à M. le chancelier; puisque enfin ils ont levé le masque, et qu'ils ont voulu se faire connoître en tant de manières, il est temps que nous agissions, et que, puisque les jésuites se déclarent publiquement les protecteurs de l'*Apologie des casuistes*, les curés s'en déclarent publiquement les dénonciateurs. Il faut que tout le monde sache que, comme c'est dans le collége de Clermont qu'on débite ces maximes pernicieuses, c'est aussi dans nos paroisses qu'on enseigne les maximes chrétiennes qui y sont opposées, afin qu'il n'arrive pas que les personnes simples, entendant publier si hautement ces erreurs par une compagnie si nombreuse, et ne voyant personne s'y opposer, les prennent pour des vérités, et s'y laissent insensiblement surprendre; et que le jugement de Dieu s'exerce sur les peuples et sur leurs pasteurs, selon la doctrine des prophètes, qui déclarent, contre ces nouvelles opinions, que les uns et les autres périront : les uns, faute d'avoir reçu les instructions nécessaires; et les autres, faute de les avoir données.

Nous sommes donc dans une obligation indispensable de parler en cette rencontre; mais ce qui l'augmente encore beaucoup, est la manière injurieuse dont les auteurs de cette *Apologie* y déchirent notre ministère; car ce livre n'est proprement qu'un libelle diffamatoire contre les curés de Paris et des provinces, qui se sont opposés à leurs désordres. C'est une chose étrange de voir comment ils y parlent des extraits que nous présentâmes au clergé de leurs plus dangereuses propositions, et qu'ils ont la hardiesse de nous traiter pour ce sujet (p. 5 et 311) « d'ignorans, de factieux, d'hérétiques, de loups et de faux pasteurs! » — « Il est bien sensible à la compagnie des jésuites, disent-ils (p. 31), de voir que les accusations se forment contre elle par des ignorans qui ne méritent pas d'être mis au nombre des chiens qui gardent le le troupeau de l'Église, qui sont pris de plusieurs pour les vrais pasteurs, et sont suivis par les brebis qui se laissent conduire par ces loups. »

Voilà le comble de l'insolence où les jésuites ont élevé les casuistes; après avoir abusé de la modération des ministres de l'Église pour introduire leurs opinions impies, ils sont aujourd'hui arrivés à vouloir chasser du ministère de l'Église ceux qui refusent d'y consentir.

Cette entreprise séditieuse et schismatique, par laquelle on essaye de jeter la division entre le peuple et ses pasteurs légitimes, en l'incitant à les fuir comme de faux pasteurs et des loups, par cette seule raison qu'ils s'opposent à une morale toute impure, est d'une telle importance dans l'Église, que nous ne pourrions plus y servir avec utilité, si cette insolence n'étoit réprimée. Car enfin il faudroit renoncer à nos charges et abandonner nos églises, si, au milieu de tous les tribunaux chrétiens rétablis pour maintenir en vigueur les règles évangéliques, il ne nous étoit permis, sans être diffamés comme des loups et de faux pasteurs, de dire à ceux que nous sommes obligés d'instruire, que c'est toujours un crime de calomnier son prochain; qu'il est plus sûr, en conscience, de tendre l'autre joue après avoir reçu un soufflet, que de tuer celui qui s'enfuit après l'avoir donné; que le duel est toujours un crime, et que c'est une fausseté horrible de dire que « c'est à la raison naturelle de discerner quand il est permis ou défendu de tuer son prochain. » Si nous n'avons la liberté de parler en cette sorte, sans qu'on voie incontinent paroître des livres soutenus publiquement par le corps des jésuites, qui nous traitent de factieux, d'ignorans et de faux pasteurs, il nous est impossible de gouverner fidèlement les troupeaux qui nous sont commis.

Il n'y a point de lieu, parmi les infidèles et les sauvages, où il ne soit permis de dire que la calomnie est un crime, et qu'il n'est pas permis de tuer son prochain pour la seule défense de son honneur; il n'y a que les lieux où sont les jésuites, où l'on n'ose parler ainsi. Il faut permettre les calomnies, les homicides et la profanation des sacremens, ou s'exposer aux effets de leur vengeance. Cependant nous sommes ordonnés de Dieu pour porter ses commandemens à son peuple, et nous n'oserons lui obéir sans ressentir la fureur de ces casuistes de chair et de sang! En quel état sommes-nous donc réduits aujourd'hui! Malheur sur nous, dit l'Ecriture, si nous n'évangélisons! et malheur sur nous, disent ces hommes, si nous évangélisons! La colère de Dieu nous menace d'une part, et l'audace de ces hommes de l'autre, et nous met dans la nécessité, ou de devenir en effet de faux pasteurs et des loups, ou d'être déchirés comme tels par trente mille bouches qui nous décrient.

C'est là le sujet de nos plaintes; c'est ce qui nous oblige à demander justice pour nous et pour la morale chrétienne, dont la cause nous est commune, et à redoubler notre zèle pour la défendre, à mesure qu'on augmente les efforts pour l'opprimer. Elle nous devient d'autant plus chère, qu'elle est plus puissamment combattue, et que nous sommes plus seuls à la défendre; et dans la joie que nous avons que Dieu daigne se servir de notre foiblesse pour y contribuer, nous osons lui dire, avec celui qui étoit selon son cœur : « Seigneur, il est temps que vous agissiez, ils ont dissipé votre loi; c'est ce qui nous engage encore plus à aimer tous vos préceptes, et qui nous donne plus d'aversion pour toutes les voies de l'iniquité. »

C'est cependant une chose déplorable de nous voir abandonnés et traités avec tant d'outrages par ceux dont nous devrions le plus attendre de secours : de sorte que nous ayons à combattre les passions des hommes, non-seulement accompagnées de toute l'impétuosité qui leur est naturelle, mais encore enflées et soutenues par l'approbation d'un si grand corps de religieux : et qu'au lieu de pouvoir nous servir de leurs instructions pour corriger les égaremens des peuples, nous soyons obligés de nous servir de ce qui reste de sentiment de piété dans les peuples pour leur faire abhorrer l'égarement de ces pères!

Voilà où nous en sommes aujourd'hui ; mais nous espérons que Dieu inclinera le cœur de ceux qui peuvent nous rendre justice, à prendre en main notre défense, et qu'ils y seront d'autant plus portés, qu'on les rend eux-mêmes complices de ces corruptions. On y comprend le pape, les évêques et le parlement, par cette prétention extravagante, que les auteurs de ce libelle établissent en plusieurs pages, comme une chose très-constante : « Que les bulles des papes contre les cinq propositions sont une approbation générale de la doctrine des casuistes. » Ce qui est la chose du monde la plus injurieuse à ces bulles, et la plus impertinente en elle-même, puisqu'il n'y a aucun rapport de l'une de ces matières à l'autre. Tout ce qu'il y a de commun entre ces cinq propositions et celles des casuistes, est qu'elles sont toutes hérétiques ; car, comme il y a des hérésies dans la foi, il y a aussi des hérésies dans les mœurs, selon les Pères et les conciles, et qui sont d'autant plus dangereuses, qu'elles sont conformes aux passions de la nature, et à ce malheureux fonds de concupiscence dont les plus saints ne sont pas exempts. Nous croyons donc que ceux qui ont tant témoigné de zèle contre les propositions condamnées, n'en auront pas un moindre en cette rencontre, puisque le bien de l'Église, qui a pu être leur seul objet, est ici d'autant plus intéressé, qu'au lieu que l'hérésie des cinq propositions n'est entendue que par les seuls théologiens, et que personne n'ose les soutenir, il se trouve ici, au contraire, que les hérésies des casuistes sont entendues de tout le monde, et que les jésuites les soutiennent publiquement.

SECOND FACTUM

Des curés de Paris, pour soutenir celui par eux présenté à ***MM.*** ***les*** *vicaires généraux, pour demander la censure de «l'Apologie des casuistes,» contre un écrit intitulé : «Réfutation des calomnies nouvellement publiées par les auteurs d'un Factum sous le nom de MM. les curés de Paris*, etc. »

Après la dénonciation solennelle que nous avons faite, avec tant de justice et de raison, devant le tribunal ecclésiastique, de l'*Apologie des casuistes*, dont nous avons découvert les plus pernicieuses maximes et les étranges égaremens, qui ont rempli d'horreur tous ceux à qui Dieu a donné quelque amour pour ses vérités, il y avoit lieu d'espérer que ceux qui s'étoient engagés à la défendre, par un désir immodéré de soutenir leurs auteurs les plus relâchés, dont ce livre n'est qu'un extrait fidèle, répareroient, par leur humilité et par leur silence, le tort qu'ils s'étoient fait auprès de toutes les personnes équitables, par leur témérité et par leur aveuglement.

Mais nous venons de voir que rien n'est capable de réprimer leurs excès. Au lieu de se taire, ou de n'ouvrir la bouche que pour désavouer des erreurs si insoutenables et si visiblement opposées à la pureté de l'Évangile, ils viennent de produire un écrit où ils soutiennent toutes ces erreurs, et où ils déchirent, de la manière du monde la plus outrageuse, le Factum que nous avons fait contre la doctrine corrompue.

C'est ce qui nous oblige à nous élever de nouveau contre cette nouvelle hardiesse, afin qu'on ne puisse pas reprocher à notre siècle que les ennemis de la morale chrétienne aient été plus ardens à l'attaquer, que les pasteurs de l'Église à la défendre; et qu'il n'arrive pas que pendant que les peuples se reposent sur notre vigilance, nous demeurions nous-mêmes dans cet assoupissement que l'Écriture défend si sévèrement aux pasteurs.

Cet écrit, qui vient d'être publié contre notre Factum, est un nouveau stratagème des jésuites, qui s'y sont nommés, et qui, pour se donner la liberté de le déchirer, sans paroître toutefois offenser nos personnes, disent qu'ils ne le considèrent pas comme venant de nous, mais comme une pièce qu'on nous suppose.

Et encore qu'il ait été fait par nous, examiné et corrigé par huit de nos députés à cette fin, approuvé dans l'assemblée générale de la compagnie, imprimé en notre nom, présenté par nous juridiquement à MM. les vicaires généraux, distribué par nous-mêmes dans nos paroisses, et avoué en toutes les manières possibles, comme il paroît par les registres de notre assemblée des 7 janvier, 4 février et 1er avril 1658; il leur plaît toutefois de dire que nous n'y avons point de part: et, sur cette ridicule supposition, ils traitent les auteurs du Factum avec les termes les plus injurieux dont la vérité puisse être outragée, et nous donnent au même temps les louanges les plus douces dont la simplicité puisse être surprise.

Ainsi ils ont bien changé de langage à notre égard. Dans l'*Apologie des casuistes*, nous étions « de faux pasteurs; » ici nous sommes « de véritables et dignes pasteurs. » Dans l'*Apologie*, ils nous haïssoient comme « des loups ravissans; » ici ils nous aiment comme « des gens de piété et de vertu. » Dans l'*Apologie*, ils nous traitoient « d'ignorans: » ici nous sommes « des esprits éclairés et pleins de lumière. » Dans l'*Apologie*, ils nous traitoient « d'hérétiques et de schismatiques; » ici « ils ont en vénération non-seulement notre caractère, mais aussi nos personnes. » Mais, dans l'un et l'autre ouvrage, il y a cela de commun, qu'ils défendent, comme la vraie morale de l'Église, cette morale corrompue. Ce qui fait voir que leur but n'étant autre que d'introduire leur pernicieuse doctrine, ils emploient indifféremment, pour y arriver, les moyens qu'ils y jugent les plus propres; et qu'ainsi ils disent de nous que nous sommes des loups ou de légitimes pasteurs, selon qu'ils le jugent plus utile pour autoriser ou pour défendre leurs erreurs: de sorte que le changement de leur style n'est pas l'effet de la conversion de leur cœur, mais une adresse de leur politique, qui leur fait prendre tant de différentes formes en demeurant toujours les mêmes, c'est-à-dire toujours ennemis de la vérité et de ceux qui la soutiennent.

Car il est certain qu'ils ne sont point en effet changés à notre égard, et que ce n'est pas nous qu'ils louent, mais qu'au contraire c'est nous qu'ils outragent, puisqu'ils ne louent que des curés qui n'ont point de part au Factum, ce qui ne touche aucun de nous, qui l'y avons tout entière; et qu'ils en outragent ouvertement les auteurs et les approbateurs, ce qui nous touche tous visiblement : et ainsi tout le mal qu'ils semblent ne pas dire de nous comme curés, ils le disent de nous comme auteurs du Factum, et ils ne parlent avantageusement de nous, en un sens, que pour avoir la liberté de nous déchirer plus injurieusement en l'autre.

C'est un artifice grossier, et une manière d'offenser plus lâche et plus piquante, que si elle étoit franche et ouverte; et cependant ils ont la témérité d'en user, non-seulement contre nous, mais encore contre ceux que Dieu a établis dans les plus éminentes dignités de son Église; car ils traitent de même la lettre circulaire que nosseigneurs les prélats de l'assemblée du clergé ont adressée à tous nosseigneurs les évêques de France, pour préserver leurs diocèses de la corruption des casuistes. et ils disent de cette lettre (p. 7), que c'est « une pièce subreptice, sans aveu, sans ordre et sans autorité, » quoiqu'elle soit véritablement publiée par l'ordre des prélats de l'assemblée, composée par eux-mêmes, approuvée par eux, imprimée par leurs commandemens chez Vitré, imprimeur du clergé de France, avec les *Instructions* de saint Charles et l'extrait du procès-verbal du 1er février 1657, où ces prélats condamnent les relâchemens de ces casuistes, et se plaignent si fortement « qu'on voit avancer en ce temps des maximes si pernicieuses et si contraires à celles de l'Évangile, et qui vont à la destruction de la morale chrétienne. »

Mais quoi! cette lettre n'approuve pas la doctrine des casuistes : c'en est assez pour être traitée par les jésuites de fausse et de subreptice, quelque authentique qu'elle soit, et quelque vénérable que puisse être la dignité de ceux de qui elle part. Qui ne voit par là qu'ils veulent, à quelque prix que ce soit, être hors des atteintes et des corrections des ministres de l'Église, et qu'ils ne les reconnoissent qu'en ce qui leur est avantageux, comme s'ils tenoient la place de Dieu, quand ils leur sont favorables, et qu'ils cessassent de la tenir, quand ils s'opposent à leurs excès? Voilà la hardiesse qui leur est propre. Parce qu'ils se sentent assez puissamment soutenus dans le monde pour être à couvert des justes châtimens qu'on feroit sentir à tout autre qu'à eux, s'il tomboit en de bien moindres fautes: c'est de là qu'ils prennent la licence de ne recevoir de l'Église que ce qu'il leur plaît. Car qu'est-ce autre chose de dire comme ils font : « Nous honorons nosseigneurs les prélats, et tout ce qui vient d'eux; mais pour cette lettre circulaire, envoyée par leur ordre et sous leur nom à tous les prélats de France contre nos casuistes, nous ne l'honorons point, et la rejetons, au contraire, comme une pièce fausse, sans aveu et sans autorité : et nous avons de même de la vénération pour MM. les curés de Paris; mais pour ce Factum imprimé sous leur nom, qu'ils ont présenté à MM. les vicaires généraux, nous déclarons que c'est un écrit scandaleux, et que ceux qui l'ont fait sont des séditieux, des hérétiques et des schismatiques?» Qu'est-ce à dire autre chose de parler ainsi, sinon de faire connoître qu'ils honorent les ministres de l'Église quand ils ne les troublent point dans leurs desordres; mais que, quand ils osent l'entreprendre, ils leur font sentir par leurs mepris, par leurs calomnies et par leurs outrages, ce que c'est que de les attaquer?

Ainsi il leur sera permis de tout dire; et les prélats et les pasteurs n'oseront jamais les contredire sans être incontinent traités d'hérétiques et de factieux, ou en leurs personnes, ou en leurs ouvrages! Ils auront vendu dans leur collége et semé dans toutes nos paroisses l'exécrable *Apologie des casuistes*, et nous n'oserons faire un écrit pour servir d'antidote à un venin si mortel!

Ils auront mis le poignard et le poison entre les mains des furieux et des vindicatifs, en déclarant en propres termes : « que les particuliers ont droit, aussi bien que les souverains, de discerner par la seule lumière de la raison, quand il sera permis ou defendu de tuer leur prochain; » et nous n'oserons déférer aux juges ecclésiastiques ces maximes meurtrières, et leur représenter, par un Factum, les monstrueux effets de cette doctrine sanguinaire!

Ils auront donné indifféremment à tous les hommes ce droit de vie et de mort, qui est le plus illustre avantage des souverains: et nous n'oserons avertir nos peuples que c'est une fausseté horrible et diabolique de dire qu'il leur soit permis de se faire justice à eux-mêmes, et principalement quand il y va de la mort de leurs ennemis; et que bien loin de pouvoir tuer en sûreté de conscience, par une autorité particulière et par le discernement de la raison naturelle, on ne le peut jamais, au contraire, que par une autorité et par une lumière divine!

Ils auront mis en vente toutes les dignités de l'Église, et ouvert l'entrée de la maison de Dieu à tous les simoniaques, par la distinction imaginaire *de motif et de prix;* et nous n'oserons publier qu'on ne peut entrer sans crime dans le ministère de l'Église que par l'unique porte, qui est Jésus-Christ, et que ceux qui veulent que l'argent donné comme motif en soit une autre, ne font pas une véritable porte par où puissent entrer de légitimes pasteurs, mais une véritable brèche, par où il n'entre que des loups, non pas pour paître, mais pour dévorer le troupeau qui lui est si cher!

Ils auront exempté de crime les calomniateurs, et permis, par l'autorité de Dicastillus, leur confrère, et de plus de vingt célèbres jésuites, « d'imposer de faux crimes contre sa conscience propre, pour ruiner de réputation ceux qui veulent nous en ruiner nous-mêmes; » ils auront permis aux juges « de retenir ce qu'ils auront reçu pour faire une injustice; » aux femmes, « de voler leurs maris; » aux valets, « de voler leurs maîtres; » aux mères, « de souhaiter la mort de leurs filles quand elles ne peuvent les marier; » aux riches, « de ne rien donner de leur superflu; » aux voluptueux, « de boire et de manger tout leur soûl pour la seule volupté, et de jouir des contentemens des sens comme de choses indifférentes; » à ceux qui sont dans les occasions prochaines des plus damnables péchés, « d'y demeurer, quand ils n'ont pas facilité de les quitter; » à ceux qui ont vieilli dans l'habitude des vices les plus énormes, « de s'approcher des sacremens, quoique avec une résolution si foible de changer de vie, qu'ils croient eux-mêmes qu'ils sont pour retomber bientôt dans leurs crimes, et sans autre regret de les avoir commis que pour le seul mal temporel qui leur en est arrivé; » enfin, ils auront permis aux chrétiens tout ce que les juifs, les païens, les mahométans et les barbares auroient en exécration; ils auront répandu dans l'Église les ténèbres les plus épaisses qui soient jamais sorties du puits de l'abîme! Et nous n'oserons faire paroître, pour les dissiper, le moindre rayon de la lumière de l'Évangile, sans que la société en corps s'élève et déclare : qué ce ne peuvent être que des séditieux et des hérétiques qui parlent de la sorte contre leur morale; que leur doctrine « étant la vraie doctrine de la foi, ils sont obligés en conscience, quelque dévoués qu'ils soient aux souffrances et à la croix, de décrier les factieux et les schismatiques qui l'attaquent; » qu en cela ils ne parlent pas contre nous, parce que nous avons trop de piété pour être auteurs d'une pièce qui les combat; et qu'autrement nous serions coupables de troubler la paix et la tranquillité de l'Église, en les inquiétant dans la libre publication de leurs doctrines!

C'est ainsi qu'ils essayent de nous décrier comme des adversaires de la tranquillité publique. « Qui pourroit croire, disent-ils, que MM. les curés, qui, par le devoir de leurs charges, sont les médiateurs de la paix entre les séculiers, soient les auteurs d'un écrit qui veut jeter le schisme et la division entre eux et les religieux? » Et dans la suite : « L'esprit de Dieu et la piété chrétienne est-elle aujourd'hui réduite à porter les disciples de l'Agneau à s'entre-manger comme des loups? » Et ainsi ils font de grands discours pour montrer qu'ils veulent la paix, et que c'est nous qui la troublons.

Que l'insolence a de hardiesse, quand elle est flattée par l'impunité; et que la témérité fait en peu de temps d'étranges progrès, quand elle ne rencontre rien qui réprime sa violence! Ces casuistes, après avoir troublé la paix de l'Église par leurs horribles doctrines, qui vont à la destruction de la doctrine de Jésus-Christ, comme disent nos seigneurs les évêques, accusent maintenant ceux qui veulent rétablir la doctrine de Jésus-Christ, de troubler la paix de l'Église. Après avoir semé le désordre de toutes parts, par la publication de leur détestable morale, ils traitent de perturbateurs du repos public ceux qui ne se rendent pas complaisans à leurs desseins, et qui ne peuvent souffrir que ces *pharisiens de la loi nouvelle*, comme ils se sont appelés eux-mêmes, établissent leurs traditions humaines sur la ruine des traditions divines.

Mais c'est en vain qu'ils emploient cet artifice. Notre amour pour la paix a assez paru par la longueur de notre silence. Nous n'avons parlé que quand nous n'eussions pu nous taire sans crime. Ils ont abusé de cette paix pour introduire leurs damnables opinions, et ils voudroient maintenant en prolonger la durée, pour les affermir de plus en plus.

Mais les vrais enfans de l'Église savent bien discerner la véritable paix que le Sauveur peut seul leur donner, et qui est inconnue au monde, d'avec cette fausse paix que le monde peut bien donner. mais qui est en horreur au Sauveur du monde. Ils savent que la véritable paix est celle qui conserve la vérité en la possession de la croyance des hommes, et que la fausse paix est celle qui conserve l'erreur en possession de la crédulité des hommes: ils savent que la véritable paix est inséparable de la vérité, qu'elle n'est jamais interrompue aux yeux de Dieu par les disputes qui semblent l'interrompre quelquefois aux yeux des hommes, quand l'ordre de Dieu engage à défendre ses vérités injustement attaquées, et que ce qui seroit alors une paix devant les hommes seroit une guerre devant Dieu. Ils savent aussi que, bien loin de blesser la charité par ces corrections, on blesseroit la charité en ne les faisant pas, parce que la fausse charité est celle qui laisse les méchans en repos dans les vices, au lieu que la véritable charité est celle qui trouble ce malheureux repos: et qu'ainsi, au lieu d'établir la charité de Dieu par cette douceur apparente, ce seroit la détruire, au contraire, par une indulgence criminelle, comme les saints Pères nous l'apprennent par ces paroles: « Hæc charitas destruit charitatem.» Aussi c'est pour cela que l'Écriture nous enseigne que Jésus-Christ est venu apporter au monde, non seulement *la paix*, mais aussi *l'épée et la division*, parce que toutes ces choses sont nécessaires chacune en leur temps pour le bien de la vérité. qui est la dernière fin des fidèles; au lieu que la paix et la guerre n'en sont que les moyens, et ne sont légitimes qu'à proportion de l'avantage qui en revient à la vérité. Ils savent que c'est pour cela que l'Écriture dit « qu'il y a un temps de paix et un temps de guerre, » au lieu qu'on ne peut pas dire qu'il y a un temps de vérité et un temps de mensonge: et qu'il est meilleur qu'il arrive des scandales, que non pas que la vérité soit abandonnée, comme disent les saints Pères de l'Église.

Il est donc indubitable que les personnes qui prennent toujours ce prétexte de charité et de paix pour empêcher de crier contre ceux qui détruisent la vérité, témoignent qu'ils ne sont amis que d'une fausse paix, et qu'ils sont véritablement ennemis, et de la véritable paix, et de la vérité. Aussi c'est toujours sous ce prétexte de paix que les persécuteurs de l'Église ont voilé leurs plus horribles violences, et que les faux amis de la paix ont consenti à l'oppression des vérités de la religion et des saints qui les ont défendues.

C'est ainsi que saint Athanase, saint Hilaire et d'autres saints évêques de leur temps ont été traités de rebelles, de factieux, d'opiniâtres, et d'ennemis de la paix et de l'union; qu'ils ont été déposés, proscrits et abandonnés de presque tous les fidèles, qui prenoient pour un violement de la paix le zèle qu'ils avoient pour la vérité. C'est ainsi que le saint et fameux moine Étienne étoit accusé de troubler la tranquillité de l'Église par les trois cent trente évêques qui vouloient ôter les images des églises, ce qui étoit un point qui assurément n'étoit pas des plus importans pour le salut; et néanmoins parce qu'on ne doit jamais relâcher les moindres vérités sous prétexte de la paix, ce saint religieux leur résista en face, et ce fut pour ce sujet qu'il fut enfin condamné, comme on voit dans les *Annales de Baronius* (ann. 754).

C'est ainsi que les saints patriarches et les prophètes ont été accusés, comme fut Élie, *de troubler le repos d'Israël*, et que les apôtres et Jésus-Christ même ont été condamnés comme des auteurs de trouble et de dissension, parce qu'ils déclaroient une guerre salutaire aux passions corrompues, et aux funestes égaremens des pharisiens hypocrites et des prêtres superbes de la synagogue. Et c'est enfin ce que l'Écriture nous représente généralement, lorsque, faisant la description de ces faux docteurs, qui appellent divines les choses qui sont diaboliques, comme les casuistes font aujourd'hui de leur morale, elle dit dans *la Sagesse* (chap. XIV), qu'ils donnent aussi le nom de *paix* à un renversement si déplorable. « L'égarement des hommes, dit le sage, va jusqu'à cet excès, qu'ils donnent le nom incommunicable de la Divinité à ce qui n'en a pas l'essence, pour flatter les inclinations des hommes, et se rendre complaisans aux volontés des princes et des rois; et ne se contentant pas d'errer ainsi touchant les choses divines, et de vivre dans cette erreur qui est une véritable guerre, ils appellent paix un état si rempli de troubles et de désordres : *In magno viventes inscientiæ bello tot et tanta mala pacem appellant.* »

C'est donc une vérité capitale de notre religion, qu'il y a des temps où il faut troubler cette possession de l'erreur que les méchans appellent *paix;* et on ne peut en douter, après tant d'autorités qui le confirment. Or, s'il y en eut jamais une occasion et une nécessité indispensable, examinons si ce n'est pas aujourd'hui qu'elle presse et qu'elle contraint d'agir.

Nous voyons la plus puissante compagnie et la plus nombreuse de l'Église, qui gouverne les consciences presque de tous les grands, liguée et acharnée à soutenir les plus horribles maximes qui aient jamais fait gémir l'Église. Nous les voyons, malgré tous les avertissemens charitables qu'on leur a donnés en public et en particulier, autoriser opiniâtrément la vengeance, l'avarice, la volupté, le faux honneur, l'amour-propre, et toutes les passions de la nature corrompue, la profanation des sacremens, l'avilissement des ministres de l'Église et le mépris des anciens Pères, pour y substituer les auteurs les plus ignorans et les plus aveugles : et cependant ce débordement de corruption étant prêt à submerger l'Église sous nos yeux, nous n'oserons, de peur de troubler la paix, crier à ceux qui la conduisent : « Sauvez-nous, nous périssons ! »

Les moindres vérités de la religion ont été défendues jusqu'à la mort; et nous relâcherions les points les plus essentiels de notre religion et les maximes les plus importantes et les plus nécessaires pour le salut, parce qu'il plaît, non pas à trois cents évêques, ni à un seul, ni au pape, mais seulement à la société des jésuites, de les renverser !

« Nous voulons, disent-ils, conserver la paix avec ceux mêmes qui n'en veulent point. » Étranges conservateurs de la paix, qui n'ont jamais laissé passer le moindre écrit contre leur morale sans des réponses sanglantes, et qui, écrivant toujours les derniers, veulent qu'on demeure en paix, quand ils sont demeurés en possession de leurs injustes prétentions!

Nous avons cru à propos de réfuter un peu au long ce reproche qu'ils font tant valoir contre nous, parce qu'encore qu'il y ait peu de personnes à qui ils puissent persuader que les casuistes sont de saints auteurs, il peut néanmoins s'en rencontrer à qui ils fassent accroire que nous ne laissons pas d'avoir tort de troubler la paix par notre opposition; et c'est pour ceux-là que nous avons fait ce discours, afin de leur faire entendre qu'il n'y a pas deux questions à faire sur ce sujet, mais une seule; et qu'il est impossible qu'il soit vrai tout ensemble que la morale des casuistes soit abominable, et que nous soyons blâmables de troubler leur fausse paix en la combattant.

Nous n'abandonnerons donc jamais la morale chrétienne, nous aimons trop la vérité. Mais, pour leur témoigner aussi combien nous aimons la paix, nous leur en ouvrons la porte tout entière, et leur déclarons que nous les embrasserons de tout notre cœur, aussitôt qu'ils voudront abjurer les pernicieuses maximes de leur morale, que nous avons rapportées dans notre Factum et dans nos Extraits, après les avoir prises et lues nous-mêmes dans leurs auteurs en propres termes: et qu'ils voudront renoncer sincèrement à la pernicieuse *Apologie des casuistes*, et à la méchante *Théologie* d'Escobar, de Molina, de Sanchez, de Lessius, de Hurtado, de Bauny, de Lamy, de Mascharenas, et de tous les livres semblables que nosseigneurs les évêques appellent *la peste des consciences*. Voilà de quoi il s'agit entre nous. Car il n'est pas ici question, comme ils tâchent malicieusement de le faire croire, des différends que les curés peuvent avoir avec les religieux. Il n'est point ici question de contester les priviléges des jésuites, ni de s'opposer aux usurpations continuelles qu'ils font sur l'autorité des curés. Quoique leurs livres fussent remplis de mauvaises maximes sur ce sujet, nous les avons dissimulées à dessein dans les Extraits que nous avons présentés à l'assemblée du clergé, pour ne rien mêler dans la cause générale de l'Église qui nous regardât en particulier. Il ne s'agit donc ici que de la pureté de la morale chrétienne, que nous sommes résolus de ne pas laisser corrompre; et nous ne sommes pas seuls dans ce dessein : voilà les curés de Rouen qui, par l'autorité de M. leur prélat, nous secondent avec un zèle chrétien et véritablement pastoral; et nous avons en main quantité de procurations des curés des autres villes de France, qui, par la permission aussi de nosseigneurs leurs prélats, s'opposeront avec vigueur à ces nouvelles corruptions, jusqu'à ce que ceux qui les soutiennent y aient renoncé.

Jusque-là nous les poursuivrons toujours, quoi qu'ils puissent dire de nous en bien ou en mal; et nous ne renoncerons point aux vérités que nous avons avancées dans notre Factum pour acheter à ce prix les louanges qu'ils nous donneroient alors. « Nous ne serons point détournés, ni par leurs malédictions, ni par leurs bénédictions, » selon la parole de l'Écriture. Ils ne nous ont point intimidés comme ennemis, ils ne nous corrompront point comme flatteurs. Ils nous ont trouvés intrépides à leurs menaces, ils nous trouveront inflexibles à leurs caresses; et nous serons insensibles à leurs injures et à leurs douceurs. Nous présenterons toujours un même visage à tous les visages différens, et nous n'opposerons à la duplicité des enfans du siècle que la simplicité des enfans de l'Évangile.

Paris, 1er avril 1658.

TROISIÈME ET QUATRIÈME FACTUM[1]

Des curés de Paris, où ils font voir que tout ce que les jésuites ont allégué des saints Pères et docteurs de l'Église pour autoriser leurs pernicieuses maximes, est absolument faux et contraire à la doctrine de ces saints, et que les nouveaux casuistes n'ont aucune autorité dans l'Église.

Les moyens que les jésuites emploient pour défendre leur méchante morale dans les écrits qu'ils viennent de publier, consistent principalement en deux choses : l'une, à citer une foule d'auteurs de leur Société, ou quelques autres nouveaux casuistes aussi corrompus qu'eux, auxquels ils veulent donner une autorité souveraine dans l'Église; l'autre, à alléguer faussement les saints Pères et les docteurs de l'Église, comme étant de leurs sentimens. Ainsi ils font deux injures signalées à l'Église : la première, de donner pour la règle des fidèles, des auteurs pernicieux, qui doivent être l'horreur des fidèles; la seconde, d'oser, par des impostures horribles, appuyer leurs sentimens par les saints que Dieu a suscités pour avoir une véritable autorité dans l'Église, qui sont aussi éloignés de ces corruptions que le ciel l'est de la terre. Nous avons donc été obligés de détruire ces deux prétentions, et de séparer cet écrit en deux parties. Dans la première, nous ferons voir que de toutes les citations qu'ils ont faites des saints docteurs de l'Église pour autoriser leurs prétentions, il n'y en a pas une qui ne soit fausse, et que ces saints ont enseigné si formellement le contraire, qu'on s'étonnera de la hardiesse avec laquelle ils osent ainsi leur imposer : et nous ferons voir, dans la seconde, combien il est ridicule de prétendre que leurs nouveaux casuistes doivent servir de règle pour la décision de leurs propres sentimens.

PREMIÈRE PARTIE. — I. *Saint Thomas faussement allégué sur les occasions prochaines.*

Le premier des saints docteurs de l'Église qu'ils citent est saint Thomas, qu'ils rapportent pour autoriser la doctrine de l'*Apologie des casuistes* sur les occasions prochaines, contre laquelle nous nous sommes élevés, comme contre une doctrine capable d'entretenir tous les pé-

1. Les deux parties qui composent ce factum ont été publiées séparément; la première avec le titre de *Troisième factum*, et la seconde avec le titre de *Quatrième factum*.

cheurs dans leurs désordres, en les dispensant de se faire la moindre violence, et en leur permettant de demeurer dans les occasions, et même dans les professions où ils sont en danger de se damner, s'ils n'ont pas de facilité à les quitter; ce qui est horriblement contraire à l'Évangile, qui oblige à s'arracher et les mains, et les yeux même, si on en reçoit du scandale, pour nous apprendre qu'on doit se priver des choses qu'on ne peut quitter qu'avec une extrême douleur, quand elles nous sont occasion de péché. Cependant les jésuites osent non-seulement soutenir ces pernicieux sentimens, mais ils veulent encore les autoriser par saint Thomas, qu'ils citent pour cela (2-2, quæst. x, art. 9). Mais on jugera de leur mauvaise foi, en voyant les paroles de ce saint, qu'ils se sont bien gardés de rapporter, parce qu'elles contiennent la condamnation expresse de la doctrine de ces casuistes. Les voici :

« L'Église, dit-il, défend aux fidèles d'avoir communication avec quelques personnes, pour deux raisons : la première, pour punir celui que l'on retranche de la communion avec les fidèles (ce qui n'a pas lieu à l'égard des païens, parce que l'Église n'a point d'autorité sur eux); la seconde est pour la sûreté de ceux à qui on défend d'avoir communication avec d'autres; sur quoi il faut faire distinction des personnes, des affaires et des temps. Car si quelques fidèles sont fermes en la foi, de sorte que, par la communication qu'ils auroient avec les infidèles, on puisse plutôt espérer la conversion des infidèles, que craindre que les fidèles ne se pervertissent et ne quittent la foi, on ne doit pas les empêcher, principalement quand il y a quelque nécessité qui les y engage. Mais si ce sont des personnes simples et foibles dans la foi, desquels on puisse craindre probablement qu'ils ne se pervertissent, on doit leur défendre d'avoir communication avec les infidèles, et principalement d'avoir grande familiarité avec eux, et de hanter avec eux sans nécessité. » Ce saint ajoute que c'est pour cette raison que Dieu avoit défendu aux Israélites de s'allier avec les idolâtres de la terre de Chanaan; et il confirme cette doctrine dans la réponse au troisième argument, où il dit, « qu'un esclave qui est soumis au commandement de son maître, embrassera plutôt la religion de son maître fidèle, que non pas il fasse changer son maître de religion; et c'est pourquoi il n'est pas défendu aux fidèles d'avoir des esclaves infidèles. Si néanmoins il y avoit du danger pour le maître, par la communication d'un tel esclave, il seroit obligé de l'éloigner d'auprès de lui, selon le commandement de Jésus-Christ dans l'Évangile : si votre pied vous scandalise, coupez-le et le jetez arrière de vous. »

Il est donc visible que ce passage est ridiculement allégué, pour montrer qu'on peut demeurer sans péché dans les occasions prochaines de péché, puisque ce saint y établit des principes tout opposés.

Mais ceux qui sont accoutumés à voir leur hardiesse ne s'étonneront pas de celle-ci : car ils se sont servis de ce même passage pour appuyer une doctrine qui y est contraire en propres termes. Au lieu que ce saint déclare qu'il n'est pas permis aux foibles d'aller entreprendre la conversion des infidèles; ils allèguent ce même endroit, pour dire que cela leur est permis. C'est ce que fait le P Bauny (*Théol. mor.*, t. IV, quest. XIV, p. 94). Il distingue premièrement les occasions de pécher en *prochaines* et *éloignées ;* et il dit « que les éloignées sont tout ce qui peut être à l'homme cause de péché ; mais que les occasions prochaines sont seulement ce qui est en soi péché mortel, ou ce qui est tel de sa nature, qu'il fasse fréquemment tomber dans le péché mortel les hommes de pareille condition : de sorte que le confesseur juge par le passé que le pénitent ne sera jamais, ou rarement, dans cette occasion sans péché mortel. » Il enseigne ensuite dans cet endroit, et dans la *Somme des péchés* (6e édit., p. 190), deux choses : l'une, « que l'on n'est point obligé de quitter une occasion prochaine de péché, quand on ne peut le faire sans donner sujet au monde de parler, ou sans en recevoir de l'incommodité : » l'autre, « qu'on peut même rechercher une occasion prochaine de péché pour quelque bien temporel ou spirituel de nous ou de notre prochain. » Il en apporte deux exemples : l'un, « que tous peuvent aller au pays des infidèles pour travailler à leur conversion, « cum manifesto peccandi periculo » ; l'autre, « qu'on peut aller en de mauvais lieux pour faire concevoir aux femmes débauchées la haine de leurs péchés ; encore qu'il y ait beaucoup d'apparence que ces personnes tomberont, parce qu'ils ont souvent éprouvé, à la perte et à la ruine de leurs âmes, qu'ils se laissent aller au péché par les cajoleries des femmes perdues. »

Et c'est pour confirmer ces horribles maximes qu'il cite saint Thomas (2-2, quæst. X, art. 9), où il a dit ce que nous avons rapporté. Et le P. Caussin, dans sa *Réponse à la Théologie morale*, renvoie au même lieu pour défendre la même doctrine des occasions prochaines : par où on peut juger s'il y eut jamais de fausseté plus insigne que celle que ces pères emploient pour défendre leur méchante cause.

II. *Saint Basile faussement allégué sur le même sujet.*

Les jésuites attribuent encore dans cette même page leur méchante doctrine des occasions prochaines à saint Basile, en le citant après le P. Caussin (*Const. monac.*, cap. IV), où il n'y a pas un seul mot de ce sujet. C'est dans le chapitre III où se trouve ce qu'en rapporte le P. Caussin, mais qui est une condamnation formelle de la doctrine de ces casuistes, n'y ayant rien de si pur et de si contraire au relâchement de ces nouveaux docteurs, que ce que ce père enseigne en ce lieu.

Car voici les conseils qu'il donne à ses religieux : « Nous ne devons pas seulement travailler à régler nos pensées et nos mouvemens intérieurs, mais nous devons aussi, autant qu'il se peut, nous éloigner des choses qui, frappant nos sens et renouvelant la mémoire de nos passions, causent du trouble dans notre esprit, et font souffrir à notre âme une guerre et un combat importun. Car, lorsque nous sommes engagés dans le combat contre notre volonté, c'est une nécessité de le souffrir ; mais c'est une grande folie de nous y engager nous-mêmes volontairement. C'est pourquoi nous devons fuir, avant toutes choses, l'entretien des femmes, et nous ne devons jamais nous trouver avec elles que lorsqu'une nécessité indispensable nous y force ; et alors même il faut s'en garder comme d'un feu, et nous en défaire le plus promptement que nous pourrons. » Ce qu'il répète encore à la fin du chapitre : « Ayons soin, dit-il, autant qu'il nous est possible, d'éviter la conversation avec les femmes; et, si cela ne se peut entièrement, il faut au moins que nos entretiens avec elles soient très-rares et très-courts. »

Voilà tout ce que dit saint Basile sur ce sujet; et les jésuites ont si peu de conscience que de vouloir se servir de ses règles si saintes et si sévères, pour permettre à des débauchés d'aller faire des leçons de chasteté à des femmes perdues, encore qu'ils aient souvent reconnu, par une funeste expérience, qu'ils succombent à la tentation qu'ils vont chercher : « Etsi malo suo sæpe experti sunt, » comme dit le P. Bauny, « blandis se mulierculárum sermonibus ac illecebris flecti solitos ad « libidinem. »

III. *Saint Ambroise faussement allégué sur le même sujet.*

Ils n'abusent pas moins indignement de saint Ambroise, en nous renvoyant à ce qu'il dit, liv. III, chap. xv de ses *Offices*, où il ne fait autre chose que de louer Judith, laquelle, par une inspiration particulière de Dieu, qui l'assuroit de sa protection, comme remarque ce Père, alla tuer Holopherne au milieu de son camp. Car quel rapport y a-t-il de l'action toute miraculeuse et toute extraordinaire de cette sainte, avec les actions honteuses que les casuistes veulent autoriser par cet exemple? Ils parlent de personnes qui ont reconnu, par leur propre expérience, que ces occasions les perdent et les font tomber dans le péché mortel. Peut-on penser la même chose de Judith, dont l'Écriture loue si hautement la chasteté? Mais qui ne sait, de plus, que ces sortes d'actions des saints, qui n'ont été entreprises que par des mouvemens singuliers de l'esprit de Dieu, ne peuvent autoriser des actions semblables qui seroient faites sans ce mouvement, parce que l'esprit de Dieu, qui les poussoit et leur donnoit une confiance presque certaine en son secours, faisoit que ces actions, quelque périlleuses qu'elles fussent en elles-mêmes, ne l'étoient point à leur égard, et ainsi n'étoient nullement des occasions prochaines de péché : au lieu que ceux qui les entreprennent sans ce mouvement extraordinaire, tombent dans une témérité criminelle, et méritent de périr dans le danger qu'ils ont recherché, ou qu'ils n'ont pas eu soin d'éviter, selon cette parole du sage : « Qui amat pe« riculum peribit in eo? »

IV. *Saint Thomas faussement allégué touchant la simonie.*

Les jésuites ne pouvoient pas mieux faire paroître qu'ils sont capables de tout pour défendre leurs erreurs, qu'en alléguant saint Thomas pour autoriser la doctrine de l'apologiste, qui soutient, après Valentia, Milhard et plusieurs autres, que quiconque est dans une volonté actuelle ou habituelle de ne pas égaler une chose temporelle à une spirituelle (ce qu'il appelle ne pas la donner par forme de prix), peut donner de l'argent comme motif principal pour avoir un bénéfice, sans commettre une simonie contre le droit divin; et que même, s'il le donne sans aucun pacte obligatoire, il ne commettra pas de simonie contre le droit ecclésiastique.

Car il est si visible que c'est contre leur conscience qu'ils allèguent saint Thomas sur ce sujet, que leur apologiste même (p. 61) reconnoît formellement que saint Thomas est contraire à cette opinion de Valentia; et que, sans s'arrêter à cette distinction chimérique entre *prix et motif*, il condamne de simonie tous ceux qui reçoivent de l'argent pour des choses spirituelles, lorsque leur fin principale est de recevoir cet argent.

« Il semble, dit-il, que saint Thomas tienne que, si la fin principale que prétend celui qui fait la fonction spirituelle, est de recevoir de l'argent, il est censé vendre la fonction spirituelle, et est simoniaque. Maior est de même sentiment. » Voilà la doctrine qu'il a reconnue être de saint Thomas, mais qu'il dit avoir été rejetée avec raison par les casuistes, avec lesquels il soutient que, quoique l'on ait pour fin principale, en donnant de l'argent, d'obtenir un bénéfice, on ne commet pourtant point de simonie contre le droit divin, pourvu qu'on ne le donne pas comme égal à la chose spirituelle : ce qu'il appelle le donner comme prix.

Cependant les jésuites voyant qu'on étoit prêt de censurer cette doctrine en Sorbonne, pour arrêter les esprits par une autorité plus considérable que celle des casuistes, ils allèguent hardiment, dans une feuille nouvellement imprimée, le même saint Thomas, qu'ils avoient eux-mêmes reconnu être contraire à cette doctrine. « Outre, dit-il, ce qui a été dit dans les éclaircissemens, pour prouver que, sans la volonté d'égaler une chose temporelle à une spirituelle, il n'y a point de simonie contre le droit divin, j'ajoute l'autorité de deux théologiens, saint Thomas et Gerson. Saint Thomas (4, dist. XXV, quæst. 1) : « Sacramenta emi aut vendi « non possunt sine simonia, quia pretium emptionis ponitur quasi mensura adæquans ad illud quod emitur. »

Il est vrai que ces paroles sont de saint Thomas : mais il est vrai que c'est en abuser indignement, que d'y donner le sens que cet apologiste y donne, étant clair par toute la suite de sa doctrine, qu'il a cru que donner un bénéfice pour de l'argent, comme pour la fin et le motif principal, et le donner comme prix, n'étoit que la même chose; et que de là il a conclu que tous ceux qui donnoient ainsi des bénéfices pour recevoir de l'argent, le donnoient comme prix, et par ce moyen égaloient véritablement les choses spirituelles aux temporelles, encore qu'ils n'y pensassent pas.

Ce qui paroîtra par quelques remarques que nous ferons sur la doctrine de ce saint, non pour faire un crime aux jésuites de ne pas la suivre en tout, car on auroit tort d'attendre d'eux une si grande pureté; mais pour leur faire voir simplement combien ils imposent à ce saint.

La première est, que saint Thomas n'a jamais cru que pour être simoniaque, en donnant de l'argent pour obtenir une dignité ecclésiastique, il fût nécessaire d'avoir la pensée que cet argent étoit un prix égal à cette dignité; car cette pensée seroit fausse et hérétique. Or saint Thomas dit que pour l'ordinaire la simonie n'est point accompagnée de faux jugement dans l'esprit, mais seulement de dépravation dans la volonté. Voici ses paroles (in 4, dist. xxv, quæst. 5, art. 1) : « Sicut dicit philosophus « quod Milesii stulti non sunt, sed operantur qualia stulti ; secundum « hoc dicendum quod simoniaci non sunt proprie et per se loquendo « hæretici, quum non habeant falsam opinionem : sed dicuntur hæretici « propter similitudinem actus : quia ita operantur ac si æstimarent do- « num Spiritus sancti pecunia possideri, quæ æstimatio esset hæretica. »

Il n'est donc pas nécessaire, selon saint Thomas, de croire ou de vouloir que l'argent soit égal au don du Saint-Esprit ; ce qui est une folie, qui ne tombe en l'esprit de personne : mais il suffit d'agir comme si on le croyoit : ce que font, selon saint Thomas, tous ceux qui offrent de l'argent, comme un motif pour se faire donner les dignités de l'Eglise ; et tous ceux qui donnent des bénéfices, ayant pour motif principal d'en recevoir de l'argent, ou quelque autre chose temporelle.

La seconde, que, quoique saint Thomas se serve souvent des mots de vente, d'achat et de prix, pour expliquer en quoi consiste le crime de la simonie, il n'a jamais voulu néanmoins entendre autre chose par là, sinon donner une chose spirituelle, par le seul motif d'en recevoir une temporelle, ou bien donner une chose temporelle, afin d'obtenir, par ce moyen, une chose spirituelle. De sorte qu'un collateur, un patron ou un titulaire, qui donne un bénéfice à Pierre, seulement parce que Pierre lui a donné de l'argent, quelque volonté qu'il ait de ne point égaler cet argent qu'il reçoit au bénéfice qu'il donne, et encore qu'il n'y soit obligé par aucun pacte, il ne laisse pas de le vendre véritablement, et d'être simoniaque devant Dieu.

Pour en donner des preuves décisives, il ne faut que considérer ce que dit saint Thomas (in 4, dist. xxv, quæst. 3, art. 3), où considérant les jugemens des juges ecclésiastiques comme des choses spirituelles, il demande si un juge ecclésiastique rendant une sentence en faveur de celui qui lui auroit fait un petit présent, seroit simoniaque. A quoi il répond en ces termes : « L'Église ne juge que selon ce qui paroît à l'extérieur : ainsi n'étant pas probable qu'un petit présent ait servi de motif à un juge ecclésiastique pour donner une sentence, elle ne juge pas que cet ecclésiastique qui a reçu un petit présent ait commis une simonie Mais devant Dieu qui voit le cœur, soit que les présens soient grands ou petits, c'est une simonie, s'ils ont servi de motif à ce juge pour donner une sentence : « Sed apud Deum qui cor videt, simonia est et in parvis « et in magnis rebus, si animus judicis ex eis flectatur. »

C'est par ce même principe qu'il conclut qu'un collateur qui donne un bénéfice ayant pour motif principal les prières qu'on lui a faites, et la faveur et les louanges qu'il en recevra, commet une simonie. Voici ses paroles au même lieu : « Qui dat aliquod spirituale pro favore vel « laude acquirenda, non est dubium quin simoniam committeret. Et ideo « quando preces fiunt pro indigno, quod nihil aliud movet nisi favor, « manifeste simonia committitur, si propter hoc beneficium ecclesiasti- « cum detur. Si autem pro digno fiant, quantum ad judicium hominum « probabile est quod dans magis moveatur intuitu dignitatis personæ, « quam favore precum ; et ideo non reputatur simonia. Si tamen princi-

« paliter moveatur favore precum vel timore rogantis, quantum ad ju-
« dicium divinum simoniam committit et rogatus et rogans. »

Il est clair que saint Thomas ne suppose point que celui qu'on prie de conférer un bénéfice, pense qu'il y ait égalité entre les prières et le bénéfice; et qu'il ne suppose pas non plus qu'il ait fait un pacte obligatoire, puisque personne n'a jamais fait pacte d'être prié et d'être loué. Et cependant il décide que ce collateur est simoniaque, si le principal motif qui le pousse à donner le bénéfice, est qu'il a été prié et qu'il espère d'être loué.

Le sentiment de saint Thomas ne paroît pas moins par cette autre décision touchant ceux qui donnent des bénéfices à leurs parens: « Ille qui « dat ratione consanguinitatis præbendam alicui principaliter, aut in- « tendit temporale bonum illius cui datur, et non alterius; et sic peccat « graviter, sed simoniam non committit; quia non vendit, quum nihil « accipiat : aut intendit aliquod bonum in seipsum redundans; sic quod « magnificetur per hoc, et nobilitetur domus sua; vel quod ipse in con- « sanguineis sit fortior, et sic ipse aliquid accipere sperat pro quo spi- « ritualia dat; et simoniam committit. »

Je ne sais s'il y a personne assez ridicule pour s'imaginer que quelqu'un puisse faire pacte avec tout le monde, que, s'il donne un bénéfice à son parent, on en croira sa maison plus illustre et plus relevée. Cependant saint Thomas condamne de simonie toutes ces collations, où l'on recherche l'élèvement de sa maison, lequel non-seulement s'obtient sans pacte, mais qu'il est même impossible d'obtenir par un pacte.

Le même saint Thomas conclut dans sa *Somme* (2-2, quæst. C, art. 5) qu'un évêque qui donne un bénéfice pour des services temporels qu'on lui a rendus, ou à ses parens, commet une simonie : « Si sit obsequium « ad carnalia ordinatum, puta quia servivit prælato ad utilitatem con- « sanguineorum, erit munus ab obsequio, et est simoniacum. » Et il n'ajoute point toutes ces restrictions qu'il y ait une obligation de justice de payer ses services, ou qu'on y ait fait un pacte de donner un bénéfice, quand on auroit rendu ces services. Car il suffit, selon sa doctrine, que ces services temporels soient le principal motif qui porte ce prélat à donner ce bénéfice.

Il est si certain que c'est là le sentiment de saint Thomas, que les jésuites mêmes ne font point de difficulté de le reconnoître, et d'avouer que c'est aussi celui de presque tous les anciens théologiens et canonistes. Voici comme en parle Suarez dans son *Traité de la simonie* (l. IV, chap. III) : « Sæpissime, dit-il, legimus apud auctores tam theologos « quam canonistas, simoniam mentalem committi, quoties per spiritualem « actionem vel dationem principaliter intenditur acquisitio alicujus com- « modi temporalis. Ita tenet Glossa, Hostiensis, Panormitanus, Navar- « rus, Covarr, sanctus Thomas, Cajet. Maior, Durandus Altissiodorensis, « A rianus, Antonius Corduba, Gerson, etc. » Ce qui fait voir avec quelle conscience l'apologiste a osé avancer (p. 61), que le sentiment de saint Thomas étoit abandonné des canonistes et des autres théologiens.

Ainsi, pour renfermer en peu de mots la doctrine de ce saint docteur, il a cru que les choses spirituelles devant, par l'ordre de Jésus-Christ, se donner gratuitement et acquérir gratuitement, c'est-à-dire sans rien recevoir pour les donner, ni rien donner pour les obtenir, c'étoit violer cet ordre et tomber dans le péché de simonie, que de donner des choses spirituelles, ayant pour motif principal d'obtenir ou d'avoir obtenu quelque chose temporelle, soit service, soit louange, soit argent; ou bien de donner une chose temporelle, ayant pour motif principal d'en obtenir une spirituelle. De sorte que toutes les fois qu'il dit de ceux qui font ces sortes d'échanges, qu'ils vendent, qu'ils achètent et qu'ils donnent comme prix, il n'a voulu dire autre chose par ces mots, sinon qu'ils donnent l'un pour avoir l'autre.

Que si l'on prétend chicaner, et dire que la vente, dans son essence, enferme un pacte obligatoire et onéreux, il est facile de répondre que le langage ecclésiastique ne se règle pas sur les formules des jurisconsultes; et que saint Thomas, qui s'est servi de ces mots après les Pères, nous ayant expliqué ce qu'il vouloit dire par ces mots, il faut en prendre la signification, non des jurisconsultes, mais de saint Thomas et des Pères de l'Église; et conclure plutôt que la simonie n'est pas une vente selon la rigueur de ce terme, que non pas de ne point enfermer sous le nom de simonie tout ce que les Pères y ont enfermé.

V. *Gerson faussement allégué sur le même sujet de la simonie.*

L'apologiste joint Gerson à saint Thomas, et lui impose, aussi bien qu'à ce saint, de ne point avoir reconnu de simonie de droit divin, que lorsqu'on met une égalité de prix entre une chose temporelle et une spirituelle. Il cite pour cela ces paroles de Gerson, qui semblent dire ce qu'il désire : « Finis principaliter intentus accipiendi temporalia tanquam ibi sit adæquatio vera pretii ad pretium, sicut est in commutatione temporalium ad invicem, reddit hominem proprie simoniacum. »

A la vérité, ceux qui ne se défient pas des jesuites auront pu être surpris de la lecture de ces paroles, et croire que Gerson est en effet favorable à l'apologiste : mais ceux qui, connoissant les jésuites, ont pris la peine de consulter ce passage, ont sans doute été surpris de la hardiesse et de l'impudence avec laquelle ils s'exposent à être convaincus publiquement d'une imposture si inexcusable; car il n'y en eut jamais de moins palliée que celle-ci. Gerson, dans son *Traité de la simonie*, en marque deux espèces différentes en deux propositions différentes : la première est celle dans laquelle on considère seulement le bien temporel, comme le motif principal de l'action spirituelle; et la seconde, dans laquelle on le considère de plus comme un prix égal à la chose spirituelle. « Prima propositio, dit-il : Finis principaliter intentus recipiendi temporalia pro ministratione spiritualium, reddit hominem proprie simoniacum in foro conscientiæ et ad Deum. Et si hanc intentionem apertis ad extra monstret indiciis, censendus est in ecclesiastico foro simoniacus, vel de simonia vehementer suspectus. Secunda propositio : Finis principaliter intentus accipiendi temporalia pro administratione spiritualium, tanquam ibi sit adæquatio vera pretii

« ad pretium, sicut est in commutatione temporalium ad invicem, red-
« dit hominem proprie simoniacum. »

L'apologiste, pour montrer, par l'autorité de Gerson, que toute simonie enferme cette pensée d'égaler les choses spirituelles, rapporte ces dernières paroles de Gerson, et dissimule les précédentes, dans lesquelles Gerson reconnoît une vraie espèce de simonie devant Dieu, qui n'enferme point cette pensée d'égalité. Peut-on abuser plus hardiment de la crédulité du monde? Car la question n'est pas entre les jésuites et nous, si celui qui donneroit de l'argent pour un bénéfice, avec cette pensée d'égaler l'argent au bénéfice, seroit véritablement simoniaque. Personne n'en a jamais douté. Mais il est question, si cette réflexion et cette formalité d'égalité et de prix est nécessaire, et si l'on peut être simoniaque sans cela. C'est ce qu'ils prétendent faire dire à Gerson. Et c'est néanmoins ce que Gerson désavoue formellement, en reconnoissant dans une proposition expresse une autre espèce de simonie, qui n'enferme point cette égalité ni cette formalité de prix.

Ce qu'il ajoute ensuite est encore plus net et plus formel : car il distingue quatre sortes de vue d'esprit : « Resolvendo, dit-il, materiam de
« simonia, possumus invenire distinctionem quadruplicem de intuitu
« vel respectu commodi temporalis pro spirituali. Potest enim intuitus
« ferri ad temporale commodum, primo tanquam ad pretium rei spiri-
« tualis, quasi sit adæquatio valoris unius rei ad alteram, sicut inest
« in emptione et venditione civilibus. » Voilà l'unique espèce de simonie que les jésuites reconnoissent. « Potest 2°, ajoute Gerson, ferri intuitus
« ad commodum temporale, tanquam ad motivum principale dandi spi-
« ritualia, vel ad finem ultimum in quo consistit intuitus spirituale con-
« ferentis. » Voilà ce qu'ils prétendent ne point être simonie. « Potest
« 3° ferri intuitus commodi temporalis tanquam ad motivum minus prin
« cipale, vel ad finem subordinatum sub ultimo fine Potest 4° ferri
« intuitus commodi temporalis, tanquam ad rem debitam jure divino
« pro sustentatione illius qui spiritualia administrat. » Voilà les cas que Gerson propose; et voici ses décisions sur ces cas : « Tunc ad propositum
« dicimus quod primus intuitus et secundus sunt vere simoniaci de jure
« divino et humano. » C'est-à-dire que c'est une simonie de droit divin et humain, non-seulement de regarder les choses temporelles comme prix des spirituelles, mais aussi de les regarder comme le principal motif qui porte à conférer les spirituelles. Mais pour le troisième et quatrième regard, Gerson déclare qu'ils ne sont pas simoniaques, pourvu qu'on observe ce que l'apôtre ordonne par ces paroles : « Ab omni specie
« mala abstinete vos. »

Ainsi on ne peut condamner plus expressément les jésuites, que Gerson les condamne en ce traité; et on ne peut abuser avec plus de mauvaise foi de ce traité de Gerson, que les jésuites en abusent.

VI. *Le même Gerson faussement allégué sur la matière de l'usure.*

Il est difficile de trouver une plus manifeste palliation d'usure, que l'invention que les jésuites autorisent dans l'*Apologie* et dans leur Factum, de créer une rente pour un an, en sorte qu'au bout de l'an, celui qui a pris, par exemple, dix-huit mille livres, soit obligé d'en rendre dix-neuf mille. Mais il n'y eut jamais de fausseté plus hardie que celle qu'ils commettent en citant Gerson, comme ayant enseigné cette doctrine dans son *Traité des contrats*.

« Gerson, dit-il, est un des premiers qui, en la seconde partie de ses œuvres au traité *De contract.* (prop. XIX), dit que les rentes qui peuvent se vendre à perpétuité, peuvent pareillement se vendre pour un temps limité, tant à l'égard du vendeur que de l'acheteur, pourvu que la même matière se trouve dans le contrat à perpétuité, et dans celui qui se fait pour un temps. » Voilà ce qu'ils font dire à Gerson, n'ayant pour le prouver que ces paroles qu'ils rapportent, mais qui n'ont, en aucune sorte, le sens qu'ils y donnent : « Omnis contractus quo licite « venduntur vel emuntur reditus perpetui. potest similiter esse licitus, « si eodem contractu similiter se habente, detur facultas mutua redi« mendi præsertim in foro conscientiæ. »

Car, pour bien comprendre la doctrine de Gerson dans tout ce traité, il faut remarquer qu'anciennement les rentes étoient non rachetables, et que c'est en ce sens qu'on les appeloit *perpétuelles;* mais qu'environ le temps de Gerson, on commença à les rendre rachetables comme elles sont aujourd'hui. C'est ce que Gerson appelle : « Venditio reddituális, quæ « potest redimi, » ou « Venditio census perpetui cum facultate redimendi. »

Mais cette faculté de racheter étoit de deux sortes; car quelquefois on marquoit un temps préfix, comme de dix ans, pendant lequel celui qui avoit pris de l'argent à rente pouvoit la racheter en rendant l'argent, mais après lequel il ne pouvoit plus la racheter. Et c'est ce que Gerson appelle, en plusieurs lieux de ce traité : « Facultas redimendi « ad certum tempus. » L'autre manière est celle qui s'observe maintenant, qui est que celui qui avoit pris de l'argent à rente, pouvoit la racheter quand il lui plaisoit; ce qui est appelé, dans Gerson, « Facultas « redimendi toties quoties. »

Voilà tout ce que Gerson autorise, et encore avec beaucoup de modération : et c'est une imposture visible de l'alléguer, ainsi que font les jésuites, comme ayant approuvé une palliation d'usure aussi manifeste qu'est leur cens constitué pour un an, ou que celui qui l'a acheté ait droit de revendre au bout d'un an : en sorte que celui qui l'a vendu soit obligé de rendre l'argent qu'il a pris, avec une année d'intérêt.

Cela paroît : 1° parce que Gerson parle toujours de la faculté de racheter, qui ne se donne jamais qu'au vendeur; et jamais de la faculté de revendre, qui se donneroit à l'acheteur. Or, dans la constitution des rentes, celui qui prend de l'argent à rente est l'acheteur, et celui qui le donne est le vendeur; et, par conséquent, la faculté dont parle Gerson étant une faculté de racheter, et non de revendre, elle ne peut que donner droit à celui qui a pris de l'argent à rente de rembourser le fonds de la rente; et non pas à celui qui l'a donné de se faire rendre son argent, lorsqu'on ne manque point de lui payer les arrérages.

2° Il fonde la justice de ces rentes rachetables (part. I, consid. v) sur ce que, dans l'ancienne loi, il étoit permis de vendre une maison avec faculté de la racheter dans l'année. Or, il est bien certain que cette faculté de racheter ne convenoit qu'à celui qui l'avoit vendue; et il seroit ridicule de s'imaginer que l'acheteur eût droit par là de l'obliger à lui rendre son argent en reprenant sa maison

3° Après avoir établi, dans la première partie de ce traité, les principes nécessaires pour résoudre le cas qu'il avoit entrepris d'examiner, il propose ce cas au commencement de la seconde partie, qui est : « qu'un monastère avoit acheté d'une ville une rente annuelle de cent livres en lui donnant deux mille livres *cum facultate redimendi.* » Voilà le contrat qu'il a dessein de justifier, et pour lequel il a fait tout ce traité *De contractibus*. Or, pour montrer évidemment qu'il n'a considéré cette rente que comme elles sont aujourd'hui, c'est-à-dire, rachetables seulement du côté de celui qui prend à rente, c'est qu'il met pour la principale circonstance, qui fait voir que ce contrat n'est point usuraire, que la vente avoit été tellement effective de la part des religieux qu'ils ne s'étoient réservé aucune faculté de ravoir l'argent qu'ils avoient donné : « Quarta circumstantia est, quod venditio tam efficax fuit ex « parte religiosorum, tam in voluntate quam in opere translationis, « quod nullam sibi retinuerint facultatem retrahendi pretium datum. » Il est donc très-faux que Gerson parle des contrats où l'on retient le pouvoir de retirer son argent au bout d'un an; car il l'exclut en termes exprès.

4° Enfin il a été si éloigné d'approuver ce pouvoir de retirer l'argent avec intérêt, que c'est principalement sur cette quatrième circonstance qu'il établit sa décision; savoir, que ce contrat n'est point usuraire, parce que ce n'est point un prêt, ni un contrat qui tienne de la nature du prêt, puisque ces religieux ne s'étoient point réservé le pouvoir de retirer leur argent: « Prædictus contractus non est mutuum, nec per « modum mutui. Patet ex quarta circumstantia principaliter junctis aliis. » D'où il s'ensuit que Gerson auroit condamné d'usure le contrat des jésuites, où celui qui donne son argent se réserve le pouvoir de le retirer, et ne laisse pas d'en prendre intérêt.

Il est visible, par ces preuves convaincantes, que les jésuites abusent malicieusement d'une parole ambiguë de Gerson, pour lui faire approuver une chose dont il ne parle en aucune manière dans tout son traité, et qui est contraire à tous ses principes. Car le passage qu'ils rapportent est dans la proposition xx, où il parle toujours, comme dans tout le reste de son traité, de la faculté de racheter qu'a celui qui prend l'argent à rente, de laquelle seule il s'agissoit alors. Et ainsi de ce qu'il appelle cette faculté de racheter, *facultas mutua redimendi*, c'est qu'auparavant il étoit bien au pouvoir du vendeur de racheter sa rente, pourvu que l'acheteur consentît à recevoir le rachat : au lieu que, par cette loi dont parle Gerson, on lui donnoit pouvoir, non-seulement de racheter, mais aussi de faire accepter son rachat, ce qu'il appelle, *facultas mutua redimendi*. C'est une chose honteuse à des théologiens, qui ne doivent rien tant aimer que la sincérité, de chicaner sur un mot ambigu, au lieu de prendre le sens d'un auteur de toute la suite de sa doctrine.

S'ils avoient bien étudié celle de Gerson, ils auroient appris de lui la foiblesse d'un argument qu'ils font beaucoup valoir dans leurs réponses, qui est qu'il y a des parlemens où les prêts usuraires sont autorisés pour le civil; car Gerson montre fort bien qu'il ne s'ensuit pas de là qu'ils soient permis selon Dieu, parce que les lois civiles et les magistrats permettent beaucoup de choses qui ne laissent pas d'être illégitimes selon la loi de Dieu ou de l'Église, sans que l'on puisse dire pour cela que ces lois civiles soient mauvaises et contraires à la loi de Dieu ou de l'Église.

C'est la proposition XVII de ce même *Traité des contrats.* « Encore, dit-il, qu'une loi civile tolérât quelques usures, on ne doit pas dire pour cela qu'elle est contraire à la loi de Dieu ou de l'Église; car le législateur civil a pour but de conserver la république, en y entretenant la paix et l'union entre les citoyens, et empêchant qu'on n'y commette des voleries, des rapines, des homicides, et autres crimes qui troublent la société humaine.... Mais, parce que la malice des hommes ne peut pas toujours être entièrement réprimée, il tolère quelquefois de moindres maux pour en éviter de plus grands, comme Moïse a fait dans l'ancienne loi, en permettant le divorce. »

Aussi nous voyons que les Pères n'ont pas laissé de condamner les usures, quoiqu'il soit certain que, de leur temps, les lois civiles les permettoient. Ce qui fait dire à saint Augustin sur ces paroles du psaume LIV : « In plateis ejus usura et dolus; fœnus etiam professionem « habet: fœnus etiam ars vocatur, corpus dicitur, corpus quasi neces- « sarium civitati, et de professione sua vectigal impendit; usque adeo « in platea est, quod saltem abscondendum erat. »

VII. *Saint Ambroise faussement allégué sur le sujet des valets qui prennent du bien de leurs maîtres pour égaler leurs gages à leurs peines.*

Nous avons de la peine à comprendre la hardiesse de cet apologiste, qui ose dire dans ses nouvelles feuilles, qu'on a malicieusement imposé au P. Bauny, en prenant son objection pour sa réponse, lorsqu'on lui a reproché, comme nous avons fait dans nos Extraits présentés à l'assemblée générale du clergé (prop. XXI), qu'il ouvre la porte aux vols domestiques, en permettant « aux valets qui se plaignent de leurs gages, de les croître d'eux-mêmes en certaines rencontres (comme est celle de ne les avoir acceptés, qu'y étant contraints par la nécessité de leurs affaires), en se garnissant les mains d'autant de bien appartenant à leurs maîtres, qu'ils s'imaginent être nécessaire pour égaler lesdits gages à leurs peines. » Il ne faut que lire le passage entier du P. Bauny, que nous avons rapporté dans cet extrait, pour rougir du peu de conscience de ces personnes, qui ne se mettent pas en peine du jugement de Dieu; pourvu qu'ils puissent embrouiller, au moins pour quelque temps, les jugemens des hommes, en niant les choses les plus constantes.

Il y a encore plus de sujet de s'étonner de ce qu'au même temps qu'ils témoignent être prêts de se soumettre au jugement de la Faculté pour en retarder la censure par cette feinte soumission, ils n'ont pas craint de traiter avec injure ceux qui n'ont fait que suivre, dans la condamnation du P. Bauny, le jugement de la Faculté de Paris, qui, en 1641, l'a censuré en ces termes : « Hæc propositio falsa est et perni-« ciosa, etiam additis restrictionibus, et domesticis furtis viam aperit. »

Mais ce qui nous touche le plus est l'injure qu'ils font aux saints Pères, de les alléguer comme favorables à cette méchante doctrine. « Saint Ambroise, dit l'apologiste (p. 81, lib. *de Tobia*, cap. xv), dit qu'on peut prendre de l'usure pour s'indemniser d'une personne qui nous porte quelque préjudice : « Ab illo usuram exigis, cui merito nocere « desideras. » D'où j'infère que, s'il m'est permis de prendre de l'usure pour me récompenser, et recouvrer ce qu'une personne me doit, je puis me récompenser par quelque autre voie. » Ils répètent la même chose dans leurs nouveaux imprimés.

Mais il ne faut que considérer le passage entier de saint Ambroise, pour juger de l'abus qu'ils en font, et des horribles conséquences qui pourroient s'en tirer en le prenant au sens qu'ils le prennent. Ce Père ayant déclaré que l'usure est défendue par la loi de Dieu, et que, selon les païens mêmes, il n'est non plus permis de s'enrichir par des usures que de s'enrichir par des homicides, il s'objecte ce passage du *Deutéronome* (xxiii), où Dieu, défendant aux Israélites d'exiger des usures de leurs frères, le leur permet à l'égard des étrangers : « Fratri tuo non « fœnerabis ad usuram, sed ab alienigena exiges. » A quoi il répond en ces termes : « Qui étoit alors étranger, sinon les Amalécites, les Amorrhéens, et les autres ennemis du peuple juif? Voilà, dit le Seigneur, de qui vous pouvez exiger des usures. Ceux à qui vous pouvez justement désirer de nuire; ceux à qui vous avez le droit de faire la guerre, vous avez droit aussi d'exiger des usures d'eux. Ne pouvant les vaincre par la guerre, vous pouvez vous en venger en tirant d'eux tous les mois le centième de ce que vous leur prêterez. Exigez des intérêts de celui que vous pouvez tuer sans crime. Où il y a donc droit de faire la guerre, il y a droit aussi de prêter à usure. *Ab hoc usuram exige, quem non sit crimen occidere. Ergo ubi jus belli, ibi etiam jus usuræ.* »

Comment les jésuites appliqueront-ils ces paroles de saint Ambroise aux valets à qui le P. Bauny permet de voler leurs maîtres pour égaler leurs gages à leurs peines? Les valets ont-ils droit de faire la guerre à leurs maîtres? ont-ils droit de les tuer? ont-ils droit de les piller même à force ouverte, comme on en a droit dans les guerres justes? Voilà les circonstances dans lesquelles saint Ambroise dit que Dieu permit aux Juifs de prêter à usure aux Chananéens, par le même droit de souverain maître des hommes et de juste vengeur des méchans, par lequel il avoit commandé à son peuple de tuer tous les habitans de la Palestine; parce que leurs crimes énormes, qui sont particulièrement décrits dans le livre de la *Sagesse*, avoient mérité ce châtiment. Or, qui doute que ce que Dieu donne ne soit légitimement donné à ceux à qui il le donne?

Mais qu'y-a-t-il ici de semblable? Un valet qui est convenu de ses gages, quelque petits qu'ils puissent être, et quelque nécessité qui l'ait porté à les accepter, a-t-il reçu de Dieu, par une révélation particulière, le droit de se faire justice à soi-même, et de voler son maître, sous prétexte que ses gages ne sont pas égaux à ses peines? La Sorbonne n'a-t-elle pas eu raison de dire que cette doctrine est fausse et pernicieuse, et ouvre la porte aux vols domestiques?

VIII. *Saint Augustin faussement allégué sur le même sujet des valets.*

L'apologiste joint saint Augustin à saint Ambroise, pour autoriser la même doctrine du P. Bauny; et les jésuites disent, dans leurs nouveaux imprimés, que le passage de saint Augustin cité dans l'*Apologie* est si clair pour cela, qu'il n'a pas besoin d'interprétation. Mais nous ferons voir aisément qu'ils avoient besoin qu'on le leur interprétât, puisqu'ils l'ont fort mal entendu.

Voici les paroles de ce Père dans sa lettre LIV à Macédonius : « Non « sane quidquid ab invito sumitur, injuriose aufertur. Nam plerique « nec medico volunt reddere honorem suum, nec operario mercedem; « nec tamen hæc qui ab invito accipiunt, per injuriam accipiunt, quæ « potius per injuriam non darentur. »

L'apologiste prétend que saint Augustin dit qu'un médecin qui prendroit en cachette à son malade ce que son malade n'auroit pas voulu lui payer, et qu'un artisan qui feroit la même chose à celui qui l'auroit mis en besogne, ne pécheroit point. Mais il se trompe. Saint Augustin ne parle point de prendre, mais seulement de recevoir; et son sens est que, quoiqu'il se rencontre des personnes qui payent malgré eux ce qu'ils doivent, et qui voudroient ne pas le payer, ne le faisant que parce qu'ils y sont contraints par justice, ou parce qu'ils ont peur d'y être contraints; ceux néanmoins qui reçoivent ce qui leur est dû ne leur font point tort en le recevant, parce que ce seroient les autres, au contraire, qui commettroient une injustice en ne le donnant pas : « Nec « tamen hæc qui ab invito accipiunt (il ne dit pas *surripiunt*), per inju« riam accipiunt, quæ potius per injuriam non darentur. » Il suppose donc que *dantur*, quoique malgré ceux qui le donnent, parce qu'ils voudroient bien ne pas le donner. Et en effet il est visible que saint Augustin parle d'un cas ordinaire, et qui se rencontre souvent parmi les hommes. Or, où est-ce que les médecins ont accoutumé de dérober à leurs malades le prix de leurs peines, qu'on n'auroit pas voulu leur payer ?

Ce qui a pu tromper les jésuites est le mot de *sumitur*, dans le commencement de ce passage : « Non sane quidquid ab invito sumitur; » s'étant imaginé sans doute que ce mot ne pouvoit pas convenir à celui qui prend ce qu'on lui donne, mais seulement à celui qui le prend de soi-même. Mais sans parler des auteurs profanes qui ont pris ce mot au sens que nous soutenons qu'il doit être pris dans ce passage de saint Augustin, comme lorsque Cicéron dit : « Tu qui a Nævio vel sumpsisti « multa si fateris, vel si negas surripuisti, » opposant ainsi *sumere* à *surripere;* on ne peut pas soutenir avec la moindre apparence de raison, qu'il ne peut pas avoir ce sens dans le passage dont il s'agit; puisqu'il s'en sert deux autres fois au même lieu le prenant toujours pour *rece-*

voir ce qu'on donne. Car on ne peut pas entendre autrement ce qu'il dit des mauvais juges et des faux témoins : « Cum judicia et testimonia, « quæ nec justa nec vera vendenda sunt, iniqua et falsa venduntur, « multo sceleratius utique pecunia sumitur; quia scelerate etiam quam- « vis a volentibus datur. » Non plus que ce qu'il dit des huissiers, à qui la coutume permettoit de prendre des deux parties : « Magis reprehen- « dimus qui talia inusitate repetiverunt, quam qui ea de more sumpse- « runt. » Pourquoi ne se prendra-t-il pas de même, lorsqu'il dit au même endroit : « Non sane quidquid ab invito sumitur? » Et pourquoi vouloir qu'il signifie là *surripitur*, ce qui y est opposé, selon Cicéron, et tout à fait contraire au sens que saint Augustin donne à ce terme toutes les autres fois qu'il s'en sert dans ce même lieu?

Enfin, une preuve démonstrative que ce passage de saint Augustin ne peut s'entendre au sens que les jésuites le prennent, pour autoriser les vols domestiques, sous prétexte de compensation de gages, c'est que ce Père a décidé ce même cas dans une espèce incomparablement plus favorable, en condamnant de larcin les Israélites qui emportèrent les richesses des Égyptiens, si Dieu ne leur en eût donné une permission expresse; encore qu'il reconnoisse au même lieu que ce bien étoit dû aux Israélites pour les récompenser de leurs travaux. C'est dans le XXIIe livre *Contre Fauste* (chap. LXXI et LXXII), où, ayant soutenu d'abord que Moïse n'avoit pas péché « en dépouillant les Égyptiens, parce que Dieu le lui avoit commandé, et qu'il eût péché au contraire en n'obéissant pas à Dieu, » il montre ensuite, contre les manichéens, que Dieu n'avoit rien fait de contraire à sa bonté, en faisant ce commandement à Moïse; parce que les Égyptiens méritoient de perdre ces biens dont ils abusoient pour honorer les démons, et que d'ailleurs ils en devoient davantage aux Hébreux, pour les récompenser de leurs travaux : « Quid ab- « surdum, dit-il, si Ægyptii ab Hebræis, homines inique dominantes « ab hominibus liberis, quorum etiam mercedis pro eorum tam duris et « injustis laboribus fuerant debitores, rebus terrenis quibus etiam ritu « sacrilego in injuriam Creatoris utebantur, privari debuerunt? » Mais il ajoute aussitôt après (ce qui condamne entièrement la doctrine des jésuites), que si Moïse avoit fait ce commandement de lui-même, ou que les Hébreux d'eux-mêmes, sans en avoir reçu le commandement de Dieu, eussent dépouillé les Égyptiens, ils eussent sans doute été coupables : « Quod tamen si Moyses sua sponte fecisset, aut hoc Hebræi sua « sponte fecissent, profecto peccassent. »

IX. *Le même saint Augustin faussement allégué dans la lettre* LIV, *sur le sujet de la corruption des juges.*

Il ne sera pas inutile de joindre ici une autre falsification de la même lettre à Macédonius, dont l'apologiste abuse encore pour autoriser les corruptions des juges. C'est en la page 97 où il entreprend de soutenir les relâchemens des casuistes touchant les juges, qu'il propose lui-même en ces termes : « Les casuistes soutiennent que les juges peuvent recevoir des présens, à moins qu'il n'y eût quelque loi particulière qui le leur défendît, lorsque les parties les leur donnent, ou par amitié, ou par reconnoissance de la justice qu'ils ont rendue, pour les porter à la rendre à l'avenir, ou pour les obliger à prendre un soin particulier de leurs affaires, ou pour les engager à les expédier plus promptement, ou pour les préférer à plusieurs. »

Il ne se contente pas de justifier tous ces abus, il ose encore les attribuer à saint Augustin en ces termes : « C'est l'opinion de saint Augustin dans l'épitre LIV *ad Macedonium*, où, parlant des juges qui reçoivent des présens, il dit que la coutume les excuse : « Sunt aliæ personæ in- « ferioris loci quæ ab utraque parte non insolenter accipiunt, sicut offi- « cialis et a quo amovetur, et cui admovetur officium. Ab iis extorta « per immoderatam improbitatem repeti solent, data per tolerabilem « consuetudinem non solent; magisque reprehendimus qui talia inusi- « tate repetiverunt, quam qui talia de more sumpserunt. Il y a d'autres « sortes de gens qui ne sont pas de si haute qualité, qui ont coutume « de prendre des présens. De ce nombre sont les juges qui ont leur office « par commission, ou bien en titre. »

Il y a autant d'ignorance que de mauvaise foi dans cette citation. L'ignorance consiste tant en ce qu'il a cru que parce que le nom d'*official* signifie maintenant un juge ecclésiastique, le mot latin *officialis* signifioit un juge dans saint Augustin, qu'en ce qu'il traduit ces autres mots, « et a quo amovetur, et cui admovetur officium, » les juges qui ont leur office, ou par commission, ou en titre, ce qui est ridicule. Le mot d'*officialis* du temps de saint Augustin ne signifioit point un juge, mais un sergent, un huissier, ou autres semblables personnes qui sont ministres des juges. Cela se voit par cette loi du code : « De officio diver- « sorum judicum. Nemo judex aliquem officialem ad eam domum in qua « materfamilias degit, cum aliquo præcepto existimet esse mittendum, « ut eamdem in publicum protrahat. » Et dans un autre titre du même code : « De lucris advocatorum, et concussionibus officiorum sive appa- « ritorum; » par où il paroît que *officia* ou *officiales* sont la même chose que *apparitores;* d'où vient que Tertullien appelle les anges *officia Dei.* Et c'est dans ce sens qu'on doit prendre le mot d'*officium* dans le passage de saint Augustin, et il doit être lu en cette sorte : « Sicut officialis, « et a quo admovetur (et non pas *amovetur*), et cui admovetur officium : » par où saint Augustin veut dire que, selon la coutume de ce temps-là, ces petits officiers de justice prenoient, et de ceux qui les employoient, « et a quo admovetur, » et de ceux envers qui on les employoit, « et cui admovetur; » ce qui ne leur étoit point défendu, pourvu que ce qu'ils prenoient fût modéré.

Mais la mauvaise foi est encore plus grande que l'ignorance; car saint Augustin, dans cette lettre LIV, où il parle des personnes qui ne peuvent point recevoir rémission de leurs péchés, qu'en restituant ce qu'ils ont pris, « non remittitur peccatum, nisi restituatur ablatum, » met de ce nombre les juges qui prennent des présens des parties, soit qu'ils les prennent pour rendre la justice, soit qu'ils les prennent pour rendre l'injustice. « Les juges, dit-il, ne doivent pas vendre un jugement juste, ni les témoins un témoignage véritable, encore que les avocats reçoivent de l'argent pour plaider une cause juste, et les jurisconsultes pour donner un bon conseil; car les premiers sont pour examiner l'affaire entre les deux parties, et les derniers ne sont que pour aider l'une des parties. Mais lorsque l'on vend un jugement injuste, ou un témoignage faux, qui ne doivent point être vendus, quand même l'un seroit juste et que l'autre seroit véritable, on commet un bien plus grand crime en recevant cet argent, parce que c'est un crime à celui même qui le donne sans contrainte. Néanmoins celui qui a donné de l'argent pour une sentence juste, a accoutumé de le redemander en justice, parce qu'on n'a point dû lui vendre cette sentence. Mais celui qui en a donné pour en obtenir une injuste, voudroit bien aussi le redemander, s'il n'avoit honte du crime qu'il a commis en l'achetant, ou s'il n'avoit peur d'être puni. » Et ensuite il ajoute : « Sunt aliæ personæ inferioris loci, etc., » que cet auteur explique des juges, au lieu que saint Augustin les distingue manifestement des juges, comme nous l'avons montré. Il est difficile de voir une falsification plus hardie et plus évidente.

X. *Falsification d'un passage de saint Thomas touchant l'homicide.*

Il n'y a rien de plus horrible, dans la doctrine de l'apologiste et de ses défenseurs, que la permission qu'ils donnent à tous les particuliers de tuer leur prochain sans autre autorité, sinon que leur raison naturelle leur fait juger qu'ils ont cause légitime de le tuer. Mais cela n'a pas empêché les jésuites de défendre cette doctrine, et de l'appuyer même sur l'autorité de saint Thomas dans leurs nouveaux imprimés. « L'apologiste, disent-ils, se sent obligé d'apporter quelques preuves de sa proposition. Il la prend d'un axiome communément reçu des théologiens; à savoir, que Jésus-Christ n'a point laissé dans le christianisme de nouveaux préceptes moraux, et n'a point décidé les cas particuliers auxquels il seroit permis ou défendu de tuer. D'où il s'ensuit que les théologiens chrétiens doivent se servir de la lumière naturelle, aidée de celle de la foi, pour les résolutions qu'ils donnent touchant l'homicide, encore qu'ils ne trouvent pas ces cas décidés dans l'Ancien ou dans le Nouveau Testament. Saint Thomas a suivi cet axiome commun (1-2, quæst. CVIII, art. 12), et tient que Jésus-Christ n'a point laissé aux chrétiens de nouveaux préceptes moraux. » Sur quoi il cite à la marge ces paroles de saint Thomas : « Ideirco non cadunt sub præcepto novæ legis; sed « relinquuntur humano arbitrio. »

Ce discours des jésuites n'est qu'un amas de falsifications, de déguisemens et de raisonnemens absurdes. Car, premièrement, il est faux que les paroles latines qu'ils allèguent de saint Thomas regardent les préceptes moraux, et que ce saint ait jamais dit que ces préceptes moraux aient été laissés à la détermination du libre arbitre de l'homme; mais, au contraire, ayant distingué les œuvres extérieures en deux sortes, dont les unes sont nécessaires pour acquérir ou pour conserver la grâce, comme celles qui sont commandées par les préceptes moraux, et par l'institution des sacremens; et les autres n'ont point de liaison nécessaire avec l'acquisition ou la conservation de la grâce, comme les cérémonies extérieures, ou ce qui ne regarde que la police. il dit que les premières ont dû être déterminées dans la loi nouvelle, parce qu'elles sont de nécessité de salut; mais que les dernières, qui sont les cérémonies et les règlemens de police, ont été laissées à la liberté des hommes pour être réglées par les supérieurs ou par la volonté de chaque particulier, quand les supérieurs ne les avoient point réglées : « Determinatio exteriorum « operum in ordine ad cultum Dei, pertinet ad præcepta cæremonialia » legis; in ordine vero ad proximum, ad judicialia: ut supra dictum « est. Et ideo quia istæ determinationes non sunt secundum se de ne« cessitate interioris gratiæ in qua lex consistit, idcirco non cadunt sub « præcepto novæ legis, sed relinquuntur humano arbitrio; quædam « quidem quantum ad subditos, quæ scilicet pertinent sigillatim ad « unumquemque; quædam vero ad prælatos temporales vel spirituales. » C'est donc une falsification insigne aux jésuites d'appliquer aux préceptes moraux ce que saint Thomas ne dit que des préceptes cérémoniaux et judiciaires, en tant qu'ils sont distingués des moraux. Ce qui paroît encore plus clairement par ces paroles qu'il ajoute immédiatement après : « Ainsi donc la loi nouvelle n'a dû déterminer aucunes autres œuvres extérieures, en les commandant ou les défendant, sinon les sacremens et les préceptes moraux qui appartiennent par eux-mêmes à la vertu, comme de ne point tuer, de ne point dérober, et autres semblables : « Sic igitur lex nova nulla alia exteriora opera determinare « debuit præcipiendo, vel prohibendo, nisi sacramenta et moralia præ« cepta, quæ de se pertinent ad rationem virtutis, puta non esse occi« dendum, non esse furandum, aut alia ejusmodi. »

Ainsi on voit qu'au même lieu où saint Thomas dit que le précepte de ne point tuer n'est point du nombre de ceux qui ont été laissés au libre arbitre des hommes, mais qu'il a dû être déterminé dans la loi nouvelle, les jésuites lui font dire : « Qu'il n'est point déterminé par la loi nouvelle, mais qu'il a été laissé au libre arbitre des hommes : « Non cadunt « sub præcepto novæ legis, sed relicta sunt libero arbitrio. »

La seconde falsification est, qu'ils veulent faire croire que saint Thomas, en disant que Jésus-Christ n'a point ajouté de nouveaux préceptes moraux à ceux de l'ancienne loi, a voulu dire par là qu'il n'a point expliqué, déterminé et montré l'étendue de ces préceptes, et qu'ainsi il n'a point donné de lumière pour décider les cas qui regardent ces préceptes nouveaux, mais a remis le tout à la raison. Ce qui est entièrement contraire à la doctrine de saint Thomas dans toute cette question : car, outre que nous venons de voir que saint Thomas dit expressément que les préceptes moraux ont été déterminés dans la loi nouvelle, il fait encore un article exprès pour montrer que la loi nouvelle a accompli et perfectionné l'ancienne, où il dit, entre autres choses : « que Jésus-Christ, par sa doctrine, a accompli les préceptes de la loi : premièrement, en marquant le vrai sens auquel ils doivent être entendus, comme il paroît en celui de l'homicide et de l'adultère : « Sua autem doctrina « adimplevit præcepta legis tripliciter : primo quidem verum intellectum « legis exprimendo, sicut patet in homicidio et adulterio. » Secondement, en ordonnant ce qui servoit à observer avec plus de sévérité ce que la loi avoit commandé, comme de ne point jurer sans nécessité, afin de ne point tomber dans le parjure, et en ajoutant des conseils de perfection. »

Mais quand il seroit vrai (ce que nous venons de faire voir être très-faux, selon saint Thomas) que Jésus-Christ n'eût donné aucune lumière nouvelle touchant les préceptes moraux de l'Ancien Testament, la conséquence que cet auteur tire de ce principe ne laisseroit pas d'être extravagante, puisqu'il ne s'ensuivroit pas de là que ce soit à la lumière de la raison à juger quand il faut tuer ou quand il ne faut pas tuer, ni qu'on doive regarder les cas touchant l'homicide comme des cas qui ne sont décidés ni par l'Ancien ni par le Nouveau Testament.

Jésus-Christ a-t-il aboli, par la loi nouvelle, le précepte du Décalogue qui défend de tuer, et ce précepte est-il devenu soumis à notre raison; et ne nous a-t-il pas été donné, au contraire, pour arrêter les égaremens de la raison, par l'autorité de la loi de Dieu? C'est ignorer tout à fait la nécessité que l'homme a eue de la loi de Dieu, et la fin que Dieu s'est proposée en la donnant, de prétendre, comme font les jésuites, que lorsque Dieu nous fait une défense générale, comme est celle de ne point tuer, ce soit nonobstant cela à la raison naturelle de juger quand cette loi oblige, et quand elle n'oblige pas.

Car, quoique les préceptes moraux de la loi de Dieu soient conformes à la raison naturelle, et que Dieu les ait gravés dans le cœur de l'homme en le créant à son image, on ne peut néanmoins nier, sans être non-seulement pélagien, mais aveugle, que notre raison n'ait tellement été obscurcie par le péché, qu'elle n'est plus capable de se conduire elle-même dans le discernement du bien et du mal. Les étranges erreurs dans lesquelles les plus sages du paganisme sont tombés, les vices qu'ils ont excusés, l'incertitude dans laquelle ils ont été dans toute la conduite de leur vie, sont une preuve et une conviction sensible de cette dépravation de l'esprit humain. Ç'a été pour en convaincre les hommes que Dieu a attendu plus de deux mille ans à leur donner sa loi, et ç'a été pour y apporter quelque remède qu'il la leur a enfin donnée. Saint Thomas nous enseigne l'un et l'autre (1-2, quæst. XCVIII, art. 6), où il dit : « qu'il a été à propos que la loi ne fût donnée qu'au temps où elle l'a été, parce que l'homme se glorifioit de sa science, comme si la raison naturelle eût pu lui suffire pour le salut : et qu'ainsi, pour convaincre son orgueil, Dieu l'a laissé longtemps à la conduite de sa propre raison, sans le secours de la loi écrite, afin qu'il reconnût, par sa propre expérience, combien sa raison étoit défectueuse : « Ut de hoc ejus superbia « convinceretur, permissus est homo regimini suæ rationis absque admi- « niculo legis scriptæ; et experimento homo discere potuit quod pa- « tiebatur rationis defectum. »

Et dans la question suivante (art. 2), s'étant objecté : « qu'il semble que la loi divine ne devoit point secourir l'homme en ce qui est des préceptes moraux, parce que sa raison lui suffisoit pour cela, » il répond : « que Dieu ne devoit pas seulement aider l'homme par sa loi dans les choses qui sont tout à fait au-dessus de la raison, mais en celles-là mêmes dans lesquelles la raison se trouvoit embarrassée. Or, la raison humaine ne pouvoit pas se tromper à l'égard des préceptes moraux, dans les principes très-communs et très-généraux de la loi de la nature : mais elle étoit obscurcie dans les cas particuliers par l'habitude du vice. Et de plus, la raison de plusieurs étoit dans l'erreur à l'égard des autres préceptes, qui sont comme des conclusions tirées des principes communs de la loi de la nature; de sorte qu'elle jugeoit permis ce qui est mauvais de soi-même : c'est pourquoi il a été nécessaire que l'autorité de la loi divine remédiât à l'un et à l'autre de ces défauts. »

Nous apprenons de ce passage que la loi de Dieu n'a pas été donnée pour nous apprendre seulement les principes très-communs de la loi naturelle, comme seroit, en général, de ne pas tuer indifféremment et sans raison toutes sortes de personnes; car il n'étoit pas besoin de loi pour cela, puisque personne n'a jamais erré dans ce point. Les cannibales, les Brasiliens, les Canadois, les Indiens, les Japonois, les Tartares, et tous les peuples les plus inhumains, n'ont jamais cru qu'il fût permis de tuer sans raison. Ainsi les Juifs à qui Dieu avoit donné sa loi n'auroient eu aucun avantage sur les païens, s'ils n'avoient appris autre chose par le Décalogue, sinon qu'il ne faut pas tuer sans cause, et qu'il eût été laissé à leur raison, aussi bien qu'à celle des païens, à décider quelles sont les causes légitimes pour lesquelles il est permis à chaque particulier de tuer ou de ne pas tuer.

Pour reconnoître donc la grâce singulière que Dieu nous a faite de nous manifester sa loi, et pour pouvoir dire avec un sentiment de gratitude : « Non fecit taliter omni nationi, et judicia sua non manifestavit « eis; » nous devons suivre un principe tout opposé à celui de l'apologiste : savoir, que lorsque Dieu a défendu généralement une chose par sa loi, comme l'homicide, l'adultère, le faux témoignage, il ne nous est plus permis de prendre notre raison pour juge de sa défense, ni d'apporter des exceptions par nous-mêmes qui en resserrent l'étendue. Mais si cette loi souffre des exceptions, ce n'est point de la raison qu'il faut les tirer, mais de la parole de Dieu même, ou écrite, ou venue à nous par la tradition; puisque autrement nous retomberions dans la confusion du paganisme, et ce ne seroit plus la parole divine, mais notre raison, qui régleroit nos mœurs dans les choses mêmes les plus importantes, comme l'observation du Décalogue.

Car s'il est permis de dire que « c'est par la lumière de la raison que nous devons discerner quand ce que Dieu a défendu généralement, est permis ou défendu; qu'il faut un texte exprès pour cela; que les défenses générales ne prouvent autre chose, sinon qu'on ne peut pas le faire sans cause légitime, et que c'est la raison qui en est le juge; » quel précepte y aura-t-il qu'on ne puisse violer ? Suzanne n'auroit-elle pas pu croire qu'elle pouvoit s'abandonner aux deux vieillards qui la menaçoient d'une mort ignominieuse, en se persuadant, selon la pensée des jésuites, que la défense de commettre adultère ne doit s'entendre que de ne point le faire sans cause légitime, et que c'en étoit une légitime, que de s'y voir contrainte à moins que d'être exposée à une mort infâme? Celles qui se trouveroient dans une semblable nécessité ne pourroient-elles pas demander un texte exprès aux jésuites, qui ne leur défendît pas seulement, en général, de commettre adultère, mais qui le leur défendît en ces occasions particulières, où il s'agiroit de sauver leur vie et leur honneur?

Ne pourroit-on pas dire que les chrétiens pouvoient, sans crime, présenter de l'encens aux idoles, surtout en dirigeant leur intention à Dieu, parce que le commandement de ne point rendre d'honneur aux idoles, doit s'entendre de ne point le faire sans cause légitime, de quoi c'est à la raison à juger, comme le prétend l'apologiste? Et il est certain qu'elle jugera facilement que la nécessité de sauver sa vie en est une cause assez légitime. puisque les plus sages d'entre les païens ont cru par leur raison, pour des causes beaucoup moins grandes que celle-là, avoir droit d'adorer extérieurement les dieux adorés par le peuple, dont ils connoissoient la fausseté; et que des jésuites mêmes ont porté les Chinois à faire la même chose, dont on a fait tant de plaintes au pape.

Et pour revenir au commandement de ne point tuer, ne pourra-t-on pas dire que les Athéniens et plusieurs autres peuples, qui tuoient leurs enfans nouvellement nés, lorsqu'ils étoient trop chargés d'enfans, ou qu'ils étoient nés hors du mariage, n'étoient point pour cela coupables; parce que la raison leur avoit fait juger qu'ils avoient alors une cause légitime de se dispenser du commandement général de ne point tuer? Ne pourra-t-on pas dire avec encore plus de couleur, que tous les païens qui se sont tués eux-mêmes, et ceux principalement qui ne le faisoient qu'après en avoir demandé permission aux magistrats, comme il se pratiquoit en quelques villes, n'ont point violé ce commandement, parce que leur raison leur faisoit juger qu'ils avoient une cause légitime de s'ôter la vie, et que même cette cause avoit été approuvée par la république?

Nous avons horreur de découvrir les suites étranges qui peuvent naître de ce principe; car les plus détestables parricides ne se sont commis que par des personnes à qui la raison avoit fait juger qu'ils avoient une cause légitime de tu r; et il est aisé de voir que ceux qui sont dans les plus grandes fortunes, sont les plus exposés à ces exceptions diaboliques du commandement de Dieu, dont la seule raison est le juge; puisque tout homme qui sera persuadé que Dieu ne défend autre chose, sinon de ne point tuer sans cause légitime, et que c'est par la lumière naturelle qu'il doit discerner quand il est permis, ou quand il est défendu de tuer son prochain, trouvera cent occasions où il croira, par sa raison, avoir une cause légitime de tuer ceux à qui il imputera, ou la ruine de sa fortune, ou la perte de son honneur, ou le dommage de la religion. ou quelque autre chose semblable. C'est à ceux qui ont le plus d'intérêt, et pour eux-mêmes. et pour le public, à étouffer ces monstrueuses opinions, avant qu'elles aient pris racine dans l'esprit des hommes.

Pour nous, nous en déchargeons nos consciences: et les plaintes que nous en faisons, serviront de témoignage à toute la postérité que nous n'avons rien oublié de tout ce qui étoit en notre pouvoir pour arrêter ces désordres.

Ce 7 mai 1658.

SECONDE PARTIE.

Après avoir défendu l'honneur des saints Pères contre les impostures des jésuites, en faisant voir la mauvaise foi avec laquelle ils ont falsifié les passages qu'ils en rapportent, l'intérêt de l'Église nous oblige de leur répondre d'une autre manière touchant les casuistes qu'ils nous opposent. Car quoique nous pussions montrer qu'ils altèrent souvent leurs sentimens pour se les rendre favorables, nous croyons néanmoins qu'il est beaucoup plus utile de faire connoître à tout le monde le peu de croyance qu'on doit avoir aux casuistes, et combien il est ridicule de vouloir les rendre juges en une cause où ils ne sont que nos parties.

Nous n'avons jamais consideré les jésuites que comme les principaux défenseurs des maximes pernicieuses dont nous nous sommes plaints, et dont nous nous plaignons encore, et non pas comme les seuls qui les aient enseignées. C'est pourquoi, sans les marquer en particulier plutôt que les autres, nous avions demandé à l'assemblée du clergé de France la condamnation de ces opinions, par quelques auteurs modernes qu'elles eussent été soutenues. Ainsi c'est la défense du monde la plus foible, que de produire contre nous ces mêmes auteurs dont nous poursuivons la censure, que le clergé a déjà condamnés par un préjugé si visible, et qu'il a appelés *la peste des consciences.*

Tant s'en faut que leur nombre nuise à notre cause, quand il seroit aussi grand que les jésuites nous le représentent, que c'est ce nombre même qui justifie davantage la justice et la nécessité de nos poursuites. Si cette méchante doctrine étoit renfermée dans les livres de deux ou trois casuistes inconnus, peut-être qu'il seroit utile de la laisser étouffer par l'oubli et par le silence. Mais étant répandue dans un grand nombre de livres, dont les jésuites se déclarent ouvertement les protecteurs, il est impossible d'en empêcher les mauvais effets, qu'en la condamnant publiquement, et privant en même temps d'autorité et de croyance ceux qui ont eu la témérité de l'avancer. L'un sans l'autre ne remédieroit pas assez à un si grand mal, puisque autrement ce que l'on détruiroit par la censure de ces erreurs, seroit rétabli par l'autorité que les jésuites donnent à leurs casuistes, dont ils font passer tous les sentimens pour probables et pour sûrs en conscience.

Il est donc très-important de s'élever contre cette prétendue autorité que les casuistes s'attribuent, et de montrer combien l'Église y a toujours eu peu d'égard, lorsqu'il a été question de soutenir sa discipline et sa morale contre les relâchemens qui s'y introduisent.

C'est ignorer entièrement les règles qu'elle suit en sa conduite, que de s'imaginer, comme font les jésuites, qu'elle ne puisse condamner ce qui est contraire à la tradition et à la pureté de l'Évangile, quand il est autorisé par les théologiens modernes, puisqu'au contraire les conciles n'ont jamais fait de réformation que pour corriger des abus soutenus par plusieurs particuliers corrompus.

C'est ainsi que dans le IXe siècle, les évêques de France voulant rétablir la véritable pénitence, ils n'en furent point empêchés par les auteurs de ces livres pénitentiaux qui corrompoient alors quelques points de la discipline, comme les casuistes font aujourd'hui presque toute la morale ; mais rappelant toutes choses à leur première origine, ils ordonnèrent que tous ces livres seroient brûlés, comme trompant les âmes par une fausse douceur.

Jamais l'Église n'a agi autrement, et dans les siècles passés, et dans celui où nous sommes. Car, sans en chercher d'exemples ailleurs, l'assemblée générale du clergé de France de l'an 1642 n'en a pas moins condamné les livres du P. Bauny, parce que ce jésuite alléguoit plusieurs auteurs nouveaux qui favorisoient ses sentimens. Et cela n'a pas aussi empêché les Facultés de Paris et de Louvain de censurer le même P. Bauny, le P. Lamy, et plusieurs autres casuistes, comme Milhart, Bénédicti, Bertin-Bertaut, quoiqu'elles n'ignorassent pas que ces auteurs en avoient suivi beaucoup d'autres.

Mais la Sorbonne a particulièrement montré le peu d'état qu'elle faisoit d'un grand nombre de ces auteurs nouveaux, en condamnant la pernicieuse doctrine de Santarel touchant la déposition des rois, comme *erronée et contraire à la parole de Dieu*, encore qu'elle fût soutenue par une foule prodigieuse de casuistes et de jésuites.

De sorte qu'il est constant, par la doctrine et par la pratique de l'Église, qu'elle a toujours considéré l'antiquité pour la vraie règle de sa morale aussi bien que de sa foi; et que, n'ayant fait état des auteurs nouveaux qu'autant qu'ils étoient conformes à cette règle, elle n'a point fait difficulté de les rejeter quand ils s'en sont écartés.

Voilà ce que nous dirions contre des particuliers qui se seroient éloignés de la doctrine de l'antiquité, qui est celle de l'Église, par un simple défaut de lumière, et plutôt par imprudence que par dessein. Mais nous sommes bien en plus forts termes contre la plupart de ces nouveaux casuistes; car ils n'ont pas seulement quitté la règle, mais ils font même profession de la mépriser. Caramuel, tant loué par les jésuites, déclare dans sa préface, qu'il ne perd pas beaucoup de temps à lire les anciens Pères. « Non multum temporis perdo in veterum scriptis « legendis. » Le jésuite Réginaldus, voulant empêcher que les lecteurs ne s'attendissent de trouver dans son livre les sentimens de l'Église ancienne touchant la morale, a soin de les prévenir par cette remarque : « que dans les matières de foi, plus les auteurs sont anciens, plus leur autorité est considérable, comme étant plus proches de la tradition apostolique; mais que, pour ce qui est des mœurs, il faut avoir plus d'égard aux nouveaux qu'aux anciens. » Enfin, il n'a pas tenu au P. Cellot (liv. VIII, chap. XVI), que nous ne reçussions pour règle cette maxime de sa compagnie : « Doctrina morum a recentioribus petenda. »

Que si l'autorité des casuistes est beaucoup diminuée par cette présomption de leur esprit, elle ne l'est pas moins par la disposition de leur cœur, qu'ils font paroître dans leurs livres. Car quelle espérance peut-on avoir que des théologiens opposeront la rigueur de l'Évangile et la sévérité des lois de l'Église à l'inclination corrompue de la nature, qui tend toujours au relâchement, lorsqu'ils prennent pour maxime d'embrasser toujours les opinions les plus douces, et qui favorisent davantage ce relâchement? Diana, qui a fait tant de volumes de cette nouvelle science, en avertit les lecteurs dans le titre même de son livre; et Escobar en fait une règle expresse pour le choix des opinions: « Mitiorem, dit-il, elige opinionem. »

C'est par cet esprit, que ces casuistes ne prennent pas seulement ce que l'Église permet, en s'accommodant à la foiblesse de ses enfans, pour ses lois primitives et originelles; mais que, poussant ces condescendances beaucoup au delà de l'intention de l'Église, ils s'en servent pour autoriser des abus qu'elle ne peut avoir qu'en horreur. Ainsi, parce que l'Église a beaucoup relâché de la sévérité des anciens canons, touchant la pénitence de plusieurs crimes, dont elle n'absolvoit qu'après plusieurs années, ils ont passé si avant, qu'ils veulent que, dans quelque habitude qu'on soit des crimes les plus énormes, un confesseur ne fasse point de difficulté d'en donner l'absolution sur-le-champ. Combien ont-ils étendu de même les justes indulgences de l'Église pour le jeûne, pour le rétablissement des prêtres qui se seroient rendus indignes de leur ministère par de grands péchés, pour les collations et les résignations des bénéfices?

Ils n'en demeurent pas même à leurs propres relâchemens. Une méchante opinion, qui a été la conclusion d'un méchant principe, sert elle-même après de principe pour en établir d'autres. « Il est probable, dit Caramuel, par l'autorité de plusieurs casuistes, qu'on peut, sans péché mortel, imposer un faux crime à celui qui nous calomnie. » Donc, conclut-il, il est encore plus probable qu'on peut le tuer. Et, par un cercle merveilleux, ils emploient cette même conclusion pour établir le principe dont elle est tirée. C'est ainsi que l'apologiste raisonne sur ce point. « Beaucoup d'excellens théologiens, dit-il (p. 128), enseignent qu'on peut tuer les calomniateurs; donc Dicastillus doit être estimé bien plus doux et bien plus humain, puisqu'il permet seulement qu'on les calomnie. »

Voilà quel est l'esprit de ces casuistes, et le dessein qu'ils ont eu d'élargir la voie du ciel par une indulgence toute charnelle : mais, ce qui est de plus étrange, c'est qu'ils veulent faire croire qu'ils rendent, en cela, un service très-important à l'Église, et qu'ils contribuent au salut des hommes. C'est pourquoi ils n'appellent point ces opinions relâchées, des maximes foibles et molles, mais des maximes fortes et vigoureuses, comme on peut le voir par ces paroles extravagantes de Caramuel, dans sa lettre à Diana, par lesquelles il prouve que plus une opinion est douce, plus elle est mâle et généreuse. « Les opinions des docteurs, dit-il, sont de divers genres : les unes sont du masculin, les autres du féminin. Il y avoit autrefois plusieurs opinions morales, qui étoient inconstantes et difficiles, et qui tenoient de l'imperfection des femmes. Celles qui sont venues depuis, étant douces et aisées, sont armées, fermes, constantes, et l'on doit les appeler mâles. Et ceux qui les suivent sont non seulement soldats, mais vierges. Et pourquoi? Je m'en vais vous l'expliquer par un exemple. Tous ceux qui croient que, pour bien réciter l'office divin, il est nécessaire d'avoir l'attention intérieure, concluent qu'il est difficile qu'un homme puisse satisfaire à ce précepte sans quelque distraction vénielle. Et c'est avec cette rigueur qu'ils philosophent sur les autres préceptes. Mais pour nous qui avons des opinions plus généreuses, et qui les fortifions par des raisonnemens armés, nous sommes non-seulement soldats mais aussi vierges. Car nous pouvons satisfaire à la récitation de l'office et autres preceptes de l'Église sans commettre le moindre péché véniel, puisque nous ne nous croyons obligés qu'à la récitation vocale et extérieure: ce qui est très-facile. Or, la conscience, qui ne commet point de péché véniel, est vierge, et c'est un soldat invisible, d'autant qu'elle ne craint point d'être vaincue. C'est là notre sentiment. Et parce que Diana, ce doux agneau, nous conduit dans la route de ces opinions généreuses et clémentes, nous pouvons dire de nous que nous suivons l'agneau, savoir Diana, partout où il va. »

Il faudroit aimer bien peu son salut, et avoir bien peu de croyance en la parole de Dieu, qui nous assure que le chemin qui mène à la vie est étroit, pour mettre sa confiance dans les avis de ces docteurs, qui sont relâchés, non-seulement par erreur, mais par profession même, qui mettent leur gloire dans cette corruption, et leur force dans cette mollesse.

Mais les prnicipes dont ils se sont servis pour exécuter cette entreprise montrent encore davantage combien l'on doit peu considerer leur autorité prétendue; car si la solidité des conclusions dépend de la solidité des principes, quel état peut on faire de celle de ces casuistes, puisqu'ils les établissent presque toutes sur la doctrine de la probabilité, qui consiste à tenir pour sûr en conscience le vrai et le faux indifféremment, pourvu qu'il soit appuyé sur l'autorité de quelque casuiste, ou sur une raison raisonnable, « ratione rationabili? »

On peut juger à quels excès les a pu conduire cette déférence qu'ils ont pour l'autorité de cette sorte de gens, qui fait la première partie de la probabilité. La seconde qu'ils mettent dans la raison, en prétendant que tout ce qui est fondé sur une « raison raisonnable » est sûr en conscience, est encore aussi dangereuse et aussi fausse. Car il faut remarquer que, par « cette raison raisonnable, » ils n'entendent point une raison qui soit vraie, puisqu'ils reconnoissent que, de deux opinions probables qui sont contraires, il y en a nécessairement une qui est fausse. Ils n'entendent pas non plus une raison qui paroisse raisonnable à tout le monde, puisqu'ils mettent, entre ces raisons qui excusent de péché, celles par lesquelles les juifs rejettent la foi de Jésus-Christ : car c'est sur ce principe qu'ils soutiennent, comme font Sanchez (liv. II, dec. chap. II, n. 6), Sancius (*Select.*, disp. XIX, n. 9), Diana (part. II, tract. XIII, resol. IX), cités par Escobar (*Theol. mor.*, p. 39), que les juifs ne sont point obligés de se convertir à la foi de Jésus-Christ, pendant que leur religion leur paroît encore probable. Ils n'entendent pas aussi que cette raison ne soit pas contraire à l'Écriture sainte ou à la tradition, vu que les raisons des juifs qui suffisent, selon eux, pour les dispenser de se convertir, y sont certainement contraires. Et ainsi tout se réduit à une raison qui paroît probable à celui qui s'en est laissé persuader, et qu'il ne juge pas contraire à l'Écriture ou à la tradition, quoique en effet elle y soit peut-être contraire.

Or, si l'on s'imagine qu'une raison de cette sorte suffit pour nous mettre en sûreté de conscience, quel désordre ne deviendra point permis? Et ne peut-on pas reprocher à ces casuistes ce que saint Augustin reproche aux académiciens, comme une suite de leur opinion (lib. III, *Contra Academ.*, cap. XVI) : « que s'il est permis de faire tout ce que l'on croit probablement être permis, il n'y aura point de crime que l'on ne puisse commettre, quand on le croira permis, parce que ceux qui se conduisent par la probabilité ne se règlent pas sur ce qui paroît probable aux autres, mais sur ce qui leur paroît probable à eux-mêmes. »

Aussi ces casuistes se sont portés jusques aux dernières extrémités; et les passages mêmes où les jésuites nous renvoient, comme contenant leurs opinions, peuvent en servir de preuves. Nous souhaiterions qu'ils les eussent tous cités au long : ils en seroient bien plus tôt condamnés. Car est-ce un moyen, par exemple, de diminuer l'horreur qu'on a eue de ce qu'ils enseignent, touchant les pécheurs d'habitude, que d'alléguer, comme ils font dans leurs nouveaux écrits, que Sancius a enseigné la même chose qu'eux, *Select.*, disp. x, n. 19, où il dit : « que dans quelque habitude de crime qu'un homme puisse être, il a droit d'obliger son confesseur à ne pas lui différer pour cela l'absolution; et qu'ainsi s'il juge probablement que le confesseur ne la lui donneroit pas, sachant l'habitude qu'il a de tomber dans le crime, il peut lui dire : « Je ne suis « point dans cette habitude, » en usant de cette restriction mentale, qu'il n'a pas cette habitude de péché pour la lui dire? « Ut fiat sensus « consuetudine careo peccandi, non absolute, sed ad confitendum tibi « de præsenti. » « Ce qu'il peut faire aussi, ajoute-t-il, encore qu'il crût que, nonobstant cette habitude, on lui donneroit l'absolution, parce qu'il n'est pas obligé de souffrir deux fois la confusion de son péché. »

Est-ce de même un moyen d'empêcher qu'on ne condamne leur méchante doctrine touchant les occasions prochaines, de nous dire, comme ils font encore dans leurs écrits, qu'elle est autorisée par Jean Sancius (*Select.*, disp. x), dont voici les termes : « On ne doit point refuser l'absolution à celui qui retient sa concubine dans sa maison, si, lui ayant prêté cent écus, il n'avoit aucune espérance de pouvoir les recouvrer en la chassant de chez lui. Il en est de même d'une femme qui ne pourroit recouvrer une semblable dette, si elle abandonnoit la maison de son concubinaire.... Un concubinaire n'est point aussi obligé de chasser sa concubine, si elle lui est fort utile pour gagner de l'argent par le moyen du négoce. Je dis plus : si la concubine étoit fort utile pour réjouir, ou, comme l'on dit, pour régaler le concubinaire, « si concubina nimis « utilis esset ad oblectamentum concubinarii, vulgo regalo, » de sorte qu'étant hors de chez lui, il en passeroit la vie trop tristement, et ce qu'une autre lui apprêteroit dégoûteroit trop ce concubinaire, et qu'il fût trop difficile de trouver une autre servante qui lui rende les mêmes services, il n'est pas obligé de la chasser de chez lui, parce que cette réjouissance, par elle-même, est de plus grande considération que tout autre bien temporel qui suffit à chacun pour admettre de nouveau une femme à son service, quelque danger qu'il craigne de tomber dans le péché, « quantumcumque metuat labendi periculum, » s'il ne peut en trouver une autre qui lui soit aussi utile. »

Voilà les auteurs dont les jésuites prétendent que l'autorité doit empêcher la censure des plus méchantes maximes. C'est ce Sancius qu'ils ont appelé depuis peu, en un de leurs libelles, « un des plus savans maîtres de la théologie morale, » et qui est en effet estimé tel parmi tous les nouveaux casuistes, jusque-là que Diana dit de lui que c'est un homme très-docte, « vir doctissimus, » d'un esprit très-subtil, « vir « acutissimi ingenii, » et que ses ouvrages sont très-dignes de l'immortalité : « Prædictæ Sancii disputationes sunt immortalitate dignissimæ ; » et enfin qu'il faut souhaiter que ce docteur mette au jour plusieurs autres productions de son esprit : « Utinam alios ingenii sui fœtus in lu« cem emitteret. » Et ce qui est le plus admirable, c'est qu'il lui donne tous ces éloges après avoir rapporté l'un de ces passages.

Qui n'admirera, dans ces louanges que les jésuites et Diana donnent à ce misérable casuiste, la dépravation de jugement que l'accoutumance aux principes et à la lecture de ces auteurs produit dans l'esprit? Mais qui n'admettra encore davantage que les jésuites soient si imprudens, que, pour empêcher la censure de la Faculté, ils allèguent les auteurs mêmes que la Faculté a censurés comme des corrupteurs de la morale, tels que sont Milhart et Bénédicti? Les autres qu'ils entassent ne sont pas, pour la plupart, de plus grande autorité. Et quand ils seroient en beaucoup plus grand nombre qu'ils ne sont, ils ne devroient point empêcher qu'on ne condamnât des maximes qui choquent si visiblement les principes de la piété chrétienne. Mais ce qui montre encore le peu d'égards qu'on doit avoir à ce nombre, c'est que ceux qui ont un peu lu ces auteurs savent qu'ils ne font que se copier les uns les autres sans examen et sans jugement. Et ils le reconnoissent eux-mêmes, comme fait Escobar après Navarre, Décius, Alexander et Castro Palao. « Je vois souvent, dit-il, « passim video, » que plusieurs embrassent une opinion, parce qu'ils suivent un auteur comme des moutons, des oiseaux et autres bêtes de compagnie, qui ne vont par un chemin que parce qu'une autre y a été la première. » Et Sanchez, avant lui, confesse la même chose (*Sum.*, lib. I, cap. IX, n. 9), où il dit « qu'une opinion ne doit pas être appelée commune, pour être embrassée par un grand nombre d'auteurs qui, comme des oiseaux, ont suivi, sans discernement, ceux qui les ont précédés. »

Ce que ces casuistes avouent est tellement véritable, qu'ils copient jusques aux faussetés de ceux qui ont écrit avant eux : de sorte que, quand quelque casuiste plus ancien a corrompu quelque passage des Pères, on ne manque guère de trouver la même falsification dans ceux qui les ont suivis. Nous en avons déjà rapporté un exemple dans la première partie de cet écrit, qui est la falsification de saint Thomas sur le sujet des occasions prochaines En voici encore un autre, qui fait voir tout ensemble leur peu de lumière et leur peu de soin dans l'examen de ce qu'ils écrivent. Saint Thomas dit, dans son *Quodl.* (III, art. 10) : « que, pour ce qui regarde la foi et les bonnes mœurs, nul n'est excusé, s'il suit l'opinion erronée de quelque docteur, parce qu'en ces choses l'ignorance n'excuse point. « In iis quæ pertinent ad fidem et bonos mores, « nullus excusatur si sequatur erroneam opinionem alicujus magistri ;

« in talibus enim ignorantia non excusat. » Cependant Thomas Sanchez jésuite (*In Sum.*. lib. I, cap. IX, n. 7), citant ce passage de saint Thomas, lui fait dire tout le contraire. « Saint Thomas, dit-il, favorise mon opinion (*Quodl.*, III, art. 10), où il dit que chacun peut embrasser l'opinion qu'il a reçue de son maître dans ce qui regarde les mœurs. » Filiucius et Laiman, jésuites, qui ont écrit après Sanchez, en rapportant le même lieu de saint Thomas, n'ont pas manqué de le falsifier de la même sorte : le premier (t. II, tract. XXI, n. 134); et l'autre (liv. I, tract. I, chap. V, § II, n. 6). Et encore depuis, le P. Caussin, dans la *Réponse à la Théologie morale* (p. 2) oppose ce même endroit de saint Thomas, comme y ayant enseigné la doctrine de ses confrères. Et enfin depuis peu, le P. Annat, dans sa *Bonne Foi*, se sert du même passage de saint Thomas pour autoriser l'opinion de Sanchez. De sorte qu'il n'y a rien de moins considerable que le nombre de ces sortes d'écrivains, qui n'ont lu les livres que par les yeux des autres; et il ne faut les regarder que comme un aveugle qui en conduit plusieurs autres.

Mais enfin quand on n'auroit point d'égard à cette considération, qu'est-ce qu'une douzaine de casuistes en comparaison, non-seulement de toute l'antiquité qui condamne ces opinions, mais aussi de toutes les personnes de piété répandues maintenant dans l'Église, qui ont témoigné publiquement l'aversion qu'ils en avoient? Les jésuites sont forcés de le reconnoître, et leur apologiste s'en plaint lui-même bien tendrement (p. 175) jusqu'à dire : « Que les bannissemens ont été moins fâcheux aux jésuites, et plus aisés à supporter que cet abandonnement; et qu'en cette rencontre, quelque contenance qu'ils tiennent, on les traite mal. »

Aveugles, qui ne reconnoissent pas qu'ils n'ont été abandonnés, comme ils sont encore tous les jours, de ceux même qui font profession d'être leurs amis, que parce que les principes les plus communs et les premières notions du christianisme font détester ces opinions sitôt qu'elles sont connues, et qu'il n'y a qu'un petit nombre de personnes dont le jugement s'est corrompu par la lecture de ces méchans livres, qui soient capables de les souffrir!

Voilà ce qu'ils se sont attiré par l'extravagance de leur doctrine, jointe à l'orgueil insupportable avec lequel ils la proposoient; car ils traitoient d'ignorans tous les autres hommes, et eux seuls de doctes. « Nous autres doctes, dit Caramuel, nous jugeons tous que l'opinion du P. Lami, qui permet aux religieux de tuer ceux qui médiroient de leur ordre, est la seule soutenable. « Doctrinam Amici solam esse veram, et « oppositam improbabilem censemus omnes docti. » Le même Caramuel, parlant de Diana, dit « que ceux qui murmurent contre ses décisions, ne sont pas des doctes. « Si qui obmurmurant docti non sunt. » Et le P. Zergol, jésuite, dit, écrivant à Caramuel (*Theol. fundam.*, p. 543) : « Qu'on doit être couvert de honte d'avoir osé condamner une opinion défendue par le grand Caramuel. »

C'est donc par un juste jugement de Dieu, qui sait proportionner les châtimens à la qualité des vices, que ces hommes superbes sont devenus aujourd'hui les plus méprisés des hommes; que ceux qui vouloient passer pour les maîtres de la morale chrétienne, en sont publiquement reconnus les corrupteurs; et que ceux qui s'étoient élevés en juges de la doctrine de l'Église, sont jugés et condamnés par la même Église. C'est une nécessité où ils se sont mis eux-mêmes; car i s avoient réduit les choses à tel point, que l'on ne pouvoit plus supporter leurs erreurs sans exposer l'honneur de l'Église, comme nous espérons de le faire voir par un autre écrit.

A Paris, le 23 mai 1658.

CINQUIÈME FACTUM

Des curés de Paris, sur l'avantage que les hérétiques prennent contre l'Église, de la morale des casuistes et des jésuites[1].

C'est une entreprise bien ample et bien laborieuse, que celle où nous nous trouvons engagés de nous opposer à tous les maux qui naissent des livres des casuistes, et surtout de leur apologie. Nous avons travaillé jusques ici à arrêter le plus considérable, en prévenant, par nos divers écrits, les mauvaises impressions que ces maximes relâchées auroient pu donner aux fidèles qui sont dans l'Église. Mais voici un nouveau mal, d'une conséquence aussi grande, qui s'élève du dehors de l'Église et du milieu des hérétiques.

Ces ennemis de notre foi qui, ayant quitté l'Église romaine, s'efforcent incessamment de justifier leur séparation, se prévalent extraordinairement de ce nouveau livre, comme ils ont fait de temps en temps des livres semblables. Voyez, disent-ils à leurs peuples, quelle est la croyance de ceux dont nous avons quitté la communion! *La licence* y règne de toutes parts : on en a banni l'amour de Dieu et du prochain. « On y croit, dit le ministre Drélincourt, que l'homme n'est point obligé d'aimer son Créateur; qu'on ne laissera pas d'être sauvé sans avoir jamais exercé aucun acte intérieur d'amour de Dieu en cette vie; et que Jésus-Christ même auroit pu mériter la rédemption du monde par des actions que la charité n'auroit point produites en lui, comme dit le P. Sirmond. » — « On y croit, dit un autre ministre, qu'il est permis de tuer plutôt que de recevoir une injure; qu'on n'est point obligé de restituer, quand on ne peut le faire sans déshonneur; et qu'on peut recevoir et demander de l'argent pour le prix de sa prostitution, « et non « solum femina quæque, sed etiam mas, » comme dit Emmanuel Sa, jésuite. »

Enfin ces hérétiques travaillent de toutes leurs forces, depuis plusieurs années, à imputer à l'Église ces abominations des casuistes corrompus. Ce fut ce que le ministre du Moulin entreprit des premiers dans ce livre qu'il en fit, et qu'il osa appeler *Traditions romaines*. Cela fut continué ensuite dans cette dispute qui s'éleva, il y a dix ou douze ans, à la Rochelle, entre le P. d'Estrade, jésuite, et le ministre Vincent, sur le sujet du bal, que ce ministre condamnoit comme dangereux et contraire à l'esprit de pénitence du christianisme, et pour lequel ce père

1. L'auteur des *Annales* des soi-disant jésuites attribue ce factum et le suivant à Pascal seul.

fit des apologies publiques, qui furent imprimées alors. Mais le ministre Drélincourt renouvela ses efforts les années dernières, dans son livre intitulé : *Licence que les casuistes de la communion de Rome donnent à leurs dévots.* Et c'est enfin dans le même esprit, qu'ils produisent aujourd'hui par toute la France cette nouvelle *Apologie des casuistes* en témoignage contre l'Église, et qu'ils se servent plus avantageusement que jamais de ce livre, le plus méchant de tous, pour confirmer leurs peuples dans l'éloignement de notre communion, en leur mettant devant les yeux ces horribles maximes, comme ils le pratiquent de tous côtés, et comme ils l'ont fait encore depuis peu à Charenton.

Voilà l'état où les jésuites ont mis l'Église. Ils l'ont rendue le sujet du mépris et de l'horreur des hérétiques : elle, dont la sainteté devroit reluire avec tant d'éclat, qu'elle remplît tous les peuples de vénération et d'amour. De sorte qu'elle peut dire à ces pères ce que Jacob disoit à ses enfans cruels : « Vous m'avez rendu odieux aux peuples qui nous environnent ; » ou ce que Dieu dit dans ses prophètes à la synagogue rebelle · « Vous avez rempli la terre de vos abominations, et vous êtes cause que mon saint nom est blasphémé parmi les gentils, lorsqu'en voyant vos profanations, ils disent de vous : « C'est là le peuple du Seigneur, c'est « celui qui est sorti de la terre d'Israël qu'il leur avoit donnée en héri- « tage. » C'est ainsi que les hérétiques parlent de nous, et qu'en voyant cette horrible morale, qui afflige le cœur de l'Église, ils comblent sa douleur, en disant, comme ils font tous les jours : « C'est là la doctrine de l'Église romaine, et que tous les catholiques tiennent ; » ce qui est la proposition du monde la plus injurieuse à l'Église.

Mais ce qui la rend plus insupportable est qu'il ne faut pas la considérer comme venant simplement d'un corps d'hérétiques, qui, ayant refusé d'ouïr l'Église, ne sont plus dignes d'en être ouïs ; mais comme venant encore d'un corps des plus nombreux de l'Église même : ce qui est horrible à penser. Car en même temps que les calvinistes imputent à l'Église des maximes si détestables, et que tous les catholiques devroient s'élever pour l'en défendre, il s'élève, au contraire, une société entière pour soutenir que ces opinions appartiennent véritablement à l'Église. Et ainsi quand les ministres s'efforcent de faire croire que ce sont des traditions romaines, et qu'ils sont en peine d'en chercher des preuves, les jésuites le déclarent, et l'enseignent dans leurs écrits, comme s'ils avoient pour objet de fournir aux calvinistes tout le secours qu'ils peuvent souhaiter ; et que sans avoir besoin de chercher dans leur propre invention de quoi combattre les catholiques, ils n'eussent qu'à ouvrir les livres de ces pères pour y trouver tout ce qui leur seroit nécessaire.

Nous savons bien néanmoins que l'intention des jésuites n'est pas telle en effet ; et comme nous en parlons sans passion, bien loin de leur imputer de faux crimes, nous voulons les défendre de ceux dont ils pourroient être suspects, quand ils n'en sont point coupables : notre dessein n'étant que de faire connoître le mal qui est véritablement en eux, afin qu'on puisse s'en défendre. Nous savons donc que cette conformité qu'ils ont avec les calvinistes, ne vient d'aucune liaison qu'ils aient avec eux, puisqu'ils en sont au contraire les ennemis, et que ce n'est qu'un désir immodéré de flatter les passions des hommes qui les fait agir de la sorte; qu'ils voudroient que l'inclination du monde s'accordât avec la sévérité de l'Évangile, qu'ils ne corrompent que pour s'accommoder à la nature corrompue; et qu'ainsi quand ils attribuent ces erreurs à l'Église, c'est dans un dessein bien éloigné de celui des calvinistes, puisque leur intention n'est que de faire croire par là qu'ils n'ont pas quitté les sentimens de l'Église; au lieu que l'intention des hérétiques est de faire croire que c'est avec raison qu'ils ont quitté les sentimens de l'Église.

Mais encore qu'il soit véritable qu'ils ont en cela des fins bien différentes, il est vrai néanmoins que leurs prétentions sont pareilles, et que le démon se sert de l'attache que les uns et les autres ont pour leurs divers intérêts, afin d'unir leurs efforts contre l'Église, et de les fortifier les uns par les autres dans le dessein qu'ils ont de persuader que l'Église est dans ces maximes. Car comme les calvinistes se servent des écrits des jésuites pour le prouver en cette sorte, il faut bien, disent-ils, que ces opinions soient celles de l'Église, puisque le corps entier des jésuites les soutient; de même les jésuites se servent, à leur tour, des écrits de ces hérétiques pour prouver la même chose en cette sorte: il faut bien, disent-ils, que ces opinions soient celles de l'Église, puisque les hérétiques, qui sont ses ennemis, les combattent. C'est ce qu'ils disent dans des écrits entiers qu'ils ont faits sur ce sujet. Et ainsi on voit, par un prodige horrible, que ces deux corps, quoique ennemis entre eux, se soutiennent réciproquement, et se donnent la main l'un à l'autre pour engager l'Église dans la corruption des casuistes; ce qui est une fausseté d'une conséquence effroyable, puisque si Dieu souffroit que l'abomination fût ainsi en effet dans le sanctuaire, il arriveroit tout ensemble, et que les hérétiques n'y rentreroient jamais, et que les catholiques s'y pervertiroient tous: et qu'ainsi il n'y auroit plus de retour pour les uns, ni de sainteté pour les autres; mais une perte générale pour tous les hommes.

Il est donc d'une extrême importance de justifier l'Église en cette rencontre, où elle est si cruellement outragée, et encore par tant de côtés à la fois, puisqu'elle se trouve attaquée non-seulement par ses ennemis déclarés qui la combattent au dehors, mais encore par ses propres enfans qui la déchirent au dedans. Mais tant s'en faut que ces divers efforts, qui s'unissent contre elle, rendent sa défense plus difficile, qu'elle en sera plus aisée, au contraire: car dans la nécessité où nous sommes de les combattre tous ensemble, sur une calomnie qu'ils soutiennent ensemble, nous le ferons avec plus d'avantage que s'ils étoient seuls; parce que la vérité a cela de propre, que plus on assemble de faussetés pour l'étouffer, plus elle éclate par l'opposition du mensonge. Nous ne ferons donc qu'opposer la véritable règle de l'Église aux fausses règles qu'ils lui imputent, et toutes leurs impostures s'évanouiront. Nous demanderons aux calvinistes qui leur a appris à tirer cette bizarre conséquence: les jésuites sont dans cette opinion: donc l'Église y est aussi; comme si sa règle étoit de ne suivre que les maximes des jésuites! et nous dirons à ces pères que c'est aussi mal prouver que l'Église est de leur sentiment, de ne faire autre chose que montrer que les calvinistes les combattent, parce que sa règle n'est pas aussi de dire toujours le contraire des hérétiques. Nous n'avons donc pour règle, ni d'être toujours contraires aux hérétiques, ni d'être toujours conformes aux jésuites. Dieu nous préserve d'une telle règle, selon laquelle il faudroit croire mille erreurs, parce que ces pères les enseignent; et ne pas croire des articles principaux de la foi, comme la trinité et la rédemption du monde, parce que les hérétiques les croient! Notre religion a de plus fermes fondemens. Comme elle est toute divine, c'est en Dieu seul qu'elle s'appuie; elle n'a de doctrine que celle qu'elle a reçue de lui, par le canal de la tradition, qui est notre véritable règle, qui nous distingue de tous les hérétiques du monde, et nous préserve de toutes les erreurs qui naissent dans l'Église même : parce que, selon la pensée du grand saint Basile, nous ne croyons aujourd'hui que les choses que nos évêques et nos pasteurs nous ont apprises, et qu'ils avoient eux-mêmes reçues de ceux qui les ont précédés, et dont ils avoient reçu leur mission : et les premiers qui ont été envoyés par les apôtres, n'ont dit que ce qu'ils en avoient appris : et les apôtres qui ont été envoyés par le Saint-Esprit, n'ont annoncé au monde que les paroles qu'il leur avoit données : et le Saint-Esprit qui a été envoyé par le Fils, a pris ces paroles du Fils, comme il est dit dans l'Évangile; et enfin le Fils, qui a été envoyé du Père, n'a dit que ce qu'il avoit ouï du Père, comme il le dit aussi lui-même.

Qu'on nous examine maintenant là-dessus, et si on veut convaincre l'Église d'être dans ces méchantes maximes, qu'on montre que les Pères et les conciles les ont tenues, et nous serons obligés de les reconnoître pour nôtres. Aussi c'est ce que les jésuites ont voulu quelquefois entreprendre; mais c'est aussi ce que nous avons réfuté par notre troisième écrit, où nous les avons convaincus de faussetés sur tous les passages qu'ils en avoient rapportés. De sorte que si c'est sur cela que les calvinistes se sont fondés pour accuser l'Église d'erreur, ils sont bien ignorans de n'avoir pas su que toutes ces citations sont fausses; et s'ils l'ont su, ils sont bien de mauvaise foi d'en tirer des conséquences contre l'Église, puisqu'ils n'en peuvent conclure autre chose, sinon que les jésuites sont des faussaires, ce qui n'est aucunement en dispute; mais non pas que l'Église soit corrompue, ce qui est toute notre question.

Que feront-ils donc désormais, n'ayant rien à dire contre toute la suite de notre tradition? Diront-ils que l'Église vient de tomber dans ces derniers temps, et de renoncer à ses anciennes vérités pour suivre les nouvelles opinions des casuistes modernes? en vérité ils auroient bien de la peine à le persuader à personne en l'état présent des choses. Si nous étions demeurés dans le silence, et que l'*Apologie des casuistes* eût été reçue partout sans opposition, c'eût été quelque fondement à leur calomnie, quoiqu'on eût pu encore leur répondre que le silence de l'Église n'est pas toujours une marque de son consentement; et que cette maxime, qui est encore commune aux calvinistes et aux jésuites qui en remplissent tous leurs livres, est très-fausse. Car ce silence peut venir de plusieurs autres causes, et ce n'est le plus souvent qu'un effet de la foiblesse des pasteurs; et on leur eût dit de plus, que l'Église ne s'est point tue sur ces méchantes opinions, et qu'elle a fait paroître l'horreur qu'elle en avoit par les témoignages publics des personnes de piété, et par la condamnation formelle du clergé de France, et des facultés catholiques qui les ont censurées plusieurs fois.

Mais que nous sommes forts aujourd'hui sur ce sujet, où toute l'Église est déclarée contre ces corruptions, et où tous les pasteurs des plus considérables villes du royaume s'élèvent plus fortement et plus sincèrement contre ces excès, que les hérétiques ne peuvent faire! Car, y a-t-il quelqu'un qui n'ait entendu notre voix? N'avons-nous pas publié de toutes parts que les casuistes et les jésuites sont dans des maximes impies et abominables? Avons-nous rien omis de ce qui étoit en notre pouvoir pour avertir nos peuples de s'en garder comme d'un venin mortel? Et n'avons-nous pas déclaré dans notre premier Factum, que « les curés se rendoient publiquement les dénonciateurs des excès publics de ces pères, et que ce seroit dans nos paroisses qu'on trouveroit les maximes évangéliques opposées à celles de leur société? »

Peut-on dire après cela que l'Église consent à ces erreurs, et ne faut-il pas avoir toute la malice des hérétiques pour l'avancer, sous le seul prétexte qu'un corps qui n'est point de la hiérarchie, demeure opiniâtrément dans quelques sentimens particuliers condamnés par ceux qui ont autorité dans le corps de la hiérarchie? On a donc sujet de rendre grâces à Dieu de ce qu'il a fait naître en ce temps un si grand nombre de témoignages authentiques de l'aversion que l'Église a pour ces maximes, et de nous avoir donné par là un moyen si facile de la défendre de cette calomnie, et de renverser en même temps les avantages que les calvinistes et les jésuites avoient espéré de tirer de leur imposture. Car la prétention des hérétiques est absolument renversée. Ils vouloient justifier leur sortie de l'Église par les erreurs des jésuites, et ce sont ces mêmes erreurs qui montrent avec le plus d'évidence le crime de leur séparation; parce que l'égarement de ces pères, aussi bien que celui des hérétiques, ne venant que d'avoir quitté la doctrine de l'Église pour suivre leur esprit propre, tant s'en faut que les excès où les jésuites sont tombés pour avoir abandonné la tradition, favorisent le refus que les hérétiques font de se soumettre à cette tradition; que rien n'en prouve, au contraire, plus fortement la nécessité, et ne fait mieux voir les malheurs qui viennent de s'en écarter. Et la prétention des jésuites n'est pas moins ruinée. Car l'intention qu'ils avoient, en imputant leurs maximes à l'Église, étoit de faire croire qu'ils n'en avoient point d'autres que les siennes. Et il est arrivé de là, au contraire, que tout le monde a appris qu'elles y sont étrangement opposées; parce que la hardiesse d'une telle entreprise a excité un scandale si universel, et une opposition si éclatante, qu'il n'y a peut-être aucun lieu en tout le christianisme où l'on ne connoisse aujourd'hui la contrariété de sentimens qui est entre leur société et l'Église : contrariété qui auroit sans doute été longtemps ignorée en beaucoup de lieux, si par un aveuglement incroyable ils n'avoient eux-mêmes fait naître la nécessité de la rendre publique par tout le monde.

C'est ainsi que la vérité de Dieu détruit ses ennemis, par les efforts mêmes qu'ils font pour l'opprimer, et dans le temps où ils l'attaquent avec le plus de violence. La leur étoit enfin devenue insupportable, et menaçoit l'Église d'un renversement entier. Car les jésuites en étoient venus à traiter hautement de calvinistes et d'hérétiques tous ceux qui ne sont pas de leurs sentimens; et les calvinistes, par une hardiesse pareille, mettoient au rang des jésuites tous les catholiques sans distinction; de sorte que ces entreprises alloient à faire entendre qu'il n'y avoit point de milieu, et qu'il falloit nécessairement choisir l'une de ces extrémités, ou d'être de la communion de Genève, ou d'être des sentimens de la société. Les choses étant en cet état, nous ne pouvions plus différer de travailler à y mettre ordre, sans exposer l'honneur de l'Église et le salut d'une infinité de personnes. Car il ne faut pas douter qu'il ne s'en perde beaucoup parmi les catholiques dans la pernicieuse conduite de ces pères, s'imaginant que des religieux soufferts dans l'Église n'ont que des sentimens conformes à ceux de l'Église. Et il ne s'en perd pas moins parmi les hérétiques, par la vue de cette même morale, qui les confirme dans le schisme, et leur fait croire qu'ils doivent demeurer éloignés d'une Église où l'on publie des opinions si éloignées de la pureté évangélique.

Les jésuites sont coupables de tous ces maux; et il n'y a que deux moyens d'y remédier : la réforme de la société, ou le décri de la société. Plût à Dieu qu'ils prissent la première voie! Nous serions les premiers à rendre leur changement si connu, que tout le monde en seroit édifié. Mais tant qu'ils s'obstineront à se rendre la honte et le scandale de l'Église, il ne reste que de rendre leur corruption si connue, que personne ne puisse s'y méprendre, afin que ce soit une chose si publique, que l'Église ne les souffre que pour les guérir, que les fidèles n'en soient plus séduits; que les hérétiques n'en soient plus éloignés; et que tous puissent trouver leur salut dans la voie de l'Évangile : au lieu qu'on ne peut que s'en éloigner en suivant les erreurs des uns et des autres.

Mais encore qu'il soit vrai qu'ils soient tous égarés, il est vrai néanmoins que les uns le sont plus que les autres; et c'est ce que nous voulons faire entendre exactement, afin de les représenter tous dans le juste degré de corruption qui leur est propre, et leur faire porter à chacun la mesure de la confusion qu'ils méritent. Or il est certain que les jésuites auront de l'avantage dans ce parallèle entier; et nous ne feindrons point d'en parler ouvertement, parce que l'humiliation des uns n'ira pas à l'honneur des autres, mais que la honte de tous reviendra uniquement à la gloire de l'Église, qui est aussi notre unique objet

Nous ne voulons donc pas que ceux que Dieu nous a commis s'emportent tellement dans la vue des excès des jésuites, qu'ils oublient qu'ils sont leurs frères, qu'ils sont dans l'unité de l'Église. qu'ils sont membres de notre corps, et qu'ainsi nous avons intérêt à les conserver;

au lieu que les hérétiques sont des membres retranchés qui composent un corps ennemi du nôtre; ce qui met une distance infinie entre eux, parce que le schisme est un si grand mal, que non-seulement il est le plus grand des maux, mais qu'il ne peut y avoir aucun bien où il se trouve, selon tous les Pères de l'Église.

Car ils déclarent que « ce crime surpasse tous les autres; que c'est le plus abominable de tous; qu'il est pire que l'embrasement des Écritures saintes; que le martyre ne peut l'effacer, et que qui meurt martyr pour la foi de Jésus-Christ hors de l'Église, tombe dans la damnation, comme dit saint Augustin. Que ce mal ne peut être balancé par aucun bien, selon saint Irénée. Que ceux qui ont percé le corps de Jésus-Christ n'ont pas mérité de plus énormes supplices que ceux qui divisent son Église, quelque bien qu'ils puissent faire d'ailleurs, » comme dit saint Chrysostome. Et enfin tous les saints ont toujours été si unis en ce point, que les calvinistes sont absolument sans excuse, puisqu'on ne doit en recevoir aucune, et non pas même celle qu'ils allèguent si souvent, *que ce ne sont pas eux qui se sont retranchés, mais l'Église qui les a retranchés elle-même injustement.* Car outre que toute cette prétention est horriblement fausse en ses deux chefs, parce qu'ils ont commencé par la séparation, et qu'ils ont mérité d'être excommuniés pour leurs hérésies, on leur soutient de plus, pour les juger par leur propre bouche, que, quand cela seroit véritable, ce ne seroit point une raison, selon saint Augustin, d'élever autel contre autel comme ils ont fait; et que, comme ce Père le dit généralement, « il n'y a jamais de juste nécessité de se séparer de l'unité de l'Église. »

Que si cette règle, qu'il n'est jamais permis de faire schisme, est si générale, qu'elle ne reçoit point d'exception, qui souffrira que les calvinistes prétendent aujourd'hui de justifier le leur par cette raison, que les jésuites ont des sentimens corrompus? comme si on ne pouvoit pas être dans l'Église sans être dans leurs sentimens! comme si nous n'en donnions pas l'exemple nous-mêmes qui sommes, par la grâce de Dieu, et aussi éloignés de leurs méchantes opinions, et aussi attachés à l'Église qu'on peut l'être! ou comme si ce n'étoit pas une des principales règles de la conduite chrétienne, d'observer tout ensemble ces deux préceptes du même apôtre, « et de ne point consentir aux maux des impies, » et néanmoins « de ne point faire de schisme; *ut non sit schisma in corpore!* »

Car c'est l'accomplissement de ces deux points qui fait l'exercice des saints en cette vie, où les élus sont confondus avec les réprouvés, jusqu'à ce que Dieu en fasse lui-même la séparation éternelle. Et c'est l'infraction d'un de ces deux points qui fait, ou le relâchement des chrétiens qui ne séparent pas leur cœur des méchantes doctrines, ou le schisme des hérétiques qui se séparent de la communion de leurs frères, et, usurpant ainsi le jugement de Dieu, tombent dans le plus détestable de tous les crimes.

Il est donc indubitable que les calvinistes sont tout autrement coupables que les jésuites; qu'ils sont d'un ordre tout différent, et qu'on ne peut les comparer, sans y trouver une disproportion extrême. Car on ne sauroit nier qu'il n'y ait au moins un bien dans les jésuites, puisqu'ils ont gardé l'unité; au lieu qu'il est certain, selon tous les Pères, qu'il n'y a aucun bien dans les hérétiques, quelque vertu qui y paroisse, puisqu'ils ont rompu l'unité. Aussi il n'est pas impossible que parmi tant de jésuites, il ne s'en rencontre qui ne soient point dans leurs erreurs; et nous croyons qu'il y en a, quoiqu'ils soient rares, et bien faciles à reconnoître. Car ce sont ceux qui gémissent des désordres de leur compagnie, et qui ne retiennent pas leur gémissement. C'est pourquoi on les persécute, on les éloigne, on les fait disparoître, comme on en a assez d'exemples; et ainsi ce sont proprement ceux qu'on ne voit presque jamais. Mais parmi les hérétiques, nul n'est exempt d'erreur, et tous sont certainement hors de la charité, puisqu'ils sont hors de l'unité.

Les jésuites ont encore cet avantage, qu'étant dans l'Église, ils ont part à tous ses sacrifices, de sorte qu'on en offre par tout le monde pour demander à Dieu qu'il les éclaire, comme le clergé de France eut la charité de l'ordonner il y a quelques années, outre les prières publiques qui ont été faites quelquefois pour eux dans des diocèses particuliers : mais les hérétiques, étant retranchés de son corps, sont aussi privés de ce bien; de sorte qu'il n'y a point de proportion entre eux, et qu'on peut dire, avec vérité, que les hérétiques sont en un si malheureux état, que pour leur bien, il seroit à souhaiter qu'ils fussent semblables aux jésuites.

On voit, par toutes ces raisons, combien on doit avoir d'éloignement pour les calvinistes, et nous sommes persuadés que nos peuples se garantiront facilement de ce danger; car ils sont accoutumés à les fuir dès l'enfance, et élevés dans l'horreur de leur schisme. Mais il n'en est pas de même de ces opinions relâchées des casuistes; et c'est pourquoi nous avons plus à craindre pour eux de ce côté-là. Car encore que ce soit un mal bien moindre que le schisme, il est néanmoins plus dangereux, en ce qu'il est plus conforme aux sentimens de la nature, et que les hommes y ont d'eux-mêmes une telle inclination, qu'il est besoin d'une vigilance continuelle pour les en garder; et c'est ce qui nous a obligés d'avertir ceux qui sont sous notre conduite, de ne pas étendre les sentimens de charité qu'ils doivent avoir pour les jésuites, jusques à les suivre dans leurs erreurs, puisqu'il faut se souvenir qu'encore que ce soient des membres de notre corps, c'en sont des membres malades, dont nous devons éviter la contagion; et observer en même temps, et de ne pas les retrancher d'avec nous, puisque ce seroit nous blesser nous-mêmes, et de ne point prendre de part à leur corruption, puisque ce seroit nous rendre des membres corrompus et inutiles.

A Paris, le 11 juin 1658.

SIXIÈME FACTUM

Des curés de Paris, où l'on fait voir, par la dernière pièce des jésuites, que leur Société entière est résolue de ne point condamner l'Apologie; et où l'on montre, par plusieurs exemples, que c'est un principe des plus fermes de la conduite de ces pères, de défendre en corps les sentimens de leurs docteurs particuliers.

La poursuite que nous faisons depuis si longtemps contre l'*Apologie des casuistes*, réussit avec tant de bonheur, que nous ne pouvons rendre assez d'actions de grâces à Dieu, en voyant la bénédiction qu'il donne au travail que le devoir de nos charges nous avoit obligés d'entreprendre.

Nous avions désiré que les peuples s'éloignassent de cette morale corrompue, que les prélats et les docteurs la censurassent, et que les hérétiques fussent confondus dans le reproche qu'ils nous font d'y adhérer. Et nous voyons, par la miséricorde de Dieu, que les peuples à qui nous étions premièrement redevables, ont conçu une telle horreur de ces maximes impies, que nous avons désormais peu à craindre les maux qu'elles eussent pu produire sans notre opposition; que nos confrères des provinces s'élèvent de même avec tant de courage pour défendre leurs Églises de ce venin, qu'il y a sujet d'espérer qu'il ne pourra infecter personne en aucun lieu du royaume; que tant de prélats se disposent aussi à le flétrir par leurs censures, comme a déjà fait M. l'évêque d'Orléans, qui a eu la gloire de commencer; que leurs condamnations, quoique séparées, formeront comme un concile contre ces corruptions. Et si MM. les vicaires généraux de Paris diffèrent encore de quelques jours leur censure, à laquelle ils travaillent avec tant de soin, ce n'est que pour la faire paroître avec plus de force et d'utilité. Enfin la Sorbonne, malgré tant d'intrigues que les jésuites y ont voulu former, a terminé, conclu, relu et confirmé la censure, à laquelle la dernière main fut mise le 16 de ce mois : de sorte qu'après un consentement si général de tous les corps de l'Église, il ne reste plus le moindre prétexte aux hérétiques de la calomnier. Et ainsi nous pourrions dire que tous nos désirs sont accomplis, s'il n'en restoit un de ceux qui nous sont les plus chers, mais dont nous commençons à désespérer maintenant. Car un de nos principaux souhaits a été que les jésuites mêmes renonçassent à leurs erreurs, afin qu'étant supprimées dans leur source, on n'eût plus à en craindre les funestes ruisseaux qui se répandent dans tout le christianisme. C'étoit le moyen d'en purger l'Église le plus prompt et le plus sûr, et plût à Dieu qu'il eût été le plus facile! Mais bien loin de l'être, en effet, nous y avons trouvé des difficultés invincibles; et il nous a été plus aisé d'exciter tous les pasteurs, et de remuer toutes les puissances de l'Église, que de porter ces pères à renoncer à la moindre des erreurs où ils se trouvent engagés.

Leur dernier écrit nous en ôte toute espérance. Ils y parlent en leur propre nom, et de la part de tout le corps. Ils l'ont intitulé: *Sentimen·*

des jésuites, etc., et l'ont produit pour montrer tout ce qu'on devoit attendre d'eux. Or nous n'y voyons aucune marque de retour, ni qu'ils aient fait un seul pas vers la vérité. Nous les y trouvons toujours disposés à se servir de ces maximes dont nous demandons la suppression; et nous n'y trouvons en effet que de véritables sentimens de jésuites. L'on y remarque la même résolution à demeurer dans ces méchantes opinions, quoiqu'ils en parlent avec un peu plus de timidité, se trouvant embarrassés dans la manière de s'exprimer. Car comme ils conduisent une infinité de personnes qui veulent vivre dans le relâchement, et passer néanmoins pour dévots, ces maximes leur sont absolument nécessaires; et ainsi ils sont déterminés à ne jamais les condamner : mais comme ils veulent d'ailleurs s'accommoder à la disposition présente des esprits, et ne pas s'attirer l'horreur des peuples qui va directement contre ces excès, ils n'osent plus les soutenir si ouvertement. Et ainsi pour se mettre en état de pouvoir s'en servir au besoin, sans néanmoins heurter le monde trop rudement, ils ont cru ne pouvoir mieux faire, que de dire qu'ils ne s'engagent dans aucun parti; mais qu'ils veulent demeurer sans condamner ni approuver l'*Apologie*.

C'est sur ce projet que roule tout leur écrit; et au lieu des discours naturels que la vérité ne manque jamais de fournir, quand on veut la dire sincèrement, ils ne se servent que de discours artificieux et indéterminés, qui les laissent toujours en liberté de prendre tel parti qu'il leur plaira. S'ils avoient voulu renoncer aux maximes horribles de l'*Apologie*, ils n'avoient qu'à dire, en deux mots, qu'ils y renoncent. Mais c'est ce qu'ils ont évité d'une étrange sorte; et au lieu de cela, on ne voit autre chose, sinon ces expressions répandues dans toutes les pages de leur écrit : « Il n'y a aucune de ces questions arbitraires, où nous nous intéressions pour la combattre ou pour la défendre. Vous dites que cette doctrine est criminelle; mais l'auteur dit qu'il l'a prise de docteurs qui sont tous excellens. Si elle est bonne, n'en ôtez pas la gloire à ceux qui l'ont enseignée. Si elle est mauvaise, c'est à vous à le montrer par de bonnes raisons, et à eux à se défendre. Ne blessez donc pas l'honneur qui est dû à ces grands hommes. Pour nous, nous ne voulons ni l'autoriser, ni la condamner. »

Voilà leur caractère. Par là ils demeurent en pouvoir de contenter tout le monde. Ils diront à ceux qui seront scandalisés de ces maximes, qu'ils ont raison, et qu'aussi ils ont déclaré dans leurs *Sentimens*, « qu'ils ne vouloient point approuver ces opinions. » Et ils diront à ceux qui voudront vivre selon ces maximes, qu'ils le peuvent, et qu'aussi ils ont déclaré dans leurs *Sentimens*, « qu'ils ne condamnent point ces opinions. » Et ainsi ils produiront leurs *Sentimens* équivoques pour satisfaire toutes sortes d'inclinations, selon leur méthode ordinaire.

Ils osent, après cela, s'élever comme les personnes du monde les plus irrépréhensibles, et nous demander (p. 8) ***pourquoi nous attaquez-vous sur une doctrine que nous ne voulons ni autoriser, ni condamner?*** Mais nous leur répondons : C'est pour cela même que nous vous combattons, parce que vous ne voulez pas condamner une doctrine si condamnable qui est sortie de chez vous, et que vous voulez qu'on se satisfasse de ce que vous dites, « que vous n'approuvez pas cette *Apologie.* » Ce n'est rien faire que cela. Ce n'est pas reconnoître que ce livre est pernicieux et plein d'erreurs, ni se déclarer contre un ouvrage, que de dire simplement qu'on ne l'approuve pas : une infinité d'intérêts personnels, ou de légères circonstances indépendantes du fond de la matière, étant capables de faire qu'on n'approuve pas un bon livre; et c'est pourquoi nous nous plaignons de vous. C'est cela que nous vous reprochons. Il s'agit entre nous de savoir si on peut faire son salut sans aimer Dieu, et en persécutant son prochain jusqu'à le calomnier et le tuer; et vous dites là-desssus, « que vous ne vous intéressez ni à défendre, ni à combattre aucune de ces opinions arbitraires. » Qui peut souffrir cette indifférence affectée, qui ne témoigne autre chose, sinon que vous voudriez, et que vous n'oseriez les défendre; mais que vous êtes au moins résolus à ne point les condamner ?

Quoi, mes pères, toute l'Église est en rumeur dans la dispute présente : l'Évangile est d'un côté, et l'*Apologie des casuistes* est de l'autre, les prélats, les docteurs et les peuples sont ensemble d'une part; et les jésuites, pressés de choisir, déclarent (p. 7), « qu'ils ne prennent point de parti dans cette guerre! » Criminelle neutralité! Est-ce donc là tout le fruit de nos travaux, que d'avoir obtenu des jésuites qu'ils demeureroient dans l'indifférence entre l'erreur et la vérité, entre l'Évangile et l'*Apologie*, sans condamner ni l'un ni l'autre? Si tout le monde étoit en ces termes, l'Église n'auroit guère profité, et les jésuites n'auroient rien perdu; car ils n'ont jamais demandé la suppression de l'Évangile. Ils y perdroient : ils en ont affaire pour les gens de bien : ils s'en servent quelquefois aussi utilement que des casuistes. Mais ils perdroient aussi, si on leur ôtoit l'*Apologie* qui leur est si souvent nécessaire. Leur théologie va uniquement à n'exclure ni l'un ni l'autre, et à se conserver un libre usage de tout. Ainsi on ne peut dire, ni de l'Évangile seul, ni de l'*Apologie* seule, qu'ils contiennent leurs sentimens. Le déréglement qu'on leur reproche consiste dans cet assemblage; et leur justification ne peut consister qu'à en faire la séparation, et à prononcer nettement qu'ils reçoivent l'un et qu'ils renoncent à l'autre : de sorte qu'il n'y a rien qui les justifie moins, et qui les confonde davantage, que de ne nous répondre autre chose, lorsque tout le fort de notre accusation est qu'ils unissent, par une alliance horrible, Jésus-Christ avec Bélial, sinon qu'ils ne renoncent pas à Jésus-Christ, sans dire en aucune manière qu'ils renoncent à Bélial.

Tout ce qu'ils ont donc gagné par leur écrit, est qu'ils ont fait connoître eux-mêmes à ceux qui n'osoient se l'imaginer, que cet esprit d'indifférence et d'indécision entre les vérités les plus nécessaires pour le salut, et les faussetés les plus capitales, est l'esprit non-seulement de quelques-uns de ces pères, mais de la société entière; et que c'est en cela proprement que consistent, par leur propre aveu, *les sentimens des jésuites.*

Ainsi c'est par un aveuglement étrange, où la providence de Dieu les a justement abandonnés, qu'après qu'ils nous ont tant accusés d'injustice, d'imputer à toute leur compagnie les opinions des particuliers, et que, *pour se faire reconnoître*, ils ont voulu présenter au monde *leur vrai portrait*, ils se sont en effet représentés dans leur forme la plus horrible : de sorte qu'après leur déclaration, nous pouvons dire que ce n'est plus nous, mais que ce sont eux-mêmes qui publient que leur compagnie en corps a résolu de ne condamner ni combattre ces impiétés.

En effet, si cette société étoit partagée, on en verroit au moins quelques-uns se déclarer contre ces erreurs : mais il faut que la corruption y soit bien universelle, puisqu'il n'en est sorti aucun écrit pour les condamner, et qu'il en a tant paru pour les soutenir. Il n'y a point d'exemple dans l'Église d'un pareil consentement de tout un corps à l'erreur. Il n'est pas étrange que des particuliers s'égarent ; mais qu'ils ne reviennent jamais, et que le corps déclare qu'il ne veut point les corriger, c'est ce qui est digne d'étonnement, et ce qui doit porter ceux à qui Dieu a donné l'autorité, à en arrêter les périlleuses conséquences. Car ce n'est point une chose secrète : elle est publique, ils en font gloire, et affectent de faire connoître à tout le monde qu'ils font profession de défendre tous ensemble les sentimens de chacun d'eux. Ils espèrent par là se rendre redoutables et hors d'atteinte, en faisant sentir que qui en attaque un, les attaque tous. En effet, cela leur a souvent réussi. Mais c'est néanmoins une mauvaise politique ; car il n'y a rien de plus capable de les décrier à la fin, et de faire qu'au lieu d'autoriser par là les particuliers, ils décréditent tout le corps aussitôt que le monde sera informé de ce principe de leur conduite.

C'est pourquoi il importe de bien le faire entendre aujourd'hui ; car puisque ces pères sont absolument déterminés à ne point rétracter les erreurs de l'*Apologie*, il ne reste plus, pour la sûreté des fidèles, et pour la défense de la vérité, que de faire connoître à tout le monde que c'est par une profession ouverte et générale que les jésuites ne quittent jamais une opinion dès qu'ils l'ont une fois imprimée, comme on verra dans la suite qu'ils le disent en propres termes ; afin que cette connoissance étant aussi publique que leur endurcissement, ils ne puissent plus surprendre ni corrompre personne, et que leur obstination ne produise plus d'autre effet, que de faire plaindre leur aveuglement.

Nous donnerons donc ici quelques exemples de leur conduite, où l'on verra que pour horribles que soient les opinions que leurs auteurs ont une fois enseignées, ils les soutiennent éternellement ; qu'ils remuent toutes sortes de machines pour en empêcher la censure ; qu'il faut joindre toutes les forces de l'Église et de l'État pour les faire condamner ; qu'alors même ils éludent ces censures par des déclarations équivoques ; et que si on les force à en donner de précises, ils les violent aussitôt après.

Nous en avons un insigne exemple en ce qui se passa sur le sujet du livre de leur P. Bécan, si préjudiciable à l'État et même à la personne de nos rois. Car quand ils en virent la Sorbonne émue, ils pensèrent à empêcher qu'elle ne le censurât, en faisant en sorte qu'on lui mandât que leur censure n'étoit pas nécessaire, parce qu'il devoit en venir bientôt une du pape. Et comme on en eut en effet envoyé une de Rome

: temps après, portant qu'il y avoit dans ce livre plusieurs pro-s *fausses et séditieuses*, etc., avec ordre de le corriger, le 1, faisant semblant d'obéir à l'ordre qu'il avoit de retrancher cette le de propositions criminelles, ne fit autre chose que d'en ôter article, et le dédia au pape en cet état, comme l'ayant purgé de ;es erreurs selon son intention : de sorte que ce livre, qui a ant un cours tout libre, contient ces propositions, outre plu-utres furieuses qu'il n'est pas temps de rapporter maintenant ; roi doit être excommunié et déposé, s'il l'a mérité; que pour 'il l'a mérité il faut en juger par le prudent avis des gens de de doctrine; et qu'il doit être excommunié et privé de ses États, e les priviléges accordés aux religieux. » Ainsi la Sorbonne soulevée contre ces maximes détestables, et contre les autres nt encore, ils la jouèrent insensiblement, premièrement en fai-ır leurs artifices, qu'elle ne prît point connoissance de cette sous prétexte d'une censure de Rome, et en éludant ensuite nsure en la manière que nous venons de dire, qui est si fami-x jésuites

usèrent de la même sorte sur la condamnation que la Faculté ain fit de cette proposition, « qu'il est permis à un religieux de ıx qui sont prêts à médire, ou de lui, ou de sa communauté, ı que ce moyen de l'éviter. » Ce fut ce que le P. L'Amy, jésuite, ıcer dans la théologie qu'il composa selon la méthode présente le de la société de Jésus : « Juxta scholasticum hujus temporis ıtis methodum. » Car au lieu que ces pères devoient être portés, lement par piété, mais encore par prudence, à supprimer cette et à en prévenir la censure : bien loin d'agir de la sorte, ils ınt de toutes leurs forces et à la Faculté qui la censura *comme use à tout le genre humain*, et au conseil souverain de Brabant, avoit déférée. Il n'y eut point de voie qu'ils ne tentassent. Ils ıt incontinent de tous côtés pour avoir des approbateurs, et les à cette Faculté. Ce qui rendit cette question *célèbre par toute* ;, comme dit Caramuel, *Fund.* LV, p. 542, où il rapporte cette ¡ue leur P. Zergol lui en écrivit en ces termes : « Cette doctrine, ;suite, a été censurée bien rudement, et on a même défendu de er. Ainsi j'ai été prié de m'adresser aux savans et aux illustres onnoissance. J'écris donc à plusieurs docteurs, afin que, s'il s'en ıeaucoup qui approuvent ce sentiment, ce juge sévère, qui n'a éclaire par la solidité des raisons, le soit par la multitude des ;. Mais je me suis voulu d'abord approcher de la lumière du aramuel, espérant que si ce flambeau des esprits approuve cette :, ses adversaires seront couverts de confusion, *rubore suffun-* d'avoir osé condamner une opinion dont le grand Caramuel aura é la protection. »

it en cela l'esprit de ces pères, et les bassesses où ils se portent ıuver les moyens de résister aux condamnations les plus justes us authentiques. Mais cette première résistance leur fut inutile. 'arrêta point à la multitude de ces docteurs qui les secoururent en foule, et encore que Caramuel eût décidé nettement en ces termes : « La doctrine du P. L'Amy est seule véritable, et le contraire n'est pas seulement probable : c'est l'avis de tout ce que nous sommes de doctes.» Malgré tout cela le livre du P. L'Amy demeura condamné; et l'ordre fut si exactement donné par le conseil de Brabant d'en ôter cet article, que ces pères n'eurent plus de moyen de s'en défendre. Ne pouvant donc plus s'en sauver par une désobéissance ouverte. ils pensèrent à l'éluder par une obéissance feinte, en ne faisant autre chose que retrancher la fin de cette proposition, et laissant le commencement, qui la comprend tout entière : de sorte que, malgré la première Faculté de Flandre et le conseil souverain du roi d'Espagne, on voit encore aujourd'hui, dans le livre de ce P. L'Amy, cette doctrine horrible : «qu'un religieux peut défendre son véritable honneur, même par la mort de celui qui veut le déshonorer, *etiam cum morte invasoris*, s'il ne peut l'empêcher autrement.» Ce qui n'est que la même chose que la première proposition que nous avons rapportée : « qu'un religieux peut tuer celui qui veut médire de lui ou de sa communauté, » laquelle subsiste ainsi dans le premier membre, et y subsistera toujours; car qui entreprendroit pour cela une nouvelle guerre contre des gens si rebelles et si artificieux?

Voilà comme ils échappent aux condamnations de leurs plus détestables maximes, par des soumissions feintes et imaginaires; et c'est pourquoi, quand nosseigneurs les prélats de France leur ont voulu faire donner des déclarations sur des points importans, ils ont observé soigneusement de ne point laisser de lieu à leurs fuites et à leurs équivoques. Mais, s'ils ont bien eu le pouvoir de leur en faire donner d'exactes. ils n'ont pas eu celui de les empêcher de les violer. Les exemples en seroient trop longs à rapporter. Tout le monde sait leur procédé sur les livres d'Angleterre contre la hiérarchie, qu'ils furent obligés de désavouer par leurs PP. de La Salle, Haineuve, Maillant, etc., et qu'ils ont depuis reconnus publiquement et avec éloge dans un livre célèbre, approuvé par leur général, où ils traitent les évêques d'opiniâtres et de novateurs, *contumaces*, *novatores*. Et quelque solennelle que fût cette autre déclaration qu'ils signèrent en présence de feu M. le cardinal de Richelieu, qu'ils ne pouvoient ni ne devoient confesser sans l'approbation des évêques, ce qui est formellement décidé par le concile de Trente, ils la violèrent aussi solennellement dans le livre du P. Bauny, et ensuite plus insolemment dans celui du P. Cellot, lequel ayant été forcé de se rétracter, il fut bientôt soutenu de nouveau par le P. Pintereau dans sa réponse à leur *Théologie morale* (IIe part., p. 87), où il dit que «les jésuites n'ont pu et n'ont dû renoncer au droit qu'ils ont de confesser sans avoir obtenu l'approbation des évêques; et que le P. Bauny et les autres sont louables de maintenir par leurs écrits ce pouvoir, qu'on ne leur dispute que par jalousie.» Et nos confrères d'Amiens viennent de présenter requête le 5 de ce mois à M. leur évêque, où ils se plaignent, entre autres choses, de ce que le P. Poignant a enseigné depuis peu, dans leur collége, cette même doctrine, qu'on les a obligés si souvent de rétracter : tant il est impossible à l'Église d'arracher de ces pères une erreur où ils sont une fois entrés : tant ce principe est vivant dans leur société, qu'ils doivent tous défendre ce qu'un des leurs a mis une fois dans ses livres.

L'exemple que *leur grand flambeau* Caramuel en rapporte, en pensant leur faire honneur, est remarquable. C'est sur un cas effroyable de la doctrine du même P. L'Amy, savoir : « Si un religieux, cédant à la fragilité, abuse d'une femme de basse condition, laquelle tenant à honneur de s'être prostituée à un si grand personnage, *honori ducens se prostituisse tanto viro*, publie ce qui s'est passé, et ainsi le déshonore : si ce religieux peut la tuer pour éviter cette honte ? » Ne sont-ce pas là de belles questions de la morale de Jésus-Christ? et ne doit-on pas gémir de voir la théologie entre les mains de cette sorte de gens, qui la profanent si indignement par des propositions si infâmes? Et qui pourra souffrir que toute cette société s'arme pour les défendre par cette seule raison que leurs pères les ont avancées? C'est cependant ce qu'ils ne feignent point de déclarer, comme on le voit dans Caramuel, *Fund.* LV, p. 551, où il rapporte l'opinion d'un de ces pères sur ce cas horrible, qui mérite d'être considérée; la voici : « Le P. L'Amy eût pu omettre cette résolution; mais puisqu'il l'a une fois imprimée, il doit la soutenir, *et nous devons la défendre*, comme étant probable; de sorte que ce religieux peut s'en servir pour tuer cette femme, et se conserver en honneur : « Potuisset Amicus hanc resolutionem omisisse; at semel « impressam debet illam tueri, *et nos eamdem defendere.* » Si l'on pèse le sens de ces paroles, et qu'on en considère les conséquences, on verra combien nous avons de raison de nous opposer à une compagnie si étendue, si remplie de méchantes maximes et si ferme dans le dessein de ne jamais s'en départir.

Nous avons voulu faire paroître cette étrange liaison qui est entre eux par plusieurs exemples, afin qu'on voie que ce qu'ils font aujourd'hui pour l'*Apologie*, n'est pas un emportement particulier où ils se soient laissés aller par légèreté, mais l'effet d'une conduite constante et bien méditée, qu'ils gardent régulièrement en toutes rencontres; et qu'ainsi c'est en suivant l'esprit général qui les anime que le P. de Lingendes, qui a eu la principale direction de la défense de l'*Apologie*, a fait tant de démarches pour la soutenir, et en Sorbonne et ailleurs; et qu'en sollicitant MM. les vicaires généraux pour éviter la censure de ce livre, et leur présentant une déclaration captieuse qui fut rejetée, il ne feignit pas de leur dire tout haut ce qu'il a dit en tant d'autres lieux, « qu'ils étoient fâchés du bruit que ce livre causoit, mais que maintenant ils y étoient engagés, et que, puisque ce livre avoit été fait pour la défense de leurs casuistes, ils étoient obligés de le soutenir. »

Il faudroit avoir bien peu de lumière pour ne pas voir de quelle conséquence est cette maxime dans une société qui est remplie de tant d'opinions condamnées, qui, malgré toutes les censures et les défenses des puissances spirituelles et temporelles, est résolue de ne jamais les rétracter; qui fait gloire de souffrir plutôt toutes sortes de violences que de les désavouer : et qui se roidit tellement contre le mal qui lui en arrive, qu'elle prend sujet de là de comparer ses souffrances à celles de Jésus-Christ et de ses martyrs. C'est là le comble de la hardiesse; mais qui leur est devenu ordinaire, et qu'ils renouvellent dans leur dernier écrit. « Notre société, disent-ils (p. 2), ne souffre qu'après le Fils de Dieu, que les pharisiens accusoient de violer la loi. Il est honorable aux jésuites de partager ces opprobres avec Jésus-Christ; et les disciples ne doivent pas avoir de honte d'être traités comme le maître. »

Voilà comme cette superbe compagnie tire sa vanité de sa confusion et de sa honte. Mais il faut réprimer cette audace tout à fait impie, d'oser mettre en parallèle son obstination criminelle à défendre ses erreurs, avec la sainte et divine constance de Jésus-Christ et des martyrs à souffrir pour la vérité. Car quelle proportion y a-t-il entre deux choses si éloignées? Le Fils de Dieu et ses martyrs n'ont fait autre chose qu'établir les vérités évangéliques, et ont enduré les plus cruels supplices et la mort même par la violence de ceux qui ont mieux aimé le mensonge. Et les jésuites ne travaillent qu'à détruire ces mêmes vérités, et ne souffrent pas la moindre peine pour une opiniâtreté si punissable. Il est vrai que les peuples commencent à les connoître; que leurs amis en gémissent; que cela leur en ôte quelques-uns, et que leur crédit diminue de jour en jour. Mais appellent-ils cela persécution? Et ne devroient-ils pas plutôt le considérer comme une grâce de Dieu, qui les appelle à quitter tant d'intrigues et tant d'engagemens dans le monde que leur crédit leur procuroit, et à rentrer dans une vie de retraite plus conforme à des religieux, pour y pratiquer les exercices de la pénitence, dont ils dispensent si facilement les autres?

S'ils étoient chassés de leurs maisons, privés de leurs biens, poursuivis, emprisonnés, persécutés (ce que nous ne souhaitons pas, sachant que ces rigueurs sont éloignées de la douceur de l'Église), ils pourroient dire alors qu'ils souffrent; mais non pas *comme chrétiens*, selon la parole de saint Pierre; et ils n'auroient droit de s'appeler ni bienheureux ni martyrs pour ce sujet: puisque le même apôtre ne déclare heureux ceux qui souffrent que lorsqu'ils souffrent pour la justice: « Si « propter justitiam, beati; » et que, selon un grand Père de l'Église, et grand martyr lui-même, ce n'est pas la peine, mais la cause pour laquelle on endure, qui fait les martyrs, « non pœna, sed causa. » (Saint Cyprien.)

Mais les jésuites sont si aveuglés en leurs erreurs, qu'ils les prennent pour des vérités, et qu'ils s'imaginent ne pouvoir souffrir pour une meilleure cause. C'est l'extrême degré d'endurcissement. Le premier, est de publier des maximes détestables. Le second, de déclarer qu'*on ne veut point les condamner*, lors même que tout le monde les condamne. Et le dernier, de vouloir faire passer pour saints et pour compagnons des martyrs, ceux qui souffrent la confusion publique, pour s'obstiner à les défendre. Les jésuites sont aujourd'hui arrivés à cet état. Nous ne croyons pas qu'on puisse avoir des sentimens de piété dans le cœur, sans avoir une sainte indignation contre une disposition si criminelle et si dangereuse. Il est question, en cette dispute, d'erreurs qui renversent la morale chrétienne dans les points les plus importans; et une société entière de prêtres, qui gouvernent une infinité de consciences, prétend qu'il lui est glorieux de souffrir pour ne jamais s'en rétracter. Il faut assurément être tout à fait insensible aux intérêts de l'Église, pour ne point s'en émouvoir. Ceux qui n'ont point de connoissance de ces désordres, et qui regardent seulement en général le bien de la paix, peuvent peut-être s'imaginer qu'elle seroit préférable à ces disputes. Mais d'ouvrir les yeux à ces désordres, et, en les envisageant en leur entier, vouloir demeurer en repos, sans en arrêter le cours, c'est ce que nous croyons incompatible avec l'amour de la religion et de l'Église. Si nous ne regardions que notre intérêt, les choses sont à notre égard dans un état si avantageux, que nous aurions tous sujet d'être satisfaits. Mais comme la vérité ne l'est pas, nous devons solliciter pour elle; et nous avons sujet de craindre, selon la parole de saint Augustin, qu'au lieu que ceux qui sont insensibles à sa défense, peuvent accuser notre zèle d'excès, elle ne l'accuse de tiédeur, et ne crie que ce n'est pas encore là assez pour elle : « Hoc illi nimium dicunt esse : ipsa autem « veritas fortasse adhuc dicat, nondum est satis. »

Et, en effet, si on compare ce que nous avons dit à ce qu'ont dit ceux qui ont eu le plus de charité pour ces pères, lorsqu'ils ont été obligés de parler contre leurs égaremens, on y trouvera une différence extrême.

Quand on proposa à la Faculté de théologie de Paris leur établissement en France, et qu'elle en eut considéré les conséquences, elle en parla d'une manière si forte, que je ne sais si nous sommes excusables de n'en parler que comme nous faisons, en l'état où ils sont devenus aujourd'hui. Et leurs propres généraux, qui ont eu tant d'amour pour eux, mais qui ont vu aussi la corruption qui s'y glissoit, leur ont écrit d'une telle sorte, que, si nous étions jamais obligés de le faire paroître, on verroit ce que la charité fait dire, et comment elle sait soutenir avec vigueur la cause de la vérité blessée. Personne n'en est mieux informé que ces pères mêmes; et c'est pourquoi il y a apparence qu'ils ne nous engageront pas à nous justifier sur cela. Mais pour nous justifier envers Dieu, nous sommes obligés de demeurer dans nos premiers sentimens, et de leur répéter ici ce que nous leur avons dit dans un de nos écrits : Qu'aussitôt qu'ils voudront renoncer à l'*Apologie*, nous les embrasserons de tout notre cœur : qu'il ne suffit pas qu'ils reconnoissent qu'on est obligé d'aimer Dieu, et qu'il ne faut pas calomnier son prochain. (Ils le diront tant qu'on voudra, parce qu'ils embrassent toutes les opinions, vraies et fausses; c'est par là qu'ils amusent ceux qui ne sont pas instruits du fin de leurs maximes; et c'est ce que nous voulons que tout le monde connoisse, afin qu'on ne se laisse pas surprendre à leurs rétractations équivoques.) Mais qu'il faut qu'ils déclarent, que les opinions de ceux qui disent qu'on peut être sauvé sans aimer Dieu, qu'on peut tuer, calomnier, etc., sont fausses et détestables; et qu'enfin ils condamnent la doctrine de la probabilité, qui les enferme toutes ensemble. Et alors nous quitterons nos poursuites; mais jamais autrement. Car ils doivent s'attendre de trouver en nous une constance aussi infatigable à les presser de renoncer à ces erreurs, qu'ils auront d'obstination à les defendre ; et qu avec la grâce de Dieu, ce dessein sera toujours celui des pasteurs de l'Église, tant que ces méchantes opinions seront les *sentimens des jésuites.*

A Paris, le 24 juillet 1658.

SEPTIÈME FACTUM

Des curés de Paris, ou Journal de tout ce qui s'est passé, tant à Paris que dans les provinces, sur le sujet de la morale et de l'Apologie des casuistes, jusques à la publication des censures de nosseigneurs les archevêques et évêques, et de la Faculté de théologie de Paris.

Comme la morale des nouveaux casuistes est un des plus grands maux qui aient été répandus jusques ici dans l'Église, et dont les erreurs sont d'autant plus capables de corrompre les fidèles, qu'elles ne sont pas sur des points de théologie disproportionnés à l'intelligence des peuples, mais sur des points les plus populaires et les plus conformes aux inclinations corrompues de la nature : les pasteurs ont eu une obligation indispensable de parler en cette rencontre : parce que le silence, qui est quelquefois utile dans les matières hautes et cachées, eût été criminel et inexcusable en cette occasion. C'est pourquoi, afin de faire voir à tout le monde, que nous ni nos confrères des provinces, n'avons rien omis pour nous acquitter de notre devoir, nous avons jugé à propos de donner un récit de tout ce qui a été fait jusqu'ici sur ce sujet.

Les écrits intitulés : *Lettres écrites à un Provincial par un de ses amis*, ayant paru en l'année 1656, qui découvroient un grand nombre de pernicieuses maximes, tirées des livres des nouveaux casuistes, M. de Saint-Roch, syndic des curés de Paris, en donna avis en leur assemblée ordinaire du 12 mai 1656, et dit que, si les propositions contenues dans ces lettres étoient fidèlement tirées des casuistes, il jugeoit que la compagnie devoit demander la condamnation de ces pernicieuses maximes ; et que s'il n'étoit pas véritable qu'elles fussent des auteurs auxquels elles étoient attribuées, il falloit demander la condamnation des lettres mêmes. Mais comme il n'y avoit point en ce temps-là de vicaires généraux dans le diocèse, le dessein des curés ne put avoir alors son effet, de sorte qu'ils furent par nécessité obligés de le différer.

Cependant M. du Four, abbé d'Aulney, et qui étoit alors curé de Saint-Maclou de Rouen, ayant parlé avec beaucoup de zèle et de courage contre ces propositions dans quelques-uns de ses sermons, et entre autres dans celui qu'il prononça au synode de Rouen le 30 mai de la même année, en présence de plus de douze cents curés, et de M. l'archevêque même, les jesuites s'en trouvèrent étrangement offensés par le seul intérêt qu'ils prenoient à la défense de ces maximes ; car il n'avoit pas été dit d'eux une seule parole dans ces sermons. Ils en firent donc un grand bruit : et le P. Brisacier, recteur du collége de la même ville, présenta requête à M. l'archevêque, contre M. du Four : ce qui etant venu à la connoissance des curés de Rouen, ils crurent être obligés de prendre part à cette querelle de leur confrère, attaqué en une partie qui les touchoit également, puisqu'ils ont intérêt de veiller à la bonne doctrine et à la pureté des mœurs, d'où dépend le salut des âmes qui leur sont commises.

Mais pour procéder mûrement en cette affaire, et ne pas s'y engager mal à propos, ils délibérèrent, dans une de leurs assemblées, de consulter les livres d'où les *Lettres provinciales* rapportent ces propositions, afin d'en faire des recueils et des extraits fidèles, et d'en demander la condamnation par des voies canoniques, si elles se trouvoient dans les casuistes, de quelque qualité et condition qu'ils fussent : et, si elles ne s'y trouvoient pas, abandonner cette cause, et poursuivre au même temps la censure des *Lettres au Provincial*, qui alléguoient ces doctrines, et qui en citoient les auteurs.

Six d'entre eux furent nommés de la compagnie, pour s'employer à ce travail. Ils y vaquèrent un mois entier avec toute la fidélité et l'exactitude possible; ils cherchèrent les textes allégués. Ils les trouvèrent dans leurs originaux et dans leurs sources, mot pour mot comme ils étoient cités : ils en firent des extraits, et rapportèrent le tout à leurs confrères dans une seconde assemblée, en laquelle, pour une plus grande précaution, il fut arrêté que ceux d'entre eux qui voudroient être plus éclaircis sur ces matières, se rendroient, avec les députés, en un lieu où étoient les livres, pour les consulter derechef, et en faire telles conférences qu'ils voudroient. Cet ordre fut gardé, et les cinq ou six jours suivans, il se trouva dix ou douze curés à la fois, qui firent encore la recherche des passages, qui les collationnèrent sur les auteurs, et en demeurèrent satisfaits, comme tout cela est rapporté dans une lettre écrite par un des curés de Rouen, et imprimée avec la requête qu'ils présentèrent au nom de leur compagnie, et d'autres procédures qu'ils ont faites dans la poursuite de cette affaire.

Sur cela les curés de Rouen résolurent de présenter requête en leur nom pour la condamnation de ces maximes impies; et M. leur archevêque, suivant les conclusions de son promoteur général, et de l'avis de son conseil, considérant que cette affaire touchoit toute l'Église, et que le clergé étoit alors assemblé à Paris, renvoya l'affaire à l'assemblée générale, et même députa un de ses grands vicaires pour y présenter de sa part cette requête, et les extraits de ses curés.

Cependant les curés de Paris, qui veilloient de leur part pour garantir leurs peuples de ces corruptions, furent derechef avertis par M. le curé de Saint-Roch, syndic, qu'il étoit temps de donner ordre aux maux qui menaçoient l'Église, et de penser à chercher les moyens pour en arrêter le progrès. Les curés de Rouen, qui espérèrent beaucoup d'assistance des curés de Paris, leur écrivirent; et M. le curé de Saint-Paul présenta le septième jour d'août 1656, en leur assemblée ordinaire qu'ils font tous les mois, pour aviser aux besoins de leurs paroisses, une lettre qu'il reçut de M. du Four, au nom de ses confrères les curés de Rouen, pour prier tous ceux de Paris de les assister de leurs conseils, et d'intervenir avec eux pour la défense de l'Évangile. Il fut arrêté que M. de

Saint-Paul leur témoigneroit la consolation que toute la compagnie avoit reçue de leur lettre, et l'assistance qu'ils pouvoient espérer d'eux.

Dans le mois de septembre suivant, les curés de Paris donnèrent avis aux curés des provinces, de cette mauvaise morale qui menaçoit toute l'Église, afin qu'avec la permission de nosseigneurs leurs prélats, ils s'unissent à eux, et intervinssent dans la défense de cette cause. Sur quoi les curés de Paris reçurent en bonne forme, et gardent en leurs registres les procurations des curés d'un grand nombre de villes des plus considérables du royaume.

M. le curé de Saint-Roch ayant remontré à leur assemblée que, pour procéder en cette affaire plus mûrement et d'une manière irréprochable, il étoit important d'examiner les livres mêmes des casuistes, d'en extraire fidèlement les propositions pour demander la censure à l'assemblée générale du clergé, qui étoit déjà saisie de cette affaire, et d'en députer quelques-uns à cet effet : il fut conclu qu'on présenteroit requête à M. le grand vicaire, pour lui demander la condamnation de cette doctrine, ou le renvoi de l'affaire à l'assemblée générale du clergé.

On députa ensuite plusieurs curés pour examiner les propositions, lesquels y ayant travaillé, et extrait trente-huit propositions de divers auteurs, il fut délibéré qu'ils les présenteroient à l'assemblée pour en demander la condamnation; ce qu'ils firent, et quelque temps après ils en présentèrent encore plusieurs autres avec une remontrance à nosseigneurs de l'assemblée, qui leur fut portée le 24 novembre, signée par MM. de Saint-Roch et des Saints-Innocens, syndics : l'assemblée nomma nosseigneurs l'archevêque de Toulouse, et les évêques de Montauban, de Coutance, de Vannes et d'Aire, pour faire droit sur la requête des curés et sur leurs extraits.

Ces propositions parurent si horribles à tout le monde, qu'on s'attendit d'en voir bientôt une condamnation célèbre; et on l'auroit obtenue en effet si le grand nombre qui s'en trouva, et le peu de loisir qu'avoit alors l'assemblée, qui étoit continuellement pressée de finir, n'en eussent ôté le moyen. Mais nosseigneurs les prélats, voyant qu'il n'étoit pas en leur pouvoir de rendre alors cette justice, voulurent au moins faire connoître à toute l'Église qu'ils n'avoient manqué que de temps; et pour cela ils ordonnèrent que les *Instructions* de saint Charles seroient imprimées par l'ordre du clergé, avec une lettre circulaire à tous nosseigneurs les prélats, qui serviroit de prejugé de leurs sentimens, et comme d'un commencement de condamnation de toutes ces maximes en général, en attendant que le temps s'offrît de la faire plus solennelle.

En effet, les *Instructions* de saint Charles furent imprimées par le commandement de l'assemblée, et par leur imprimeur ordinaire, en 1657, avec cet extrait du procès verbal :

« Du jeudi, premier jour de février, à huit heures du matin, M. l'archevêque de Narbonne, président; M. de Cyron a dit : Que suivant l'ordre de l'assemblée, il avoit fait venir de Toulouse le livre des *Instructions* pour les confesseurs, dressées par saint Charles Borromée, et traduites en françois par feu M. l'archevêque de Toulouse pour la conduite des confesseurs de son diocèse. Et plusieurs de MM. les prélats qui ont lu ledit livre, ayant représenté qu'il seroit très-utile, et principalement en ce temps où l'on voit avancer des maximes si pernicieuses et si contraires à celles de l'Évangile, et où il se commet tant d'abus en l'administration du sacrement de pénitence, par la facilité et l'ignorance des confesseurs; l'assemblée a prié M. de Cyron de prendre soin de le faire imprimer, afin que cet ouvrage, composé par un si grand saint, avec tant de lumière et de sagesse, se répande dans les diocèses, et qu'il puisse servir comme d'une barrière pour arrêter le cours des opinions nouvelles, qui vont à la destruction de la morale chrétienne. » Voilà tout ce que nosseigneurs les évêques purent faire : ils ont témoigné à tout le monde le regret qu'ils ont eu de ne pas avoir eu le temps de consommer cette affaire; et ils continuent tous les jours de le témoigner, comme a fait encore M. de Couserans par cette lettre :

Réponse de M. l'évêque de Couserans à la lettre de MM. les curés de Paris.

« Messieurs,

« J'ai fait part à MM. d'Aleth, de Cominges et de Bazas, de la lettre que vous m'avez fait l'honneur de m'écrire, et que M. le curé de Saint-Roch a pris la peine de me faire tenir; ils vous en rendent leurs très-humbles grâces. Ils y ont vu, avec une joie sensible, vos généreux sentimens pour notre commune censure contre l'*Apologie des casuistes* c'est un acte de justice publique que nous devions à la doctrine enseignée par Jésus-Christ dans son Évangile, de la défendre en cette occasion contre les dogmes d'une morale relâchée qui corrompt les mœurs des fidèles, qui met l'homme en la main de son cœur et de sa raison, pour en suivre les conseils souvent criminels, et toujours suspects, depuis que le péché a répandu son venin dans ces deux facultés. Vous, messieurs, avez été les premiers qui avez été touchés de l'outrage qu'alloit recevoir, par cette morale funeste, toute l'Église du Fils de Dieu. Je suis témoin de ce cri charitable de votre gémissement, qui vint frapper l'oreille de ces pères assemblés en la dernière assemblée du clergé, où j'avois l'honneur d'être un des députés; vous leur en portâtes les plaintes, elles émurent les cœurs sensiblement, et je sais que, sans l'obligation qui les engagea pour lors de se séparer, leurs délibérations eussent confirmé toutes les vôtres sur ce sujet, et qu'ils eussent proscrit par une censure publique cette doctrine de relâchement et d'iniquité. Toute la postérité chrétienne bénira votre zèle; les évêques, qui sont les dépositaires légitimes de la puissance de Jésus-Christ, se souviendront toujours, avec les sentimens d'une reconnoissance particulière, de ce courage fort, persévérant et invincible, qui vous a fait soutenir tant de fois son autorité en la cause de l'épiscopat, en ces rencontres si difficiles. Je loue Dieu, messieurs, de m'avoir donné lieu d'être le spectateur en vous de tous ces nobles sentimens pendant les cinq années de mon agence, et durant le cours de notre dernière assemblée. Je vous confesse que cette vue, qui m'a laissé une profonde estime de vos personnes pour toute ma vie, m'a donné des mouvemens de force pour essayer de faire l'œuvre de mon ministère. Je prie la miséricorde de celui qui a daigné m'y appeler au milieu de ma profonde indignité, de vouloir m'en rendre digne; je vous demande pour cela auprès de lui les intercessions efficaces de votre vertu, et de croire que je suis, avec un respect très-véritable,

« Messieurs,

« Votre très-humble et très-affectionné serviteur,

« BERNARD, évêque de Couserans.

« De Couserans, ce 20 décembre 1658. »

Ce fut alors que les défenseurs de ces nouvelles doctrines les voyant condamnées par les prélats, et décriées parmi les peuples, se persuadèrent que pour relever le crédit de leurs casuistes, il falloit les soutenir par quelque ouvrage considérable.

Ce dessein ne fut pas si secret que quelques-uns ne s'en ouvrissent à leurs amis, et l'on sait qu'en plusieurs villes les jésuites se vantèrent publiquement, quelque temps devant que l'*Apologie* parût, qu'il viendroit bientôt un livre qui renverseroit tout ce qu'on auroit écrit contre la morale de leur société. Et lorsqu'il fut en état d'être imprimé, les jésuites mêmes en demandèrent le privilége à M. le chancelier, qui le leur refusa, et qui a témoigné depuis combien il désapprouvoit ce malheureux ouvrage. Les mêmes jésuites sollicitèrent M. Grandin et M. Morel, docteurs de Sorbonne, pour en tirer l'approbation, qu'ils refusèrent pareillement. Mais ceux qui avoient espéré un si grand succès de ce livre, ne laissèrent pas pour cela de se résoudre à le produire.

On vit donc paroître, sur la fin de l'année 1657, ce livre intitulé : *Apologie pour les casuistes contre les calomnies des jansénistes*, dont le dessein étoit de combattre les *Lettres au Provincial* sur les points qu'elles avoient représentés comme étant contraires à l'esprit de l'Évangile.

Cet apologiste prend pour cela une voie toute différente de ceux qui avoient écrit avant lui; car il ne prétend plus qu'on ait falsifié la doctrine des casuistes; mais, reconnoissant de bonne foi qu'elle étoit telle qu'on l'a représentée, il la soutient comme étant au moins probable, et par conséquent sûre en conscience.

Encore que ce livre ne se vendît pas publiquement, parce qu'il n'avoit pas de privilége, on n'avoit pas néanmoins de peine à en recouvrer, les jésuites ayant bien voulu le débiter et le vendre eux-mêmes dans leur collége de Clermont à Paris, où un grand nombre de personnes en ont fait acheter autant qu'ils en ont voulu. Ces pères, de plus, en donnèrent en même temps, tant à Paris qu'à Rouen, et aux autres villes du royaume, à beaucoup de magistrats et à beaucoup de personnes de qualité, comme le plus excellent ouvrage qui eût paru depuis longtemps.

Mais il en arriva le contraire de leur prétention, car ce livre ne fit qu'augmenter l'aversion qu'on avoit déjà conçue pour les maximes des casuistes; et les personnes de qualité furent étrangement scandalisées de la hardiesse avec laquelle on les y représentoit de nouveau comme des vérités de la morale chrétienne, ainsi qu'il est porté dans le titre même de cette *Apologie*.

Il ne se passa rien sur ce sujet jusqu'au commencement de l'année 1658, que les curés de Paris étant émus, tant par l'horreur que leur avoit causée la lecture de ce livre, que par les plaintes qu'ils en recevoient tous les jours, prirent dessein d'apporter quelques remèdes aux mauvaises suites qu'il pouvoit avoir.

L'ouverture en fut faite par leurs syndics, MM. les curés de Saint-Roch et des Saints-Innocens, le lundi 7 janvier, en leur assemblée ordinaire. Ils y représentèrent, ainsi qu'il est porté par leur registre, que depuis peu de jours il se débitoit sous main, sans nom d'auteur ni d'imprimeur, un livre intitulé : *Apologie pour les casuistes*, dans lequel il y avoit grand nombre de fausses et dangereuses propositions, non-seulement contre la conduite et le salut des âmes et contre les bonnes mœurs, mais même contre la sûreté publique ; et qu'ainsi, non-seulement M. le cardinal de Retz, archevêque de Paris, ou MM. ses grands vicaires, mais aussi les magistrats et les juges, avoient grand intérêt à la condamnation de cette pernicieuse *Apologie*. Et sur ce rapport, la compagnie, comme il est dit dans le registre, ne voulant pas oublier son zèle ordinaire dans la poursuite d'une affaire de cette qualité, résolut de s'adresser tant à MM. les vicaires généraux pour leur faire plainte de ce libelle, et en demander la censure, qu'à MM. les gens du roi, pour leur dénoncer ce pernicieux livre, et demander et suivre leurs ordres dans la poursuite de cette affaire. Et pour cet effet la compagnie députa MM. de Saint-Paul, de Saint-Roch, syndic, de Saint-André des Arcs, des Saints-Innocens, de Saint-Eustache, de Saint-Christophe, de Saint-Médard et de Saint-Pierre aux Bœufs, pour en conférer ensemble, vérifier sur le livre même les extraits de quelques-unes de ces dangereuses propositions, les porter, tant à MM. les vicaires généraux qu'à MM. les gens du roi, et en poursuivre incessamment la condamnation ; même s'adresser à MM. le doyen et le syndic de la Faculté, afin qu'ils le dénonçassent et qu'ils en fissent leur rapport à la Faculté, pour avoir la censure d'une si malheureuse doctrine.

Ensuite de cette résolution, les députés, ayant travaillé aux extraits, allèrent trouver les personnes auxquelles la compagnie leur avoit ordonné de s'adresser ; et le lundi 4 février 1658, les curés s'étant assemblés, M. de Saint-Roch ayant fait la lecture de deux requêtes dressées par ordre de la compagnie, et suivant la conclusion du lundi 7 janvier, l'une à MM. les vicaires généraux, et l'autre au parlement pour la condamnation du livre intitulé : *Apologie pour les casuistes*, etc., il fut résolu que ces requêtes seroient signées par les curés qui étoient présens à l'assemblée, et qu'elles seroient aussi envoyées à ceux qui ne s'y étoient pas trouvés, pour être signées, parce qu'il s'agissoit d'une affaire qui les touchoit tous également.

Le même M. de Saint-Roch représenta encore qu'un factum étant une chose qui pouvoit beaucoup servir dans la poursuite de cette affaire, la compagnie en avoit fait dresser un pour faire voir les causes et les motifs de ses justes procédures contre ce pernicieux libelle. Sur quoi les huit députés qui ont été nommés, furent priés de le voir et de le faire imprimer pour être distribué partout où il seroit à propos.

Deux jours après cette assemblée le roi manda les curés de Saint-Paul et de Saint-Roch, qui, étant arrivés au Louvre, furent conduits dans la chambre de M. le cardinal, où étoit le roi avec Son Éminence, M. le chancelier, M. Servien, M. le procureur général et M. de Brienne. Le roi dit aux curés qu'il les avoit mandés sur le sujet que M. le chancelier leur diroit. M. le chancelier dit que le roi vouloit être informé de ce qui s'étoit passé dans leur assemblée du lundi dernier. Les curés répondirent que sur le rapport fait par les syndics qu'un livre abominable commençoit à paroître, qui alloit à la destruction de toute la morale chrétienne et de la sûreté publique, ils avoient résolu d'en poursuivre la condamnation, et signé pour cela deux requêtes, l'une à MM. les vicaires généraux, et l'autre au parlement.

M. le cardinal demanda pourquoi on avoit eu recours au parlement. Que si M. l'archevêque étoit présent, les curés auroient eu recours à lui; qu'ainsi, en son absence, ils devoient se contenter de recourir à ses vicaires généraux.

Les curés répondirent que, comme l'*Apologie* n'alloit pas seulement contre les principes de la religion chrétienne, mais encore contre les lois civiles par les permissions qu'elle donne de voler et de tuer, ce livre devoit être condamné non-seulement par les juges ecclésiastiques, mais encore par les séculiers; outre qu'étant rempli de calomnies et d'injures contre les personnes des curés, pour détourner les peuples de la croyance qu'ils devoient avoir en eux, ils étoient obligés, par le devoir de leurs charges, d'en poursuivre l'imprimeur et l'auteur, pour leur faire faire réparation de ce scandale, dont MM. les vicaires généraux ni la Faculté de théologie ne pouvant connoître, ils avoient été conseillés de présenter leur requête au parlement.

M. le cardinal repartit que tant pour l'information que pour la réparation d'honneur, les curés pouvoient s'adresser à l'official. Les curés répondirent qu'ils n'avoient osé s'adresser à M. l'official, et que la raison qui les avoit retenus étoit, qu'ayant un peu auparavant un sujet pareil de se plaindre du P. Bagot, jésuite, qui les avoit traités dans un livre d'une manière aussi outrageuse, ils s'étoient adressés à M. l'official pour en avoir justice; mais nonobstant que le P. Bagot eût mis procureur, et qu'il y eût trois appointemens donnés à l'audience avec lui, il ne laissa pas de se pourvoir au conseil, et y obtint un arrêt sur requête au rapport de M. Balthasar, frère du P. Balthasar, jésuite, en date du troisième jour d'août 1657, signifié aux syndics, par lequel le P. Bagot avoit été déchargé de l'assignation, et défense faite aux curés de plus user de telles voies, et à l'official d'en connoître, à peine de nullité des procédures, de cassation des sentences, et de tous depens, dommages et intérêts; et que c'est ce qui les avoit retenus de s'adresser à M. l'official, par la crainte d'un semblable arrêt, qu'il seroit aussi facile d'obtenir que le premier sans appeler les curés, et en faveur d'un auteur qu'ils savent assurément être le P. Pirot, jésuite, et sur le sujet d'un livre dont les jésuites en corps se rendent les défenseurs

Sur cela Son Éminence dit qu'il ne falloit pas souffrir que les curés de Paris fussent offensés par des livres injurieux, et supplia Sa Majesté de commander que l'arrêt dont ils se plaignoient fût cassé et révoqué, ce que le roi eut la bonté d'ordonner à l'heure même.

Et quant au livre de l'*Apologie* dont il s'agissoit, M. le chancelier dit qu'on lui avoit demandé permission de l'imprimer, et qu'il l'avoit refusée. A quoi les curés repartirent que, puisqu'il connoissoit ainsi ceux qui lui avoient fait cette demande, il étoit de sa bonté et de sa justice de favoriser les curés dans la poursuite qu'ils faisoient contre des gens qui avoient contrevenu à ses ordres.

M. le cardinal dit que pour ce qui regarde la suppression du livre, et pour en empêcher la vente et les autres impressions, les curés pouvoient se contenter de l'ordonnance faite par M. le lieutenant civil, et publiée depuis peu de jours.

Les curés répondirent que tant s'en faut que cette ordonnance leur fût favorable, qu'elle leur étoit plutôt contraire: et qu'il y avoit apparence qu'elle avoit été sollicitée par les jésuites mêmes, parce qu'elle comprenoit dans une même condamnation, non-seulement l'*Apologie*, mais encore les écrits des curés de Paris, qu'ils avoient présentés à l'assemblée générale du clergé, et qui étoient imprimés en même volume avec les *Lettres Provinciales*, que cette ordonnance défendoit aussi : outre que dans les occasions où il s'agissoit de livres semblables à l'*Apologie*, qui vont contre la religion et l'État, on avoit accoutumé de s'adresser directement au Parlement, qui a le pouvoir de la police générale et souveraine; comme quand il avoit été question de condamner les livres de Santarel et de Mariana, jésuites. Et qu'il s'agissoit ici d'un livre plus dangereux que tous les autres, et dont la doctrine est préjudiciable, non-seulement au salut des âmes, mais aussi à la sûreté de la personne des rois et de leurs ministres.

Ensuite de quoi M. le chancelier dit aux curés que le roi vouloit qu'ils s'adressassent sur toutes choses aux grands vicaires, à l'official et à la Faculté, et que Sa Majesté n'avoit pas agréable qu'ils s'adressassent au Parlement, mais qu'elle manderoit à la Faculté de théologie de travailler incessamment à l'examen et à la censure du livre.

Les curés, ayant appris la volonté du roi, promirent d'y obéir ponctuellement, et se retirèrent.

Le septième jour de février 1658, M. de Saint-Roch fut prié de se trouver chez M. le lieutenant civil, où, s'étant rendu, il le trouva accompagné de M. le lieutenant criminel et de M. le procureur du roi au Châtelet. M. le lieutenant civil lui demanda pourquoi MM. les curés de Paris ne s'étoient point adressés à eux pour la suppression du livre de l'*Apologie pour les casuistes.*

M. de Saint-Roch répondit que les curés avoient été conseillés de s'adresser à la justice et police du Parlement, comme souveraine et ordinaire en matière de livres d'une doctrine aussi méchante que celle de l'*Apologie;* que les curés ayant dessein, non-seulement de faire supprimer ce livre, mais aussi de le faire condamner au feu, à quoi ils estimoient l'autorité de la cour être nécessaire, ils avoient cru devoir s'y adresser : outre que M. le lieutenant civil, par son ordonnance du vingt-cinquième jour de janvier 1658, sans ouïr les curés de Paris, ayant supprimé leurs requêtes, extraits et autres écrits avec les *Lettres au Provincial*, ils ont cru que cette ordonnance avoit été sollicitée et obtenue par les jésuites mêmes, afin d'éviter une plus sévère condamnation du Parlement. A quoi il ajouta plusieurs autres choses touchant les périlleuses conséquences de ce livre. Et s'adressant à M. le procureur du roi, il lui dit que ce seroit une chose digne de sa charge et de sa justice de requérir qu'il fût informé de l'auteur et de l'imprimeur de ce méchant livre : et le lendemain 8 février, on vit paroître une nouvelle sentence de M. le lieutenant civil, portant défenses réitérées de débiter, imprimer ou vendre l'*Apologie pour les casuistes*, sans qu'il y fût parlé des *Lettres au Provincial*.

Cependant les curés ne pouvant porter leurs plaintes au Parlement, selon l'ordre qu'ils en avoient reçu du roi, présentèrent leur requête à MM. les vicaires généraux, pour leur demander la censure de ce livre, signée de trente-un curés, et la publièrent avec un extrait des plus dangereuses propositions de ce livre, et un factum où, après avoir représenté les principales raisons qui les avoient obligés de s'élever avec plus de vigueur que jamais contre tant de pernicieuses maximes, dont les casuistes s'efforçoient de ruiner et de corrompre toute la morale chrétienne, ils déclarent que « ce qui les pressoit le plus d'agir en cette rencontre étoit qu'il ne faut pas considérer ces propositions comme étant d'un livre anonyme et sans autorité, mais comme étant d'un livre soutenu et autorisé par un corps très-considérable : qu'encore qu'ils n'eussent jamais ignoré les premiers auteurs de ces désordres, ils n'avoient jamais voulu les découvrir, et qu'ils ne le feroient pas encore, s'ils ne se découvroient eux-mêmes, et s'ils n'avoient affecté de se faire connoître à tout le monde. Mais que, puisqu'ils vouloient qu'on le sût, il étoit inutile aux curés de le cacher; que puisque c'étoit chez eux, dans le collége de Clermont et dans leur maison professe de la rue Saint-Antoine, qu'ils avoient fait débiter cet ouvrage; que ces pères l'avoient porté chez leurs amis à Paris et dans les provinces; que le P. Brisacier, recteur du collége de Rouen, l'avoit donné lui-même aux personnes de condition de la ville; qu'il l'avoit fait lire en plein réfectoire, comme une pièce d'édification et de piété; que les jésuites de Paris avoient sollicité des docteurs pour en avoir l'approbation; et enfin qu'ils avoient levé le masque, et avoient voulu se faire connoître en tant de manières : il étoit temps que les curés agissent ouvertement; et que comme les jésuites se déclaroient publiquement les protecteurs de l'*Apologie des casuistes* dans les chaires, à la cour et dans les compagnies particulières, les curés s'en déclarassent publiquement les dénonciateurs. »

Au même temps que les curés de Paris témoignoient leur zèle contre ce livre, les curés de Rouen s'adressèrent à M. leur archevêque; et, ensuite d'une procuration aussi signée de vingt-six curés, qui donnoient le soin à cinq d'entre eux de poursuivre cette affaire, ils présentèrent leur requête, sur laquelle M. l'archevêque de Rouen les renvoya par-devant ses grands vicaires, auxquels il ordonna d'examiner ce livre sans délai, en présence de M. l'évêque d'Olonne, et de lui envoyer leur avis doctrinal. Les mêmes curés de Rouen publièrent aussi un factum, où ils font voir une grande partie des plus méchantes opinions de l'*Apologie*.

Le onzième de mars, les curés de Paris s'étant assemblés, et ne voulant pas négliger les poursuites qu'ils avoient commencées contre une si pernicieuse doctrine, députèrent MM. de Saint-André, de Saint-Eustache, avec MM. les syndics, pour solliciter cette affaire auprès de MM. les vicaires généraux, et en demander incessamment la condamnation.

Cependant le carême étant arrivé, plusieurs prédicateurs, à Paris et en d'autres villes de France, se crurent obligés de faire connoître aux peuples le danger qu'il y avoit de se laisser conduire par les maximes des casuistes; et combien en particulier l'*Apologie* qu'on avoit faite pour les défendre étoit opposée à l'esprit de l'Évangile et à la voie du salut.

On recevoit aussi en même temps divers avis de ce que les jésuites faisoient dans les provinces pour débiter et soutenir cette *Apologie*. On sut entre autres choses qu'à Amiens ils l'avoient eux-mêmes donnée au lieutenant général et au lieutenant particulier; et que le recteur des jésuites de cette même ville, parlant de l'*Apologie* à un de ses amis, lui avoit dit que « c'étoit une pièce qui faisoit bruit, mais que ce n'étoit qu'à l'égard des simples et des ignorans, et que les savans qui sont et seront, l'estimeront toujours, parce que la doctrine qu'elle contient est la véritable. »

On sait aussi qu'à Rouen, un des plus habiles conseillers du Parlement ayant demandé au P. Brisacier, recteur du collége, pourquoi ils défendoient les maximes qui étoient dans l'*Apologie*, ce jésuite lui avoit répondu « qu'elles avoient été soutenues avant la société par d'autres docteurs. » A quoi ce conseiller répliqua fort sagement : « Véritablement, mon père, quand ce que vous dites seroit vrai, je m'étonne par quel aveuglement votre société a pris plaisir de rechercher tout ce qui est abominable dans tous les docteurs qui vous ont précédés, ou qui vous sont contemporains, pour en faire un corps de morale, et l'attribuer à votre société, comme étant votre propre ouvrage, et l'esprit avec lequel vous conduisez ceux qui ont croyance en vous. Et ce qui est encore pis, vous remuez ciel et terre, et importunez toutes les puissances, tant ecclésiastiques que séculières, pour faire passer ces erreurs, et condamner d'hérésie les véritables maximes qui sont contraires aux vôtres. »

A Bourges, un religieux étant allé trouver le P. Ragueneau, jésuite, son cousin, et lui ayant porté la requête et le Factum des curés de Paris, lui citant les méchantes propositions de l'*Apologie*, ce père lui répondit que « ce livre de l'*Apologie* étoit très-excellent et très-bien fait; que les docteurs de Sorbonne qui l'avoient examiné n'y avoient rien trouvé à redire; qu'il ne pouvoit être que très-bon, ayant été composé par un savant homme religieux de leur compagnie, qui se nommoit le P. Pirot, régent depuis longtemps en théologie, confesseu. célèbre, grand ami et compagnon du P. Annat. »

L'affaire de l'*Apologie* demeura quelque temps en cet état, les docteurs députés pour l'examiner n'en ayant encore fait aucun rapport en Sorbonne, et les curés se contentant d'avoir publié leur Factum, et d'en solliciter la censure auprès des vicaires généraux. Mais les jésuites voyant le décri public où se trouvoit leur doctrine, par les poursuites des curés, résolurent de répondre à leur Factum; ce qu'ils firent en diverses feuilles qu'ils publièrent de temps en temps durant l'espace d'environ un mois.

La première portoit ce titre : *Réfutation des calomnies publiees contre les jésuites, par les auteurs d'un Factum qui a paru sous le nom de MM. les curés de Paris, à l'occasion d'un livre intitulé : « Apologie pour les casuistes, contre les calomnies des jansénistes. »* Dans cet écrit, pour avoir plus de liberté de décrier les curés de Paris, ils feignent que le Factum n'est point des curés : « Qu'il est indigne de leur piété et de leur vertu : et comme nous ne leur imputons point, disent-ils, les faussetés et impostures dont il est rempli, nous ne prétendons point aussi qu'ils aient part à l'infamie qui en revient à ses auteurs. »

Mais il est à remarquer que les curés ayant déclaré, dans leur Factum, que la raison qui les obligeoit de s'adresser directement aux jésuites en particulier en agissant contre l'*Apologie*, est qu'eux-mêmes avoient affecté de faire connoître à tout le monde que l'*Apologie* sortoit de chez eux, l'ayant eux-mêmes vendue, donnée à leurs amis, et sollicité des docteurs de l'approuver; les jésuites qui parlent en leur nom dans cet écrit intitulé : *Réfutation*, etc., ne disent pas un seul mot contre ces faits si importans, ni dans cette réponse, ni dans les autres; et qu'ils ne l'ont jamais fait dans aucun de leurs écrits, et ne désavouent en aucune sorte de l'avoir vendue eux-mêmes, et assez cher, et de l'avoir portée de tous côtés à leurs amis.

Les curés de Paris ne furent pas peu surpris de la hardiesse avec laquelle la société osoit soutenir, par un écrit public, qu'un Factum qu'ils avoient dressé, publié, présenté à MM. les vicaires généraux, et distribué dans leurs paroisses, leur étoit supposé. C'est pourquoi, en leur assemblée ordinaire du 7 avril 1658, ils résolurent, pour détruire entièrement cette fausseté, qu'il seroit fait un acte par lequel les curés avoueroient ce Factum, comme ayant été fait et publié par eux; et il y eut huit commissaires nommés pour dresser l'original de cet acte : ce qui fut exécuté peu après, et c'est leur second écrit intitulé : *Réponse des curés de Paris, pour soutenir le Factum par eux présenté à MM. les vicaires généraux, contre un écrit intitulé : « Réfutation des calomnies publiées contre les jésuites par les auteurs d'un Factum qui a paru sous le nom de MM. les curés de Paris. »*

Ils représentèrent aussi que les jésuites avoient usé dans leur écrit de la même témérité, sur le sujet de la lettre circulaire que l'assemblée générale du clergé a fait adresser à tous les évêques de France, pour préserver leurs diocèses de la corruption des casuistes; ayant osé dire de cette lettre, que « c'est une pièce subreptice, sans aveu, sans ordre et sans autorité. » Sur quoi les curés de Paris, pour confondre davantage cette hardiesse, jugèrent à propos d'en écrire à M. l'abbé de Cyron, qui avoit eu ordre de l'assemblée de dresser cette lettre, pour servir de préface au livre des *Instructions* de saint Charles. M. de Saint-Roch en prit le soin; et voici ce que M. de Cyron lui répondit d'auprès de Toulouse, le 25 mai 1658.

A M. le curé de Saint-Roch, syndic des curés de Paris.

« Monsieur,

« Je dois rendre témoignage à la vérité, que je n'ai pas tant de part, comme votre compagnie a cru, à ce bel ouvrage de l'assemblée, quoique je me glorifie bien d'y en avoir un peu. Ceux qui ne veulent pas reconnoître cette pièce comme un ouvrage de cet auguste corps, en ont conçu des idées bien basses, et lui font une grande injure, puisque non-seulement il lui appartient, mais aussi à tous les évêques qui étoient pour lors à Paris. J'en fis la proposition à la prière de plusieurs prélats de l'assemblée; et, pour la rendre plus authentique, je pris occasion de la convocation des étrangers qui avoient été appelés pour quelque affaire extraordinaire. Je ne sais pas comment l'on peut se persuader que de telles actions cherchent les ténèbres. J'ai vu toujours MM. les prélats fort disposés à condamner toutes ces maximes diaboliques qui ont paru dans les extraits; et l'horreur que tous en témoignoient faisoit bien paroître qu'ils n'étoient retenus que par leur peu de loisir, et par la nécessité qu'on avoit de conclure une si longue assemblée. En vérité, il me semble qu'il ne faut que croire en Dieu, et n'avoir pas renoncé aux premières notions du christianisme, pour avoir en exécration une telle morale. Je m'estimerois heureux de pouvoir la noyer dans mon sang; mais, puisque je n'ai que des désirs fort inutiles pour le soutien d'une cause aussi juste et aussi sainte que la vôtre, je vous supplie d'agréer que je joigne mes vœux et mes prières à vos illustres travaux, et que je dise : *Exsurge, Deus, judica causam tuam.* Souffrez, monsieur, que je joigne à ces foibles souhaits l'assurance de mes respects, en qualité de,

« Monsieur,

« Votre très-humble et très-obéissant serviteur,

« DE CYRON. »

Ce second écrit des curés de Paris, par lequel leur Factum est publiquement avoué, et la supposition des jésuites renversée, est signé des huit curés députés de tout le corps.

Cependant on procédoit à l'examen de l'*Apologie* dans la Sorbonne. M. Messier, doyen, rapporta que M. l'évêque de Rodez leur avoit fait dire, à M. le syndic et à lui, que l'auteur de l'*Apologie* demandoit d'être entendu par les examinateurs de son livre, avant qu'on fît la censure : à quoi la Faculté consentit, et pria M. l'abbé Le Camus, docteur de Sorbonne et aumônier ordinaire du roi, d'assurer M. de Rodez que la Faculté avoit accordé ce qu'il avoit demandé, sans différer néanmoins la délibération qu'on avoit déjà commencée.

C'est pourquoi le lendemain, qui étoit le 9 d'avril, on continua à opiner; et le 10, la censure de trois opinions touchant la simonie et les occasions prochaines fut conclue.

Le même jour 10 avril, M. l'abbé Le Camus alla trouver M de Rodez, et lui dit de la part de la Faculté, qu'elle écouteroit l'auteur de l'*Apologie;* et le 17, le même abbé, qui devoit partir pour aller faire sa charge d'aumônier auprès du roi, pria M. Gauquelin, le plus ancien des députés de la Faculté pour l'examen de l'*Apologie*, de rapporter à la Faculté ce qu'il avoit dit à M. de Rodez et au P. Annat, touchant l'audience qu'elle avoit accordée à l'auteur de l'*Apologie*. Et sur ce que M. Gauquelin lui dit qu'il pourroit bien arriver que les jésuites le désavoueroient de la proposition qu'il avoit faite à la Faculté de leur part, il répondit qu'il avoit pour cela une lettre du P. Annat en bonne forme, et qu'il la gardoit pour la montrer, s'ils le désavouoient.

M. l'évêque de Rodez continuant toujours de poursuivre cette conférence, M. Gauquelin alla le trouver pour lui dire qu'il confèreroit le samedi d'après. Il rencontra avec lui le P. Annat, qui, ayant entendu cette réponse, lui demanda en quel lieu cette conférence devoit se faire; il lui dit qu'il n'y en avoit pas de plus propre que la maison de la Faculté. Mais le P. Annat ayant fait difficulté d'accepter ce lieu, d'autant qu'il n'y avoit pas là assez de casuistes, M. Gauquelin répondit qu'il n'avoit ordre que de faire quelques propositions à l'auteur de l'*Apologie*, d'entendre ses réponses, de les écrire, de les lui faire signer, et même avant que de lui faire aucune proposition, de voir s'il étoit autorisé par son supérieur, par un acte qu'on lui mît entre les mains, par lequel il parût qu'il avoit permission de venir défendre le livre qu'il avoit fait, et qu'il se soumettoit au jugement de la Faculté. Sur quoi ils se séparèrent sans conclure s'ils conféreroient le samedi suivant ou non.

Les jésuites, voyant que tous les efforts qu'ils avoient faits pour la défense de l'*Apologie* étoient inutiles. allèrent trouver M. le cardinal pour le conjurer de prendre la protection de leur compagnie, en empêchant que ce livre ne fût censuré. Mais il leur répondit que « le roi, par un surcroît de bonté pour eux, avoit arrêté les poursuites que les curés de Paris avoient commencé de faire au Parlement; mais que leur ayant permis au même temps de s'adresser aux grands vicaires et à la Faculté, il n'y avoit aucune apparence qu'il dût maintenant employer son autorité pour empêcher les vicaires généraux et la Faculté de condamner un livre que tout le monde disoit être fort méchant. Sur quoi M. Le Tellier dit aux jésuites qu'il étoit étonné de la conduite de leur société; qu'à peine étoient-ils hors de l'affaire que les curés de Paris avoient portee au clergé, et que, sans considérer le péril dont ils n'étoient pas encore sortis, ils venoient de mettre au jour un livre qui renouveloit toutes les propositions que les curés avoient voulu faire condamner, et dont le clergé avoit assez témoigné son aversion; qu'au reste, il pouvoit assurer Son Éminence qu'il n'y avoit rien de si pernicieux que ce qu'il avoit lu de l'*Apologie*, et que de toutes les personnes qu'il avoit vues qui eussent lu ce livre, il n'y en avoit point qui ne lui en eût parlé en cette manière »

Le vingtième du même mois d'avril, M. l'évêque d'Olonne avec les grands vicaires de M. l'archevêque de Rouen, et autres par lui députés pour l'examen de l'*Apologie*, lui envoyèrent leur avis doctrinal signé d'eux, en ces termes : « Les soussignés députés par M. l'illustrissime et révérendissime archevêque de Rouen, primat de Normandie, pour l'examen du livre intitulé : *Apologie pour les casuistes*, après avoir examiné ce livre sérieusement et avec grand soin, sont d'avis qu'il doit être entièrement défendu et condamné, comme contenant plusieurs propositions scandaleuses, pernicieuses, qui offensent les oreilles chastes, qui ouvrent le chemin aux usures, à la simonie, aux meurtres, aux larcins et aux autres crimes; qui sont contraires aux principes de l'Évangile, injurieuses aux sacremens de Jésus-Christ, et calomnieuses; et que pour cela il est nécessaire de défendre, sous de très-grièves peines, que personne ne soit si présomptueux, que de soutenir ou de mettre en pratique la doctrine de ce livre, et beaucoup moins encore de s'en servir dans la conduite des consciences. A Rouen, le 15 d'avril 1658, et signé : JEAN, évêque d'Olonne, suffragant de l'évêché de Clermont, et vicaire général dans les fonctions pontificales de M. l'archevêque de Rouen, ANTOINE GAULDE, docteur de la sacrée Faculté de théologie de Paris, chantre et chanoine de l'église de Rouen; PIERRE LE CORNIER, docteur de la Faculté de théologie de Paris, et grand archidiacre de l'église de Rouen; TOUSSAINT THIBAULT, chanoine théologal et grand pénitencier de l'église de Rouen. »

Le dernier d'avril, qui étoit le jour de l'assemblée synodale des curés de Paris, tout ce qui avoit été fait par le passé sur le sujet de l'*Apologie* fut confirmé : on remercia les huit députés de leurs soins, et on les pria instamment de vouloir les continuer. Et comme c'étoit le temps de nommer de nouveaux syndics, on pria M. de Saint-Roch de continuer ses soins, qui avoient été si utiles à la compagnie et à l'Église entière, depuis quatorze ans qu'il exerce cette charge; mais comme M. des Saints-Innocens étoit nouvellement élu promoteur, et qu'ainsi il ne pouvoit plus être continué dans le syndicat, on le remercia avec beaucoup d'affection, et on le pria au moins de vouloir demeurer au nombre des députés; et M. le curé de Saint-Eustache fut élu syndic à sa place.

Le deuxième de mai, M. Gauquelin, après avoir rendu compte à la Faculté de ce que M. l'abbé Le Camus avoit dit à M. de Rodez et au P. Annat touchant la conférence qu'avoit demandée l'auteur de l'*Apologie*, et que depuis cet auteur n'étoit point comparu, il fit son rapport de deux autres propositions de ce livre, l'une touchant le meurtre, et l'autre touchant la calomnie. Il fut conclu que la Faculté s'assembleroit le lundi suivant, auquel jour ces deux propositions furent censurées.

Cependant les jésuites, depuis leur premier écrit intitulé. *Réfutation*, etc., avoient publié deux ou trois feuilles pour soutenir les propositions qu'on examinoit en Sorbonne; et les curés, ayant résolu d'y répondre, le firent par leurs troisième et quatrième écrits. Ils avoient remarqué que les moyens que les jésuites employoient pour défendre leur méchante morale, consistoient principalement en deux choses :

l'une à citer une foule d'auteurs de leur société, ou quelques autres nouveaux casuistes aussi corrompus qu'eux, auxquels ils vouloient donner une autorité souveraine dans l'Église; l'autre, à alléguer faussement les saints Pères, comme étant de leurs sentimens. C'est contre ces deux excès que les curés firent ces deux écrits : le premier, qui fut revu par les députés le 7 mai, suivant la conclusion de l'assemblée synodale du dernier avril, et publié peu de jours après, portoit ce titre : *Troisième écrit des curés de Paris, où ils font voir que tout ce que les jésuites ont allégué des saints Pères et docteurs de l'Église pour autoriser leurs pernicieuses maximes, est absolument faux et contraire à la doctrine de ces saints.*

L'autre écrit des curés, pour renverser les réponses des jésuites, et qui fut signé par les députés le 23 mai, portoit pour titre : *Quatrième écrit des curés de Paris, où ils montrent combien est vaine la prétention des jésuites, qui pensent que le nombre des casuistes doit donner de l'autorité à leurs méchantes maximes, et empêcher qu'on ne les condamne.*

Ce fut en ce temps que M. l'évêque d'Orléans, prenant l'occasion de son synode général, qui devoit se tenir à Orléans le mardi 4 juin, se crut obligé de ne pas laisser sans condamnation un livre si préjudiciable au salut des âmes, qui avoit été répandu par les jésuites en plusieurs lieux de son diocèse. C'est pourquoi, en ayant dressé la censure qui condamne cette *Apologie* comme contenant plusieurs très-mauvaises et très-pernicieuses maximes, qui corrompent la discipline et les mœurs, et qui introduisent un relâchement entièrement opposé aux règles de l'Évangile, elle fut publiée les fêtes suivantes de la Pentecôte. En quoi il eut la gloire d'être le premier entre tous les prélats qui ait condamné ce méchant livre.

Le onzième du même mois de juin, le cinquième écrit des curés de Paris fut signé par les huit députés, ayant pour titre : *Cinquième écrit des curés de Paris, sur l'avantage que les hérétiques prennent contre l'Église de la morale des casuistes et des jésuites.* C'étoit peut-être le plus nécessaire de tous leurs écrits, après lequel il y a sujet d'espérer que les hérétiques n'auront plus la hardiesse de prendre aucun prétexte de ces corruptions des jésuites et de quelques autres auteurs particuliers, pour imposer à l'Église des opinions qu'elle abhorre.

Le lendemain, la Faculté s'étant assemblée pour travailler à la censure de l'*Apologie*, M. le doyen présenta une feuille ou écrit qu'il dit avoir reçu de la main de M. le chancelier, sans nom, sans signature, et qui ne parloit ni de l'auteur de l'*Apologie*, ni de soumission à la Faculté; mais qui étoit une simple explication des propositions de ce livre qui avoient été agitées et condamnées dans les assemblées précédentes. Cette pièce, qui fut appelée : *Déclaration des jésuites sur leur Apologie pour les casuistes*, avoit été apportée par le provincial des jésuites et le P. de Lingendes à M. le chancelier, qui étoit alors avec M. le nonce, après avoir été concertée de longue main entre les jésuites assemblés des provinces sur le sujet de leurs affaires. Cette pièce ayant été lue dans la Faculté, il y eut contestation : quelques-uns prétendoient que cette déclaration, bien que défectueuse dans les formes, devoit être considérée, et qu'il falloit en faire cas, venant de M. le chancelier et de M. le nonce : mais d'autres représenterent qu'il s'agissoit de matières de théologie, et que les jésuites, par leur déclaration, avoient offensé M. le chancelier, et se moquoient de la Faculté, de présenter ainsi une pièce sans seing et sans aveu, et qui ne retractoit pas, mais qui confirmoit les erreurs de l'*Apologie*. Ce qui ayant été généralement suivi, la Faculté députa à M. le chancelier, pour lui dire que cette déclaration n'étoit pas suffisante, parce qu'elle n'étoit point signée; et de plus, parce que, l'ayant lue, on avoit assez reconnu qu'elle ne satisfaisoit pas à ce qu'on trouvoit à redire dans l'*Apologie*.

Ensuite M. Gauquelin exposa l'avis des docteurs députés touchant les contrats usuraires approuvés par l'apologiste. Il fit voir que le pape Sixte V les avoit censurés expressément dans les mêmes espèces que l'auteur de l'*Apologie* apportoit; et les 13 et 14 de juin, on en conclut la censure.

Pendant que tout cela se passoit en Sorbonne, les jésuites ne sollicitoient pas avec moins d'empressement MM. les vicaires généraux, pour les empêcher de faire une censure de l'*Apologie;* et ils ne réussirent pas mieux dans leurs sollicitations. Quelque temps après que MM. les grands vicaires en eurent entrepris l'examen, les PP. Annat et de Lingendes firent tous leurs efforts pour les porter à remettre leur censure à un autre temps. Sur quoi ces messieurs leur déclarèrent qu'ils étoient prêts de recevoir tout ce qu'ils voudroient leur présenter pour les instruire, qu'ils y feroient toute l'attention qu'ils pourroient désirer; mais qu'ils ne pouvoient pas remettre plus longtemps l'examen de cette *Apologie*, après l'avoir différé plusieurs mois.

Depuis, le P. de Lingendes leur présenta la même déclaration qu'ils avoient fait bailler à la Faculté par M. le chancelier; sur quoi M. le doyen lui ayant témoigné qu'il s'étonnoit de ce qu'ils s'obstinoient si fort à la défense de ce livre, le P. de Lingendes répondit : « qu'ils étoient fâchés du bruit que ce livre causoit, mais que maintenant ils y étoient engagés; que, puisque ce livre avoit été fait pour la défense de leurs casuistes, ils étoient obligés de le soutenir. »

Mais les artifices de cette déclaration ne furent pas moins reconnus par les grands vicaires qu'ils le furent en Sorbonne; de sorte qu'elle fut absolument rejetée, comme une pièce informe et qui ne méritoit pas qu'on y eût égard.

Ainsi les jésuites, se voyant déchus de toutes leurs espérances, tournèrent leurs pratiques à faire en sorte que la censure de Sorbonne fût dressée de la manière la plus avantageuse pour eux qu'ils pourroient, et la moins avantageuse à leurs adversaires; et pour entendre de quelle façon ils s'y prirent, il faut remarquer que les *Lettres au Provincial*, qui traitent de la morale des jésuites, ne font principalement que représenter une partie des erreurs dont les curés de Paris ont demandé la censure à l'assemblée générale du clergé, et qui viennent d'être condamnées par la Faculté; mais parce que les trois premières ne sont pas de morale, les jésuites crurent qu'ils pourroient se servir avec adresse de ce moyen pour y faire donner quelque atteinte, espérant la faire retomber ensuite sur tous ceux qui combattoient les mêmes excès qui sont combattus dans ces lettres.

Dans ce dessein, pendant les quinze jours qui avoient été donnés aux députés pour dresser la censure, ils ménagèrent l'esprit de quelques-uns d'eux, et les portèrent à y insérer une clause contre les *Lettres Provinciales* qui les notoit indirectement. De sorte que le 1er de juillet, la Faculté étant assemblée, M. Gauquelin, après avoir fait le rapport du projet qu'il en avoit dressé, et de quelques difficultés touchant le contrat Mohatra, nonobstant lesquelles la Faculté ordonna que ce contrat demeureroit condamné, il proposa aussi que c'étoit l'avis de quelques-uns des députés d'insérer dans la censure cette clause : « Factam esse *Apologiam* occasione *Epistolarum Provincialis ad amicum* quas non probat Facultas, utpote quas audivit Romæ damnatas. » Sur cette proposition nouvelle, plusieurs docteurs, et principalement ceux d'entre les curés de Paris qui étoient dans la Faculté, représentèrent les dangereuses conséquences qu'on pouvoit en tirer, pour établir les corruptions que ces *Lettres* ont combattues, et que les curés de Paris ont déférées à l'assemblée générale du clergé. Ils remontrèrent encore que ces *Lettres* n'ayant point du tout été examinées, la Faculté ne pouvoit en parler, ni directement, ni indirectement. Et enfin, que c'étoit reconnoître l'inquisition en France, que de faire mention d'un jugement qu'on disoit qu'elle avoit fait. Mais comme la partie étoit liée, leur opposition fut inutile, la clause passa à la pluralité, et il fut arrêté qu'on feroit rapport du tout le seizième du même mois.

Mais le onzième de juillet il survint une rencontre qui mit un peu en désordre ceux qui avoient tant travaillé à faire passer la clause contre les *Provinciales :* ce fut que M. Talon, avocat général, ayant appris le projet de ces docteurs, envoya un billet par son secrétaire à M. Messier, doyen de la Faculté, par lequel il le prioit de se rendre le lendemain au parquet à sept heures et demie du matin, accompagné du syndic et de quatre ou cinq anciens docteurs. Il ne manqua pas en effet de s'y trouver, étant assisté, outre le syndic, de MM. Coppin, de Mincé, du Chesne et de Flavigny. On fit d'abord retirer tout le monde; et quand ils furent seuls, M. Talon leur dit que « le sujet pour lequel on les avoit mandés, étoit qu'on avoit su que dans la dernière assemblée de Sorbonne, la Faculté avoit arrêté d'insérer dans la censure de l'*Apologie des casuistes* une clause contraire aux lois de la France, qui étoit que la Faculté n'approuvoit pas les *Lettres au Provincial, eo quod accepisset Romæ fuisse damnatas.* Que cette façon de parler étoit contraire à la pratique du royaume, et que l'on ne pouvoit en user sans reconnoître l'inquisition; que si leur censure eût paru en cet état, les gens du roi eussent été obligés de la faire réformer. Mais qu'il avoit jugé plus à propos de les avertir qu'ils prévinssent cet inconvénient; qu'on savoit de plus, que les religieux s'étoient trouvés en cette assemblée en plus grand nombre qu'ils ne devoient; que la Faculté devoit faire observer ses propres réglemens faits sur ce point, et les arrêts du Parlement; qu'autrement il seroit obligé de faire donner arrêt les chambres assemblées, pour les réduire à leur nombre; qu'au reste il y avoit lieu de s'étonner que la Faculté eût employé cinq mois entiers à faire la censure d'un aussi méchant livre que celui de l'*Apologie.* » Il leur recommanda ensuite d'obéir aux ordres qu'on leur donnoit; et, pour preuve de leur déférence, il leur dit de se rendre au même lieu le lendemain de leur assemblée, afin d'en rendre compte aux gens du roi.

Ces docteurs s'étant retirés, firent, le seizième de juillet, leur rapport à la Faculté de ce qui s'étoit passé; et après une longue délibération, il fut conclu qu'on obéiroit à l'ordre de MM. les gens du roi, et qu'on ne feroit aucune mention de ce prétendu décret de Rome contre les *Lettres Provinciales.* Après, la censure fut lue, approuvée et confirmée; et on alloit en ordonner la publication, lorsque tout le monde fut surpris de voir entrer en Sorbonne, à point nommé, M. Percheron, aumônier du conseil, qui, s'étant présenté à la porte, demanda à parler, de la part de M. le chancelier, au doyen de la Faculté. Le doyen étant sorti, il lui dit que M. le chancelier ne vouloit pas empêcher leur censure, mais qu'il prioit la Faculté d'en différer la publication jusques au retour du roi, qui devoit être dans huit ou dix jours. Le doyen ayant fait son rapport, on en délibéra; et la conclusion fut que, comme la Faculté ne feroit pas publier sa censure sans savoir les intentions de M. le chancelier, aussi elle lui enverroit des députés, pour lui remontrer les intérêts qu'elle avoit que cette publication ne fût pas plus longtemps différée, et lui faire connoître le scandale que ce retardement pourroit produire parmi le peuple. M. le doyen, M. le curé de Saint-Paul, M. le curé de Saint-Eustache et M. le syndic furent nommés pour cela. On députa de plus le même doyen avec le syndic vers M. Talon, pour lui témoigner que la Faculté avoit réformé cette clause de sa censure, et qu'on n'y parloit plus du décret de Rome contre *les Provinciales*, ni de rien qui pût blesser les libertés de l'Église gallicane.

Ces docteurs exécutèrent ensuite leur commission, tant vers MM. les gens du roi, que vers M. le chancelier, qui insista toujours sur ce délai : « parce, dit-il, que la publication de la censure pourroit faire trop de bruit parmi les peuples, qui ont aversion de cette méchante doctrine et de ses auteurs; et que la présence du roi arrêteroit les désordres qui pourroient en arriver. » Ce qui a retardé longtemps cette publication, bien que le roi fût à Paris, les jésuites ayant joué toutes sortes de stratagèmes pour essayer de l'empêcher tout à fait.

Cependant les curés, qui s'étoient assemblés le second de juillet, remercièrent les députés qui avoient signé le cinquième écrit, du soin qu'ils avoient pris de composer une pièce si nécessaire et si avantageuse à l'Église. Et les jésuites, voyant l'effort qu'on faisoit pour détruire leurs maximes, s'obstinèrent à les soutenir, par une pièce qu'ils publièrent sous ce titre; *Sentimens des jésuites*, etc., où ils déclarent ouvertement qu'ils ne veulent point condamner l'*Apologie.* Ce fut sur quoi les curés arrêtèrent, le 24 du même mois de juillet, leur sixième écrit, qui a pour titre : *Sixième écrit des curés de Paris*, où ils font voir par cette dernière pièce des jésuites, que leur société entière est résolue de ne point condamner l'*Apologie;* et où ils montrent, par plusieurs exemples, qu'un des principes des plus fermes de la doctrine de ces pères est de défendre en corps les sentimens de leurs docteurs particuliers.

Le samedi, dix-septième jour d'août, auquel avoit été remise l'assemblée ordinaire de la Faculté, il y eut contestation, dont voici le sujet. Quelques-uns de MM. les curés se plaignirent de ce qu'on avoit ajouté un mot à la censure; savoir, *nullatenus*, lequel n'y étoit point lorsqu'elle fut arrêtée par la Faculté, et demandèrent acte de l'opposition qu'ils formoient à cette addition.

Tout ce qui regardoit la censure étoit donc terminé dans la Faculté il ne restoit plus qu'à faire lever l'empêchement que M. le chancelier apportoit à sa publication; ce qui obligea les curés de Paris de recourir immédiatement à M. le cardinal, qui leur fit l'honneur de leur promettre que la parole du roi seroit exécutée. Mais l'effet de cette promesse étant retardé par les grandes occupations de Son Éminence, les curés de Paris députèrent exprès M. le curé de Saint-Paul vers M. le cardinal qui étoit à Fontainebleau, pour le prier, au nom de tout le corps, de faire lever la défense de publier cette censure; à quoi Son Éminence répondit qu'aussitôt qu'il seroit à Paris, il leur donneroit satisfaction.

Pendant que ces choses se passoient à Paris, les curés des provinces pensoient de leur côté à la sûreté du salut de leurs peuples, en demandant à leurs prélats la censure de l'*Apologie*.

Les curés de Nevers signalèrent leur zèle pour la pureté de la morale chrétienne, comme ils avoient fait peu auparavant pour le soutien de la hiérarchie de l'Église contre les mêmes adversaires. C'est ce qui se voit dans la requête qu'ils présentèrent à M. leur évêque le 5 juillet 1658, où ils lui parlent en ces termes : « Les supplians se sont déjà pourvus pardevant vous pour le premier de ces abus, qui consiste en de certaines indulgences fausses et subreptices, par le moyen desquelles les jésuites faisoient accroire qu'on gagneroit les pardons, et qu'on délivreroit des âmes du purgatoire, pourvu qu'on communiât chez eux, et non ailleurs, même aux saints jours de dimanche, où l'on est le plus étroitement obligé d'assister à sa paroisse. Ce qui étant un renversement de l'ordre établi de Dieu, dont ils furent obligés de vous faire leurs plaintes il y a quelques mois, la justice qu'ils en obtinrent leur fait espérer que vous ne serez pas moins porté à leur en rendre une pareille sur le second de ces abus, qui est contre la morale évangélique, laquelle est toute corrompue par les maximes des nouveaux casuistes et des jésuites, et dont on a fait aujourd'hui un amas dans un libelle intitulé : *Apologie pour les casuistes.* »

Le même jour 5 juillet, les curés d'Amiens présentèrent requête à M. leur évêque, dans laquelle ils lui remontrent, outre les excès de l'*Apologie*, les erreurs semblables enseignées publiquement dans leur ville par trois jésuites professeurs des cas de conscience. Et le 27 du même mois, ils lui portèrent en sa maison épiscopale de Montiers, un Factum sur ce sujet, avec les extraits des écrits de ces mêmes jésuites.

M. l'évêque d'Amiens, ayant reçu la requête et le Factum, ne se contenta pas de témoigner aux curés, par le bon accueil qu'il leur fit, combien il approuvoit leur zèle et leur piété; mais il leur dit positivement : « qu'il n'avoit jamais pu approuver et qu'il n'approuveroit jamais la doctrine des jésuites; qu'il en avoit dit très-librement ses sentimens, jusque dans le Louvre, en des occasions importantes, et que c'étoit une chose étrange, combien ces maximes se répandoient. » Il leur rapporta sur ce sujet, que, faisant ses visites dans Abbeville, il s'enquit des prêtres qui servent aux paroisses, ce qu'ils répondoient aux serviteurs et servantes qui ne se contentoient pas de leurs gages, et qui, sur ce prétexte, se récompensent en cachette du bien de leurs maîtres, et qu'il s'en trouva plusieurs qui approuvoient ces compensations; parce, disoient-ils, qu'ils avoient appris cette doctrine des jésuites. Il ajouta encore, sur ce que quelques curés témoignèrent s'étonner que les jésuites enseignassent de si étranges choses dans Amiens, que ce qu'ils trouvoient étrange ne le surprenoit pas. « Je suis assuré, dit-il en propres termes, que le P. Poignant ne débite point sa doctrine particulière : sachez qu'autant qu'ils ont de pères qui enseignent les cas de conscience en France, en Italie, en Espagne, en Allemagne et partout ailleurs, ils parlent tous le même langage. » Les curés crurent être obligés depuis de rendre leur Factum public; et M. l'évêque d'Amiens étant allé à Paris, ils lui en firent présenter des copies imprimées, en les accompagnant d'une lettre fort respectueuse, à laquelle il leur fit l'honneur de répondre en cette sorte.

« A Paris, le 5 septembre 1658.

« Messieurs,

« J'ai reçu, par les mains de M. le curé de Saint-Paul, votre lettre du dernier du mois passé, avec six copies imprimées de la requête, du manuscrit et des extraits que vous m'avez donnés étant à Amiens. Après avoir examiné le tout, je suis fort convaincu de la nécessité de travailler à l'examen de cette morale; mais comme c'est une affaire de très-grande conséquence, je suis bien aise de prendre du temps pour en communiquer, non-seulement avec MM. mes confrères qui se trouvent ici présentement, mais encore avec des personnes de science et de probité reconnue, pour ne rien faire que dans l'unité de la doctrine et dans la communication des Églises du royaume, et pour ne rien décider qui ne tende à l'affermissement de la foi, à l'honneur de la religion et à l'édification des âmes. J'espère dans peu de jours retourner dans mon diocèse, où nous en conférerons plus amplement. Cependant si vous avez quelque chose à me faire savoir, vous pouvez vous adresser à M. le curé de Saint-Paul, qui est de vos amis et des miens. Je me recommande à vos prières, et suis,

« Messieurs,

« Votre très-affectionné serviteur et confrère,

« FRANÇOIS, *évêque d'Amiens.* »

Le 12 novembre 1658, quelque temps après, la contestation s'étant émue entre les curés et les jésuites d'Amiens sur le sujet des écrits de leurs professeurs, dont les curés s'étoient plaints, M. d'Amiens condamna les jésuites par contumace aux dépens envers les curés, et ordonna qu'ils seroient réassignés, pour se voir condamner à révoquer publiquement leurs méchantes propositions.

Les curés de Beauvais ne firent pas moins paroître combien ils détestent cette *Apologie*; car en leur synode tenu le 10 juillet, où ils étoient assemblés, ils dressèrent et signèrent, au nombre de plus de trois cents, la requête qu'ils présentèrent à M. leur évêque.

Les curés de Sens ont aussi agi en cette poursuite dans les formes les plus canoniques et les plus régulières qu'on puisse observer, et obtinrent de M. leur archevêque une censure du 3 septembre 1658, qui qualifie toutes les propositions d'une manière si pleine de piété et de doctrine, qu'encore qu'elle soit faite dans un diocèse particulier, il est vrai néanmoins que c'est une lumière qui peut éclairer toute l'Église

Le 12 du même mois de septembre, les curés d'Évreux présentèrent leur requête sur le même sujet à M. leur évêque, où ils témoignent l'engagement particulier qu'ils ont de s'opposer à ces corruptions, par les instructions et exhortations qu'ils ont reçues de lui-même, de suivre une morale toute opposée, dans l'approbation qu'il donna, étant évêque d'Aire, au livre de *la Fréquente communion*.

C'est ainsi que les curés des provinces travailloient de toutes leurs forces contre ce pernicieux libelle, lorsque les jésuites à Paris, voyant que la censure de la Faculté demeuroit si longtemps sans être publiée, commencèrent à espérer qu'elle ne le seroit point du tout; ensuite de quoi les docteurs s'assemblèrent le 24 septembre, et en députèrent d'entre eux à M. le cardinal et à M. le chancelier, pour leur demander avec instance qu'on ne différât plus cette publication.

Ils furent donc chez Son Éminence, où n'ayant pu avoir audience, ils furent chez M. le chancelier, auquel ayant fait remontrance sur la nécessité de publier leur censure, il leur promit d'en parler à M. le cardinal, et d'y faire ce qu'il pourroit.

En effet, le 18 octobre, M. l'évêque de Rodez vint, de la part du roi, en Sorbonne, dire à M. Messier, doyen, que Sa Majesté n'empêchoit point la publication de la censure qu'on avoit tant demandée; et le lendemain les docteurs, s'étant assemblés extraordinairement, conclurent unanimement cette publication, et leur censure fut imprimée et débitée quelques jours après.

Le 30, MM. les vicaires généraux ayant assemblé tous ceux qui ont travaillé avec eux à l'examen de l'*Apologie*, ils signèrent tous la censure qui en avoit été dressée dès le 23 août, où ils ne se sont pas contentés de flétrir, en général, ce méchant livre, mais en ont condamné plus de soixante propositions, par trente censures si judicieuses, si équitables et si solides, qu'elles peuvent servir de règle dans un très-grand nombre de points importans de la morale chrétienne. Cette censure fut publiée aux prônes de toutes les paroisses de Paris, par l'ordre exprès de MM. les vicaires généraux, le premier dimanche de l'avent, lequel ils choisirent pour la rendre plus solennelle.

Et depuis, nosseigneurs les prélats, répondant au zèle de leurs curés, ont fait tant de censures, que toute la France en est aujourd'hui remplie, et qu'il ne peut plus rester à personne le moindre prétexte de suivre ces impiétés proscrites par tant d'évêques.

M. l'évêque d'Aleth, dans ce même temps, ayant été visité par quatre autres évêques de ses amis, nosseigneurs de Pamiers, de Cominges, de Bazas et de Couserans, ils crurent qu'ils pouvoient encore mieux faire en commun, et en se consultant mutuellement, ce que chacun d'eux auroit pu faire en particulier, et en consultant de simples théologiens. De sorte que leur censure, arrêtée le 24 d'octobre 1658, n'étant qu'une par l'union du même esprit et du même zèle, tient véritablement lieu de cinq censures; parce qu'elle doit être attribuée à chacun de ces évêques en particulier, comme faite pour son diocèse, avec l'avis de quatre autres de ses confrères. Et ainsi on doit bénir Dieu de ce qu'une censure aussi authentique entreprend particulièrement les deux sources principales de ces corruptions, qui consistent en la probabilité et en la direction d'intention, avec une doctrine si sainte et si solide, que quand leur autorité sacrée ne rendroit pas leurs décisions vénérables à tous les fidèles, la force de leurs raisons et des preuves qu'ils rapportent de l'Écriture, suffiroit pour en convaincre toutes les personnes raisonnables.

Un peu après parut celle de M. l'évêque de Nevers, du 8 novembre de la même année, où il fait voir, avec une sagesse véritablement pastorale, que ce seroit s'abuser que de croire qu'il fût permis de se taire pour le bien de la paix, en un temps où toute la morale de Jésus-Christ étant attaquée, on est au contraire obligé de parler et de crier pour la défendre. Et comme il y a un temps de parler et un temps de se taire, dont la sagesse divine apprend à faire le discernement, nous sommes aujourd'hui dans celui de parler à l'égard de ces malheureuses maximes.

Le onzième du même mois de novembre, parut la censure de M. l'évêque d'Angers, où l'opposition entre la règle que Jésus-Christ a prescrite aux chrétiens, et celle que donne l'*Apologie*, est découverte avec tant d'évidence, qu'il n'y a personne qui ne conçoive de l'horreur d'un si étrange renversement. Et comme il est arrivé, par une conduite admirable de la Providence de Dieu, que tant de censures qui ont été faites d'un même livre, l'ont attaqué principalement par quelque endroit particulier, celle-ci le prend du côté de la nouveauté, et montre si clairement par l'Écriture et par les Pères combien il est nécessaire de suivre l'antiquité, qu'on ne doit plus craindre désormais le cours de ces inventions nouvelles.

Dans le même temps, M. l'évêque de Beauvais, prenant l'occasion du saint temps de l'avent pour faire instruire ses peuples d'une manière toute contraire à ces pernicieux relâchemens, envoya à tous les curés de son diocèse cette excellente lettre pastorale du 12 novembre, pour répondre à la requête qu'ils lui avoient présentée, où il les exhorte d'inspirer à leurs peuples l'aversion de ces égaremens, et entre autres de cette témérité, qui est le fondement de tous, qui porte les casuistes modernes à mépriser l'autorité des Pères, des canons et des conciles, pour ne s'appuyer que sur celle de ces nouveaux auteurs de relâchement.

M. l'archevêque de Rouen confirma aussi, le 4 de janvier de cette année 1659, par une censure solennelle, le jugement doctrinal que son conseil avoit rendu contre ce livre pernicieux. Et pour apprendre à tous ses diocésains l'horreur qu'ils doivent en avoir, il déclare que « c'est un monstre dans la théologie morale, et qu'on peut l'appeler plus justement la condamnation des casuistes, que leur apologie; » et montre qu'avec quelque rigueur qu'on y agisse, ceux qui les défendent doivent encore reconnoître la modération que l'Église garde aujourd'hui à leur égard, puisqu'on a condamné autrefois d'une manière bien autrement sévère des livres bien moins dangereux.

Quelques jours après fut faite celle de M. l'évêque d'Évreux, où, ayant fait le dénombrement des désordres qui sont permis par ce libelle, il fait voir que dans les malheureux temps où nous sommes, où l'on cherche des docteurs et des maîtres selon le désir de son cœur, c'est exercer une véritable douceur envers les fidèles, que de les préserver de ces doctrines flatteuses, et de les nourrir de la saine doctrine, qui peut seule les guérir et les sanctifier.

Et nous venons présentement de recevoir la censure de M. l'évêque de Tulle, qui nous avoit été jusqu'ici inconnue, quoiqu'elle soit faite dès le 18 avril 1658, dans laquelle il déclare que ce livre, qui ne faisoit alors que paroître, quoiqu'il eût été produit si loin de son diocèse, et qu'on y en eût encore si peu de connoissance, est néanmoins si dangereux, qu'il se trouve obligé d'en préserver ses peuples, et de les avertir « de se donner de garde de ces nouveaux pharisiens, qui, à force de multiplier leurs interprétations sur la loi, l'ont toute corrompue; et plus ils ont voulu l'accommoder au sens ou au goût des hommes, et plus ils ont éteint en elle, autant qu'ils ont pu, tout l'esprit de Dieu. » Et il remarque, par un sage discernement, que « ce qu'il y a de plus dangereux dans cette pièce, n'étoit pas seulement quelque trait de plume qui eût échappé un peu inconsidérément à l'auteur, en quelque endroit particulier, au milieu d'une théologie bien saine et bien sûre; mais que c'étoit plutôt un assemblage et un ramas de plusieurs propositions sur la plupart des commandemens de Dieu et de l'Église, desquelles on avoit composé comme un cours d'une morale bien corrompue et bien scandaleuse. »

Voilà ce qui s'est fait jusqu'ici sur le sujet de la morale des casuistes; et il y a lieu d'espérer que Dieu donnera d'heureuses suites à de si heureux commencemens, pour le bien de son Église et la défense de sa vérité.

A Paris, ce 8 février 1659.

HUITIÈME FACTUM

Des curés de Paris ou réponse à l'écrit du P. Annat, intitulé: « Recueil de plusieurs faussetés et impostures contenues dans le Journal, etc. »

Mon révérend père,

Nous aurions tort de trouver mauvais que vous ayez été sensible aux intérêts de votre compagnie, et que dans le grand bruit qui s'est excité contre elle sur le sujet de sa morale, vous ayez jugé ne pas devoir demeurer dans le silence. S'il y a des accusations dans lesquelles non-seulement on doit avoir la liberté de se défendre, que l'on ne peut jamais refuser justement aux accusés, mais où, selon les pères, il n'est pas même permis de se taire, on peut dire que celle que nous avons formée contre votre société étoit de ce nombre, puisque, lui ayant attribué publiquement l'*Apologie*, nous l'avons par conséquent accusée de tous les excès et de toutes les erreurs pour lesquelles les prélats ont condamné ce malheureux livre; et qu'ainsi nous l'avons réduite à la nécessité de se déclarer, et de satisfaire l'Église sur le scandale que nous lui reprochons d'y avoir causé. Nous ne sommes donc pas surpris que, tenant le rang que vous tenez dans votre corps, vous ayez entrepris de parler en cette rencontre; mais ce qui nous étonne, est que dans l'expérience que votre âge a dû vous donner, et dans la réputation où vous désirez de vous maintenir, vous vous y soyez conduit d'une manière si peu raisonnable et si peu judicieuse. Vous vous êtes engagé, mon révérend père, à défendre la cause de votre société, et voici l'état où vous l'avez trouvée.

Il y a plus d'un an que nous nous sommes rendus dénonciateurs contre le livre de l'*Apologie;* nous l'avons combattu par divers écrits, comme un livre détestable, et qui renversoit toute la doctrine de l'Évangile. Nous avons dit nettement que vous en étiez les auteurs; nous l'avons justifié par des preuves convaincantes, comme est le débit public que vous en avez fait dans votre collége de Clermont. Nous avons ruiné toutes les réponses que vous avez opposées pour soutenir la doctrine de ce méchant livre, et nous vous avons convaincus d'avoir honteusement abusé de tous les passages des Pères dont vous avez voulu l'appuyer. Dieu a béni notre travail et le zèle qu'il nous avoit donné pour sa cause; vous avez vu, malgré toutes vos intrigues, l'*Apologie* censurée par la Faculté de Paris, par MM. les vicaires généraux de notre archevêque, qui sont vos propres juges; par trois autres archevêques, et par un grand nombre d'autres évêques, qui sont de droit divin, et par un titre inséparable de leur caractère, les dépositaires de la vérité et les juges de toutes les erreurs qui la combattent.

Nous avons cru, pour faire rendre gloire à Dieu de ce qu'il avoit fait pour son Église en cette rencontre, devoir représenter toute la suite de cette affaire; et c'est ce que nous avons fait dans notre septième écrit, qui peut se réduire tout entier à ces deux points : l'un, que l'*Apologie* doit être tenue pour un livre abominable et plein de maximes très-pernicieuses; l'autre, que les jésuites en sont les auteurs et les protecteurs. Il ne faut que du sens commun, mon révérend père, pour juger qu'il est impossible de vous défendre contre cet écrit, qu'en ruinant l'un ou l'autre de ces deux points. Les jésuites passeront toujours pour coupables d'avoir corrompu la morale chrétienne, tant qu'il demeurera pour constant, et que l'*Apologie* la corrompt, et qu'ils sont les auteurs de l'*Apologie.* Cependant, par un aveuglement qu'il est difficile de comprendre, votre compagnie entreprend aujourd'hui de détourner de dessus elle l'infamie de l'*Apologie*, sans faire ni l'un ni l'autre. Nous lisons votre recueil tout entier, nous y trouvons à chaque page quantité d'injures contre les curés de Paris; mais nous n'y trouvons nulle part ni que l'*Apologie* ne soit pas un ouvrage des jésuites, et ne contienne pas leurs sentimens, ni que ces sentimens ne soient pas contraires à l'Évangile.

En vérité, mon révérend père, nous ne savons quel jugement vous faites du monde, pour croire qu'il est capable de se satisfaire de réponses aussi peu raisonnables que les vôtres. Nous disons aux jésuites qu'ils empoisonnent les âmes en autorisant la simonie, le meurtre et la calomnie; et le P. Annat, choisi pour justifier sa compagnie, nous dit que M. le nonce n'étoit pas présent lorsque le P. de Lingendes présenta à M. le chancelier une déclaration sur les erreurs de l'*Apologie*, et qu'il en a un certificat en bonne forme. Nous leur reprochons que, par le principe de la probabilité, ils ouvrent la porte à toutes sortes de déréglemens et d'erreurs; et le P. Annat nous dit qu'il y avoit des grands vicaires dans le diocèse de Paris le samedi 12 février 1656. Nous les accusons de fomenter tous les désordres du christianisme, en laissant vieillir les pécheurs dans leurs habitudes vicieuses et dans les occasions prochaines du péché; et le P. Annat nous dit que M. Le Tellier n'a point parlé des jésuites, et n'entend point la matière dont il s'agit, et que M. de Rodez n'a point traité avec M. Gauquelin. Nous ne disons pas, mon révérend père, que vous opposiez précisément ces réponses à ces reproches; mais nous vous disons que toute notre accusation consistant dans ces reproches, nous n'y trouvons point d'autre réponse dans votre écrit. Ainsi nous n'avons qu'à supposer pour constant ce que vous avouez assez par votre silence, et que la doctrine de l'*Apologie* est si damnable, que, quoique vous osiez tout, vous n'avez osé la soutenir publiquement; et qu'il est si constant que vous en êtes les auteurs, et qu'elle contient votre doctrine, que vous n'avez pas eu la hardiesse de le nier, ni d'attaquer aucun des faits décisifs par lesquels nous l'avons prouvé.

Nous sommes donc pleinement justifiés, et les jésuites pleinement convaincus des crimes dont nous les avons accusés à la face de toute l'Église. Et tout ce que fait voir la réponse du P. Annat est que les jésuites, se trouvant dans une impuissance entière d'éviter le déshonneur de tant de censures, ont recherché au moins le plaisir malin de se venger en déchirant la réputation de ceux qui les avoient procurées, et la vaine satisfaction de montrer que tout abattus qu'ils sont par les jugemens de l'Église, ils ont encore assez de crédit dans le monde pour y débiter impunément les plus sanglantes injures contre un corps considérable dans la hiérarchie de l'Église.

Mais si cette violence, mon révérend père, peut servir à relever votre compagnie dans l'esprit de ceux qui mettent l'honneur dans l'impunité des crimes, elle ne fait que la déshonorer de plus en plus dans celui de toutes les personnes qui jugent des choses ou selon les règles de la piété, ou même selon celles de la prudence. Il avoit couru un bruit que votre général vous avoit défendu très-expressément de faire aucune réponse aux écrits qui attaquoient votre morale; et toutes les personnes sages avoient jugé que, si cet avis n'étoit pas entièrement conforme aux maximes du christianisme, qui demandoient de vous une réparation publique pour des excès publics, il l'étoit au moins à celles de la politique, qui obligent de dissimuler et de couvrir, par une apparence de modestie, les justes reproches dont on ne sauroit se purger. Mais quand on voit maintenant que la passion qui transporte votre compagnie, ne l'a pas rendue capable de se ranger à ce parti, que peut-on juger autre chose, sinon qu'elle est aussi bien abandonnée de la prudence des enfans du siècle, que de celle des enfans de la lumière; que Dieu, en punition de tant d'erreurs si opiniâtrément soutenues, y a répandu un esprit d'étourdissement; et que ce n'est plus qu'une troupe d'hommes emportés qui agissent au hasard; qui ne gardent plus aucune mesure dans leur conduite; qui parlent, qui se taisent; qui publient des écrits, et qui les suppriment aussitôt; qui avouent, et qui désavouent; qui contrefont les humiliés et les abattus, et s'élèvent en même temps avec une insolence insupportable; et qui ne représentent dans leur procédé que l'état de ceux dont l'Écriture dit dans le douzième chapitre de Job : « Palpabunt quasi in tenebris, et non in luce; et errare faciet eos quasi « ebrios. »

Car, n'est-ce pas, mon révérend père, ce qu'on a vu dans les diverses démarches pleines d'inconstance que vous avez faites dans cette affaire? Vous vous êtes déclarés d'abord pour les auteurs de l'*Apologie*, en la vendant publiquement dans vos colléges, et la donnant comme un excellent ouvrage à divers de vos amis dans les plus grandes villes. Mais voyant ensuite l'horreur qu'elle causoit à tout le monde, vous avez commencé à vous servir d'équivoques, et à ne pas l'avouer si nettement. Aussitôt que nous l'avons attaquée, vous avez fait paroître par plusieurs écrits qui parloient en votre nom, que vous aviez entrepris de la défendre. Et voyant que cela ne vous réussissoit pas, parce que nous avons ruiné par nos réponses tout ce que vous avez produit, vous avez commencé à vous retirer, et à dire que vous n'y preniez point de part. Vous avez publié des satires scandaleuses contre les curés de Paris, la honte vous a forcés ensuite de les supprimer. Tantôt vous feigniez d'honorer les évêques, et tantôt vous les déchiriez outrageusement. Depuis quelques mois vous paroissiez un peu plus sages, et on attribuoit cette retenue à la politique de votre général; et aujourd'hui, sans aucune nouvelle raison, vous recommencez cette querelle, non pour vous justifier des excès dont l'on vous a convaincus, mais pour avoir le plaisir de traiter dans un libelle les curés de Paris de *menteurs* (p. 2); de *gens qui ont perdu toute honte* (ibid); de *fourbes* (p. 4); d'*imposteurs* (p. 7); de *généreux en leurs mensonges* (p. 9); et de personnes endurcies, *pour lesquelles il faut prier Dieu qu'il leur donne un esprit assez docile pour écouter les reproches que leur conscience leur fait.*

Nous espérons, mon révérend père, avec la grâce de Dieu, que cette nouvelle tentative ne vous sera pas plus avantageuse que les autres; qu'il ne nous sera pas plus difficile de défendre notre honneur contre vos ouvrages, qu'il nous l'a été de défendre la morale chrétienne contre vos erreurs; et que nous ferons connoître à tout le monde, que les fondemens sur lesquels vous vomissez contre nous tant d'injures, sont si faux ou si ridicules, qu'il faut avoir une morale aussi corrompue que la vôtre, pour en prendre sujet de dire, comme vous faites de tous les curés d'une grande ville, que « leurs paroissiens doivent être avertis, quand ils les verront monter en chaire pour crier contre les calomniateurs et les imposteurs, de se souvenir de l'avis que le Sauveur du monde nous a laissé dans l'Évangile parlant des scribes et des pharisiens, de faire ce qu'ils disent, et de ne pas faire ce qu'ils font, » comme étant eux-mêmes des imposteurs.

C'est ce que nous allons faire voir dans la réponse précise à toutes vos objections, sans en dissimuler aucune.

Ire *Objection du P. Annat.*

La première des impostures dont vous nous accusez, est d'avoir dit que ce qui empêcha les curés d'exécuter leur dessein touchant l'examen de la morale des jésuites, suivant la proposition qu'en avoit faite M. de Saint-Roch, le 12 mai 1656, est qu'en ce temps-là il n'y avoit point de grands vicaires. Et pour convaincre ce fait de fausseté, vous rapportez des actes du clergé qui montrent qu'il y en avoit le 12 de février de la même année. Cela vous suffit pour nous appeler des *fourbes découverts.* Mais tout le monde s'étonnera, mon révérend père, de l'emportement qui vous fait fonder une injure si atroce sur un si mauvais raisonnement.

Car ce que vous alléguez du clergé, « qu'il y avoit des grands vicaires, au mois de février, qui exerçoient paisiblement et publiquement la juridiction de M. le cardinal de Retz, » ne prouve rien contre nous, qu'en supposant que le diocèse soit toujours demeuré en cet état pendant cette année, et qu'il n'y soit arrivé aucun trouble depuis le mois de février, qui ait empêché l'administration paisible et publique des grands vicaires.

Cependant, c'est ce qui est très-faux: car M. l'évêque de Toul, qui l'étoit au mois de février, fut révoqué le 15 de mai de la même année : sa révocation fut rendue publique au mois de juin; et ceux qui prirent l'administration après lui furent troublés dans l'exercice de leur charge. Or, comme il est certain qu'une assemblée comme la nôtre avoit besoin d'un temps considérable pour exécuter le dessein dont il est parlé dans notre journal, la simple proposition n'en ayant été faite qu'au milieu du mois de mai, nous ne pouvions être en état d'agir qu'au mois de juin et de juillet, lorsque le diocèse se trouva en effet sans grands vicaires qui exerçassent paisiblement cette charge. Dites-nous maintenant, mon révérend père, si c'est là un sujet de traiter de *fourbes* tous les curés de Paris, et d'apporter cet égarement de votre mémoire comme une preuve bien solide *que nous avons aussi peu de jugement que de bonne foi.*

IIe *Objection du P. Annat.*

La seconde objection est que nous témoignons ne pas avoir désapprouvé ce que l'auteur des *Lettres au Provincial* vous a reproché touchant votre morale, et qu'ainsi nous sommes coupables de toutes les impostures dont vous dites que ces *Lettres* sont remplies. Nous vous répondons, mon révérend père, que votre morale étant pleine de maximes extravagantes et impies, tout le monde a droit de la traiter de ridicule et de criminelle; et qu'ainsi le décri que ces *Lettres* en ont fait, a été juste et avantageux à l'Église. Nous n'avons, au reste, aucun intérêt, ni aucun engagement à la défense de cet auteur. Mais vous n'êtes pas raisonnable quand vous voulez nous obliger, sur votre seule autorité, à le croire rempli de falsifications et d'impostures. Vous citez vous-même Wendrockius, qui l'a traduit en latin; et ainsi vous ne pouvez pas ignorer qu'il a répondu dans ses *Notes* à toutes les chicaneries que vous avez avancées contre ces *Lettres*. On ne voit point que vous y ayez satisfait. Et cependant vous voulez, par provision, que nous ajoutions foi à vos accusations; et si nous ne le faisons pas, vous croyez avoir droit de nous appeler *les plus grands menteurs du monde.*

L'équité naturelle ne nous permet pas d'agir de la sorte; et la preuve que vous nous donnez des impostures que vous prétendez avoir trouvées dans ces *Lettres*, nous y oblige encore moins. Car, ayant choisi la falsification que vous avez crue la plus visible, vous avez été réduit à alléguer que l'on y a fait passer Lessius pour Victoria sur le sujet de l'homicide. Il falloit donc, mon révérend père, réfuter en même temps la réponse qu'a faite à cette objection l'auteur même que vous citez, et que nous vous représentons ici comme elle est dans son livre; parce que, comme c'est une accusation qui ne nous regarde point, nous avons jugé ne devoir la réfuter que par les paroles de ceux à qui vous la faites.

« Wendrockius in Epistolam XIII, nota unica, § 1.

« Jesuiticus apologista iterum de Victoria sic cavillatur. *Age dic*, « inquit, *non tu hunc Victoriæ locum Lessio tribuisti?* (Ep. VII.) Pro « Montaltio respondeo, et factum esse, et recte factum. Urget apolo- « gista : *Non tu hunc eumdem locum* (Ep. XIII) *Victoriæ esse fateris?* « Respondeo. Ita fateor esse Victoriæ, ut Lessii simul esse contendam. « *An non hæc*, inquit, *manifesta falsitas, manifestum Montaltii a* « *seipso dissidium?* Respondeo nec falsitatem esse, nec intestinum dis- « sidium, sed manifestam contra impediti jesuitæ cavillationem. *Suffi-* « *citne*, inquit, *Montaltio, ad se purgandum non illic sitam esse con-* « *troversiam causari?* Sufficit plane, si quidem verum sit non ibi esse « controversiam. At certe verum est. Non enim quæritur cujus hæc « verba sint, quæritur cujus sit ista sententia. Nec Lessii, nec Victoriæ « verba proprie retulerat Montaltius, utpote gallice locutus, quum illi « latine scripserint; sententiam tantum ipsorum suis verbis expresse- « rat: sententia autem hujus esse recte dicitur cui probatur, quum sola « approbatione alicujus fiat. Ita quum Lessio et Victoriæ illa probetur, « et Lessii est et Victoriæ. *At Lessii*, inquit, *non est*. Jam illud bene : « attingit enim quæstionem. Audiamus igitur quare Lessii non sit. « *Negat*, inquit, *hanc sententiam in praxi facile permittendam*. Quid « tum? Ergo saltem speculative Lessii est, quum eam speculative appro- « bet? at aliter ipsi quam speculative tributam a Montaltio jesuita non « evincit. Adde quod ejus praxim nec promiscue sinit Victoria, nec

« universe rejicit Lessius. Non vult iste ejus praxim facile permitti, e « rem egere multis cautionibus fatetur. Ne id quidem diffitebitur Vic« toria. Ita nihil est quod alterum ab altero jesuitæ dissocient. »

Voilà ce qu'il dit, et c'est à vous à le réfuter, avant que vous ayez droit de traiter de menteur l'auteur des *Lettres au Provincial.* Mais pour nous, cela ne nous touche point; et nous n'aurions eu garde de nous mêler d'un aussi petit différend qu'est celui de savoir si une opinion, qu'un auteur rapporte et approuve, ne peut pas lui être attribuée; encore qu'il l'exprime par les paroles d'un autre. Ce qui nous touche, mon révérend père, et qui regarde toute l'Église, est que non-seulement Lessius, mais beaucoup d'autres de vos auteurs, aient eu la hardiesse de produire une maxime si opposée à la loi de la nature, à l'esprit de l'Évangile, aux instructions de Jésus-Christ et à l'exemple de tous les saints. C'est la onzième de vos maximes que nous avons représentées au clergé de France dans notre premier extrait : « Qu'il est permis, selon les uns dans la spéculation, et selon les autres dans la pratique même, de tuer celui qui nous a donné un soufflet, quoiqu'il s'enfuie. »

Nous y avons rapporté tout ce que dit Lessius, et les raisons impies dont il appuie cette impiété. Nous avons encore marqué les passages exprès et bien cités de Réginaldus, de Filiutius, de Laiman, d'Escobar; et nous avons montré que ce dernier ruinoit la vaine distinction de spéculation et de pratique, en enseignant formellement, qu'en évitant les périls de la haine et de la vengeance, elle est probable et sûre dans la pratique même : dont il apporte cette raison tout à fait diabolique, que « l'honneur peut se recouvrer comme une chose qui nous auroit été dérobée, en donnant des signes d'excellence et se faisant estimer des hommes. Car n'est-il pas véritable, dit-il, que tandis qu'un homme laisse vivre celui qui lui a donné un soufflet, il demeure sans honneur? « An non alapa percussus censetur tandiu honore privatus, quandiu « adversarium non interimit? »

Que dites-vous, mon réverend père, de ces méchantes opinions et de ces paroles exécrables? Si vous les soutenez, ne craignez-vous point d'être en horreur à tous ceux qui ont quelque sentiment de religion? Et si vous les condamnez, n'êtes-vous pas obligé, à moins que d'être coupable d'une prévarication criminelle, de réparer le scandale que les auteurs de votre compagnie ont causé dans toute l'Église? Qui peut donc souffrir qu'au lieu d'une condamnation sincère de tant d'erreurs, et au lieu de demander humblement pardon à l'Église des outrages que vous lui avez faits, vous fassiez paroître dans vos écrits plus d'audace et de fierté que jamais, que vous détourniez des questions si importantes à de vaines chicaneries? et que vous demandiez des satisfactions, pendant que vous refusez celles que vous devez à l'Église?

Vous n'êtes pas mieux fondé, mon révérend père, dans une autre objection que vous nous faites, et qui ne nous regarde pas plus que la précédente. Vous dites que le traducteur latin est tombé dans une contradiction, parce qu'il dit dans sa préface : « Que tout l'ordre de saint Benoît et de saint Dominique témoignent partout combien ils sont éloignés de ces erreurs; et qu'il n'y a presque que les jésuites qui soient engagés dans cette mauvaise cause : « Soli pene jesuitæ in hoc luto « hærent. » Ce qui est contraire, dites-vous, à ce qu'il reconnoît dans la traduction de la septième lettre : « que Lessius rapporte et approuve le sentiment de Victoria, » qui étoit un dominicain. En quoi, mon révérend père, vous commettez deux ou trois fautes insignes.

Premièrement, vous ne devriez pas ignorer que dans les matières morales, une seule exception ne ruine point la vérité d'une proposition générale; et qu'ainsi l'on peut dire que tout l'ordre de saint Dominique est contraire à une doctrine, quand elle y est communément rejetée, quoique quelque particulier n'y soit pas contraire.

Secondement, le mot de *presque* que cet auteur a ajouté, « soli *pene* « jesuitæ in hoc luto hærent, » détruit cette contradiction prétendue.

Et enfin ce qui est le principal est que vous n'avez point entendu ces paroles, et que vous les avez tronquées pour leur donner un sens qu'elles ne peuvent avoir; car il ne parle point des anciens écrivains de l'ordre de saint Dominique, ni même d'aucun écrivain, mais du sentiment présent qu'a l'ordre de saint Dominique et de saint Benoît touchant ces maximes dangereuses, et de l'engagement des jésuites à les soutenir par tout le crédit de leur compagnie. Voici les termes de la préface à laquelle vous nous renvoyez : « E sacerdotibus fere omnes « hierarchici in ea dogmata insurrexerunt, præcipue vero Galliarum « parochi mirum in iis insectandis fidei ardorem ostenderunt : nec « obscure tota sancti Benedicti et sancti Dominici familia, ac congre« gationis Oratorii presbyteri, quam ab iis sententiis alieni sint passim « significant. Soli pene jesuitæ in hoc luto hærent, qui ad istius doc« trinæ patrocinium universæ societatis vires conferunt. »

Il est clair, mon révérend père, qu'il n'a jamais voulu dire par là qu'il n'y eût que les jésuites qui aient enseigné ces erreurs; et si vous aviez voulu agir de bonne foi, vous n'auriez jamais voulu lui attribuer ce qu'il réfute en termes formels, et dont il fait une note expresse en ces termes (p. 55) : « Refellitur alia querela jesuitarum quod ipsis tri« buantur quæ ipsi ab aliis hauserint. » Sur quoi cet auteur fait cette remarque (p. 55) : « Non is modo opinionis alicujus auctor dicitur qui « illam primus extulit; nonnunquam etiam qui majori studio et auctori« tate propugnavit. Donatistarum princeps dictus Donatus, nec tamen « ille princeps illius schismatis fuit. Simillime jesuitæ, etiamsi hinc « inde corruptelas varias ex quibusdam aliis arripuerint, tamen illarum « auctores merito dicuntur, quia illas undique disseminant, et suæ per « orbem sparsæ societatis opera omnium animis instillant. Alii scri« ptores fere sibi peccant, aut certe non multis. Jesuitæ toti Ecclesiæ « peccant, quam ubique suis novitatibus inficiunt. Latebant hæc dog« mata in bibliothecarum angulis : paucis nota, paucis nocebant. At « ipsa jesuitæ super tecta prædicarunt, in aulas regum, in familias « privatorum, in curias magistratuum invexerunt. » Et cela est conforme, mon révérend père, à la déclaration que nous avons faite dans notre quatrième écrit : « que nous n'avons jamais considéré les jésuites que comme les principaux auteurs des maximes pernicieuses dont nous

nous sommes plaints, et dont nous nous plaignons encore, et non pas comme les seuls qui les aient enseignées. » Mais ce que tous les gens de bien déplorent comme particulier à votre société, est qu'il n'y a qu'elle dont tout le corps conspire et s'engage à maintenir les relâchemens qui ont été une fois introduits dans ses écoles; parce que son humeur altière ne lui permet pas de s'humilier, en reconnoissant les fautes d'aucun de ses membres

IIIe Objection du P. Annat.

Il falloit que vous eussiez bien peu de plaintes solides à faire, puisque vous nous reprochez (p. 7) jusques à une faute de copiste touchant le temps qu'a été publiée l'*Apologie*, qui a été corrigée dans la seconde impression de notre journal, et effacée dans la plus grande partie des exemplaires de la première. Il nous suffira donc de vous dire, qu'écrivant, comme vous faites, cinq mois après la publication d'un écrit dont il y a eu plusieurs éditions où cette faute ne se trouve point, cette bassesse n'est pas excusable.

IVe Objection du P. Annat.

Vous nous reprochez, mon révérend père, comme une imposture bien évidente, d'avoir dit dans notre journal que l'apologiste a pris une voie toute différente de ceux qui avoient écrit avant lui; parce qu'il ne prétend pas qu'on ait falsifié la doctrine des casuistes, mais la soutient comme étant au moins probable, et par conséquent sûre en conscience. Vous nous alléguez sur cela trois passages de l'apologiste : l'un où il dit, en général, que « la savante compagnie des jésuites a convaincu les auteurs des *Lettres* d'impostures honteuses et méchantes. » L'autre où, répondant à la vingtième objection, il dit que « le père jésuite a convaincu l'auteur des *Lettres* d'une infâme imposture. » Et le troisième où, répondant à la dix-septième, il dit que « le père jésuite qui a répondu à l'auteur des *Lettres*, l'a convaincu de mauvaise foi. » D'où vous concluez « qu'il n'est donc pas vrai que l'apologiste ait reconnu de bonne foi que la doctrine des casuistes est telle qu'on l'a représentée dans les *Lettres*. »

Quand il seroit vrai, mon révérend père, que votre apologiste, dans les deux points particuliers que vous citez, n'auroit pas soutenu comme probable la doctrine des casuistes telle qu'elle est représentée dans les *Lettres au Provincial*, il suffiroit qu'il l'eût soutenue dans cinquante autres, pour nous avoir donné sujet de dire ce que nous avons mis dans notre journal; et l'accusation d'imposture que vous nous faites sur ce sujet ne passeroit devant tous les gens d'honneur que pour une pointillerie peu digne d'un homme judicieux. Mais il arrive toujours que vous choisissez fort mal les exemples par lesquels vous prétendez nous convaincre de mauvaise foi. Car il est si vrai que dans ces deux objections, dont l'une regarde l'homicide, et l'autre les valets qui volent leurs maîtres pour égaler leurs gages à leurs peines, votre apologiste a soutenu de bonne foi comme probable la doctrine qu'on reprochoit à vos casuistes, qu'il eût été à souhaiter pour votre honneur qu'il l'eût un peu déguisée : puisque sa sincérité l'a fait condamner par tant de censures sur ces deux points, et particulièrement sur l'homicide. Que si en ne la déguisant point et en la soutenant telle qu'elle est, il dit néanmoins que ceux qui avoient écrit avant lui s'étoient plaints qu'on avoit imposé à vos casuistes, il prouve justement ce que nous avons dit dans notre journal, savoir, qu'il tient une voie différente de ceux qui avoient écrit avant lui; parce que, sans s'arrêter à la question de fait, il entre en celle de droit, et soutient comme probable et sûr en conscience ce qu'on avoit reproché à vos casuistes comme contraire à l'Évangile. Car il ne s'agit pas, mon révérend père, de ce qu'il dit ni de ce qu'il rapporte avoir été dit par les autres, mais de ce qu'il fait lui-même, et de la manière dont il s'y est pris pour défendre les casuistes, qui n'est pas de chicaner comme les autres sur des points de fait, mais de soutenir nettement les dogmes mêmes qu'on leur avoit reprochés, qui est la voie qu'il tient dans tout son livre.

Ainsi, tout ce que l'on pourroit trouver à redire dans notre journal est d'avoir dit que l'auteur de l'*Apologie* reconnoît de bonne foi les opinions qu'on a attribuées à vos casuistes. Car il est vrai qu'il les reconnoît, puisqu'il les défend, et qu'il s'est fait condamner en les défendant. Mais il ne les reconnoît pas de bonne foi, parce qu'en même temps qu'il soutient ces opinions il ne laisse pas de se plaindre en l'air qu'on vous impose. C'est pourquoi nous vous promettons de bon cœur de faire effacer, dans la première édition qui se fera de notre journal, ces deux mots de *bonne foi*, et d'y substituer même, si vous voulez, *qu'il les reconnoît, mais avec mauvaise foi.*

Ve Objection du P. Annat.

La lettre qui se trouve à la tête des *Instructions* de saint Charles, imprimées par l'ordre du clergé, fournit matière à une des plus grandes parties de votre recueil, et vous en tirez un des plus grands sujets de nous traiter de *fourbes* et d'*imposteurs.* Mais quand ce que vous alléguez sur cela ne recevroit aucune difficulté, ne seroit-ce pas l'injustice du monde la plus visible et la plus insoutenable de faire un crime aux curés de Paris de s'être servis d'une pièce publique, imprimée par l'imprimeur du clergé, et que les évêques distribuent tous les jours dans leurs diocèses? Quand cette pièce seroit supposée, quelle part aurions-nous à cette supposition? et que pouvions-nous faire davantage que de nous en informer de celui même qui a eu ordre du clergé de faire imprimer ces *Instructions*, puisque nous n'étions pas même obligés de nous en informer, et qu'il nous suffisoit que la pièce que nous produisions eût été imprimée par l'imprimeur du clergé, et distribuée et reçue par les évêques? Ainsi notre bonne foi ne peut pas être seulement révoquée en doute, et cela suffit pour vous convaincre vous-même de calomnie dans le reproche que vous nous en faites.

Mais nous vous disons de plus que tout ce que vous alléguez n'est point capable de détruire l'autorité de cette lettre. Vous dites premièrement que vous ne vous appuyez pas sur une lettre de M. l'abbé de Ciron. Et pourquoi, mon révérend père, ne vous y appuyez-vous pas, puisque sa suffisance et sa piété sont connues de toute la France : si ce n'est par cette règle générale, selon laquelle il paroît que vous jugez de tous les hommes, qui est que tous ceux qui parlent à votre avantage, sont tellement irréprochables qu'on doit ajouter une croyance aveugle à tout ce qu'ils disent; et que ceux, au contraire, qui n'approuvent pas vos égaremens, ne méritent pas d'être crus, quelque rang qu'ils tiennent dans le monde, et quelque estime qu'ils y aient acquise de sincérité et de vertu? Vous croyez avoir assez repoussé leur témoignage en disant que ce sont des gens qui ont un zèle réformé, sans craindre que l'on vous dise que votre zèle n'est guère réformé, mais qu'il a grand besoin de l'être.

Nous n'imiterons pas votre procédé, et nous ne traiterons pas de même les personnes que vous alléguez contre nous. Mais sans blâmer leur sincérité, nous vous disons seulement que les lettres que vous avez tirées d'eux ne vous donnent point sujet de traiter de supposée la lettre qui est à la tête des *Instructions* de saint Charles.

Vos trois témoins disent seulement qu'il n'a été pris aucune autre délibération sur le sujet des *Instructions* de saint Charles, que celle du 1er février, par laquelle M. de Ciron a été chargé de les faire imprimer, et qu'il ne s'en trouve point d'autre dans le procès-verbal qu'ils ont parcouru. Sur quoi, mon révérend père, nous vous disons, premièrement, que, dans l'extrait du procès-verbal que ces messieurs reconnoissent pour véritable, il est porté que « M. de Ciron a dit que, suivant l'ordre de l'assemblée, il avoit fait venir de Toulouse le livre des *Instructions* de saint Charles. » Or, comme cet ordre ne pouvoit lui avoir été donné en ce jour-là même, il est clair qu'il avoit été parlé des *Instructions* de saint Charles en un autre jour que le 1er de février, puisqu'il ne les avoit fait venir de Toulouse que par l'ordre de l'assemblée. D'où il faut conclure, et que M. l'abbé de Carbon, quoique très-sincère, ne s'est pas souvenu de tout ce qui s'est fait dans l'assemblée sur ce sujet, et qu'il peut y avoir eu des délibérations qui ne se trouvent point écrites dans le procès-verbal.

2° Quand il seroit vrai qu'on n'auroit pas fait sur cette lettre une délibération particulière, il ne s'ensuit pas qu'il soit permis au P. Annat de la traiter de supposée, puisque ce qui est inséré au procès-verbal suffit pour la justifier tout entière. Car l'ordre que M. de Ciron avoit reçu du clergé de faire imprimer les *Instructions* de saint Charles, « afin que cet ouvrage se répandît dans les diocèses, et qu'il pût servir de barrière pour arrêter le cours des opinions nouvelles, qui vont à la destruction de la morale chrétienne, » l'autorise suffisamment d'adresser ce livre au nom du clergé à tous les diocèses de France, et d'y exprimer le sentiment que l'assemblée lui avoit fait paroître en lui donnant ordre de procurer cette impression. Or c'est ce qu'il a fait exactement, puisque l'on ne trouve dans cette lettre que les mêmes points un peu plus étendus qui sont marqués en abrégé dans le procès-verbal. Que s'il n'avoit pas suivi les intentions de l'assemblée, comme il est clair qu'il a fait, MM les agens auroient été obligés, par le devoir de leur charge, d'en faire des plaintes publiques et de supprimer cette impression : et de ce qu'ils ne l'ont pas fait, et ne le font pas encore, c'est une marque indubitable que cette lettre ne contient que les véritables sentimens de l'assemblée, et est conforme à ses ordres.

3° Ces raisons, mon révérend père, sont encore bien plus fortes dans le différend particulier qui est entre nous; car nous n'avons jamais cité cette lettre que pour faire connoître l'horreur que l'assemblée avoit eue des erreurs des casuistes, sur lesquelles nous lui avions adressé nos plaintes, et ce n'est aussi que pour détruire ce préjugé de l'assemblée que vous tâchez d'en affoiblir l'autorité. Voilà proprement ce qui est en question entre vous et nous. S'il est vrai que l'assemblée a détesté vos maximes, et que ce n'est que faute de temps qu'elle ne les a pas condamnées, cette lettre ne contient rien que de vrai, et nous avons tout ce que nous prétendons. C'est pourquoi, comme vous avez fort bien connu qu'il n'y a que cela d'important dans cette dispute, vous avez soutenu nettement que « toute l'indignation que l'assemblée a témoignée en cette rencontre » a été que les curés se fussent adressés à elle sans la permission de leurs évêques.

Voilà, mon révérend père, sur quoi il faut que les uns ou les autres soient déclarés *imposteurs*, pour user de vos termes. Car nous soutenons nettement que c'est une fausseté de dire, comme vous faites, que l'assemblée n'ait témoigné aucune *indignation* contre les maximes des casuistes. Il faut donc voir qui a de meilleures preuves. Nous vous demandons, mon révérend père, quelles sont les vôtres. Celles que vous produisez ne parlent de ce point en aucune sorte, et nul de ceux dont vous rapportez les lettres ne témoigne que l'assemblée n'ait point eu en horreur les corruptions de la morale que nous avions exposée à son jugement.

Mais si vous nous demandez les nôtres, nous vous produirons, premièrement, l'extrait du procès verbal autorisé par vos trois témoins, où il est dit en termes exprès que « plusieurs de MM. les prélats qui avoient lu le livre des *Instructions* de saint Charles, représentèrent qu'il seroit très-utile, et principalement en ce temps, où l'on voit avancer des maximes si pernicieuses et si contraires à celles de l'Évangile, et où il se commet tant d'abus dans l'administration du sacrement de pénitence par la facilité et l'ignorance des confesseurs. » Et où il est dit encore au nom de toute l'assemblée que « cet ouvrage devoit être imprimé, afin qu'il se répandît dans les diocèses, et qu'il pût servir comme d'une barrière pour arrêter le cours des opinions nouvelles, qui vont à la destruction de la morale chrétienne. »

Peut-on désirer un préjugé plus formel et plus exprès contre la nouvelle morale des casuistes? Aussi l'avez-vous bien senti; et c'est ce qui vous a porté à cette étrange hardiesse d'accuser de faux ce procès-verbal, en disant que des personnes dignes de foi vous ont assuré que « ces broderies de la corruption de la morale, et du mal que causent les casuistes du temps, » y ont été ajoutées dans un papier à part.

Où est votre jugement, mon révérend père? et pourquoi nous mettez-vous dans la nécessité de vous en remarquer tant de défauts?

1° Sur qui retomberoit cette prétendue corruption du procès-verbal? Seroit-ce sur nous, qui n'y avons nulle part, et qui nous passerions bien de la preuve particulière que nous en tirons, parce que nous en avons d'autres constantes et indubitables? Et ne seroit-ce pas, au contraire, sur les secrétaires de l'assemblée et sur les agens du clergé, qui doivent répondre de la fidélité du procès-verbal, et qui sont coupables, s'ils y ont fait ou s'ils ont souffert que l'on y fît quelque altération? de sorte que la gratitude que vous leur témoignez pour les lettres qu'ils vous ont fournies, est de les faire passer pour des falsificateurs.

2° Toute la preuve que vous alléguez contre la lettre qui est à la tête *Instructions* de saint Charles, est fondée sur le procès-verbal, et sur ces trois témoins qui disent l'avoir parcouru, et n'y avoir point trouvé d'autre délibération que celle du 1er février, et en même temps vous voulez nous faire passer ce procès-verbal pour corrompu, et ces témoins pour complices de cette corruption. N'est-ce pas tomber dans l'imprudence que saint Augustin reproche aux manichéens, de vouloir se servir d'un témoin en même temps qu'on prétend qu'il est indigne de croyance?

3° Comment avez-vous pu croire qu'il y eût des gens assez stupides pour écouter le témoignage prétendu de certaines personnes dignes de foi que vous ne nommez point, contre l'autorité d'une pièce publique et authentique, dont ceux même que vous alléguez pour vous sont les distributeurs et les garans?

4° Mais ce qui est encore plus surprenant, est qu'il n'y eut jamais de fondement plus frivole d'une accusation de faux, que ce que vous rapportez de ces personnes dignes de foi. Car quand il seroit vrai qu'on n'auroit d'abord écrit autre chose, sinon que l'assemblée auroit agréé la proposition de M. de Ciron, et que le reste auroit été écrit dans un autre papier, s'ensuivroit-il que ce fût une falsification? Ne sait-on pas que l'ordinaire dans les compagnies est que ceux qui tiennent la plume n'écrivent d'abord que la substance des conclusions, et qu'on remet ensuite plus à loisir les raisons et les motifs sur lesquels la conclusion a eté faite?

Ainsi, mon révérend père, il doit demeurer pour constant qu'il n'y eut jamais d'accusation de faux plus téméraire et plus injurieuse au clergé, que celle que vous formez sur un ouï-dire de personnes inconnues. Et partant, ce témoignage public et authentique subsiste dans toute sa force, et est une preuve convaincante de l'aversion qu'a eue l'assemblée pour les erreurs de la nouvelle morale dont vous vous déclarez les protecteurs.

Mais nous en avons encore d'autres témoignages entièrement irréprochables, et de personnes très-considérables dans l'assemblée. Vous savez ce que M. de Ciron a écrit à l'un de nous : « J'ai vu toujours, dit-il MM. les prélats fort disposés à condamner toutes ces maximes diaboliques qui ont paru dans les extraits; et l'horreur que tous en témoignoient, faisoit bien paroître qu'ils n'étoient retenus que par leur peu de loisir, et par la nécessité qu'on avoit de conclure une si longue assemblée. En vérité, il me semble qu'il ne faut que croire en Dieu, et n'avoir pas renoncé aux premières notions du christianisme, pour avoir en exécration une telle morale. Je m'estimerois heureux de pouvoir la noyer dans mon sang. Mais puisque je n'ai que des désirs fort inutiles pour le soutien d'une cause aussi juste et aussi sainte que la vôtre, je vous supplie d'agréer que je joigne mes vœux et mes prières à vos illustres travaux, et que je dise : « Exsurge, Deus, judica causam « tuam. »

Vous n'ignorez pas non plus ce que nous en a écrit M. l'évêque de Couserans en ces termes : « Vous avez été les premiers qui avez été touchés de l'outrage qu'alloit recevoir par cette morale funeste toute l'Église du Fils de Dieu. Je suis témoin de ce cri charitable de votre gémissement qui vint frapper l'oreille de ces pères assemblés en la dernière assemblée du clergé, où j'avois l'honneur d'être un des députés. Vous leur en portâtes les plaintes : elles émurent leurs cœurs sensiblement; et je sais que sans l'obligation qui les engagea pour lors de se séparer, leurs délibérations eussent confirmé toutes les vôtres sur ce sujet, et qu'ils eussent proscrit par une censure publique cette doctrine de relâchement et d'iniquité. »

Et enfin vous pourrez apprendre ce que M. l'évêque de Vence vient de témoigner à toute la France dans sa nouvelle censure contre votre *Apologie*, publiée dans son synode dès le 10 mai, où il semble avoir prévu la supposition par laquelle vous aviez voulu noircir l'assemblée, en prétendant qu'elle étoit demeurée indifférente à la vue de vos excès. Voici ses paroles : « Dans la dernière assemblée du clergé tenue à Paris en l'année 1656, les curés de la ville de Rouen, que M. leur archevêque y avoit renvoyés, et ceux de Paris, présentèrent un extrait de plusieurs propositions tirées de quelques casuistes modernes, afin qu'il lui plût de les examiner. La lecture fit horreur à tous ceux qui l'entendirent; et nous fûmes sur le point de nous boucher les oreilles, comme avoient fait autrefois les Pères du concile de Nicée, pour ne pas entendre les blasphèmes d'un livre d'Arius. Chacun fut enflammé de zèle pour réprimer l'audace de ces malheureux écrivains, qui corrompent si étrangement les maximes les plus saintes de l'Évangile, et introduisent une morale dont d'honnêtes païens auroient honte, et de bons Turcs seroient scandalisés. Mais comme l'assemblée se trouva sur la fin, et qu'il étoit impossible de lire tous les auteurs allégués, afin de prononcer un jugement avec connoissance et sans aucune préoccupation, on s'avisa, sur la proposition de M. l'abbé de Ciron, chancelier de l'université de Toulouse, personnage de savoir et de piété, de faire imprimer, aux dépens du clergé, les *Instructions* de saint Charles Borromée, cardinal, et archevêque de Milan, aux confesseurs de son diocèse; et on jugea qu'attendant que les prélats pussent pourvoir à un mal si pressant par des censures juridiques, ce livret pourroit servir de quelque digue au torrent des mauvaises opinions qui ruinoient la morale chrétienne. «

Dites-nous maintenant, mon révérend père, qui de vous ou de nous a plus de droit de traiter ses adversaires de *fourbes* et d'*imposteurs?* Qui de vous ou de nous a plus de sujet de craindre de passer pour tels dans l'esprit du monde : ou vous qui avancez sans aucune preuve que l'assemblée n a eu aucune horreur de vos méchantes maximes; ou nous qui montrons l'extrême aversion qu'elle en a eue par des preuves si décisives?

Quant à ce que vous ajoutez hors de propos, que « l'assemblée manda les curés de Paris pour leur faire une correction sèche, » vous n'êtes pas assez informé ni des droits de l'assemblée, ni de la manière dont elle a agi avec nous. Comme elle ne prétend aucune juridiction dans Paris, elle n'a aucun droit ni d'en mander les curés, ni de leur faire correction. Aussi n'a-t-elle point agi avec nous de cette sorte. M. Taureau, l'un des agens qui vint trouver nos syndics de la part de l'assemblée, usa de ces termes qui sont encore dans nos registres : « Le clergé prie MM. les syndics des curés de Paris de se trouver à l'assemblée pour l'informer sur quelque doute; » et leur répéta ce mot de *prier* deux ou trois fois, leur faisant remarquer que « l'assemblée l'avoit chargé d'user de ce terme. » Nous y fûmes reçus et traités avec honneur, et ils furent satisfaits des assurances que nous leur donnâmes, que nous n'avions jamais eu dessein de porter les curés des provinces de s'adresser à eux sans la permission de leurs évêques. Et en effet nous n'avions garde d'avoir ce dessein, puisque ç'auroit été reconnoître l'assemblée pour un concile national, à qui tous les ecclésiastiques peuvent immédiatement s'adresser. Après tout, mon révérend père, il est difficile que les évêques qui aiment la conservation de l'autorité que Jésus-Christ leur a donnée, se persuadent jamais que nous ne soyons pas aussi disposés à la maintenir, qu'ils savent, par tant d'expériences, que vous êtes disposés à l'affoiblir et la ruiner par toutes sortes de voies; et pour vous en donner quelque preuve, vous trouverez bon que nous vous représentions ici ce qu'un évêque des plus zélés à maintenir la dignité de son caractère répondit alors à la lettre que vous rapportez de l'assemblée.

Lettre de M. l'évêque d'Orléans à l'Assemblée générale du clergé.

« Messeigneurs,

J'ai reçu, par MM. nos agens, la lettre que vous m'avez fait l'honneur de m'écrire, en date du 18 novembre; et je crois que vous ne trouverez pas mauvais que, par ma réponse, je vous témoigne la surprise où j'ai été d'apprendre par la vôtre le soupçon que vous avez conçu, que MM. les curés de Paris voulussent entreprendre quelque chose contre l'autorité épiscopale. Ce n'est pas à moi, messeigneurs, à trouver à dire à ce que font tant de grands prélats qui composent notre assemblée, et je dois avoir les derniers respects pour tout ce qui vient d'une si auguste compagnie. Mais, comme vous me nommez dans votre lettre M. le curé de Saint-Roch, je m'y trouve en quelque façon intéressé, parce qu'il est mon diocésain, qu'il a travaillé dans mon diocèse, et très-dignement, sous mon prédécesseur, en qualité de vicaire général, et qu'il est encore présentement un de mes vicaires généraux. Sa réputation est si bien établie, comme ayant blanchi dans le travail, qu'il n'a point besoin que je la confirme. Mais, messeigneurs, s'il en a besoin, je le fais de très-bon cœur, et je ne pourrois lui refuser cet office sans blesser ma conscience. S'il n'y a que lui qui entreprenne contre l'autorité épiscopale, nous devons être en sûreté, puisqu'il en a été toujours un très-digne et un très-ferme défenseur. J'oserois bien en dire autant de tous MM les curés, que nous pouvons presque appeler dans l'Église la seule portion qui reste attachée à nous, et qui vit dans l'obéissance, que tant de prêtres, à qui nous imposons les mains, nous promettent dans leur ordination, et qu'ils observent si peu. Pour moi, je ne puis m'empêcher que je ne témoigne quelque gratitude à MM. les curés, du soin qu'ils ont eu de vous présenter un recueil de tant de pernicieuses et damnables maximes, afin que, par votre prudence et votre autorité, vous y apportiez l'ordre que Dieu demande de nos soins, à ce que tant d'âmes qu'il nous a confiées ne s'éloignent point des vérités évangéliques pour suivre ces maximes qui leur sont tout à fait opposées, et que la chair et le sang ont révélées. Vous nous exhortez par la vôtre, comme étant en soupçon des curés, à prendre garde à ce qu'ils n'entreprennent point sur notre autorité : plût à Dieu qu'elle n'eût que ces ennemis-là à combattre! nous serions bientôt d'accord. Ce ne sont pas ceux-là, messeigneurs, qui sont à craindre : il y en a d'autres qui l'attaquent par leurs entreprises, et par paroles et par écrit, et qui ouvrent un beau champ au zèle que vous témoignez d'avoir pour notre caractère. Nous l'attendons de vos soins et de la générosité que vous avez fait paroître en toutes sortes de rencontres dans cette assemblée. Que si vous trouvez à propos d'en user autrement, nous croirons que, comme vous avez de plus grandes lumières, nous devons nous contenter de les admirer, en avouant notre aveuglement. Je ne manquerai pas, messeigneurs, à veiller à ce qu'il ne se passe rien dans mon diocèse de la part de mes curés qui puisse choquer la dignité de notre caractère; et je puis vous assurer qu'il me sera fort aisé, puisqu'ils sont tous dans une parfaite et très-soumise obéissance pour leur évêque. Je suis,

« Messeigneurs,

« Votre très-humble et très-obéissant serviteur et confrère,

« A. DEL'BÈNE, évêque d'Orléans.

« De Meung, ce 9 décembre 1656. »

VIe Objection du P. Annat.

Ce qui est rapporté dans notre journal, d'un projet de conférence proposée par M. l'évêque de Rodez, vous donne sujet de triompher sur une lettre que vous avez tirée de ce prélat, par laquelle il témoigne que vous n'avez point eu de conférence chez lui avec M. Gauquelin, à qui nous avions cru que ces propositions avoient été faites immédiatement par M. de Rodez et le P. Annat; au lieu que nous avons appris depuis qu'elles ne lui ont été faites que par l'entremise de M. l'abbé Le Camus, qui rapporta de leur part, à M. Gauquelin, ce que nous avons mis dans notre journal : et c'est la même chose dont M. Gauquelin fit son rapport à la Faculté, en lui rendant compte de ce que M. l'abbé Le Camus lui avoit dit. D'où il est clair qu'il n'y a aucune erreur dans la substance de ce que nous avons écrit, et qu'il est si absurde de nous traiter de *faussaires*, pour avoir rapporté ce que M. l'abbé Le Camus a dit à M. Gauquelin de votre part, comme si vous l'aviez dit à M. Gauquelin même, et ce que M. Gauquelin a prié M. l'abbé Le Camus de vous répondre de sa part, comme s'il vous l'avoit dit à vous-même : il est si absurde, nous le répétons encore, de prendre cela pour une imposture. qu'on ne peut le faire sans donner sujet aux impies de trouver des faussetés dans les paroles mêmes de la vérité, puisque nous voyons que saint Matthieu rapporte, comme dit par le centenier à Jésus-Christ, ce que saint Luc témoigne qu'il fit dire à Jésus-Christ par ses amis, ne s'étant pas jugé digne de venir le trouver lui-même. La seule différence qu'il y a, est que saint Matthieu, sachant bien que le centenier n'avoit pas été lui-même trouver Jésus-Christ, n'a pas laissé de dire qu'il étoit allé le trouver, *Accessit ad eum centurio*, parce que cette manière de parler, comme remarque saint Augustin, a sa vérité dans le langage des hommes, et qu'on peut dire véritablement qu'un homme a fait ou dit ce qu'il a fait ou dit par un autre. Au lieu que c'est par surprise, et pour ne pas avoir été entièrement bien informés de cette circonstance de nulle importance, que nous avons parlé de la sorte : ce qui nous éloigne encore davantage de l'imposture dont vous nous accusez en des termes si injurieux, puisque, pour être imposteur, il faut déguiser la vérité en la connoissant.

Mais n'avons-nous pas plus de sujet, mon révérend père, de vous accuser vous-même d'un déguisement peu digne d'un homme sincère? Car, si vous aviez voulu agir de bonne foi, ne deviez-vous pas rapporter tout ce qui s'est passé en cette rencontre, afin que le lecteur jugeât en quoi le récit que nous avions fait s'éloignoit de la vérité? Mais vous n'avez eu garde de le faire, parce que votre dessein a été, en attaquant cette circonstance, de faire croire que tout ce récit n'étoit qu'une fable, au lieu que si vous eussiez rapporté la vérité du fait qui vous étoit connue, le lecteur, qui auroit appris de vous-même que toutes les propositions faites de part et d'autre sur le sujet de cette conférence étoient véritables, et qu'il n'y avoit rien d'omis dans notre journal que l'entremetteur par qui elles avoient été faites, se seroit moqué de l'omission d'une circonstance qui ne touche en rien le fond de l'affaire, et auroit été surpris de la hardiesse avec laquelle vous donnez des démentis à tous les curés de Paris sur une bagatelle de cette nature.

VIIe Objection du P. Annat.

Nous joignons à l'objection précédente, touchant M. l'évêque de Rodez, celle qui regarde M. le nonce, parce qu'elle est de même espèce. Nous avons dit, dans notre journal, « qu'une certaine déclaration sur l'*Apologie* avoit été portée par le provincial des jésuites et le P. de Lingendes à M. le chancelier, qui étoit alors avec M. le nonce. » Vous ne désavouez pas que cette déclaration n'ait été portée par vos pères à M. le chancelier, qui est la seule chose en ce récit qui soit importante, et qui regarde notre différend. Mais, vous attachant à ce qui est dit en passant, que M. le chancelier étoit alors avec M. le nonce, vous en avez tiré une lettre où il témoigne qu'il n'a jamais vu le provincial de la compagnie, ni le P. de Lingendes, chez M. le chancelier. Permettez-nous, mon révérend père, de vous dire que vous abusez un peu de la bonté de ces messieurs, de leur donner la peine d'écrire des lettres sur de si petites choses, et qui vous sont si inutiles. Car, premièrement, il pourroit se faire que M. le nonce eût été avec M. le chancelier, lorsque vos pères y arrivèrent, quoiqu'il ne les eût pas vus, parce qu'ils n'auroient eu leur audience qu'après son départ. Mais, de plus, qu'importe que M. le nonce fût ou ne fût pas chez M. le chancelier, lorsque vos pères allèrent y porter votre déclaration? Quel avantage pouvions-nous tirer de cette circonstance? et pourquoi l'aurions-nous insérée dans notre récit, si elle ne nous avoit été rapportée? Mais puisque M. le nonce témoigne qu'il n'y étoit pas, nous l'effacerons de notre écrit avec la plus grande indifférence du monde. Nous n'y perdrons rien, et vous n'y gagnerez rien. Mais les reproches injurieux que vous faites aux curés de Paris sur un sujet si frivole ne laisseront pas de passer pour un effet très-injuste de la passion qui vous anime.

Quant à ce que vous nous attribuez, d'avoir dit que cet écrit a été porté en Sorbonne, comme venant de la part de M. le chancelier et de M. le nonce, vous devriez avoir mieux considéré nos paroles que voici : « Quelques-uns prétendoient que cette déclaration, bien que défectueuse devoit être considérée, et qu'il falloit en faire cas, venant de M. le chancelier et de M. le nonce. » En quoi nous ne faisons que rapporter ce qui fut dit par quelques docteurs, et encore de vos amis, des paroles desquels nous ne sommes point garans. Et pour vous montrer que nous ne nous y sommes point arrêtés, c'est que dans la même page, parlant de nous-mêmes de cette déclaration, nous disons simplement que « vous l'avez fait bailler à la Faculté par M. le chancelier, » sans rien dire de M. le nonce. Ainsi l'éclaircissement que vous avez tiré de lui sur ce sujet ne regarde que ces docteurs, et non pas nous.

VIIIe Objection du P. Annat.

Cette déclaration vous fournit encore un autre sujet de nous accuser d'imposture, que vous exprimez en ces termes : « Les journalistes disent que cette déclaration ayant été lue en Sorbonne, on avoit assez reconnu qu'elle ne satisfaisoit pas; mais ils en content. Ce ne fut pas là la raison pour laquelle la Faculté la rejeta. » Nous ne disons pas, mon révérend père, que ce fut l'unique raison; car voici nos paroles : « La Faculté députa à M. le chancelier pour lui dire que cette déclaration n'étoit pas suffisante; parce qu'elle n'étoit point signée, et de plus, parce que, l'ayant lue, on avoit assez reconnu qu'elle ne satisfaisoit pas à ce que l'on trouvoit à redire dans l'*Apologie*. » Or, pour savoir si vous avez eu raison de dire que *nous en contons*, et que cette dernière raison ne fut pas une des deux pour lesquelles on la rejeta, il ne faut que vous représenter les paroles mêmes du registre de la Faculté : « 12 junii 1658, « honorab. D. Messier dixit se et syndicum ab amplissimo et illustris« simo Franciæ cancellario accersitum, et ab eo accepisse declarationem

« quamdam sine nomine et subscriptione; cujus lectione audita visum « est renuntiandum esse dicto domino cancellario per eosdem decanum « et syndicum; illam insufficientem, quia sine nomine; nec satis per « eam apparet quod auctor satisfaciat. »

Il n'est donc pas vrai, mon révérend père, que la seule raison pour laquelle votre déclaration fut rejetée par la Faculté est qu'elle étoit sans nom, comme vous avez osé l'assurer; et il est vrai au contraire qu'elle fut rejetée pour toutes les deux raisons marquées dans notre journal, ce que vous avez osé nier. Sur quoi vous nous permettrez de vous avertir charitablement, qu'il est ordinaire aux personnes les plus sages de se tromper quelquefois, en rapportant simplement ce qu'ils ne savent que par le rapport des autres; mais que c'est une faute très-considérable, et devant Dieu et devant les hommes, d'accuser publiquement des personnes de fausseté, sur des choses dont on est soi-même mal informé, comme vous avez fait en cette rencontre.

IXe Objection du P. Annat.

Le respect que nous portons à la dignité et au mérite de M. le chancelier nous auroit fermé la bouche, sur le reproche que vous nous faites de n'avoir pas bien rapporté quelques-unes de ses paroles, si la lettre que vous avez tirée de M. de Chaumont contenoit un désaveu formel de ce que nous en avons dit en notre journal. Car nous aimerions mieux nous persuader que ceux d'entre nous qui pensent les avoir ouïes se sont trompés, que de douter le moins du monde de la sincérité d'une personne si illustre. Mais comme vous ne tirez ce désaveu que par des conséquences qui ne nous paroissent pas justes, le respect même que nous avons pour M. le chancelier nous oblige de vous représenter ici, que ce que M. de Chaumont dit dans sa lettre ne nous paroît pas contraire à notre journal; car voici le tour que vous donnez à cette affaire. N'y ayant autre chose dans notre journal, sinon que M. le chancelier avoit dit, « que la publication de la censure feroit trop de bruit parmi les peuples qui ont aversion de cette méchante doctrine et de ses auteurs : » vous voulez faire croire que nous avons voulu dire par là que « M. le chancelier condamnoit les jésuites comme auteurs d'une méchante doctrine; » et sur cela vous rapportez une lettre de M. de Chaumont, qui ne désavoue point proprement les paroles du journal, mais qui désavoue le sens dans lequel vous prétendez que nous les avons prises, en témoignant qu'il « a eu charge de M. le chancelier de faire connoître à Votre Révérence qu'il a trop bonne opinion de la compagnie pour en parler de la sorte. » Nous n'avons point dit aussi qu'il ait parlé de la compagnie des jésuites; mais si vous et vos amis prenez comme dit contre vous tout ce qui est dit contre l'*Apologie*, vous nous donnerez lieu d'ajouter cette preuve à tant d'autres qui nous assurent que vous en êtes les auteurs.

Après tout, quand il plaira à M. le chancelier de nous faire dire en quoi nous nous sommes pu tromper en rapportant ses paroles, nous espérons qu'il demeurera très-satisfait, et de la sincérité avec laquelle nous avons dit ce que nous avons cru être véritable, et de la soumission avec laquelle nous recevrons ce qu'il daignera nous en apprendre de plus certain.

Xe Objection du P. Annat.

Nous en disons de même de M. Le Tellier. Nous avons une déférence entière pour ce qu'il nous déclare de ses sentimens. Mais nous le supplions de considérer que ce qui nous rend excusables d'avoir cru ce que des personnes dignes de foi, et qui sans doute n'étoient pas assez informées, nous avoient rapporté de ses paroles, est qu'ils ne lui faisoient rien dire touchant les jesuites, qui ne fût alors dans la bouche de tout le monde, et principalement de ceux qui avoient plus d'affection pour leur société, qui se plaignoient tous, comme on nous avoit dit qu'il avoit fait, de l'imprudence avec laquelle ils avoient publié l'*Apologie*, après le bruit que les propositions de leurs auteurs, présentées par les curés, avoient fait dans le clergé. Le P. de Lingendes même a témoigné à M. le doyen de Notre-Dame être du même sentiment, en reconnoissant, comme on voit dans notre journal, « qu'il étoit fâché du bruit que ce livre causoit : » de sorte que les paroles que nous avons cru avoir été dites par M. Le Tellier, ne contiennent que le sentiment de ceux qui vous sont les plus favorables. Et quant à ce qui est dit contre l'*Apologie* en particulier, sa lettre ne dit pas expressément qu'il n'en ait point parlé ; et il nous semble, mon révérend père, que vous prenez un peu trop à la rigueur quelques termes d'humilité dont il se sert, en avouant « qu'il n'entend pas les matières dont il s'agit. » Car ayant exercé, comme il a fait avec tant d'intégrité, les premiers emplois de la justice, il ne peut pas ne point condamner les excès de votre morale, qui sont, pour la plupart, aussi contraires aux lois civiles et humaines, qu'aux ecclésiastiques et divines. Et ce seroit bien abuser de la bonté qu'il témoigne pour votre compagnie, que de vouloir vous en servir pour persuader à toute la France qu'un homme de son rang et de son mérite ne désapprouve point les pernicieuses maximes que les évêques ont censurées dans votre *Apologie;* qu'il ne trouve pas mauvais qu'on enseigne, par exemple, qu'un gentilhomme chrétien peut en conscience tuer un homme pour éviter un soufflet, et se venger d'un démenti ; et qu'il n'y a point de crime à imposer de faux crimes à ceux qui nuisent injustement à notre réputation. C'est pourquoi, mon révérend père, nous ne craignons point de vous dire que vous lui imposez en voulant faire croire qu'il est dans ce sentiment ; et nous n'appréhendons point qu'il nous désavoue pour l'avoir défendu contre un soupçon si injurieux.

XIe Objection du P. Annat.

Nous souhaiterions, mon révérend père, de pouvoir nous contenter de dire, à l'égard de M. l'évêque d'Amiens, ce que nous venons de dire à l'égard M. Le Tellier ; et nous serions tout disposés à rejeter les Mémoires que l'on nous a donnés sur ce sujet, et à croire simplement le désaveu de ce prélat que vous rapportez, si nous pouvions le faire sans être suspects d'une basse flatterie, dont ceux qui nous ont fourni ces

Mémoires pourroient nous convaincre par écrit. C'est pourquoi, ne pouvant pas demeurer dans cette retenue, nous espérons de faire voir par cet exemple que le public auroit été plus satisfait de votre conduite, si, au lieu des désaveux généraux que vous avez tirés de trois ou quatre personnes, vous leur aviez demandé un récit sincère de ce qui s'est passé dans les faits qui sont rapportés dans notre journal. Car, en ne lisant que la lettre de M. l'évêque d'Amiens, on doit en conclure que tout notre récit est une pure fiction, et qu'il n'a rien dit de tout ce que nous lui faisons dire. Et c'est aussi la conclusion que vous en tirez, en disant que « M. l'évêque d'Amiens, étant à Rouen, désavoua sur-le-champ cette relation comme fausse, et qu'il écrivit aux curés de Paris que l'on lui imposoit des discours qu'il n'avoit jamais tenus. » Cependant parce que ce prélat s'est expliqué plus particulièrement, et qu'il a même envoyé le journal apostillé de sa main, et signé de son nom, en marquant en détail tout ce qu'il avouoit avoir dit, et tout ce qu'il prétendoit n'avoir pas dit, il nous a donné moyen de justifier, dans une occasion signalée, la sincérité avec laquelle nous avons fait ce journal. C'est pour cela que nous représenterons ici ses apostilles, telles que nous les avons, écrites et signées de sa main.

Notre journal ne contient que cinq articles sur son sujet, dont voici le premier : « M. l'évêque d'Amiens, ayant reçu la requête et le Factum, ne se contenta pas de témoigner aux curés, par le bon accueil qu'il leur fit, combien il approuvoit leur zèle et leur piété; mais il leur dit positivement qu'il n'avoit jamais pu approuver et qu'il n'approuveroit jamais la doctrine des jésuites; qu'il en avoit dit très-librement ses sentimens jusque dans le Louvre en des occasions importantes; et que c'étoit une chose étrange combien ces maximes se répandoient. » M. l'évêque d'Amiens avoue tout cet article, excepté qu'il change le mot de *jésuites* en celui d'*Apologie*.

Le second article est celui-ci : « Il leur rapporta sur ce sujet que, faisant ses visites dans Abbeville, il s'enquit des prêtres qui servent aux paroisses, ce qu'ils répondoient aux serviteurs et servantes qui ne se contentoient pas de leurs gages, et qui, sur ce prétexte, se récompensent en cachette du bien de leurs maîtres; et qu'il s'en trouva plusieurs qui approuvoient ces compensations, parce, disoient-ils, qu'ils avoient appris cette doctrine des jésuites. » M. l'évêque d'Amiens avoue encore tout cet article, hormis qu'il change le mot de *jésuites* en celui de *casuistes*.

Le troisième article est : « Il ajouta encore, sur ce que quelques curés témoignèrent s'étonner que les jésuites enseignassent de si étranges choses dans Amiens, que ce qu'ils trouvoient étrange ne le surprenoit pas. Je suis assuré, dit-il en propres termes, que le P. Poignant ne débite point sa doctrine particulière : sachez qu'autant qu'ils ont de pères qui enseignent les cas de conscience en France, en Italie, en Espagne, en Allemagne et partout ailleurs, ils parlent tous le même langage. » M. l'évêque d'Amiens désavoue tout cet article, et il dit que ce ne fut pas lui qui dit aux curés, mais les curés qui lui dirent que partout où il y avoit des jésuites, on enseignoit les mêmes propositions.

Le quatrième article contient une lettre fort obligeante, que M. l'évêque d'Amiens écrivit à ses curés qui lui avoient envoyé leur Factum; dans laquelle il dit, entre autres choses, « qu'après avoir examiné le tout, il est fort convaincu de la nécessité de travailler à l'examen de cette morale, etc. » M. d'Amiens ne dit rien sur cet article, comme étant incontestable.

Le cinquième est : « La contestation s'étant émue entre les curés et les jésuites d'Amiens, sur le sujet des écrits de leurs professeurs, dont les curés s'étoient plaints, M. d'Amiens condamna les jésuites par contumace aux dépens envers les curés, et ordonna qu'ils seroient réassignés pour se voir condamner à révoquer publiquement leurs méchantes propositions. »

M. l'évêque d'Amiens désavoue tout cet article en ces termes : « Il n'est pas vrai que j'aie condamné les jésuites aux dépens par contumace, et je n'ordonnai point qu'ils fussent réassignés : car ils n'avoient pas encore été assignés. J'avois seulement répondu à la requête des curés, et mis au bas : *Soient les parties appelées.* Et le jour assigné pour la conférence que j'avois trouvé à propos de faire, les jésuites se trouvèrent à l'heure marquée, et les curés ne voulurent pas s'y trouver. En quoi il paroît que celui qui a fait imprimer ces extraits a eu de fort mauvais Mémoires. *Signé* FRANÇOIS, *évêque d'Amiens.* »

Sur cela, mon révérend père, vous remarquerez, premièrement, combien il y a de différence entre la modération d'un évêque et l'emportement d'un jésuite. Ce prélat étoit persuadé que nous nous étions trompés en rapportant de lui un fait important, qui est qu'il eût rendu une sentence contre votre société, laquelle il croyoit n'avoir point rendue. Et cependant il n'a pas seulement eu la pensée de nous traiter de *fourbes* et d'*imposteurs;* mais il se contente de dire qu'*il faut que nous ayons eu de mauvais Mémoires.* Voilà, mon révérend père, comme parlent tous les gens d'honneur. Mais ce n'est pas là le style de la compagnie, qui a pour maxime aussi bien de sa conduite que de sa théologie, « detrahentis auctoritatem sibi noxiam falso crimine elidere. »

En second lieu, il est bon de remarquer que des quatre faits que M. l'évêque d'Amiens désavoue, ou en tout, ou en partie, il y en a trois qui ne consistent que dans des paroles qui, n'ayant pas été écrites, ne peuvent se prouver que par des témoins vivans; et un quatrième qui peut se prouver par écrit. Pour les paroles de vive voix, il est vrai, d'une part, que M. l'évêque d'Amiens croit ne pas les avoir toutes dites. Mais il est vrai, de l'autre, que MM. les curés d'Amiens croient les avoir toutes entendues. Car ce prélat étant retourné à Amiens depuis ses apostilles qu'il écrivit à Rouen, et ayant fait quelque reproche à ses curés, dans la pensée qu'il eut que c'étoient eux qui avoient mandé ces choses, ils lui soutinrent, avec tout le respect qui lui étoit dû, qu'il leur avoit dit positivement tout ce qui se trouve dans le journal, et afin de lui aider à rappeler sa mémoire par les choses qui ont accoutumé de la réveiller, ils lui marquèrent les temps et les lieux où ils croyoient qu'il leur avoit dit toutes ces paroles, et en particulier le mot de *jésuites*, au lieu de celui de *casuistes* et d'*Apologie.*

Nous n entrons point, mon révérend père, dans ce différend : il est de peu d'importance. Un défaut de mémoire, qui est ordinaire à tous les hommes, n'intéresse en rien, ni la sincérité de M. l'évêque d'Amiens, ni celle de MM. les curés. Mais ce qu'il y a de certain, est que l'accusation d'*imposteurs* que vous formez contre nous sur ce sujet, est pleine d'injustice et de calomnie; puisqu'il est clair que nous avons dit de bonne foi ce qui avoit été rapporté par des personnes dignes de foi.

Ce qui donne néanmoins un peu plus de sujet de s'assurer sur la mémoire de MM. les curés que sur celle de l'évêque d'Amiens, c'est qu'outre qu'il est plus facile qu'un seul se trompe que plusieurs, et qu'il est plus aisé d'oublier ce qu'on a dit, que de croire avoir ouï ce qu'on n'a point ouï, nous n'avons aucune preuve que la mémoire ait manqué à ces curés, et nous en avons une certaine qu'elle a manqué à M. l'évêque d'Amiens, dans l'unique fait qui pouvoit se justifier certainement, et duquel il est plus étonnant qu'il ne se soit pas ressouvenu. Car il est sans comparaison plus ordinaire d'oublier des paroles qu'on a dites sans beaucoup de réflexion, que d'oublier qu'on ait rendu une sentence. Cependant il faut bien que M. d'Amiens l'ait oublié, puisque nous avons en bonne forme la sentence qu'il nous a mandé si positivement ne point avoir rendue. En voici la copie telle qu'elle est au greffe, et qu'elle a été signée et délivrée par son greffier.

« A tous ceux qui ces présentes lettres verront, salut : François, par la grâce de Dieu et du saint-siége apostolique, évêque d'Amiens, conseiller du roi en ses conseils, et maître de l'oratoire de Sa Majesté, vu la requête à nous présentée par frère Pierre Boucher, curé de Saint-Firmin-au-Val; Pierre Matissar, l'un des curés de Saint-Firmin le Confesseur; frère Antoine Woignet, curé de Saint-Pierre; Pierre Coulon, curé de Saint-Remi; Louis Desaleux, curé de Saint-Sulpice; Jacques Avisse, curé de Saint-Jacques; Jean du Menil, aussi curé de Saint-Firmin le Confesseur; et Pierre de Flesselles, curé de Saint-Martin, demandeurs sur requête, et le promoteur de notre cour spirituelle joint, contre PP. Longuet, Simon de Lessau et Poignant, tous jésuites de cette ville, défendeurs : ladite requête du 5 juillet dernier, au bas de laquelle est notre permission de faire assigner lesdits défendeurs, pour, après avoir examiné l'*Extrait* des propositions qui s'enseignent publiquement dans le collége de cette ville, et l'*Apologie* où elles sont plus au long reprises et défendues, faire défense d'enseigner cette doctrine pernicieuse, de débiter ou retenir ladite *Apologie*, et voir condamner les propositions contenues dans lesdits *Extrait* et *Apologie*, au bas de laquelle est l'adjonction et réquisitoire dudit promoteur, et notre ordonnance pour faire assigner lesdits défendeurs, et ensuite est l'exploit d'assignation à eux faite par Rouveroy, sergent, le 3 octobre dernier, à laquelle requête sont attachés lesdits *Extrait* et *Apologie*, notre règlement portant ordonnance auxdits défendeurs de défendre à la huitaine, en date du 5 dudit mois; l'assignation faite auxdits défendeurs au domicile de Me Jean Bucquet, leur procureur, le 14 dudit mois d'octobre, pour voir dire que lesdits demandeurs auroient défaut, faute d'avoir par iceux défendeurs déduit moyens de défenses le défaut accordé auxdits demandeurs, sauf trois jours, à quoi ils n'ont satisfait : Nous, en adjugeant le profit dudit défaut, privons et déboutons lesdits défendeurs de toutes exceptions et défenses, et pour voir condamner lesdites propositions, et par lesdits défendeurs les révoquer publiquement, ordonnons qu'ils seront réajournés, à intimation; et les condamnons ès dépens desdits défauts et jugement. Donné à Amiens, le 12 novembre 1658. *Signé* PICARD. »

Cette sentence est énoncée dans une autre, rendue peu après par le même M. d'Amiens dans la même affaire, le 19 du même mois, en ces termes : « Vu par nous la requête, etc., notre sentence du 12 des présens mois et an, au bas de laquelle est le réajournement fait auxdits défendeurs. »

Vous voyez, mon révérend père, que nous n'avons pas eu tort de dire, dans notre journal, que M. l'évêque d'Amiens avoit rendu une sentence, où il vous avoit condamnés, par contumace, aux dépens envers MM. les curés. Et vous jugez assez que c'est un étrange préjugé pour la vérité des autres faits qui demeurent contestés. Mais pour nous, après avoir justifié notre bonne foi, vous trouverez bon que, laissant à part ce que M. l'évêque d'Amiens révoque en doute, nous prenions droit sur ce qu'il avoue, et que nous y fassions deux réflexions, dont la première est, que tous ces changemens que M. l'évêque d'Amiens a cru devoir être faits dans notre journal, ne vous sont nullement avantageux.

Il veut qu'au lieu de dire qu'il « n'avoit jamais approuvé, et qu'il n'approuveroit jamais la doctrine des jésuites, » il ait seulement dit « la doctrine de l'*Apologie.* » Quel avantage pouvez-vous en tirer, puisqu'il est constant que l'*Apologie* étant un ouvrage des jésuites, et soutenu par toute la société, désapprouver la doctrine de l'*Apologie*, c'est désapprouver la doctrine des jésuites ?

Il ne change de même, dans le second article, que le mot de *jésuites*, en celui de *casuistes.* Et ainsi il avoue qu'il a dit, pour montrer combien ces maximes se répandoient, que « faisant ses visites dans Abbeville, il trouva plusieurs prêtres qui approuvoient que les serviteurs et servantes qui ne se contentoient pas de leurs gages, se récompensassent en cachette du bien de leurs maîtres; parce, disoient-ils, qu'ils avoient appris cette doctrine des casuistes. » Il est donc constant, mon révérend père, par un témoignage si authentique, que cette méchante doctrine qui apprend aux serviteurs à voler leurs maîtres, qui corrompt leur fidélité, qui trouble la paix et la sûreté des familles, selon les termes des censures contre votre *Apologie*, ne s'enseigne pas seulement dans des livres, mais se pratique encore dans la conduite des consciences, et qu'elle empoisonne également les serviteurs qui la suivent, et les confesseurs qui l'approuvent.

Voilà ce qu'il nous étoit important de prouver par le témoignage de cet évêque, et qu'il étoit utile que toute l'Église sût, afin que l'on connoisse combien il est nécessaire de s'opposer au progrès de cette méchante morale. Mais que M. d'Amiens ait attribué cette doctrine aux casuistes, ou aux jésuites, cela nous est fort indifférent : puisque nous n'avons pas besoin du témoignage de personne, mais seulement de nos propres yeux, pour savoir que ces casuistes sont des jésuites; que c'est le P. Bauny qui l'a publiée dans un livre françois, qui est entre les mains de tout le monde, et qui a été condamné sur ce point aussi bien que sur beaucoup d'autres, par la Faculté de Paris; et que votre apologiste, l'ayant voulu défendre, a encore attiré sur lui les censures de l'Église.

La seconde réflexion que nous avons à faire sur le sujet de M. l'évêque d'Amiens est que son procédé nous fait voir, avec douleur, ce que peut la violence de votre société sur les personnes mêmes qui paroissent les mieux intentionnées. Car ce prélat reconnoît de bonne foi « qu'il n'approuve point et qu'il n'approuvera jamais la doctrine de l'*Apologie*; qu'il est convaincu de la nécessité de travailler à l'examen de cette morale; » et enfin que son diocèse en est actuellement infecté. Ainsi on ne peut attribuer le retardement qu'il a apporté jusqu'ici à censurer ce livre, à aucun doute qu'il ait, ou que la doctrine n'en soit pas mauvaise, ou que ce ne soit pas le temps de travailler à l'examen de cette morale, et à en empêcher le cours, qu'il a reconnu être si grand dans son propre diocèse. Qui pourroit donc l'avoir retenu tant de temps, que l'appréhension d'attirer sur lui les persécutions, ou publiques, ou secrètes, de votre société, et tout le crédit du P. Annat? Et il n'est pas étrange que ces terreurs aient quelque pouvoir sur des personnes d'ailleurs estimables : puisque, sans avoir égard à aucune considération temporelle, ils peuvent en avoir de spirituelles qui leur font douter s'il est de la prudence de se commettre avec un corps qui a pour première maxime de sa politique, de travailler de toutes ses forces à perdre d'honneur tous ceux qui s'opposent à ses intérêts, et à les rendre, s'ils le peuvent, inutiles à l'Église, de peur qu'ils ne nuisent à la grandeur de la compagnie.

C'est sans doute pour imprimer davantage cette terreur dans les esprits, que vous avez cru devoir nous traiter d'une manière si outrageuse, et si disproportionnée aux reproches frivoles que vous nous faites. Vous n'avez pu ignorer qu'ils ne servoient de rien pour appuyer votre morale, et pour arrêter l'horreur que tout le monde en a conçue. Mais vous vous êtes persuadés qu'en foulant ainsi aux pieds un corps qui est de quelque considération dans l'Église, vous vous rendriez par là redoutables à tout le monde; et que si vous ne pouviez pas empêcher qu'on ne détestât dans le cœur vos maximes pernicieuses, vous empêcheriez au moins, par la crainte d'un semblable traitement, qu'on vous les reprochât en public.

Il ne faut donc pas s'étonner qu'il y ait des personnes que ces appréhensions ébranlent : mais il faut plutôt s'étonner qu'il s'en soit tant trouvé qui n'en aient point été ébranlées, et qui, méprisant, par une générosité épiscopale, tout ce qui pouvoit leur arriver de la part d'une société si vindicative, ont rendu à la vérité les témoignages qu'ils lui devoient.

Pour nous, mon révérend père, que vous regardez aujourd'hui comme le principal objet de votre animosité, bien loin de nous repentir de l'engagement où Dieu nous a mis, nous nous sentons obligés de lui rendre grâces de ce qu'il a fortifié notre foiblesse contre ces craintes. Et peut-être aussi que la postérité nous saura gré d'avoir mieux aimé nous exposer à tous les ressentimens d'une haine aussi obstinée et aussi puissante qu'est la vôtre, que d'abandonner la défense de la morale de Jésus-Christ.

A Paris, le 25 juin 1659.

NEUVIÈME FACTUM

Des curés de Paris, ou seconde partie de la Réponse au P. François Annat, jésuite, contenant les plaintes qu'il leur a donné sujet de lui faire par son écrit intitulé : « Recueil de plusieurs faussetés, etc. »

Nous croyons, mon révérend père, que vous serez plus que satisfait sur tous les chefs d'accusation que Votre Révérence a proposés contre nous. Mais il est raisonnable que vous preniez à votre tour la peine de satisfaire à nos plaintes; et qu'après nous avoir attaqués si injustement, vous vous défendiez vous-même des justes reproches que nous avons à vous faire. Nous espérons qu'ils seront plus considérables que les vôtres, et plus utiles à ceux qui voudront s'instruire de nos différends; parce que nous rentrerons souvent par là dans l'examen de votre morale, dont vous essayez de nous retirer, en vous attachant à nos personnes; et que nous ferons voir, par votre conduite, non-seulement que vous enseignez aux autres, mais que vous pratiquez vous-mêmes les maximes corrompues de vos casuistes.

Ire Plainte des curés contre le P. Annat.

Notre première plainte est fondée sur ces paroles de la fin de votre recueil, qui sont comme la conclusion de toutes les injures dont vous nous avez déchirés : « Je ne dis pas, dites-vous, que les journalistes sont menteurs. imposteurs et faussaires; mais j'espère que le sage lecteur se persuadera que je l'ai bien prouvé. »

Vous ne le dites pas, mon révérend père? Qui a donc écrit dès la seconde page de votre recueil, que *vous avez résolu d'y faire voir que les auteurs et les distributeurs de ces écrits sont extrêmement menteurs?* Qui a donc dit en la quatrième page, que *ce sont des fourbes découverts?* Et, au même lieu, que *les journalistes montrent qu'ils ont aussi peu de jugement que de bonne foi?* Et en la sixième, que *ce sont les plus grands menteurs de tous?* Et en la septième, que *les journalistes ont bien le courage de paroître plus imposteurs que les jansénistes?* Et en la neuvième, qu'*ils sont généreux en leurs mensonges?* Comment peut-on excuser une fausseté si visible, qu'en l'attribuant à un défaut de mémoire, qui fait voir qu'on peut bien oublier et désavouer ce qu'on auroit dit il y auroit quelque temps : puisque le P. Annat a oublié. à la fin d'un libelle de trois feuilles, ce qu'il a dit auparavant sept ou huit fois?

Il est donc certain, mon révérend père, que vous vous êtes emporté à cet excès, que d'appeler tous les curés de Paris des *menteurs*, des *imposteurs* et des *fourbes*. Et si quelque reste de honte vous a porté à dissimuler à la fin que vous leur ayez donné ces noms outrageux, c'est pour leur faire en même temps un plus grand outrage, en ajoutant que si vous ne l'avez pas dit, on jugera que vous l'avez bien prouvé.

Ce n'est pas ici une accusation de peu d'importance. Le crime d'un *imposteur* et d'un *faussaire*, étant du nombre de ceux qui *ferment le royaume de Dieu*, comme parle saint Augustin, que les canons punissent des peines les plus rigoureuses, et que les hommes détestent davantage : dire que *vous avez bien prouvé que nous sommes des faussaires et des imposteurs*, c'est assurer que nous sommes des prêtres criminels, indignes de notre ministère, qui devrions en être séparés par le jugement de l'Église, et qui devons être en horreur à tout le monde, et à ceux même qui nous sont soumis.

Voilà ce qu'enferme le reproche que vous nous faites. Si vous l'avez bien prouvé, comme vous le dites, il ne nous reste qu'à en faire pénitence. Mais si vous ne l'avez point prouvé, et si c'est sans raison que vous nous imposez ces crimes, vous en êtes vous-même coupable : puisque la calomnie est en cela différente des autres péchés, qu'on n'est point, par exemple, homicide pour accuser faussement un autre d'avoir fait un meurtre ; au lieu qu'on est nécessairement calomniateur, quand on accuse faussement un autre de l'être. De sorte que si votre accusation est sans fondement, il ne vous reste aucune voie pour vous réconcilier avec Dieu, que la réparation publique d'un excès si public et si scandaleux.

Voyons donc quelles sont les preuves par lesquelles vous prétendez avoir « bien prouvé que nous sommes des menteurs, des imposteurs et des faussaires. » C'est, dites-vous, « par des témoins les plus irréprochables qu'on puisse jamais trouver. » Nous avons fait voir par l'exemple de celui seul qui a particularisé son désaveu, que la mémoire manque aussi souvent à ceux qui croient n'avoir pas dit des choses, qu'à ceux qui croient les avoir ouïes. Mais supposons que tout ce que disent ces témoins illustres soit indubitable, qu'en pouvez-vous conclure autre chose dans toute la rigueur, sinon, comme a fait M. l'évêque d'Amiens, que nous avons eu de mauvais mémoires dans quelques faits de notre journal, qui ne sont de nulle importance? Est-ce là, mon révérend père, avoir bien prouvé que *nous sommes des menteurs*, *des imposteurs et des faussaires?* Êtes-vous donc si peu instruit dans les règles les plus communes de la morale, non-seulement chrétienne, mais humaine, que vous ne sachiez pas que ce qui fait un homme *menteur*, *imposteur* et *faussaire*, n'est pas simplement d'avoir dit des choses qui ne se trouvent pas vraies; mais de les avoir dites contre sa conscience, et sachant qu'elles étoient fausses; et que c'est proprement le manquement de sincérité et de bonne foi qui fait ces crimes? « Nul ne doit être jugé menteur, dit saint Augustin, pour dire une chose fausse, la croyant vraie « Nemo sane mentiens judicandus est, qui dicit falsum quod putat « verum. » (In *Ench.*, cap. XVIII.) Et cette maxime est si certaine, qu'on en a fait une règle du droit canonique (22, quæst. 2). Or, vos témoins prouvent-ils que nous ayons manqué de sincérité, et que nous ayons parlé contre notre conscience? Y a-t-il un seul mot dans toutes les lettres que vous produisez, par lequel il paroisse que nous ayons avancé des choses comme véritables, lesquelles nous savions bien être fausses? Y a-t-il même la moindre couleur et la moindre vraisemblance en cette prétention? Car y a-t-il homme de bon sens qui puisse s'imaginer, que sachant bien, par exemple, que c'étoit à M. l'abbé Le Camus, et non à M. Gauquelin, à qui M. l'évêque de Rodez et le P. Annat avoient parlé, nous ayons pris plaisir à dire, contre notre conscience, que c'étoit à M. Gauquelin? Y a-t-il apparence de croire que nous ayons inventé à dessein, que M. le nonce étoit avec M. le chancelier, lorsque le P. de Lingendes lui porta votre déclaration, quoique nous sussions bien qu'il n'y étoit pas? Quel avantage pouvions-nous tirer de ces circonstances? Et qui est l'homme qui, ayant assez peu de conscience pour mentir, a eu jamais assez peu d'esprit pour en choisir des sujets si inutiles et si ridicules? Il est donc clair, mon révérend père, que vous n'avez point « prouvé que nous fussions des *menteurs*, des *imposteurs* et des *faussaires;* et qu'ainsi vous demeurez vous-même convaincu de nous avoir fait une injure, dont vous ne sauriez obtenir le pardon de Dieu, que par une reconnoissance publique de nous avoir injustement calomniés. »

Mais il est encore nécessaire de considérer que les choses sur lesquelles vous nous traitez si injurieusement, sont de si peu d'importance, qu'il est infiniment plus honteux d'en prendre des sujets de reproche et d'accusation, comme vous faites, que d'en avoir été mal informé, comme vous prétendez que nous l'avons été. Car il n'y a personne qui ne sache que dans les choses que l'on dit sur le rapport d'autrui, il faut mettre grande différence entre celles qui sont importantes, et celles qui ne le sont pas. Dans les choses importantes, quoiqu'il suffise d'être sincère pour n'être pas menteur, cela ne suffit pas pour être exempt de toute faute; et il y en a même que l'on ne peut publier, à moins que d'en avoir des preuves certaines, sans une témérité criminelle. Mais dans les choses qui ne sont de nulle conséquence, comme nous avons montré qu'étoient celles que vous nous reprochez, la sincérité suffit non-seulement pour éviter le mensonge, mais même pour éviter toute autre faute; parce que ce seroit détruire la société humaine, que de vouloir obliger les hommes à s'informer des moindres faits avec autant de soin et de diligence, que s'il s'agissoit des plus grandes choses. Et c'est pourquoi saint Augustin, dans son exactitude ordinaire, dit que « celui qui tient pour vraies des choses fausses qu'il a crues trop légèrement, ne peut jamais être accusé de mensonge, mais quelquefois de témérité. « Non « itaque mendacii, sed aliquando temeritatis arguendus est, qui falsa « incautius credita pro veris habet. » (*Enchirid.*, cap. XVIII.) Il ne dit pas qu'on puisse toujours l'accuser de témérité, mais seulement quelquefois. Or, quand peut-on moins l'en accuser, que lorsque les faits où il se trompe sont de si peu de conséquence, qu'ils ne méritent pas qu'on s'en informe avec plus de soin? Il y a donc des choses sur lesquelles on peut se contenter d'un ouï-dire, selon les règles mêmes de la prudence chrétienne; et ainsi nous avons pu déférer, sans une plus grande enquête, à ce qu'on nous avoit dit, que M. le nonce étoit chez M. le chancelier lorsque le P. de Lingendes y alla. Et comme c'étoit une chose qui étoit dans l'esprit et dans la bouche de tout le monde, et de vos plus grands amis, que vous aviez fait une grande imprudence de publier l'*Apologie*, nous avons encore pu croire que M. Le Tellier vous avoit déclaré librement un sentiment si commun, si juste, si charitable, et dont il ne peut se faire que vous ne soyez vous-mêmes convaincus par l'événement.

Mais il y a des choses que l'on ne peut sans crime publier sur un ouï-dire; et sans aller bien loin en chercher des exemples, vous nous en fournissez un bien considérable dans la douzième page de votre recueil, qui sera le sujet de notre seconde plainte.

IIe Plainte des curés contre le P. Annat.

Vous y parlez ainsi : « Je ne puis que je n'admire l'esprit et la conscience des ennemis des jésuites, qui font un lieu commun d'invectives contre leur doctrine sur la direction d'intention. Je les défie de pouvoir jamais trouver un jésuite qui ait enseigné que l'usage d'un moyen reconnu pour mauvais, devienne bon par la direction d'intention; ou, ce qu'on dit être arrivé dans une paroisse de Paris il y a dix ou douze ans, que, pour ôter un curé qui empêche la sainte intention qu'on a de faire honorer de nouveaux saints dans son Église, et d'y rétablir l'ancienne discipline, on puisse mêler dans son bouillon je ne sais quoi qui l'aide à aller en paradis devant le temps. »

Ce sont vos paroles, mon révérend père. Il ne s'agit pas ici si M. de Rodez a parlé à M. Gauquelin, il s'agit d'un empoisonnement, qui est l'un des plus horribles crimes devant Dieu et devant les hommes. Ceux qui ne jugeront de ceci que par votre recueil, ne pourront croire autre chose sinon que vous avez voulu faire retomber sur quelqu'un de nous l'infamie de cette accusation : en quoi vous nous faites une injure signalée, de nous faire passer sur un ouï-dire pour des empoisonneurs de curés. Nous vous soutenons, mon révérend père, que ce ne sont point là des choses qu'on puisse sans crime publier sur un ouï-dire. Il faut, pour pouvoir ainsi les avancer, ou qu'elles soient notoires à tout le monde, ou qu'on les autorise au moins en les publiant par des preuves claires et convaincantes. A moins que cela, selon toutes les lois et civiles et canoniques, on mérite le même châtiment que mériteroit le crime dont on accuse les autres : « Qui non probaverit quod objecit, dit le pape Adrien, « pœnam quam intulit ipse patiatur. » Où sont donc vos preuves, mon révérend père? où sont ceux qui vous ont dit que « la sainte intention de faire honorer de nouveaux saints a fait empoisonner un curé? » Et s'il y en a qui vous l'aient dit, ce qui n'est nullement croyable, quelles assurances en avez-vous tirées pour le croire, et pour en prendre la hardiesse de le publier? Si vous en avez, produisez-les à la face de toute l'Église; mais si vous ne pouvez en produire aucune, souffrez que nous vous disions que la plus favorable interprétation qu'on puisse donner à ce reproche calomnieux, aussi bien qu'à toutes les injures que vous nous dites, est que vous avez voulu y pratiquer la doctrine de Dicastillus, qui exempte de crime la calomnie, lorsqu'on s'en sert pour repousser ceux qui nuisent injustement à notre réputation, comme vous croyez que font à votre égard tous ceux qui décrient votre morale. L'usage de cette doctrine sur la calomnie vous est maintenant devenu plus facile que jamais; et nous ne voyons pas ce qui pourroit empêcher les plus scrupuleux jésuites de s'en servir dans toutes les occasions où ils croiront en avoir besoin : car votre Dicastillus, qui avoit ôté à la calomnie, dans ces rencontres, la malice du péché mortel, y avoit laissé au moins une offense vénielle, n'ayant pas trouvé le moyen d'en séparer le mensonge. Mais votre P. Tambourin, si hautement loué et approuvé par votre général, vient de donner la naissance à une opinion qui mettra bientôt toutes ces sortes de calomnies, et toutes leurs suites, entre les actions tout à fait permises.

Vous trouverez bon, mon révérend père, que nous vous représentions ici ses paroles, et que nous profitions de cette occasion pour continuer d'instruire le monde des principes de votre morale.

Ce nouveau théologien, dans son explication du Décalogue, imprimée cette année même à Lyon, avec les éloges et approbations de plusieurs de votre Société (lib. IX, cap. II, § 2, n. 4), propose cette question : « S'il est permis d'imposer à un témoin injuste d'aussi grands crimes qu'il est nécessaire pour notre juste défense, lorsque l'on ne peut s'en défendre autrement. » Sur ce cas il divise sa réponse en deux parties : la première est, « qu'il lui est probable qu'on ne pèche point en cela contre la justice. » Sur quoi il cite Dicastillus, et quelques autres casuistes, et c'est où vous en étiez demeurés. Mais la seconde réponse contient les nouvelles lumières de ce jésuite. « Il m'est incertain, dit-il, si cela ne peut point se faire sans aucune faute, *sine ulla culpa :* de Lugo croit que non, parce que ce seroit au moins un mensonge, ce qui n'est jamais permis; et de plus, que s'il falloit prouver ce faux crime par témoins, il faudroit les engager à un parjure, ce qui seroit un péché mortel. J'entends tout cela, dit Tambourin; mais comme tout le péché se rejette sur le mensonge et le parjure, il s'ensuit, premièrement, que si c'étoit un mensonge sans serment, ce ne seroit pas un péché mortel, ce qu'accordent aussi expressément Hurtadus et Bannez dans Diana (part. IX, tr. VIII, resol. XLIII). En second lieu, lorsqu'on seroit obligé de faire serment on pourroit user d'équivoque, et ainsi éviter le parjure et le mensonge, ce qui seul fait que Lugo et les autres docteurs nient l'opinion qui exempte cela de péché. Et par conséquent le mensonge étant ôté par l'équivoque, ils ne se trouveront plus contraires à cette opinion. »

Vous voyez, mon révérend père, que, selon cette nouvelle invention d'ajouter l'équivoque à la calomnie, elle se trouvera entièrement purgée, tant d'injustice et de péché mortel par le prétexte de repousser un injuste accusateur, que de mensonge et de péché véniel par l'artifice d'ajouter une équivoque. Néanmoins, comme cette opinion ne fait que naître, et n'est pas encore assez affermie, Tambourin en témoigne quelque défiance, surtout à cause des inconvéniens et des suites qu'il ne rejette pas, mais qu'il dit seulement être dures à digérer.

Voici comme il en parle : « Je dis néanmoins que cela m'est encore incertain. Car quoi? s'il falloit prouver que ce témoin qu'on veut décrier est un abominable, un excommunié, un hérétique; que ce faux témoin, dira-t-on, s'en prenne à lui-même. J'entends bien; mais je suis encore en peine. Car quoi? s'il falloit falsifier pour cela des pièces publiques, pourroit-on porter un notaire public, qui seroit certain de mon innocence, à les falsifier pour servir de preuves aux crimes qu'on supposeroit à ce faux témoin? Pourquoi non? dira-t-on. *Quidni?* Car ce n'est pas être infidele envers la république, mais extrêmement fidèle; puisque c'est pour défendre les personnes innocentes de la république. Mais si on ouvre cette porte, que deviendront les jugemens publics? Qu'on trouve, dira-t-on, de bons témoins, comme les demandent les tribunaux où la justice est bien rendue : car quand on repousse de faux témoins par quelque artifice que ce soit, ce n'est pas affoiblir, mais fortifier les jugemens publics. J'entends bien. Je le dis encore une fois. Mais parce que cela me semble encore dur à digérer, je réserve volontiers à un autre temps à démêler ce nœud. »

Que vous en semble, mon révérend père? La question est si, étant injustement accusé, l'on peut, sans aucun péché, *sine ulla culpa*, imposer de faux crimes, comme l'hérésie et le péché abominable, à celui qui nous accuseroit injustement : les soutenir même avec serment devant les juges, en se servant d'équivoques; suborner des témoins qui fassent les mêmes sermens, et aposter un notaire qui falsifie des pièces publiques pour appuyer ces calomnies.

Sur cela un jésuite, qui écrit par l'ordre de son général, comme il paroît par ce qu'il dit (p. 1) avec, l'approbation de sa compagnie, dit simplement que « il lui est incertain si cela n'est point » Et après avoir apporté toutes les raisons qu'il a pu trouver pour montrer que cela est permis, et n'en avoir opposé aucune au contraire, il se contente de dire que « cela est dur, et qu'il réserve à un autre temps à démêler ce nœud. »

Quelle théologie est-ce là, mon révérend père, que votre société répand dans le monde! En est-on donc quitte, après avoir proposé les plus horribles renversemens de la loi de Dieu, pour dire qu'on en est en doute, qu'on en est incertain, que cela est dur? Eh quoi! le doute, en matière de vérités si clairement établies par l'Écriture et par le consentement de toute l'Église, n'est-il point impie et hérétique? N'est-ce point une hérésie, non-seulement de dire que Jésus-Christ n'est point dans l'eucharistie, mais même de dire que l'on est en doute s'il y est présent; puisque le doute aussi bien que l'erreur expresse détruit la certitude, sans laquelle il n'y a point de foi? Pourquoi donc ne seroit-ce point une hérésie de douter si une chose si expressément défendue par un précepte du Décalogue, comme est le faux témoignage, n'est point défendue?

Mais nous vous disons plus, mon révérend père. Ce doute, dans les écrits de Tambourin, donne sujet à tous les autres de conclure, selon les principes de la probabilité, qu'on peut faire des actions si damnables avec une entière sûreté de conscience. Car puisqu'il doute si l'on ne peut point les faire, il ne croit donc pas qu'il soit évident que l'Écriture les condamne, ni qu'il y ait aucune raison convaincante qui fasse voir qu'elles sont mauvaises : et cela ne suffit-il pas pour conclure que l'opinion qui permet ces actions, est probable au jugement de ceux qui soutiennent qu'une opinion est probable, lorsqu'elle n'est pas évidemment fausse? « Quid requiritur ut sententia sit probabilis a ratione? « ut non sit evidenter falsa, » dit Caramuel. Puisqu'il apporte des raisons pour l'appuyer, qui lui paroissent si considérables, qu'il n'y répond point, peut-elle manquer d'être sûre en conscience au jugement de ceux qui enseignent, comme fait Tambourin lui-même (lib. I, cap. III, § 3) : « que la moindre probabilité, soit d'autorité, soit de raison, suffit pour bien agir : « Sufficit probabilitas sive intrinseca, sive extrinseca, quan- « tumvis tenuis; » et qui veulent même qu'il ne soit pas nécessaire qu'une opinion soit évidemment probable, mais que c'est assez qu'elle le soit probablement : « Satis est in omnibus casibus constare probabi- « liter opinionem esse probabilem, » comme dit encore le même auteur (*ibid.*, n. 8)?

Qu'il vous sera donc aisé, mon révérend père, de déduire en opinion probable et très-sûre en conscience ce doute de Tambourin ! et après cela qu'on juge combien il est dangereux d'attaquer les jésuites, puisqu'ils ont tant de moyens de s'en venger; car leur amour-propre leur persuadant toujours que tous ceux qui décrient leurs méchantes opinions et leur mauvaise conduite, sont de faux et d'injustes accusateurs qui calomnient leur société, il leur est aisé de conclure ensuite, par leur morale même, qu'il leur est permis de les faire passer pour hérétiques, pour empoisonneurs, pour imposteurs et faussaires. Si cela ne suffit, ils pourront y ajouter la subornation des témoins et la falsification des pièces publiques, pour les convaincre de ces crimes supposés. Et enfin si cela n'est pas encore suffisant, leur P. L'Amy leur fournira de plus fortes armes pour se défendre contre ces prétendus faux accusateurs, *defensione occisiva*, comme parle la Faculté de Louvain, en censurant la doctrine de ce jésuite.

Nous ne nous expliquons pas davantage sur ce sujet; mais nous ajoutons que vous avez encore un moyen qui peut vous rendre redoutable à ceux qui voudroient décrier votre compagnie. Nous ne l'avons appris que depuis peu; et il est bon que le public en soit informé. C'est qu'il vous est encore permis de les voler, pour vous récompenser du tort qu'ils feroient à votre réputation, selon cette maxime de Dicastillus (*De just. et jure*. lib. II, tr. II, disp. IX, § 130), et de Tambourin (lib. I, cap. III, § 5) : « Probabile est ablationem famæ pecunia compensari; il est probable, c'est-à-dire sûr en conscience, qu'on peut se récompenser en argent du tort qu'on fait à notre réputation. » Ce qu'il explique plus clairement (*ibid.*, § 3, n. 25), où il résout, après de Lugo, « qu'il est probable que celui que l'on a diffamé peut retenir l'argent de ceux qui l'ont diffamé, s'ils ne veulent pas, ou qu'ils ne puissent pas réparer le dommage qu'ils lui ont fait en sa réputation. » Et cela sans aucune crainte des juges; parce que, selon le même Tambourin (lib. VIII, tr. I., cap. V, § 1), lorsque la compensation secrète a été juste, « il est aujourd'hui certain, parmi tous les casuistes, qu'on peut jurer devant les juges que l'on n'a rien pris, en sous-entendant *qui ne nous fût dû :* « Non esse in conscientia furem, qui per occultam acceptionem com« pensat id quod sibi debetur; et posse jurare etiam coram judice se « nihil accepisse, intelligendo quod sibi non deberetur, certum jam « hodie est apud omnes. »

IIIe Plainte des curés contre le P. Annat

Ce n'est pas sans raison, mon révérend père, que nous nous sommes un peu étendus sur ce sujet. Car cela nous donne moyen de répondre au défi que vous nous faites, « de pouvoir trouver un jésuite qui ait jamais enseigné que l'usage d'un moyen reconnu pour mauvais, devienne bon par la direction d'une bonne intention, » et de nous plaindre en même temps du reproche que vous nous faites ensuite, de pratiquer la doctrine que nous vous attribuons. Vous dites que « vous admirez en cela l'esprit et la conscience des ennemis des jésuites. » Mais nous avons bien plus de sujet d'admirer votre imprudence, de nous engager, par ces défis si mal concertés, à renouveler dans l'esprit du monde la mémoire de vos maximes, que vous auriez tant d'intérêt qu'on eût oubliées.

Eh quoi! mon révérend père, n'est-ce donc pas employer de mauvais moyens sous prétexte d'une bonne fin, que d'employer, pour conserver sa réputation, la calomnie, la subornation des témoins et la falsification des pièces publiques? Dites-nous si c'est un moyen légitime de conserver son bien, son honneur ou sa vie, contre l'injustice d'un accusateur, que de le prévenir en l'assassinant. Or c'est ce que votre P. Dicastillus permet formellement, non-seulement dans la spéculation, mais aussi dans la pratique (lib. II, tr. I, disp. x, d. 10), où il dit que les raisons de ceux qui l'approuvent dans la spéculation, et le désapprouvent dans la pratique, « lui déplaisent extrêmement : « Hæ rationes « mihi omnino displicent : » comme en effet il ne les réfute pas mal selon vos principes.

Dites-nous si ce n'est point un mauvais moyen à un religieux qui a abusé d'une fille, de s'en défaire, de peur qu'elle ne le diffame. Et cependant vous avez pu voir dans nos extraits, qu'un habile homme de votre société, au rapport de Caramuel, décidoit que ce religieux pouvoit, en ce cas, se servir de la doctrine de votre P. L'Amy, et tuer cette femme pour conserver son honneur : « Inquiris an homo religiosus qui « fragilitati cedens feminam vilem cognovit, quæ honori ducens se « prostituisse tanto viro, rem enarrat et eumdem infamat, possit illam « occidere? Quid scio? At audivi ab eximio patre N. S. theologiæ doc« tore, magni ingenii et doctrinæ viro : potuisset Amicus hanc resolu« tionem omisisse : at semel impressam debet illam tueri, et *nos* eam« dem defendere. Doctrina quidem est probabilis, sed quà posset uti « religiosus, et pellicem occidere, ne se infamaret. » (Caramuel, *Theol. fund.*, p. 551.)

Dites-nous si l'avortement n'est pas un mauvais moyen à une fille pour empêcher qu'on ne connoisse son péché. Cependant nous apprenons de Diana et de Tambourin même (lib. VI, cap. II, § 4, n. 5), « qu'un très-savant théologien de votre société croyoit ce moyen permis, quand le fruit n'est pas encore animé : « Teste Diana quidam doctissi- « mus e societate Jesu id concedit ut probabile. » Ce que votre P. Héreau ayant enseigné à Paris dans votre collége de Clermont en 1641, quoiqu'il témoignât ne le permettre que dans le cas qu'une fille eût été forcée, il excita contre vous l'indignation de tout Paris, et eut votre collége pour prison par arrêt du conseil du roi, du 3 mai 1644.

Tous ces exemples et beaucoup d'autres vous ayant déjà été proposés, vous deviez les avoir prévus avant que de nous faire ce défi. Il n'est pas difficile de vous en trouver encore de nouveaux ; et nous en avons lu depuis peu d'assez rares dans Tambourin. Car, que diriez-vous de ce cas, mon révérend père ? Un hôtelier sait certainement qu'un homme ne peut souper sans rompre le jeûne que l'Église l'oblige de garder : peut-il l'inviter de soi-même à souper ? Toutes les personnes de piété jugeroient que non ; mais votre P. Tambourin est d'un autre avis, et sait bien purifier l'action de cet hôtelier, par la direction d'intention à son gain et à son intérêt. « Que doit-on dire, dit-il (lib. IV, cap. v, art. 96, n. 7), quand on sait certainement qu'un autre violera le jeûne ? Il est difficile de permettre d'inviter à manger en ces occasions : nous le permettons néanmoins assez probablement avec Sanchez et Diana. Et la raison de cette permission est que cet hôtelier, en invitant ainsi à manger ceux qui par là violeront le commandement de jeûner, a pour but de gagner de l'argent, et non pas de porter directement à rompre le jeûne et à pécher : « Concessu est difficilius ; concedimus tamen satis probabi- « liter.... quia ministratio illa, imo ultronea invitatio, non fit a caupone « directe alliciendo ad non jejunandum, atque adeo ad peccandum, sed « ad lucrum expiscandum. » Voyez-vous, mon révérend père, comme cette bonne intention d'attraper de l'argent, *ad lucrum expiscandum*, justifie une action qui, sans cela, seroit criminelle ?

En voici un autre exemple du même P. Tambourin (lib. VIII, tr. I, cap. v, § 4), sur lequel on vous supplie de consulter le Parlement, pour voir s'il approuvera la doctrine de vos casuistes. « Si votre débiteur a mis en dépôt chez son ami un vase d'argent, vous pouvez le prendre en cachette dans la maison du dépositaire, en prenant garde néanmoins que la justice ne l'oblige pas de le payer à celui qui le lui a mis en dépôt. Mais si vous ne pouvez éviter ce péril du dépositaire sans perdre votre dette, je réponds que je ne puis vous condamner, puisque vous ne prenez que ce qui vous appartient, et que la nécessité vous excuse de l'obligation de charité que vous auriez d'empêcher le dommage du dépositaire : « Si periculum immineat (nempe depositario) tu « vero illud cavere non possis sine jactura tui debiti, respondeo : te « tunc non possum condemnare, si tuum accipias ; quia tua necessitas « te excusat ab obligatione charitatis, qua deberes illud damnum a te « indirecte solum causatum a Petro avertere. » Tous les juges du monde prendroient cette action pour un vol, et la puniroient comme un vol ; mais la direction d'intention à ravoir son bien fait, selon vous, que ce n'est que causer indirectement le dommage du prochain.

Et cette direction ne va pas seulement à faire perdre innocemment le bien au prochain, mais aussi à lui faire perdre la vie, comme nous avons déjà vu en plusieurs cas, et comme vous pouvez encore voir par celui ci proposé par Tambourin (liv. VI, chap. IV, § 4) : « J'ai mêlé, dit-il, du poison dans du vin, pour le faire boire à mon ennemi : mais par hasard mon ami est survenu, qui a bu ce vin, moi le voyant, et n'en disant mot, pour ne pas découvrir mon crime. » Qu'en dites-vous, mon révérend père? n'est-ce pas un mauvais moyen de cacher son crime, que de tuer son ami en le laissant boire du poison que l'on auroit préparé soi-même? Tout le monde le croiroit ainsi.

Mais Tambourin en juge autrement; car voici sa réponse : « Suis-je meurtrier de cet ami, et par conséquent irrégulier? « Sumne hujus « amici occisor, et ideo irregularis? » Je réponds que non : « Respon- « deo, nequaquam. » Cela est fort net. Et voici encore l'autorité d'un de vos pères, dont il s'appuie : « *Sic de Lugo :* Parce que sa mort est arrivée contre mon intention : et d'autre part, je n'en ai pas été une cause injuste; parce que je n'étois pas obligé, avec tant de danger pour moi, de l'avertir qu'il y avoit du poison dans ce breuvage. » Et par ce moyen cet empoisonnement n'est, selon Tambourin, ni irrégulier, ni meurtrier; la bonne intention qu'il avoit de cacher son crime, et d'éviter son propre péril, lui donnant droit d'user d'un silence qui causoit la mort à son ami.

Cet exemple nous donne lieu de découvrir ici une équivoque subtile, qui est cachée dans les termes dont vous vous servez. Vous ne dites pas que « jamais jésuite n'a enseigné qu'on peut se servir de mauvais moyens pour une bonne fin, *mais* de moyens reconnus pour mauvais. » C'est où est le mystère, et ce qui nous mettra aisément d'accord; car il est très-vrai, comme nous l'avons fait voir, que par la direction d'intention, vous permettez aux hommes de se servir de moyens qui sont en effet très-mauvais. Mais il est vrai aussi que ce ne sont pas *des moyens reconnus pour mauvais* par les jésuites : parce que c'est un des plus grands artifices de votre morale, de changer le nom des choses, et de permettre le mal, pourvu qu'on ne l'appelle pas mal. C'est ainsi que Tambourin ne justifie pas un meurtrier, et ne dit pas aussi qu'un meurtrier ne soit pas irrégulier : à Dieu ne plaise. Mais il dit que celui qui prépare un poison, et le laisse prendre en sa présence à son ami qui en meurt, ayant une aussi bonne fin que celle de cacher son crime, ne doit pas être appelé meurtrier : *Non est occisor.*

Voilà, mon révérend père, le moyen d'excuser non votre morale, mais votre défi. Car, ne reconnoissant point pour mauvais moyens les actions les plus criminelles, et tout ce que les autres hommes appellent parjures, falsifications, calomnies et assassinats, ne l'étant point dans votre langage; il est certain que l'on ne trouvera jamais que les jésuites enseignent à se servir de moyens qu'ils reconnoissent mauvais pour de bonnes intentions. Mais comme nous n'avons, grâces à Dieu, ni votre sentiment ni votre langage, nous vous défions à notre tour de prouver cette calomnie que vous avancez contre nous, en disant « que la doctrine *que vous prétendez* être faussement attribuée aux jésuites se trouve aujourd'hui pratiquée par ceux qui la leur imputent. Il faut, disent-ils, *ce sont vos paroles*, réformer la morale des casuistes qui est corrompue, et qui est cause de tous les maux qui font gémir l'Église. Voilà leur bonne intention. Mais quel moyen prendrons-nous pour arriver à une si bonne fin? Il faut supposer une lettre de l'assemblée du clergé; il faut tromper tous les évêques auxquels elle est envoyée; il faut falsifier un procès-verbal de la même assemblée. Tout cela n'est rien. L'intention de purger la morale des jésuites est si sainte, que les moyens d'y parvenir, pour mauvais qu'ils soient, en deviennent bons. »

Voilà les paroles que vous nous mettez dans la bouche; et nous avouons que, si ce que vous nous imputez étoit vrai, nous aurions parfaitement pratiqué la direction d'intention que nous avons condamnée dans vos casuistes. Mais s'il n'y eut jamais de fausseté plus évidente, comme nous l'avons déjà montré dans la première partie de cette réponse, que celle par laquelle vous nous accusez d'avoir supposé une lettre à l'assemblée, et d'en avoir falsifié le procès-verbal, apprenez-nous par quelle règle de morale vous pouvez être dispensé de nous en faire satisfaction, et de lever le scandale que vous avez causé parmi nos peuples, en y publiant que nous sommes des gens qui pratiquons nous-mêmes ce que nous condamnons dans les autres. Ce n'est point ici un jeu, mon révérend père; vous êtes vieux, et vous ne pouvez être beaucoup éloigné du temps où vous paroîtrez devant Dieu, abandonné de tout ce qui vous flatte maintenant, et qui vous donne la liberté d'avancer contre nous des faussetés qu'on puniroit en tout autre. Prévenez donc la rigueur de sa justice; et choisissez plutôt de souffrir la confusion salutaire du désaveu que vous nous devez, que de vous exposer à la confusion qui est préparée à ceux qui noircissent injustement la réputation de leurs frères.

IVe Plainte des curés contre le P. Annat.

Ce conseil ne vous est pas moins utile que celui que vous nous donnez à la fin de votre écrit nous est injurieux. Après nous avoir déchirés par toutes sortes d'outrages, vous prétendez nous avoir ôté tout sujet *de nous en plaindre*, en nous disant qu'*il nous est libre de publier qu'on a supposé nos noms à la fin du journal*. Croyez-vous donc, mon révérend père, qu'il soit *libre* de mentir et de blesser la vérité par des faussetés si manifestes? Sont-ce là vos avis de conscience? Mais si vous êtes capable de les donner, ne vous imaginez pas que les curés de Paris soient capables de les suivre. S'ils avoient connu de véritables fautes dans leur journal, ils seroient tout prêts de les réparer par la voie que l'Évangile leur prescrit, qui est celle d'une confession sincère; et ils ne seroient pas si malheureux que de les augmenter encore en voulant les couvrir par un aussi grand mensonge que seroit celui de désavouer une pièce qu'ils ont avouée en tant de manières. Car non-seulement ce journal est signé des huit députés, mais il est de plus autorisé aussi bien que tous nos autres écrits, par tous les corps des curés, comme il se voit par cette sentence synodale du lundi 21 avril 1659.

Extrait du registre des synodes de MM. les curés de la ville et banlieue.

« Aujourd'hui lundi 21 avril 1659, en présence de nous Nicolas Porcher, docteur en théologie de la maison et société de Sorbonne, vice-gérant en l'officialité de Paris, président en l'assemblée synodale de ladite officialité, tenue en la manière accoutumée; M. Jean Rousse, docteur de ladite société de Sorbonne, curé de Saint-Roch, et messire Pierre Marlin, aussi docteur en théologie, curé de Saint-Eustache, syndics de MM. les curés de Paris, ont représenté, par l'organe dudit sieur Rousse, l'ancien d'iceux :

« Qu'il étoit de l'honneur de la compagnie, autant que de celui de leur charge, que l'assemblée approuvât et ratifiât tout ce qui auroit été par eux géré et exécuté, tant pour les affaires communes que celles concernant spécialement le livre de l'*Apologie des casuistes*, et tout ce qui avoit été fait, écrit et publié sur ce sujet. »

Ce qui comprend, en général, tous les écrits qui avoient été publiés, dont le journal est le septième, qui est même particulièrement nommé dans la suite de la proposition de M. de Saint-Roch, et reconnu pour souscrit par les huit députés. Sur quoi voici ce qui a été ordonné :

« Après avoir ouï et pris l'avis et délibération de l'assemblée sur les choses proposées par lesdits sieurs syndics, et ouï ledit promoteur en son réquisitoire sur le tout, avons ordonné et ordonnons, sur le premier chef, que tout ce qui a été géré, écrit et publié par lesdits sieurs syndics durant la présente année de leur syndicat, particulièrement sur le sujet de l'*Apologie des casuistes*, demeurera pour ratifié et approuvé. »

C'est pourquoi, mon révérend père, il est bien étrange que notre journal, portant pour titre *Septième écrit des curés de Paris*, et étant signé par huit de nous, vous ayez obtenu un arrêt du conseil d'État pour le faire supprimer, en faisant entendre que c'étoit *un libelle sans nom d'auteur*, ce qui est répété par deux diverses fois dans cet arrêt. D'où il s'ensuit, ou qu'il est donné contre un autre journal que le nôtre, ou qu'il est notoirement subreptice. Il est de même hors d'apparence que, si le roi avoit été informé que le journal dont on lui demandoit la suppression, n'étoit point un libelle sans nom d'auteur, mais une pièce autorisée par tous les curés de Paris, servant à la poursuite qu'ils ont intentée, par la permission de Sa Majesté, par-devant les vicaires généraux de M. l'archevêque, son official et la Faculté de théologie de Paris, contre les corrupteurs de la morale chrétienne, elle eût trouvé à redire qu'on l'eût imprimé sans permission par lettres patentes; puisqu'il est sans exemple qu'on ait jamais étendu ce qui est réglé par les ordonnances sur ce sujet, à des pièces et écritures d'un procès, autorisées par tout un corps.

Que si Sa Majesté, en nous faisant l'honneur de nous mander, daigne s'informer par elle-même, et des faussetés qu'on dit être dans notre journal, et des plaintes que nous avons formées contre vous, nous espérons, mon révérend père, de lui faire voir clairement que vos accusations sont aussi vaines que les nôtres sont importantes, et vous convainquent manifestement de calomnie; et que Sa Majesté est trop juste pour nous ôter la liberté de nous défendre en une cause où nous ne faisons que soutenir le jugement de tant de prélats, pendant que vous prétendez avoir droit de nous calomnier, et de fouler aux pieds les censures des évêques.

Il est bien croyable, mon révérend père, que vous êtes vous-même le promoteur de cet arrêt, puisque vous nous conseillez d'appuyer, par un mensonge, ce que vous y avez fait supposer, que le journal n'est point de nous. Mais ce qui diminue pourtant l'injure que vous nous faites en nous proposant un parti si honteux, c'est qu'il y a de l'apparence que vous agissez de bonne foi, puisque vous ne nous conseillez rien qui ne soit conforme à vos exemples et à vos maximes.

Car l'art des équivoques et des restrictions mentales vous donne moyen d'avouer et de désavouer une même chose, sans croire blesser votre conscience. On sait le désaveu que votre P. Coton fit à Henri le Grand, du livre intitulé l'*Amphithéâtre d'honneur*. Comme il étoit très-injurieux à la puissance des rois, il assura ce prince qu'il ne venoit point de la compagnie. Et cependant, peu de temps après, Ribadeneira, jésuite, reconnut, dans son catalogue des écrivains de votre société, que ce livre étoit du jésuite *Carolus Scribanius*, qui avoit caché son nom sous l'anagramme de *Clarus Bonarscius*.

Mais il n'y a point d'exemple plus remarquable sur ce sujet, que celui qui est arrivé de notre temps, touchant les livres de vos confrères d'Angleterre, pleins d'erreurs et d'hérésies contre la hiérarchie et le sacrement de confirmation. Car les évêques de France et la Faculté de théologie ayant censuré ces livres, et le jésuite Jean Floide ayant combattu ces censures par des libelles très-injurieux, pour satisfaire les évêques vous ne fîtes pas de difficulté de leur donner une déclaration, signée de quatre des principaux de vos pères, où vous les assuriez que, ni les livres censurés, ni ceux qui avoient été faits contre les censures, n'avoient point été composés par aucun religieux de votre compagnie. Et cependant, peu d'années après, votre P. Alegambe, dans un nouveau catalogue de vos écrivains, approuvé par votre général, reconnut de bonne foi que tous ces livres généralement avoient été composés par des jésuites, qu'il nomme par nom et par surnom. Et, pour comble de hardiesse, il ose dire qu'ils avoient été faits contre les novateurs, *contra novatores;* c'est le nom qu'il donne aux évêques de France et à la Faculté de théologie de Paris.

Voilà, mon révérend père, comment vous en usez dans les rencontres fâcheuses pour le bien de la société; et comme vous le pratiquez vous-même, vous ne faites pas de difficulté de le conseiller aux autres pour le même intérêt de la compagnie. C'est ainsi que, lorsque l'Université, en 1643, vous eut prouvé, par des contrats passés par-devant notaires, que vous étiez associés au trafic du Canada, vous ne laissâtes pas de trouver assez de complaisance dans quelques personnes pour en tirer un désaveu. Mais si les jésuites sont capables de pratiquer et de conseiller ces déguisemens, n'espérez pas, mon père, que les curés de

Paris les imitent jamais en cela. Et ainsi nous vous supplions de ne plus nous donner de tels conseils, qui ne nous offensent pas moins que vos injures.

Ve Plainte des curés contre le P Annat.

Nous finirons cette réponse, mon révérend père, par la plainte que nous avons à vous faire, touchant la lettre de l'évêque d'Angélopolis, qui vous a fourni de la matière au commencement et à la fin de votre recueil, pour ajouter aux autres accusations d'imposture que vous nous y faites, celle d'avoir fabriqué cette lettre que vous prétendez être supposée. Sur quoi nous vous dirons premièrement que votre injustice est toute visible, puisque, quelle que soit cette lettre, nous n'y avons aucune part. Ce n'est point nous qui l'avons fait imprimer; ce n'est point nous qui l'avons publiée; et vous êtes entièrement inexcusable de mêler dans un différend que les curés de Paris ont avec votre compagnie touchant la morale, des incidens et des faits qui ne nous regardent point. Mais nous disons de plus que vous prouvez si mal que cette lettre est supposée, qu'il n'y a personne raisonnable qui voyant, et votre premier écrit que nous réfutons, et celui que vous avez fait depuis contre cette lettre, n'en conclue tout le contraire.

Vous n'apportez dans le premier que trois argumens pour en montrer la supposition, qui sont tous trois pitoyables. Le premier est : le journal des curés de Paris est plein de mensonges; donc la lettre d'Angélopolis est supposée. C'est un étrange argument, mon révérend père, qui tire d'une supposition fausse une conséquence très-absurde : car il est très-faux que notre journal soit plein de mensonges, comme nous l'avons montré; mais quand il en seroit plein, comment pourroit-on en conclure que la lettre d'Angélopolis, où nous n'avons aucune part, et de laquelle il n'est fait aucune mention dans notre journal, est une pièce fabriquée?

Votre second argument n'est pas meilleur. Ceux, dites-vous, qui ont publié la lettre d'Angélopolis ne revinrent jamais du Mexique; donc cette lettre est fausse. Jusqu'ici, mon révérend père, on n'avoit jamais ouï dire que pour recevoir une lettre de Constantinople, ou pour publier une lettre de Constantinople, il fallût en être revenu. Cette manière de raisonner vous étoit réservée, mon père; et vous êtes le premier qui ayez prétendu pouvoir persuader qu'il ne pouvoit se faire qu'une lettre du Mexique à Rome tombât entre les mains de ceux qui ne sont jamais revenus du Mexique. Comme s'il y avoit rien de plus facile qu'une lettre portée du Mexique à Rome par un agent exprès, ou ait été envoyée de Rome à Paris, ou même y ait été apportée par des personnes qui étoient alors à Rome!

Mais trouvez bon, mon révérend père, que nous vous disions que la plupart du monde ne raisonne pas comme vous, et tire une conclusion toute contraire à la vôtre de ce que ceux qui ont publié cette lettre n'ont point été au Mexique; car on pourroit peut-être, disent-ils, soupçonner des personnes, qui seroient revenues du Mexique, d'avoir feint une lettre conforme à ce qui se passe dans ce pays-là, la connoissance qu'ils en auroient leur donnant moyen de mêler les noms des personnes et des lieux, et y insérer des incidens et des événemens qu'ils auroient appris dans le pays pour rendre la chose croyable; au lieu qu'il paroît, au contraire, moralement impossible qu'une lettre qui contient tant de circonstances de lieux, de noms et de qualités de personnes, qui ne peuvent être connues que par ceux du pays, ait été faite par des gens qui n'en revinrent jamais, et qui en sont éloignés de plus de trois mille lieues. En vérité, mon révérend père, ce raisonnement paroît plus concluant que le vôtre, et nous serions bien aises de savoir ce que vous avez à y répondre.

Votre troisième argument concluroit un peu mieux, s'il n'étoit point fondé sur une fausseté visible; car pour rendre cette lettre suspecte de faux, vous dites que ceux qui en sont les auteurs « trouvent dans leur carte que la colonie appelée des Anges est la plus proche de la Chine, et celle qui reçoit plus facilement les nouvelles de ce qui s'y passe. » Mais nous n'avons pas trouvé que cela fût ainsi dans cette lettre. Voici tout ce qui y est dit sur ce sujet, au nombre 134: « Comme je suis l'un des prélats les plus proches de ces peuples (de la Chine), je n'ai pas seulement reçu des lettres de ceux qui les instruisent dans la foi, mais je sais au vrai tout ce qui s'est passé dans cette dispute. » Et au nombre 143 : « Étant l'un des évêques, tant de l'Amérique que de l'Europe, les plus proches de la Chine, j'avoue, etc. » Vous voyez qu'il ne dit point que « la colonie des Anges est la plus proche de la Chine, » comme vous lui faites dire; mais qu'il est « l'un des prélats des plus proches de la Chine; » et, en second lieu, qu'il ne se compare pas même avec tous les prélats du monde en ce qui regarde la proximité de la Chine, et la facilité d'en avoir des nouvelles; mais seulement avec ceux « de l'Amérique et de l'Europe, » comme il dit expressément. Or, mon révérend père, vous êtes vous-même un fort mauvais géographe, si vous ne savez pas que cela est exactement vrai; car consultez mieux votre carte, et vous trouverez que l'Amérique étant plus proche de la Chine que l'Europe, surtout pour ce qui est d'en recevoir des nouvelles, il n'y a point de lieu dans l'Amérique, possédé par les catholiques, qui soit plus proche de la Chine, et qui entretienne un commerce plus ordinaire avec ce royaume, que la ville et le port d'Acapulco sur la mer Pacifique, qui est sur les confins de l'évêché d'Angélopolis, et plus pres même de cette ville-là que de celle de Mexique : de sorte que ce prélat a eu raison de dire « qu'il étoit un des évêques, tant de l'Amérique que de l'Europe, les plus proches de la Chine, et qui pouvoit plus facilement en avoir des nouvelles. » Ainsi la preuve de supposition que vous avez voulu fonder sur cette prétendue faute de géographie est une pure illusion; et vous ferez bien à l'avenir de mieux choisir vos sujets de railleries ou de vous en abstenir entièrement; car elles ne vous réussissent pas

Voilà tout ce que vous avez dit sur ce sujet dans votre premier écrit. Dans le second, qui porte pour titre : *Faussetés et impostures, etc.*, vous y ajoutez deux autres preuves : l'une que l'on n'a pas fait imprimer le latin, ce qui est très-foible; car outre que peut-être ceux qui ont fait imprimer cette lettre, et qui nous sont inconnus, nous satisferont sur ce point. si c'étoit une supposition, il n'étoit pas plus difficile de la faire en latin qu'en françois.

La seconde est que des personnes qui ont été à Rome « avoient des copistes qu'ils payoient libéralement » pour faire copier semblables pièces, ce qui nous semble fort mal prouver qu'elle ait été fabriquée à Paris; car pour cela il est clair qu'il n'est pas besoin d'avoir des copistes à Rome.

Ce sont, mon révérend père, toutes les preuves que vous alléguez pour persuader une chose aussi incroyable qu'est la supposition d'une lettre si remplie de faits qui sont entièrement inconnus en France, et sur lesquels il seroit impossible qu'on ne fût tombé en une infinité de contradictions que vous auriez bien su remarquer, puisque vous êtes si bien informé du détail de cette affaire, et que vous en avez toutes les pièces entre les mains, comme vous le dites vous-même.

Mais on trouve étrange qu'ayant tant d'intérêt de détruire cette lettre, au lieu de vous amuser à de si foibles raisonnemens, vous n'ayez pas eu recours à une voie naturelle qui étoit de tirer un désaveu de cet évêque même, qui, selon que vous nous l'apprenez, est maintenant en Espagne, où le roi catholique lui a donné un autre évêché. Il n'y avoit rien de plus facile que d'en écrire à vos pères en Espagne, afin qu'ils obtinssent une déclaration de ce prélat qu'il n'a jamais écrit cette lettre au pape Innocent X, et que tous les faits qui y sont rapportés sont faux et inventés à plaisir. Il n'y a nulle apparence qu'un évêque à qui on auroit fait une telle injure que de lui supposer une lettre remplie de faussetés et de mensonges, comme vous le prétendez, refusât une chose aussi juste que seroit celle de la désavouer publiquement, vu même que vous auriez droit de l'y contraindre par justice : et il est encore moins croyable que, pouvant tirer de lui cette déclaration, vous ayez négligé de le faire, puisqu'elle seroit, sans comparaison, plus importante pour l'honneur de votre société que celle que vous avez obtenue de M. le nonce, pour montrer qu'il n'étoit pas chez M. le chancelier, lorsque le P. de Lingendes y alla, ou de M. de Rodez, pour faire voir qu'il n'avoit point parlé à M. Gauquelin.

Vous paroissez donc fort mal fondé dans cette accusation de faux. Aussi, mon révérend père, ceux qui entendent votre langage ont assez jugé, par votre dernier écrit, que si, d'une part, vous désiriez fort de persuader que cette pièce étoit fausse, vous craigniez aussi beaucoup de l'autre qu'on ne vous convainquît de mauvaise foi en vous prouvant qu'elle est véritable, et que c'est ce qui vous a obligé d'user de tant d'alternatives, « si elle a été écrite, si elle n'a pas été écrite ; si elle a été reçue, si elle n'a pas été reçue ; si on impose à cet évêque, si on ne lui impose point ; » comme pour vous préparer à toutes sortes d'événemens, et pour trouver dans ces termes équivoques quelques excuses au dessein que vous avez eu de faire passer cette pièce pour fabriquée à plaisir.

Mais nous doutons, mon révérend père, que cet artifice diminue beaucoup l'aversion que toutes les personnes sincères auront de la duplicité de votre compagnie, quand ils sauront ce que nous avons appris depuis peu, qui est que cette lettre que les jésuites feignent leur être entièrement inconnue, et qu'ils veulent faire passer pour supposée, leur est tellement connue, qu'ils en ont fait des plaintes publiques dans des écrits imprimés adressés au roi d'Espagne. C'est ce qu'on nous a fait voir dans un livre espagnol, qui contient, entre autres pièces, une réponse pour l'évêque d'Angélopolis, au *Mémorial* des religieux de la compagnie du nom de Jésus de la Nouvelle-Espagne, dans laquelle réponse ce *Mémorial* des jésuites est inséré par divers articles, en plusieurs desquels, comme dans le 5, le 13 et le 37, ils parlent de cette lettre et s'en plaignent, marquant divers points comme y étant contenus, qui se trouvent tous dans celle qui est imprimée à Paris : de sorte, mon révérend père, que c'est une chose assez surprenante qu'après que vos confrères d'Espagne ont objecté plusieurs fois à l'évêque d'Angélopolis d'avoir écrit cette lettre, vous qui témoignez avoir lu tous les écrits qui se sont faits sur ce sujet, ayez néanmoins entrepris de persuader à toute la France que cette lettre est une pièce supposée et qui a été faite à Paris.

Mais on ne doit pas s'étonner de ce procédé, puisque, vous déclarant plus ouvertement et attaquant cet évêque même, vous osez dire, dans votre second écrit, qu'il n'y a rien dans le bref du pape que cet évêque a obtenu contre vous, « qui montre que les jésuites fussent coupables, et que les résolutions de la congrégation des cardinaux qui y sont insérées sont toutes en faveur des jésuites. » Pour juger, mon révérend père, quelle foi on doit ajouter à ce que vous assurez de plus, il ne faut que le titre même de ce bref, tel qu'il a été imprimé à Rome en 1653. Le voici : « Breve S. D. N. Innocentii X, continens nonnullas « resolutiones *ad favorem* illustrissimi et reverendissimi domini epi« scopi Angelopolitani *contra* RR. PP. societatis Jesu provinciæ Mexi« canæ in quatuor congregationibus habitis obtentas ; necnon intimatio« nem ejusdem reverendissimo generali jesuitarum, una cum responsione « pro illius observatione. Romæ, ex typographia reverendæ cameræ « apostolicæ, 1653. »

Croyez-vous, mon père, que cela veuille dire que les résolutions contenues dans ce bref « sont toutes en faveur des jésuites ? » Pour nous, nous croyons que cela doit se traduire ainsi : « Bref de notre très-saint-père Innocent X, contenant quelques résolutions *en faveur* de l'illustrissime et révérendissime évêque d'Angélopolis, contre les révérends pères de la société de Jésus de la province du Mexique, obtenues en quatre congrégations, et la signification qui en a été faite au révérendissime général des jésuites, avec sa réponse pour le faire observer. »

Mais de plus, mon père, si les résolutions de la congrégation étoient toutes en votre faveur, pourquoi se trouve-t-il, comme il est porté par le bref même, que c'est l'évêque d'Angélopolis qui en a demandé la confirmation au pape ? Pourquoi avez-vous refusé si longtemps d'y obéir ? Pourquoi l'a-t-il fallu renouveler en 1653, à l'instance de l'évêque d'Angélopolis ? Pourquoi, à l'instance du même évêque, a-t-il fallu se servir d'un moyen nouveau, et qui seul a été capable de vous réduire, qui est de le faire signifier à votre général, en lui ordonnant de le faire exécuter, sous peine de mille ducats d'amende, « sub pœna « ducatorum mille auri de camera ipsi cameræ apostolicæ applicando- « rum? »

N'est-ce pas la chose du monde la plus étrange, qu'après avoir résisté pendant cinq ans, par tout le crédit de votre compagnie, à la réception d'un bref, et n'avoir pu être forcés à le recevoir que par la crainte qu'eut votre général de perdre ses ducats, vous vouliez nous persuader aujourd'hui que ce bref étoit tout en votre faveur?

Mais nous vous laissons, mon révérend père, ces prétentions imaginaires : elles ne nous regardent pas. C'est aux évêques qui ont fait traduire et imprimer ce bref comme leur étant favorable, à voir s'ils ont fait imprimer des décisions qui leur sont contraires. Pour nous, comme nous ne prenons intérêt que dans ce qui regarde plus particulièrement votre politique et votre morale, nous eussions été bien aises de voir dans votre nouvel écrit l'éclaircissement de trois points importans qui sont marqués dans cette lettre de l'évêque d'Angélopolis, et qui découvrent parfaitement l'esprit de votre compagnie.

Le premier est la mascarade que l'on vous reproche d'avoir fait faire par vos écoliers le jour de la fête de saint Ignace en 1647, que cet évêque décrit en ces termes :

« Sous prétexte de solenniser la fête de saint Ignace, leur fondateur, ils assemblèrent leurs écoliers pour rendre méprisable ma dignité, ma personne et tous les prêtres de mon diocèse par des danses criminelles. que les Espagnols appellent mascarades. Ces écoliers étant masqués, et sortant de la maison même des jésuites, coururent dans toute la ville en représentant les personnes sacrées vêtues d'une manière honteuse. Quelques-uns d'entre eux mêlant des chansons infâmes avec l'oraison du Seigneur, au lieu de la finir en disant : *Délivrez-nous du mal*, ils disoient : *Délivrez-nous de Palafox.* Ils profanèrent aussi de la même sorte la Salutation angélique. D'autres faisoient sur eux, à la vue de tout le monde, comme des signes de croix avec des cornes de bœuf, en criant : *Voilà les armes d'un véritable et parfait chrétien.* Un autre portoit une crosse pendante à la queue de son cheval, et aux étriers une mitre peinte, pour marquer comme ils la fouloient aux pieds. Ils répandirent ensuite parmi le peuple, contre le clergé et les évêques, des vers satiriques, et plusieurs épigrammes espagnoles, dont voici l'une : *Vois la société choisie s'opposer courageusement à cette formelle hérésie.* »

Il faut vous pardonner, mon révérend père, si vous tâchez de persuader que cette lettre est supposée, quand ce ne seroit que pour empêcher qu'on ne croie de votre société une action si indigne de religieux, et qui nous donne entre autres choses un exemple signalé du procédé ordinaire de votre compagnie contre tous ceux qui s'opposent à ses désordres, qui est de les traiter d'hérétiques, comme vous fîtes ce prélat, parce qu'il n'avoit pu souffrir vos prétentions sacriléges contre la puissance épiscopale, de pouvoir confesser et prêcher sans l'approbation des évêques, et l'attentat horrible que vous aviez commis contre sa personne, en le faisant excommunier par vos prétendus conservateurs. Il vous seroit donc fort avantageux de faire passer une histoire si peu honorable à votre société, et qui en fait si bien connoître l'esprit, pour une fable inventée à Paris par ceux que vous prétendez avoir fabriqué la lettre où elle est représentée. Mais ce seroit une entreprise bien difficile; car on nous a encore fait voir un livre imprimé en espagnol, intitulé : *Defensa canónica, dedicada al rey N. segnor, por la dignidad episcopal de la puebla de los Angeles*, qui contient diverses pièces touchant cette affaire, et entre autres deux lettres, l'une de votre Provincial de la Nouvelle-Espagne à l'évêque d'Angélopolis; et l'autre, la réponse de cet évêque à votre Provincial, dans laquelle cette histoire étant rapportée tout de même que dans sa lettre au pape, il est impossible que vous puissiez la faire passer pour un conte fait à plaisir « par ceux qui ne revinrent jamais du Mexique, » comme vous dites dans votre recueil. Voici les paroles de cet évêque tirées de la page 329 (n. 29), avec la traduction françoise :

« V. P. R. se queja, de que algunos de sus discípulos, que acuden á « sus estudios, no los he querido ordenar : es verdad; pero ha sido « á los que hicieron aquella infame mascara, que salió de sus colegios el « dia de San Ignacio anno 1647 en la cual en estatua infamaron la digni- « dad episcopal, con tan feas y abominables circunstancias, que tal no « se havisto en provincias católicas, ni aun heréticas, llevando á la « colade los cavallos un vaculo pastoral, y la mitra en los estrivos; y « adulterando la Oracion dominica, y angélica : cantando infames coplas « contra mi persona y dignidad : esparciendo satíricos motes, y tan « escandalosos, como llamarme herege, y decir que era formal heregía « el defender el santo concilio de Trento : diciendo las palabras siguien- « tes en papeles, que leyeron con gran dolor, y guardaron los zelosos « del servicio de Dios, para que bolviesse por su Iglesia, con esperanza « constante que no la habia de desamparar : « *Oy con gallardo denuedo* « *se opone la compañía á la formal heregía.* »

« Votre Révérence se plaint de ce que je n'ai pas voulu conférer les ordres sacrés à quelques-uns de vos écoliers. J'en demeure d'accord, mais c'est à ceux qui firent cette infâme mascarade qui sortit de votre collége le jour de Saint-Ignace de l'année 1647, dans laquelle, par une honteuse représentation, ils déshonorèrent d'une manière si abominabl la dignité épiscopale, qu'il ne s'est jamais rien vu de pareil, ni dans les provinces catholiques, ni même dans celles des hérétiques. Car on y voyoit une crosse pendue à la queue des chevaux, et la mitre aux étriers. L'Oraison dominicale et la Salutation angélique y furent profanées par un mélange impie. On y chanta des chansons infamantes contre ma personne et ma dignité. On répandit contre moi des vers satiriques si scandaleux, que j'y étois appelé hérétique et qu'on y faisoit passer pour une hérésie formelle de défendre le saint concile de Trente. C'est ce qu'ils firent par les paroles suivantes, écrites dans des billets que ceux qui avoient quelque zèle pour le service de Dieu lurent avec grande douleur et conservèrent avec soin, ayant toujours une ferme espérance que Dieu n'abandonneroit pas son Église, mais qu'il prendroit enfin sa défense : *Aujourd'hui la compagnie s'oppose avec une vigoureuse résolution à la formelle hérésie.* »

Le second fait, qui est rapporté dans la lettre de l'évêque d'Angélopolis au pape, n'est pas de moindre importance. C'est ce qu'il dit au nombre 121 :

« Toute la grande et populeuse ville de Séville est en pleurs, très-saint père. Les veuves de ce pays, les pupilles, les orphelins, les vierges abandonnées de tout le monde : les bons prêtres et les séculiers se plaignent avec cris et avec larmes d'avoir été trompés misérablement par les jésuites, qui, après avoir tiré d'eux plus de quatre cent mille ducats et les avoir dépensés pour leurs usages particuliers, ne les ont payés que d'une honteuse banqueroute. Mais ayant été appelés en justice et convaincus, au grand scandale de toute l'Espagne, d'une action si infâme et qui seroit capitale dans la personne de quelque particulier que ce pût être, ils firent tous leurs efforts pour se soustraire à la juridiction séculière par le privilége de l'exemption de l'Église, et nommèrent pour leurs juges des conservateurs, jusqu'à ce que l'affaire ayant enfin été portée au conseil royal de Castille, il ordonna que, puisque les jésuites exerçoient le commerce qui se pratique entre les laïques, ils devoient être traités comme laïques et renvoyés par-devant des juges séculiers. Ainsi cette grande multitude de personnes qui sont réduites à l'aumône demande aujourd'hui avec larmes, devant les tribunaux séculiers, l'argent qu'ils ont prêté aux jésuites, qui étoit aux uns tout leur bien, aux autres leur dot, aux autres ce qu'ils avoient en réserve, aux autres ce qui leur restoit pour vivre, et ils déclament en même temps contre la perfidie de ces religieux et les couvrent de confusion et de déshonneur dans le public. »

Il n'y a rien, mon révérend père, de plus scandaleux pour vous dans toute cette lettre et qui puisse mettre votre compagnie en plus mauvaise odeur. On n'aime point les banqueroutes; mais des religieux banqueroutiers ont encore je ne sais quoi de plus odieux. Cependant il ne vous sera pas aisé de montrer qu'une si honteuse affaire n'est pas véritable, puisque nous en avons entre les mains les pièces bien imprimées en espagnol, et non-seulement les plaintes des créanciers, mais la sentence même rendue contre vous, que ce bon évêque n'avoit pas encore vue. En voici le titre : *Traslado de la sentencia de revista, que dió toto el consejo supremo de justicia, en el pleito de acreedores de la quiebra que hizo el colegio de la compañia de Jesus de San Hermenegildo de la ciudad de Sevilla.* Ce qui signifie mot à mot : « Copie de la sentence de révision rendue par tout le conseil suprême de la justice, dans le procès des créanciers de la banqueroute faite par le collége de la compagnie de Jésus de Saint-Hermenigilde, en la ville de Séville. »

En vérité cela est fort surprenant, et l'on n'auroit jamais cru que vous eussiez quelque intérêt dans les maximes de vos casuistes en faveur des banqueroutiers, pour lesquels vous avez tant travaillé. Mais l'on voit à présent que vous avez grand besoin pour vous-mêmes de cette maxime de votre P. Tambourin (lib. VIII, tr. IV, cap. I, § 9, n. 9) : « Les femmes et les enfans dont les maris et les pères ont mal fait leurs affaires (il vous sera facile de mettre en ce même rang les religieux que les supérieurs ont endettés), s'ils se trouvent après leur mort n'avoir pas de quoi payer, ils peuvent soustraire et cacher des biens laissés autant qu'il sera jugé nécessaire pour conserver leur vie et leur état honnêtement : « Possunt ex bonis relictis tantum subtrahere atque « occultare, quantum satis judicetur ad vitam suumque statum honeste « conservandum. » Que si on les appelle en justice, ils peuvent jurer, avec une équivoque convenable, *æquivocatione congrua*, qu'ils n'ont rien caché, en sous-entendant qui ne leur fût dû ; et, pour la même raison, ils n'encourront point l'excommunication qui pourroit être fulminée contre ceux qui auroient caché ces biens. »

Cette banqueroute de Séville étoit l'un de ces faits sur lesquels nous aurions désiré d'être éclaircis, et il sembloit assez considérable pour vous obliger d'en dire un mot. Cependant nous le voyons éclipsé dans un grand dénombrement que vous faites des autres, qui tient trois ou quatre pages : ce qui a donné sujet de croire que vous avez eu peur qu'en le contestant, vous ne donnassiez la curiosité à tant de personnes qui peuvent bientôt aller en Espagne de s'en informer plus particulièrement.

Le dernier point est ce qui est dit dans la même lettre touchant la conduite de vos pères de la Chine dans l'*Instruction des néophytes*, dont cet évêque parle ainsi (n. 133) :

« Toute l'Église de la Chine gémit et se plaint publiquement, très-saint-père, de ce qu'elle n'a pas été tant instruite que séduite par les instructions que les jésuites lui ont données touchant la pureté de notre croyance ; de ce qu'ils l'ont privée de toute la juridiction ecclésiastique, de ce qu'ils ont caché la croix de notre Sauveur et autorisé des coutumes toutes païennes ; de ce qu'ils ont plutôt corrompu qu'ils n'ont introduit celles qui sont véritablement chrétiennes ; de ce qu'en faisant, si l'on peut parler ainsi, christianiser les idolâtres, ils ont fait idolâtrer les chrétiens ; de ce qu'ils ont uni Dieu et Bélial en même table, en mêmes temples, en mêmes autels et en mêmes sacrifices. Et enfin cette nation voit avec une douleur inconcevable que, sous le masque du christianisme, on révère les idoles, ou, pour mieux dire, que sous le masque du paganisme on souille la pureté de notre sainte religion.

« J'ai, très-saint-père, un volume tout entier des *Apologies des jésuites*, par lesquelles non-seulement ils confessent avec ingénuité cette très-pernicieuse manière de catéchiser et d'instruire les néophytes chinois, dont les religieux de Saint-Dominique et de Saint-François les ont accusés devant le saint-siége ; mais même Didaque de Moralez, recteur de leur collége de Saint-Joseph de la ville de Manille, qui est métropolitaine des Philippines, soutient opiniâtrément, par un ouvrage de trois cents feuilles, presque toutes les choses que Votre Sainteté a très-justement condamnées, le 12 septembre 1645, par dix-sept décrets de la congrégation *de Propaganda Fide* ; et s'efforce, par des argumens qu'il pousse autant qu'il peut, mais qui ne sont en effet que de fausses subtilités, de renverser la très-sainte doctrine contenue dans tous ces décrets. J'ai donné, très-saint-père, une copie de ce traité au R. V. Jean-Baptiste de Moralez, dominicain, homme savant, fort zélé pour l'avancement de la foi dans la Chine, et qui, à l'exemple des premiers martyrs, a été cruellement battu et a souffert plusieurs mauvais traitemens pour la religion, afin qu'il répondît, ainsi qu'il a fait, doctement, sincèrement et en peu de paroles, aux faits contenus dans l'écrit de ce jésuite. J'ai l'un et l'autre entre mes mains. »

Ce récit, mon révérend père, est merveilleusement circonstancié, et il est difficile qu'il ait été fait à Paris, où l'on ne sait pas seulement s'il y eut jamais un jésuite nommé Moralez, ou si vous avez un collége en la ville de Manille. Mais, pour le fond de l'accusation, il s'accorde parfaitement avec d'autres pièces bien imprimées, et particulièrement avec le livre d'un religieux espagnol, nommé Thomas Hurtado, docteur et professeur en théologie, intitulé : *Resolutiones orthodoxo-morales*, imprimé à Cologne en 1655.

On voit dans ce livre un grand traité pour expliquer le décret de la congrégation *de Propaganda Fide*, du 12 septembre 1645, qui fut donné sur la requête que le P. Moralez, dominicain, présenta à cette congrégation au nom des ordres de Saint-Dominique et de Saint-François contre la mauvaise doctrine de vos pères de la Chine. Dans ce décret, tout ce que ces religieux reprochoient à vos pères, et que l'évêque d'Angélopolis marque dans sa lettre, est expressément condamné, et Thomas Hurtado fait voir sur chaque article, par un mémorial présenté au roi d'Espagne par les religieux déchaussés de Saint-François des îles Philippines, *dont j'ai*, dit-il (page 427), *un exemplaire authentique*, que vos pères ont véritablement pratiqué dans la Chine tous ces abus, et particulièrement celui d'avoir caché la croix de notre Sauveur et d'autoriser des coutumes toutes païennes. Voyez, s'il vous plaît, mon révérend père, les pages 427, 475, 480, 486, 488. Pour éviter la longueur, nous n'en rapporterons qu'un seul cas qui regarde l'idolâtrie et qui est dans la page 488. « Il a été demandé, dit la congrégation dans son décret (art. 9), si la coutume des Chinois, introduite par le philosophe appelé Keumphuco, doit être observée, qui est qu'ils érigent des temples à leurs pères, aïeux, bisaïeux; qu'ils leur font des sacrifices de diverses choses, comme de chair, de vin, de fleurs, de parfums; lesquels sacrifices ont pour fin parmi ces nations de leur rendre grâces, honneurs et respect pour les bienfaits qu'ils ont reçus d'eux. La sacrée congrégation a répondu à cette demande qu'il n'étoit nullement permis aux chrétiens chinois d'assister, par feinte et extérieurement, aux sacrifices de leurs ancêtres, ni à leurs prières ni à toute autre cérémonie superstitieuse des païens, et encore moins sera-t-il permis d'exercer quelque ministère au regard de ces choses. »

Sur quoi Thomas Hurtado fait cette réflexion : « Il paroît, par le quatrième point du Mémorial présenté au roi Philippe IV, que les missionnaires dont il a parlé auparavant, *c'est-à-dire les jésuites*, enseignoient aux chrétiens de la Chine cette doctrine condamnée par la congrégation. C'est pourquoi l'article 3 de ces missionnaires porte que ce n'est pas un péché mortel de servir ou d'assister à ces sortes de sacrifices faits pour ses ancêtres, ni de prendre et d'apporter avec soi de ces viandes sacrifiées; et les religieux qui envoyèrent ce Mémorial au roi catholique, avec une information faite juridiquement, le prouvent par cette information et par les lettres mêmes de ces missionnaires, *c'est-à-dire des jésuites.* »

Il eût été important, mon révérend père, que vous eussiez bien éclairci ces points qui sont de grande conséquence, et qui semblent être assez bien liés avec votre doctrine des équivoques. Mais parce que vous paroissez être disposé à donner de temps en temps quelque nouvelle pièce au public, ainsi qu'il paroît par votre privilege general, nous vous avertissons charitablement qu'il y a un livre à Paris sur lequel il seroit bon que vous préparassiez quelque réponse. Vous ne pourrez pas dire qu'il a été fait en France; car il est très-bien imprimé en Espagne, et il pourroit bien prendre envie à quelqu'un de le traduire. C'est la plus belle histoire du monde. et la plus propre pour confirmer celle d'Angélopolis; car elle fait paroître les jésuites du Mexique fort modérés, en comparaison de ceux du Paraguay, qui est encore une autre province du Nouveau-Monde; et les persécutions de M. de Palafox, très-médiocres, en comparaison de celles de l'évêque de la ville de l'Assomption, capitale du Paraguay. C'étoit un bon religieux de l'ordre de Saint-François, nommé Bernardino de Cardenas, grand prédicateur de l'Évangile, et qui avoit fait des merveilles pour la conversion des Indiens. Le roi d'Espagne le choisit pour cet évêché, lorsqu'il avoit déjà près de cinquante années de profession. Vos pères vécurent près de trois ans en fort bonne intelligence avec lui, et lui donnèrent de grands éloges : car vous n'en êtes pas avares envers ceux qui ne vous incommodent point. Mais ayant voulu visiter quelques provinces où ils dominent absolument, et où sont leurs plus grandes richesses, ce qu'ils ne veulent pas que l'on connoisse, il n'est pas imaginable quelles persécutions ils lui ont faites, et quelles cruautés ils ont exercées contre lui. On y voit qu'ils l'ont chassé plusieurs fois de sa ville épiscopale, qu'ils ont usurpé son autorité, qu'ils ont transféré son siége dans leur église, qu'ils ont planté des potences à la porte pour y pendre ceux qui ne voudroient pas reconnoître cet autel schismatique. Mais ce qui doit en plaire davantage à ceux d'entre vous qui ont l'humeur martiale, c'est qu'on y voit de merveilleux faits d'armes de vos pères : on les voit à la tête des bataillons d'Indiens levés à leurs dépens, leur apprendre l'exercice, faire des harangues militaires, donner des batailles, saccager des villes, mettre les ecclésiastiques à la chaîne, assiéger l'évêque dans son église, le réduire à se rendre pour ne pas mourir de faim, lui arracher le saint sacrement d'entre les mains, l'enfermer ensuite dans un cachot, et l'envoyer sur une méchante barque à deux cents lieues de là, où il fut reçu par tout le pays comme un martyr et un apôtre; ce qui mit vos pères si fort en colère contre le peuple et plusieurs bons religieux qui soutenoient la cause de ce saint prélat, que, comme vous avez des poëtes en tout pays, il y en eut qui firent contre eux des vers pleins de vanité, où ils relevoient la force de leur compagnie, et traitoient de canaille les ecclésiastiques et les religieux qui suivoient l'évêque, qu'ils appellent une fourmi. Voici ces vers espagnols qui se trouvent au feuillet 55 de ce livre, avec la traduction françoise :

« ¿Vulgo loco, y desatento,
« Ya te pagas de mentiras?

« Pues con mas afecto miras
« Lo que menos te está á cuento.
« La enseñanza, y documento
« Nos deves, si, que es tu guia,
« Porque, aunque toto á porfia
« Te acude de polo á polo,
« Vàs ciego, perdido, y solo,
« Cuando vàs sin compañia.
« Totos nos han menester,
« Frailes, cabildos, y audiencia,
« Y totos en competencia
« Tiemblan de nuestro poder :
« Y pues hemos de vencer
« Esta canalla enemiga,
« Toto este pueblo nos siga,
« Y no quieran inconstantes
« Perder amigos gigantes
« Por un obispo hormiga.

« Peuple fou et étourdi,
Est-ce ainsi que tu te payes de mensonges?
Puisque tu fais plus d'état
De ce qui t'est un moindre appui.
Nous sommes tes maîtres et tes docteurs,
Et c'est par nous que tu dois te conduire.
Quand d'un bout de l'univers à l'autre
Chacun serait de ton parti,
Tu es aveugle, perdu et abandonné,
Si tu es sans la compagnie.
Tout le monde a besoin de nous
Moines, chanoines, parlemens;
Et tous, sans exception,
Tremblent sous notre pouvoir.
Puis donc que nous sommes assurés
De vaincre cette canaille ennemie,
Tout ce peuple ne doit-il pas nous suivre?
Et n'y auroit-il pas de l'imprudence
De perdre l'amitié des géans
Pour une fourmi d'évêque? »

C'est un petit abrégé de cette histoire, qui est fort étrange, et en même temps fort autorisée; car elle est comprise dans un Mémorial présenté au roi d'Espagne par un religieux de Saint-François, agent de cet évêque, qui contient des informations fort juridiques, et dont quelques-unes sont signées par plus de deux cents témoins. Et ce qui est remarquable, c'est qu il est dit dans ce livre que c'est le troisième évêque du Paraguay que vous traitez de la sorte.

Nous savons néanmoins que vous avez une réponse générale à tout ce qu'on peut alléguer contre vous, qui est qu'on ne doit pas croire que votre société soit coupable de rien, parce que l'on ne voit point qu'on la punisse. Et il est certain que, si l'impunité étoit une preuve d'innocence, on devroit vous tenir pour les plus innocens du monde. Mais, mon révérend père, ne vous flattez pas de vous voir en cet état : car Dieu n'est jamais plus en colère que quand il pardonne de la sorte, « magis irascitur quum parcit; » et le dernier degré de son abandonnement est quand il laisse sans punition ceux qui la méritent davantage. Ainsi, si vos attentats contre la morale de Jésus-Christ demeurent impunis, nous ne vous en croirons que plus misérables; mais nous n'en perdrons pas le courage d'en poursuivre la condamnation par toutes les voies ecclésiastiques et canoniques.

A Paris, le 25 juin 1659.

DIXIEME FACTUM

Des curés de Paris, présenté le 10 *d'octobre de l'année* 1659 *à MM. les vicaires généraux de M. l'éminentissime cardinal de Retz, archevêque de Paris, pour demander la condamnation du livre du P. Thomas Tambourin, jésuite.*

Supplient humblement les curés de Paris, disant que le jugement solennel rendu par vous sur notre requête, contre l'*Apologie des casuistes*, et tout ce grand nombre de censures juridiques de tant d'illustres archevêques et évêques, et de la Faculté de théologie de Paris, et même le décret de notre saint-père le pape, contre les pernicieuses maximes de ce méchant livre, seroient entièrement inutiles à l'Église, et au bien des âmes dont Dieu nous a commis la conduite, s'il est permis de publier et de produire ces mêmes maximes avec la même hardiesse, en changeant seulement le nom de l'auteur. C'est néanmoins ce que les jésuites ont prétendu faire, par l'impression toute récente qu'ils ont procurée à Lyon du livre d'un de leurs pères, nommé Thomas Tambourin, dont il est déjà venu à Paris plusieurs exemplaires, où l'on ne voit pas seulement les erreurs de l'*Apologie* soutenues et autorisées, mais où l'on en rencontre un grand nombre d'autres encore plus étranges et plus criminelles : de sorte qu'il semble que cet auteur a entrepris de faire voir jusques à quel excès l'esprit humain étoit capable de se porter, lorsque, ayant quitté les lumières de la foi et de la tradition, il s'abandonne à ses vains raisonnemens. Vous verrez, messieurs, par l'extrait attaché à cette requête, qu'il n'attaque pas seulement quelque partie de la religion, mais qu'il la ruine tout entière dans l'intérieur, qui en est comme l'esprit, et dans l'extérieur, qui en est comme le corps, dans tous les devoirs de piété envers Dieu, et dans tous les offices de charité, de justice et de fidélité envers le prochain; qu'il ne reconnoît aucun vrai précepte de croire en Dieu, d'espérer en Dieu, de prier Dieu, ni d'adorer Dieu; qu'il réduit celui de l'aimer qui forme l'essence de la loi nouvelle, et le culte spirituel qui fait les chrétiens adorateurs de Dieu en esprit et en vérité, à un cas si extraordinaire, que presque tous les fidèles sont par là dispensés, durant toute leur vie, de l'amour de Dieu, c'est-à-dire du plus saint, du plus heureux et du plus indispensable de tous leurs devoirs. Vous verrez, messieurs, que tout l'ordre de la justice civile, que tous les liens de la societe humaine, que toute la paix, tout l'honneur et toute la sûreté des familles sont absolument renversés par les homicides, les calomnies, les infidélités, les vols, les usures, les mariages déréglés et scandaleux, que cet auteur soutient comme licites, sous divers prétextes et sous divers noms; qu'il se joue de toutes les lois ecclésiastiques, et particulièrement de celle du jeûne, par des chicaneries honteuses et ridicules; et qu'enfin les principes généraux qu'il établit pour autoriser ces corruptions sont si vastes et si étendus, qu'il n'y a point de désordres et de dérèglemens si horribles qu'on ne puisse introduire et défendre en les suivant. Ainsi nous pourrons dire, en demeurant dans les bornes d'une exacte vérité, que cette étrange morale que l'on s'efforce de répandre en notre temps, n'est point chrétienne, puisqu'elle anéantit l'esprit du christianisme; qu'elle n'est pas seulement judaïque et pharisaïque, puisqu'elle renverse la lettre de la loi et les préceptes extérieurs; qu'elle n'est pas même humaine et philosophique, puisqu'elle ruine la justice, l'équité naturelle, la sincérité, la bonne foi et le sens commun; qu'elle n'est point civile et politique, puisqu'elle détruit tellement tous les fondemens sur lesquels la société humaine est établie, que, si on en suivoit les maximes, les États et les républiques ne seroient que des assemblées pleines de confusion, sans foi, sans loi, sans ordre, sans sûreté; où l'on ne feroit que se tromper, se piller et se massacrer les uns les autres; mais que c'est proprement cette fausse sagesse dont l'apôtre saint Jacques dit : « Non est ista sapientia sursum « descendens, sed terrena, animalis, diabolica. » Quand il ne s'agiroit ici, messieurs, que de l'honneur de l'Église qui est si blessée par cette mauvaise doctrine qu'on lui attribue, ce motif ne seroit que trop suffisant pour obliger ceux qui ont entre leurs mains son autorité, à s'opposer à l'outrage qu'on lui fait : mais il s'agit de plus du salut d'une infinité de chrétiens que l'on infecte et que l'on corrompt, dont Dieu demandera compte à ceux qui n'auront pas fait tous leurs efforts pour bannir de l'Église ce poison mortel que l'on y répand. Il est d'autant plus nécessaire de le faire maintenant, et de s'animer d'un nouveau zèle pour réprimer cette licence, que l'on voit que ceux qui s'en sont déclarés les protecteurs, s'animent et se fortifient tous dans la résolution de les soutenir avec une hardiesse encore plus grande qu'auparavant. Car au lieu de s'humilier sous tant de jugemens que l'Église a rendus contre eux, au lieu de se corriger au moins en quelque chose dans les nouveaux livres de morale qu'ils produisent; pour faire paroître, au contraire, à tout le monde combien ils méprisent l'autorité des évêques, le jugement des Facultés de théologie, et même celui de Sa Sainteté, et combien ils sont fermes dans le dessein de n'abandonner jamais aucune de ces opinions condamnées, ils ont fait imprimer aux yeux de toute la France, dans une des principales villes du royaume, avec approbation de leur compagnie, et le nom de l'auteur, l'un des plus pernicieux et des plus abandonnés de leurs casuistes, comme pour dire à tous les évêques, à tous les docteurs, à tous les curés de France, et même à Sa Sainteté : « Voilà la doctrine que nous soutenons et que nous soutiendrons toujours, malgré toutes vos censures et tous vos efforts. » C'est ainsi, messieurs, qu'ils ont véritablement justifié leur *Apologie*, mais en la manière que l'Écriture dit que Jérusalem a justifié Sodome et Samarie, en surpassant leurs iniquités : « Non fecit Sodoma sicut tu, « et Samaria dimidium peccatorum tuorum non peccavit; vicisti eas « sceleribus tuis, et justificasti sorores tuas. » Que s'ils ne trouvoient dans les ministres de l'Église autant de zèle et de fermeté pour s'opposer à l'établissement de leur méchante morale, qu'ils ont d'opiniâtreté et de hardiesse à la publier et à la défendre, qui ne voit, messieurs, qu'ils viendroient à bout de cette malheureuse entreprise; que vos jugemens seroient anéantis et abolis; que ces corruptions cesseroient de passer pour condamnées, et qu'ainsi elles serviroient de piéges à un grand nombre d'âmes, à qui ils ne manqueroient pas de les inspirer? C'est pourquoi, messieurs, encore que les poursuites que nous avons été obligés de faire auprès de vous sur le sujet de l'*Apologie*, aient attiré sur nous une infinité d'outrages et de calomnies scandaleuses de la part de ceux qui l'ont soutenue, dont il nous est impossible de tirer aucune satisfaction, nous avons cru néanmoins qu'il n'étoit pas temps, dans un si grand péril de l'Église, de penser à nos intérêts particuliers, et que la crainte de leur violence, de leurs calomnies et de leur injustice, ne devoit pas nous empêcher de rendre à l'Église ce que nous lui devons en une occasion si importante, qui est de nous rendre dénonciateurs contre le livre de Tambourin, comme nous avons fait contre l'*Apologie des casuistes*. Nous espérons, messieurs, que nos poursuites auront le même succès, et qu'après avoir vu que les maximes dont nous vous demandons la condamnation, sont encore plus détestables que celles que vous avez déjà censurées, vous jugerez sans doute qu'il est encore plus nécessaire de les condamner par une censure juridique. Ce considéré, messieurs, et vu l'extrait ci-attaché, il vous plaise de procéder à l'examen et condamnation dudit livre de Thomas Tambourin, jésuite, qui contient en soi plusieurs ouvrages séparés; savoir : un grand traité sur le Décalogue, intitulé : *Explicatio Decalogi, in qua omnes fere conscientiæ casus mira brevitate, claritate, et quantum licet* benignitate *declarentur;* un autre sur la confession, intitulé : *Methodus* expeditæ *confessionis;* un autre sur la communion, intitulé : *De sacratissima communione* expedite *peragenda;* et le dernier : *De sacrificio Missæ* expedite *celebrando; Lugduni, sumptibus Joan. Ant. Huguetan, et Mar. Ant. Ravaud, M. DC. LIX :* comme contenant plusieurs propositions fausses, erronées, scandaleuses, contraires aux lois divines, ecclésiastiques et civiles; exposant la religion catholique aux insultes des hérétiques et aux blasphèmes des impies; et détruisant l'Évangile, les bonnes mœurs et même la société humaine : Faire défenses à toutes personnes du diocèse de Paris de le vendre, de l'acheter, de le débiter, de le lire, ni de le retenir, sous telles peines et censures canoniques qu'il vous plaira ordonner. Et vous ferez bien.

CONCLUSION

De MM. les curés de Paris, pour la publication de la censure du livre de l'Apologie pour les casuistes, faite par MM. les vicaires généraux de M. le cardinal de Retz.

Du lundi 22 novembre 1658.

En l'assemblée extraordinaire de MM. les curés de Paris, tenue en la salle presbytérale de Saint-Côme le 22 novembre 1658, M. le curé de Saint-Roch, ancien des syndics en charge, a référé et donné avis à la compagnie, qu'enfin on a imprimé la censure du livre d'un auteur anonyme, intitulé : *Apologie pour les casuistes contre les calomnies des jansénistes*, etc., imprimée en l'année 1657 ; faite par messire Jean-Baptiste de Contes, prêtre, doyen de l'église archiépiscopale et métropolitaine de Paris, conseiller ordinaire du roi en ses conseils d'État et privé, et par messire Alexandre de Hodencq, aussi prêtre, docteur de la société de Sorbonne, curé et archiprêtre de Saint-Séverin, conseiller du roi en sesdits conseils : vicaires généraux de M. le cardinal de Retz, archevêque de Paris; contenant la condamnation spéciale de trente des plus pernicieuses maximes dudit livre, avec cette clause expresse et générale, « sans approbation de plusieurs autres propositions et discours contenus audit livre : » arrêtée au conseil de mondit seigneur archevêque, le vingt-troisième jour d'août 1658; mais qu'on n'avoit pu imprimer, ni publier jusqu'à présent, à cause des empêchemens notoires apportés par l'auteur anonyme et par les défenseurs de ladite *Apologie* à la publication de la censure susdite, et de celle de la sacrée Faculté de théologie de Paris: et l'exemplaire de la censure desdits sieurs vicaires généraux mis sur le bureau, et lu le mandement et préface d'icelle; d'autant qu'elle ne contient aucun mandement spécial, ni exprès aux curés de Paris de la publier aux prônes des messes paroissiales; mais seulement, en général, qu'elle sera publiée partout où besoin sera : ledit syndic a proposé s'il n'est pas bon et nécessaire de demander, de la part de la compagnie, à MM. les vicaires généraux, un mandement spécial adressé aux curés de Paris, comme de coutume, à ce qu'ils aient à publier ladite censure aux prônes de leurs messes paroissiales.

Après lesquelles relation et proposition, ledit syndic a requis et pris les fins et conclusions qui suivent :

La première, que MM. les grands vicaires seront très-humblement remerciés, de la part de la compagnie, par les députés et syndics d'icelle, de la peine qu'ils ont prise, suivant la requête des curés de Paris du deuxième jour de janvier 1658, d'examiner très-soigneusement et très-exactement ledit très-méchant livre, et de le condamner par une si ample et si excellente censure, laquelle sera toujours suivie par tous les amateurs de la justice chrétienne avec une extrême joie et un très-profond respect, comme très-juridique en son autorité, très-méthodique en son ordre, très-judicieuse au choix des plus pernicieuses maximes, et très-juste en la qualification et condamnation de chaque proposition.

La seconde, que la censure sera lue présentement en l'assemblée, et reçue avec le respect qui est dû à M. l'archevêque de Paris, lequel seul peut, dans son diocèse, par lui ou par ses grands vicaires, juger de la doctrine des mœurs comme de celle de la foi; et que plusieurs exemplaires seront mis au trésor, pour servir à l'avenir de règle juridique dans la décision des cas de conscience, et en l'administration du sacrement de pénitence, quand il se présentera des matières qui auront été jugées par cette censure.

La troisième, que MM. les vicaires généraux seront suppliés de donner et d'envoyer, selon la coutume, aux curés, un mandement spécial de publier aux prônes leur censure, selon sa forme et teneur, et ce fait, qu'elle sera publiée au prône du premier dimanche de l'avent prochain.

La quatrième. que MM. de la compagnie, dans les conférences qu'ils font avec les prêtres habitués de leurs paroisses, prendront soin de conférer avec eux de la censure de MM. les vicaires généraux, et de leur expliquer plus amplement non-seulement la vérité, la justice et l'équité des résolutions qui y sont contenues; mais aussi l'impiété, la fausseté, et les dangereuses conséquences des maximes opposées tant dans l'*Apologie* dont est question, que généralement de la méchante morale des nouveaux casuistes, afin que les prêtres et les confesseurs des paroisses soient toujours prêts, et plus capables de répondre de la bonne et saine doctrine des mœurs, et de garantir du venin de la fausse et méchante les âmes auxquelles ils administreront le sacrement de pénitence, et dont ils auront la direction en la voie du salut : et tiendront la main lesdits sieurs curés à ce que les prêtres et les confesseurs de leurs paroisses ne suivent et n'enseignent rien de contraire à la doctrine de ladite censure.

Ouï laquelle relation, proposition et réquisition, et l'affaire mise en délibération, il a été conclu qu'il sera fait selon les réquisitions et conclusions dudit sieur syndic : et ont été députés MM. les curés de Saint-Côme, de Saint-André des Arcs, de Saint-Barthélemi. de Saint-Christophe, avec les syndics, pour remercier, de la part de la compagnie, MM. les vicaires généraux, de la censure par eux faite, et pour leur témoigner et les assurer qu'elle a été reçue par la compagnie avec une grande joie, un sincère respect et une entière soumission aux décisions qu'elle contient, et pour les supplier d'envoyer aux curés un mandement plus spécial, d'en faire la publication aux prônes des messes paroissiales.

Par conclusion desdits jour et an

Signé : ROUSSE, *curé de Saint-Roch*, *syndic.*
MARLIN, *curé de Saint-Eustache*, *syndic*

FACTUM

Pour les curés de Rouen contre un livre intitulé : « Apologie pour les casuistes contre les calomnies des jansénistes : à Paris, 1657 ; » et contre ceux qui, l'ayant composé, imprimé et publié, osent encore le défendre.

Nous continuons[1] de combattre pour la morale chrétienne, contre ceux qui ne cessent point de la corrompre, et qui sont assez téméraires pour en défendre publiquement toute la corruption. Le même Dieu qui nous a mis les armes en main, et de qui nous avons reçu la grâce de nous déclarer les premiers entre tous les curés de France, pour soutenir la cause de son Évangile contre les nouvelles opinions des casuistes, qui ne tendent qu'à l'anéantir, nous engage tout de nouveau dans une milice dont nous ne saurions être les déserteurs que par une lâcheté criminelle. Nous implorons l'autorité de l'Église et les tribunaux des magistrats contre ces faux théologiens, qui empoisonnent, par leur doctrine contagieuse, les enfans de cette mère si sainte, et qui troublent la société des hommes, en justifiant les crimes les plus énormes. Et comme ils viennent de rassembler, dans un seul volume, toutes les erreurs qu'ils avoient répandues sur cette matière dans tout le reste de leurs écrits, nous espérons que Dieu fortifiera notre foiblesse, et nous donnera autant de zèle pour soutenir sa vérité, qu'ils ont d'opiniâtreté et d'ardeur pour défendre leurs imaginations et leurs mensonges.

Jamais l'aveuglement et l'orgueil des hommes ne montèrent à un plus haut point. Il y a un an et demi que nous nous trouvâmes réduits à une pressante nécessité de porter nos plaintes devant le tribunal ecclésiastique de M. l'archevêque de Rouen, et d'implorer la plus grande et la plus sacrée autorité de ce diocèse, pour nous opposer aux nouveautés dangereuses de ces casuistes. Ce grand prélat, qui a autant de zèle pour conserver la pureté de la morale évangélique dans toute sa primatie, que Dieu lui a donné de science et d'efficace pour la prêcher dans les chaires qu'il remplit si dignement, nous reçut avec toute la bonté qui règne au fond de son cœur, et qui reluit sur son visage. Mais comme sa modestie est égale à sa sagesse, il considéra que cette matière étant de la dernière importance pour toute l'Église, elle seroit digne de la piété de tout le clergé de France, qui étoit assemblé à Paris depuis plusieurs mois; et ce fut ce qui le porta à envoyer nos plaintes à cette assemblée générale, afin que tant de prélats, dont elle étoit composée, joignissent leurs lumières et leur zèle pour découvrir ces erreurs pernicieuses, et pour prononcer sur ce sujet un jugement plus solennel.

Mais nous reconnûmes en cette rencontre, que ceux qui altèrent la loi de Dieu et de son Église par des inventions humaines, n'ignorent rien de la science du siècle, et savent éluder, par leurs intrigues, les

1. Les curés de Rouen avaient déjà publié contre les jésuites deux requêtes, adressées, l'une à leur archevêque, l'autre à l'official.

plus justes châtimens qu'ils ont mérités. Ils eurent l'adresse de faire former des incidens artificieux qui consumèrent le temps, et empêchèrent le principal effet de la délibération : de sorte que le clergé, étant enfin convaincu de l'innocence de notre conduite et de la justice de nos plaintes, ne put presque faire autre chose, sinon de laisser à toute la postérité des marques publiques, et un monument éternel du déplaisir qu'il ressentoit de ne pas avoir tout le loisir qui lui étoit nécessaire pour porter son jugement sur les extraits qui lui avoient été présentés par l'un des vicaires généraux de M. notre prélat. Le clergé donc, pour ne pas autoriser, par son silence, les entreprises de ceux qui croient que l'impunité les rend innocens, jugea que le moyen le plus court, et le remède le plus prompt dont on pouvoit se servir dans une occasion de cette importance, étoit d'opposer le nom vénérable de saint Charles Borromée à cette licence prodigieuse de tant de nouveaux écrivains, qui empoisonnent les sources publiques des vérités chrétiennes et morales, par les inventions et les songes de leur esprit. Ce fut pour cela que cette assemblée ordonna que l'on imprimeroit tout de nouveau les *Instructions* de ce saint archevêque de Milan aux confesseurs de sa ville et de son diocèse, avec la manière d'administrer le sacrement de pénitence; et un recueil que ce grand cardinal avoit dressé des canons pénitentiaux, suivant l'ordre du *Décalogue*. Car, comme une des plus pernicieuses maximes de ces théologiens humains est « qu'il ne faut consulter les anciens Pères que sur les matières de la foi, et qu'il faut puiser la science des mœurs dans les ouvrages des docteurs modernes, » on ne sauroit détruire cette fausse opinion par des preuves plus claires et plus convaincantes, que par la conduite de saint Charles, qui n'auroit pas obligé ses confesseurs de s'instruire des anciens canons de la pénitence, s'il n'eût jugé que l'Église conserve toujours au fond de son cœur la révérence et l'amour de ces règles salutaires, et que ceux qu'elle a établis pour être les dispensateurs des saints mystères de notre religion, doivent les connoître exactement, non pas, à la vérité, pour les observer dans toute l'étendue de leur première sévérité, mais pour se conduire, dans ces terribles fonctions, par la considération continuelle des véritables désirs de leur mère sainte, et par la vue de la foiblesse de ses enfans.

Nous avons sujet de louer Dieu de ce que nosseigneurs du clergé de France, qui ont ordonné cette nouvelle édition des *Instructions* de saint Charles pour l'usage de tout le royaume, l'ont publiée avec une sage et judicieuse préface, qui approuve d'une part nos justes plaintes, et qui déplore de l'autre les funestes égaremens de ces casuistes charnels, qui sont autant de guides trompeurs, et de malheureux corrupteurs de la conscience des peuples. Car, après que ces prélats ont parlé avec une vigueur véritablement épiscopale, contre une science « qui apprend à tenir toutes choses problématiques, qui justifie les mauvaises habitudes des hommes, au lieu de les exterminer, et qui accommode les préceptes et les règles de Jésus Christ aux intérêts, aux plaisirs et aux passions des hommes, pour flatter leur ambition et leur avarice, et pour leur prescrire des moyens de commettre les plus grands crimes en sûreté de conscience, » ils brisent le front d'airain de ces lâches approbateurs de toutes les passions humaines, par ces paroles éclatantes qui confondent leurs vaines subtilités. « Autrefois, disent ces archevêques et ces évêques, le Fils de Dieu disoit : Bienheureux les pauvres d'esprit, parce que le royaume du ciel est à eux. Mais aujourd'hui, par la subtilité de ces nouveaux docteurs, il n'y a plus que des gens d'esprit qui puissent prétendre d'entrer en ce royaume : suffisant, pour ne pas pécher, si on veut les croire, de bien dresser son intention, et de ne pas se proposer certaines fins mauvaises, que tout homme de bon sens n'a garde d'avoir, quand, sans cela, il peut faire en conscience ce qu'il a envie de faire. »

Et parce que ces vaines spéculations des casuistes, qui ont fait dégénérer les règles des mœurs en probabilités, en problèmes, en directions frivoles d'intention, ne tendent qu'à la destruction générale de la discipline de l'Église, et à rendre entièrement inutile la fréquentation du tribunal de la pénitence et l'approche de nos autels : le clergé de France a cru devoir déclarer son ressentiment sur un abus si public et si déplorable. « Outre cette corruption de doctrine, disent ces prélats, qui se glissera aisément dans tous les esprits, si on n'en arrête le cours, nous avons été sensiblement touchés de douleur, voyant la facilité malheureuse de la plupart des confesseurs à donner l'absolution à leurs pénitens, sous les prétextes pieux de les retirer peu à peu du péché par cette douceur, et de ne pas les porter dans le désespoir, ou dans un entier mépris de la religion. Car nous ne voulons pas croire qu'il y en ait d'assez méchans pour considérer leur intérêt particulier, ou celui de leurs communautés, en la conduite de certaines personnes qui s'approchent souvent du bain de la pénitence, et ne s'y lavent jamais; et qui, au lieu de se fortifier par la fréquente manducation de la chair de Jésus-Christ, en deviennent plus foibles, et paroissent toujours autant remplis de l'amour du monde et d'eux-mêmes, que s'ils étoient encore assis à la table des idoles. »

Il y avoit sujet d'espérer que cette conduite du clergé qui a approuvé nos plaintes, et qui a laissé au public des marques sensibles du redoublement de sa douleur après les avoir reçues, seroit une digue et une barrière puissante pour arrêter la témérité de ces écrivains, qui n'ont évité la censure particulière des évêques qu'à cause du grand nombre des erreurs dont leurs livres sont remplis, et du peu de loisir de l'assemblée. Mais ils viennent de faire voir aux yeux de l'Église et de l'État, que rien n'est capable de retenir leur insolence, et que ceux qui veulent épargner leur honte par une indulgence plus que paternelle, leur inspirent, sans y penser, une nouvelle témérité. On en a vu depuis quelques mois un exemple scandaleux, qui doit faire avouer à tout le monde que les remèdes les plus doux ne servent qu'à irriter les plus grands maux, et qu'il faut employer quelque chose de plus fort que les exhortations et les remontrances, pour guérir ceux qui ne se contentent pas de périr s'ils n'entraînent avec eux plusieurs personnes dans la ruine et le précipice. L'impudence n'est pas capable de rougir quand elle est parvenue jusqu'aux dernières extrémités; et lorsque la présomption des hommes superbes est autorisée par la licence, il n'y a rien où ils ne portent l'élévation de leur science ruineuse.

Ces écrivains, qui traitoient autrefois d'imposteurs et de calomniateurs des auteurs très-catholiques, et des universités entières qui les accusoient de ces sentimens abominables, traitent maintenant d'*ignorans* les pasteurs qui ont découvert de si grands emportemens, et qui ont été obligés, par la sainteté de leur ministère, de s'en rendre les dénonciateurs devant les prélats et devant les juges. Il ne reste plus aucune question du fait à examiner. Ce qui étoit détestable par leur propre confession est devenu en peu d'années très-innocent et très-légitime, à mesure qu'ils ont fait de nouveaux progrès dans la doctrine de la probabilité : ils font passer pour la règle de toute l'Église des opinions qui étoient la juste horreur de tous les fidèles; et ajoutant des erreurs nouvelles à celles dont on les avoit accusés très-justement, ils ont consommé tous leurs excès par la plus insolente et la plus insoutenable de toutes les apologies.

Ce libelle, qu'ils ont écrit avec du fiel et du sang, et qu'ils ont intitulé : *Apologie pour les casuistes contre les calomnies des jansénistes*, a été reçu avec une aversion générale par tous ceux qui ont encore dans le cœur quelque instinct de religion et quelque sentiment d'humanité. Mais s'il y a eu quelque ville en France qui ait dû ouvrir les yeux pour se défendre d'un poison si pernicieux et si mortel, c'est sans doute notre ville de Rouen, qui a été obligée plus que nulle autre de se garantir de ce venin qu'on lui a offert avec un extrême empressement. Car nous savons qu'il a été ici exposé en vente chez Richard Lallemand, libraire; qu'il a été distribué à des personnes qualifiées de la ville et de la province, par le P. Brisacier, recteur du collége des jésuites; que dans le réfectoire de sa maison, où on ne doit lire que des livres saints et remplis d'édification et de piété, il a fait lire publiquement ce code infâme des nouvelles maximes de leurs casuistes, et qu'il n'a pas eu de honte de s'adresser à un des principaux magistrats pour obtenir la permission de le réimprimer. Quoique nous sussions toutes ces circonstances particulières dès que nous présentâmes notre requête, nous eûmes assez de modération et de retenue pour l'épargner encore sur ce point; mais au lieu de rentrer en lui-même par la considération de notre manière d'agir, qui nous a fait renoncer à nos propres avantages pour le gagner par cette douceur chrétienne et ecclésiastique, il n'en a été que plus ardent et plus emporté dans les sollicitations qu'il a faites ouvertement auprès des juges pour soutenir cet ouvrage de ténèbres, et pour en empêcher la condamnation : ce qui nous a réduits à ne pouvoir plus taire sans crime ce que nous n'avions supprimé que par l'esprit de charité.

Certes, comme un des plus anciens auteurs de l'Église a dit autrefois, que c'est savoir toutes choses que de ne rien savoir contre la règle de l'Évangile, aussi nosseigneurs les prélats ont eu très-grande raison d'écrire en cette rencontre, « qu'une profonde ignorance seroit beaucoup plus souhaitable qu'une telle science, qui apprend à tenir toutes choses problématiques. » Mais quand ils verront que ces problèmes et ces opinions probables sont devenus des règles constantes et des aphorismes indubitables dans ce nouveau livre, qui est comme la sentine et l'égout de toutes les saletés et les ordures des autres productions de ceux qui le soutiennent, peut-être qu'ils auront regret d'avoir usé de trop de clémence envers ces docteurs corrompus, et qu'ils prendront à l'avenir la résolution de réprimer leur témérité par quelque chose de plus ferme et de plus humiliant que ne sont des instructions et des préfaces.

Personne ne pourroit croire un si grand renversement de tous les principes de notre religion pour la conduite des mœurs, si cette monstrueuse *Apologie* n'étoit répandue par toute la France. Après que le clergé de France a parlé si nettement dans sa préface contre la science de ces théologiens modernes, qui apprend à tenir toutes choses problématiques, cet écrivain ne laisse pas de soutenir le principe ruineux de la probabilité, depuis la page 80 jusqu'à la 86, et de condamner comme jansénistes ceux qui soutiennent le contraire après saint Thomas. Il emploie même six pages entières, depuis la 75 jusqu'à la 81, pour prouver que les papes, les empereurs, les rois, les juges, les avocats, et enfin l'Église et l'État, doivent prendre la protection des probabilités, avec lesquelles les casuistes renversent les plus saintes et les plus certaines règles des mœurs des chrétiens, et exterminer ceux qui les combattent; parce que dans la conduite des choses humaines, et dans les jugemens des particuliers, on est souvent obligé de se contenter de raisons probables. Ainsi les puissances ecclésiastiques et séculières seront obligées, selon cet auteur, d'embrasser la protection de cette théologie pyrrhonienne; la répréhension du clergé passera pour une plainte sans fondement; comme si MM nos confrères de Paris n'avoient pas reconnu dans les extraits qu'ils ont présentés à l'assemblée, « que la question n'est pas s'il y a des opinions probables dans la morale, personne ne doutant qu'il n'y en ait, quoique le nombre en soit infiniment plus petit que ne s'imaginent ces théologiens problématiques d'*est* et *non est*, *licet* et *non licet*, *peccat* et *non peccat*, *tenetur* et *non tenetur*, *sufficit* et *non sufficit*. »

Sans considérer que la vérité incarnée nous a obligés d'arracher l'œil qui nous scandalise, ce lâche flatteur de la cupidité des hommes dit en la page 87 : « Que les théologiens enseignent que l'on n'est pas obligé de renoncer à une profession où l'on est en danger d'offenser souvent Dieu, et même où l'on court risque de se perdre, si on ne peut pas facilement s'en défaire. » Et pour prouver une si horrible fausseté, il ajoute aussitôt après ces paroles : « La pratique de l'Église sert de preuve à ma proposition. Car non-seulement l'Église souffre; mais elle approuve des ordres militaires qui font vœu de pauvreté, chasteté et obéissance, encore que les occasions fassent succomber plusieurs de ces religieux. La même Église oblige au célibat ceux qui s'engagent aux ordres sacrés, quoiqu'elle n'ignore pas que ces ordres servent à plusieurs d'occasion d'offenser Dieu. »

Le clergé de France s'étant plaint de la facilité malheureuse de la plupart des confesseurs à donner l'absolution à leurs pénitens, « sous des prétextes pieux de les retirer peu à peu du péché par cette douceur, et de ne pas les porter dans le désespoir; » cet écrivain téméraire accuse ceux qui gardent quelque discipline dans le sacrement de pénitence, de suivre « une doctrine qui tend au désespoir, et qui ruine le sacrement de la confession » comme si toute la pénitence étoit réduite à la confession seule, et que le sacrement de la réconciliation des pécheurs n'eût que cette seule partie ! « Le prêtre, dit-il (p. 288), doit absoudre le pénitent, quoiqu'il suppose qu'il retournera à son péché. Les théologiens vont plus avant, et disent que quand même le pénitent jugeroit qu'il est pour retomber bientôt en sa faute, il est toutefois en état de recevoir l'absolution, pourvu que le péché lui déplaise au temps de la confession. » Il approuve, en la page 279, le sentiment du P. Bauny, qui enseigne que hors de certaines occasions qui n'arrivent que rarement, le confesseur n'a pas droit de demander si le péché dont on s'accuse est un péché d'habitude; et toute la restriction qu'il y apporte est que « le confesseur peut interroger le pénitent sur l'habitude, jusqu'à ce qu'il témoigne de la répugnance à répondre; mais après il ne faut pas le presser, beaucoup moins refuser l'absolution. » Enfin pour détruire entièrement l'obligation que nous avons de nous convertir à Dieu par amour, il veut que la crainte des châtimens temporels soit capable de nous justifier d'elle-même dans le tribunal de la pénitence. « Il est vrai, dit-il (p. 289), que quelques casuistes et jésuites ont enseigné que la crainte des châtimens temporels dont Dieu nous menace si souvent dans l'Ancien et Nouveau Testament, suffit pour recevoir l'absolution, quand le pécheur est résolu de se corriger de ses crimes; et vous auriez bien de la peine à montrer pourquoi la crainte des peines de l'enfer dont Dieu menace, suffit pour le sacrement, et la crainte des pestes, des guerres et pertes de biens dont Dieu nous menace pour châtier les péchés, n'est pas suffisante. »

Mais, outre ces principes généraux, il n'y a presque point de crime qu'il ne justifie en particulier, et il ne tient pas à lui que les hommes ne s'apprivoisent aux meurtres comme à des actions innocentes; car il emploie douze pages, depuis la 158 jusqu'à la 170, pour soutenir au moins comme probables les maximes dont on s'étoit plaint dans les extraits qui ont été fournis au clergé, comme : « Qu'on peut tuer une personne pour éviter un soufflet ou un coup de bâton; qu'il est permis, selon les uns, dans la spéculation, et, selon les autres, dans la pratique, de blesser et tuer celui qui a donné un soufflet, quoiqu'il s'enfuie. » Tout le monde ayant vu avec horreur les extraits de cette damnable théologie, qui met les épées entre les mains de ceux dont le cœur ne respire que la vengeance, nosseigneurs les prélats ont condamné ces excès, en avertissant, dans leur préface, de fuir ces auteurs nouveaux, « qui se montrent ingénieux à donner des ouvertures aux hommes pour se venger de leurs ennemis, et pour conserver le faux honneur que le monde a établi, par des voies toutes sanglantes. » Mais ce qui a été détesté par tous ceux qui ont quelque sentiment d'humanité, paroît raisonnable à cet apologiste. Il dit généralement de tous ces chefs (p. 162) : « En toute cette doctrine qui regarde l'homicide, un homme de bon sens jugera qu'il n'y a rien qui choque la raison. » Et en la page 151 : « Si l'on parle de l'actuelle violence qu'on fait ou qu'on veut faire pour ravir les biens, l'honneur ou la réputation, le père jésuite vous a prouvé que les lois civiles et canoniques permettent de tuer l'agresseur, lorsqu'on ne peut autrement conserver son bien (ce qu'il étend aussi à l'honneur et à la réputation), quoique la personne qui tue ne soit pas en danger de sa vie. » Et en la page 162 : « Plusieurs de ces théologiens jugent autrement de l'honneur que du bien ; car ils croient qu'on peut tuer un homme qui s'enfuit après avoir donné un soufflet ou un coup de bâton, parce que, selon leur sentiment, l'honneur ne se soutient que par cette voie. » Et afin que cette doctrine sanguinaire, qui ne peut avoir de fondement dans l'Écriture et dans les saints Pères de l'Église, soit aussi commune qu'elle lui paroît probable et tout à fait sûre en conscience, il veut que la seule raison naturelle soit capable de faire voir à tous les particuliers en quel cas il est permis quelquefois d'ôter la vie à un homme : « Si c'est, dit-il (p. 153), la seule lumière de la raison qui a conduit les grandes monarchies qui ont gouverné tout le monde dans la punition des malfaiteurs, souffrez que nous nous servions de la même raison naturelle pour juger si une personne particulière peut tuer celui qui l'attaque, non-seulement en sa vie, mais encore en son honneur et en ses biens. » Ainsi il veut que la raison naturelle nous soit une règle suffisante pour en faire le discernement, comme si elle n'avoit jamais reçu aucune blessure. Mais il continue encore de cette sorte : « Vous exceptez de ce commandement fait à Noé ceux qui veulent nous tuer ou nous ravir la pudicité ; et nous croyons aussi avoir raison d'exempter de ce précepte ceux qui tuent pour conserver leur honneur, leur réputation et leur bien. » Et pour comble d'abomination, il porte ce raisonnement pernicieux jusqu'à dire : « Faites-nous voir que Dieu veut qu'on épargne la vie des voleurs et des insolens, qui outragent indignement un homme d'honneur ; faites-nous voir que cette défense de tuer n'est pas un précepte qui est né avec nous, et que nous ne devons pas nous conduire par la lumière naturelle pour discerner quand il est permis ou quand il est défendu de tuer son prochain. Il faut un texte exprès pour cela. Celui dont vous vous êtes servi ne défend autre chose, sinon de ne point tuer sans cause légitime. » Qui pourroit se dispenser, en conscience, de s'élever contre des maximes si dangereuses, et qui tendent à détruire généralement toute la loi de Dieu, toute la tradition de l'Église, le consentement universel de tous les conciles et de tous les Pères, et tout ce qu'il y a de plus clair et de plus indubitable dans notre religion, pour donner à tous les particuliers le droit de discerner, par la lumière de la raison, s'il leur est permis de tuer leurs ennemis? Qui pourroit souffrir que l'on abolisse ainsi la loi nouvelle, qui est une loi d'amour, un esprit de croix et une école de souffrances, pour approuver le ressentiment des injures, flatter la haine et la fureur des hommes vindicatifs, et leur faire trouver, dans la dépravation de leurs esprits et de leurs cœurs, le tempérament et la règle de la vengeance et de l'homicide? Qui pourroit lire sans indignation, dans leurs ouvrages sanglans, ces principes diaboliques qui auroient été en exécration à des philosophes païens? Et depuis quand les chrétiens, qui sont arrosés du sang de l'Agneau, ont-ils appris ces abominables leçons qui leur enseignent à verser le sang de leurs frères? Nous espérons que les lois civiles ne dormiront pas en cette rencontre, et que les magistrats useront de toute leur autorité pour arrêter l'insolence et la fureur de ces docteurs de meurtres et d'homicides, qui confondent les juges avec les moindres particuliers, et qui égalent les particuliers aux juges, pour donner indifféremment à tout le monde la malheureuse licence de répandre le sang de ceux pour qui le Sauveur du monde a donné jusques à la dernière goutte du sien. Certes, comme nous faisons gloire d'une part, avec saint Paul, « de ne pas avoir d'autre science que celle de Jésus-Christ crucifié, » aussi d'un autre côté avons-nous appris de cet apôtre, que « ceux qui sont élevés en autorité et en puissance n'ont pas inutilement en leurs mains l'épée qu'ils portent; et qu'étant les ministres de Dieu même, ils ont droit de faire ressentir les effets de leur colère et de leur juste vengeance à ceux qui commettent des crimes. » Mais ces nouveaux apôtres ne se mettent pas en peine des sentimens de l'apôtre des nations, pourvu qu'ils flattent les passions des hommes furieux et sanguinaires. Et c'est ici où les juges doivent particulièrement ouvrir les yeux, puisque les personnes les plus sacrées ne seront pas en sûreté, si ces dogmes inhumains s'enseignent impunément, une triste et funeste expérience n'ayant déjà fait voir que trop souvent que les plus horribles parricides n'ont été commis que par des hommes à qui la raison avoit fait juger qu'ils avoient une cause légitime de tremper leurs mains dans le sang des personnes les plus augustes.

Nous n'osons faire de plus particulières réflexions sur une matière si horrible; mais nous espérons que les magistrats en découvriront toutes les suites, et qu'étant les conservateurs des lois, ils étoufferont dès leur naissance ces sentimens si barbares et si monstrueux. L'État y est trop visiblement intéressé, comme l'Église l'est aussi à ne pas souffrir que la simonie ayant été appelée une hérésie par les conciles et par les Pères, cet apologiste du P. Bauny ne reconnoisse plus pour simoniaques que ceux qui seroient assez stupides pour ne pas bien diriger leur intention; puisque, selon ces auteurs de relâchement, on peut, sans commettre de vraie simonie, entrer dans toutes les charges de l'Église, en promettant et donnant de l'argent, pourvu qu'on le donne comme motif et non comme prix. Où en sommes-nous réduits par les vaines subtilités des hommes? Et n'est-il pas déplorable que, selon ces distinctions frivoles, Simon le Magicien, qui est le chef malheureux de tous les simoniaques, auroit été innocent quand il offrit de l'argent à saint Pierre, étant certain qu'il ne l'offroit que comme un motif qui le portât à lui donner la puissance de conférer le Saint-Esprit? On voit par là combien nosseigneurs les prélats ont eu de raison de condamner particulièrement dans ces nouveaux auteurs, « le dessein qu'ils paroissent avoir de flatter l'avarice et l'ambition des hommes en leur donnant des ouvertures pour entrer dans les dignités ecclésiastiques par toutes sortes de voies. » Et la connoissance qu'ils ont de tous les ridicules retranchemens de la subtilité de tous ces écrivains, a porté ces mêmes prélats à remarquer expressément dans leur préface, « combien c'est une chose éloignée de l'esprit du Fils de Dieu, de prétendre qu'il suffit, pour ne pas pécher, de bien dresser son intention. » Mais l'autorité du clergé de France n'a pas eu la force d'arrêter l'impétuosité de cet écrivain, ni de l'empêcher d'entreprendre la défense de cette méchante doctrine, comme il fait depuis la page 109 jusqu'à la 116. Et surtout ses paroles sont remarquables page 109, où il répond d'une manière insupportable à l'objection qu'il se fait, qu'il n'y aura plus de simonie. « Il n'y aura donc plus de simonie, dit-il; car qui sera assez malheureux que de vouloir contracter pour une messe, pour une profession, pour un bénéfice, sous cette formalité de marchandise et de prix? Je réponds que tout homme qui seroit actuellement dans cette disposition (je n'ai garde de vouloir jamais égaler une chose spirituelle à une temporelle, ni de croire qu'une chose temporelle puisse être le prix d'une spirituelle) ne commettroit pas une simonie contre le droit divin, en donnant quelque chose spirituelle en reconnoissance d'une temporelle qu'il auroit reçue. Je dis plus, que la disposition habituelle suffit pour empêcher qu'on ne tombe dans le péché de simonie. » Ainsi tous les canons que les conciles ont fulminés contre les simoniaques, n'ont frappé que des hommes imaginaires; et quand les papes et les Pères ont usé de si nettes et si fortes expressions pour condamner le trafic des choses saintes, et cette entrée criminelle dans la maison du Seigneur, ils n'ont condamné que ceux qui n'avoient pas assez d'esprit pour faire cette distinction de prix et de motif!

Après avoir corrompu le sanctuaire de l'Église par ces palliations de la simonie, il viole celui de la justice, en prétendant qu'un juge peut retenir en conscience, comme bien acquis, ce qu'il a reçu pour rendre une sentence injuste. « Il est vrai, dit-il (p. 123), que ce juge n'est pas obligé à rendre ce qu'il a reçu de l'une des parties pour donner une sentence injuste en sa faveur. Lessius a de bonnes raisons contre Cajétan, que vous deviez réfuter, si vous prétendez que ce juge soit obligé à restituer ce qu'il a reçu de la partie qui a profité de son injustice. »

Nous n'avons pas pu lire aussi sans rougir ce que ce théologien charnel a écrit en faveur du plaisir des sens; et comme s'il avoit oublié ce que saint Paul a dit, « que ceux qui sont à Jésus-Christ ont crucifié leur chair avec tous ses vices et tous ses mauvais désirs, » il soutient que la volupté corporelle peut être recherchée pour elle-même, et condamne d'ignorance ceux qui trouvent à redire à cette maxime brutale rapportée en la page 239, savoir : « Qu'il est permis de manger tout son soûl sans nécessité et pour la seule volupté, pourvu que cela ne nuise point à la santé. » A quoi il répond ainsi en la page 240 : « Je dirai que plusieurs bons théologiens enseignent qu'il n'y a pas plus de mal à rechercher sans nécessité le plaisir du goût, qu'à procurer la satisfaction de la vue, de l'ouïe et de l'odorat : et plusieurs, tant philosophes que théologiens, tiennent que ces contentemens des sens sont indifférens, et qu'ils ne sont ni bons ni mauvais. Que si vous aviez la première teinture des sciences, vous n'auriez pas condamné ces opinions qui sont probables. » Voilà des paroles plus dignes d'Apicius que d'un théologien, et qui paroissent plutôt avoir été apprises dans la secte de Jovinien que dans l'école d'un Dieu qui nous enseigne à porter tous les jours notre croix, et à renoncer à nous-mêmes. Ce n'est pas que nous ne sachions que la volupté corporelle peut se rencontrer innocemment dans nos actions; mais si elle les accompagne, elle ne doit jamais en être le motif; et ce mélange importun qui se glisse sous le voile des plus naturelles nécessités, est une matière de gemissement pour les justes, et ne peut être un sujet de joie que pour les âmes brutales.

Cet apologiste juge si bassement de la sainteté du sacrifice de la messe, qu'il approuve, en la page 271, l'opinion des casuistes, qui enseignent qu'on satisfait au commandement d'entendre la messe, lorsqu'on l'entend avec un respect extérieur, quoiqu'en même temps on considère une femme avec de mauvais désirs. Et comme le sentiment d'Escobar, qui estime que c'est entendre la messe, que d'en entendre quatre quarts en même temps à quatre divers autels, a paru ridicule à tout le monde, ce défenseur de toutes les faussetés rapporte l'opinion d'Escobar comme véritable, quoiqu'il la reconnoisse inutile; et comparant le plus ridicule de tous les auteurs à saint Augustin, qu'il prétend avoir proposé quelquefois des questions inutiles, il fait voir, par cette comparaison, que sa seule crainte a été de voir diminuer la réputation d'Escobar, qui est son oracle.

Il n'a pas moins de zèle pour la doctrine du P. Bauny, qui autorise le vol domestique, en approuvant les compensations secrètes des valets qui se plaignent de leurs gages, quoiqu'on les paye comme on est convenu avec eux; et il est même assez téméraire pour vouloir rendre saint Ambroise et saint Augustin les complices de ces maximes préjudiciables à la sûreté et au repos des familles chrétiennes. Il soutient aussi l'opinion du même P. Bauny, qui avoit écrit que « les femmes peuvent prendre à leurs maris de quoi jouer; » et toute la modération qu'il y apporte, est seulement en disant que « la femme doit être de telle condition que le jeu honnête puisse être mis au rang des alimens et de l'entretien. » Il approuve aussi ce qu'a écrit ce casuiste en la page 184 de la *Somme des péchés*, que, « lorsqu'une fille, qui est en la puissance de son père et de sa mère, se laisse corrompre, ni elle, ni celui à qui elle se prostitue, ne font aucun tort au père et à la mère, et ne violent point la justice pour leur égard, parce qu'elle est en possession de sa virginité, aussi bien que de son corps, dont elle peut faire ce que bon lui semble, à l'exclusion de la mort ou du retranchement de ses membres. » Et cet apologiste (p. 249) soutient, par une insigne fausseté, que *cette opinion est véritable et commune*. Et, quoique le P. Bauny ne soit pas plus corrompu en quelque matière que ce soit que dans celle de l'usure, il le défend néanmoins sur ce sujet, avec tant d'artifice et tant de chaleur, depuis la page 173 jusqu'à la page 211, que les lois ecclésiastiques et les ordonnances de nos rois, ne condamnent que des usuriers chimériques, si ces nouvelles subtilités sont recevables.

Ce même zèle de l'injustice porte cet auteur à montrer, depuis la page 225 jusqu'à la page 231, que l'on a eu tort de se plaindre de la doctrine de Caramuel et de celle des jésuites Hurtado et Dicastillus, qui disent que ce n'est point violer le Décalogue, mais au plus un péché véniel, que d'imposer de faux crimes à ceux qui nuisent à notre réputation, soit en nous calomniant, soit en nous reprochant de véritables crimes, dont ils n'ont pas droit de nous accuser; et il prétend qu'il n'y a rien en cela qui ne soit au moins probable. « Tout homme de bon sens, dit-il, trouvera que Dicastillus est bien plus doux et plus humain envers les calomniateurs, et ceux qui perdent injustement la renommée de leur prochain, que beaucoup d'excellens théologiens, qui, dans les circonstances où Dicastillus permet de médire et détracter, disent qu'on peut les tuer. »

Voilà une partie des excès de cet avocat des casuistes corrompus, qui est l'ennemi le plus déclaré que l'on ait jamais vu s'élever, sans retenue et sans honte, contre toutes les importantes vérités de la morale chrétienne. Mais entre toutes ses prétentions, il n'en est pas de moins juste, ni de plus insoutenable que ce qu'il avance en plusieurs pages de son livre, comme une chose indubitable : Que les bulles des papes contre les cinq propositions sont une approbation générale de la doctrine des casuistes. Car il est malaisé de dire s'il y a plus de témérité que d'impertinence dans cette prétention ; et nous ne croyons pas que l'on puisse jamais commettre une plus grande indignité que d'attribuer au saint-siége l'approbation publique de ces maximes pernicieuses, sous prétexte que cinq propositions, que tout le monde condamne et que personne ne soutient, ont été censurées par les constitutions de deux papes. Cependant c'est sur ce fondement ruineux qu'il déchire, comme jansénistes, ceux qui ne peuvent souffrir que les règles de nos mœurs soient corrompues par des nouveautés, qui seroient même en horreur aux peuples les plus barbares : comme si, par exemple, il étoit permis de tuer un détracteur, ou d'acheter un bénéfice, parce que le feu pape Innocent X, et celui qui est maintenant assis sur le siége de saint Pierre, ont condamné cinq propositions qui n'ont nul rapport avec ces opinions monstrueuses, et qui sont entièrement détachées de toutes les autres matières dans la morale, dont l'étrange corruption nous touche sensiblement, aussi bien qu'une infinité d'autres ecclésiastiques du royaume, et même plusieurs qui n'ont jamais examiné les questions de la grâce. Quoi donc ! les plus pernicieux sentimens, que les jésuites rejetoient en apparence comme d'horribles calomnies, seront devenus des vérités toutes constantes, depuis que les papes nous ont envoyé deux bulles que nous avons reçues avec respect : et ceux qui auront quelque reste de fidélité dans le cœur, pour ne pouvoir souffrir, sur tous les points de la morale chrétienne, une corruption universelle des vérités de l'Evangile, seront décriés par des prêtres, seront déchirés par des religieux, sous des noms odieux de parti et de faction ! Certes, quand nous serions assez lâches et assez indifférens à notre réputation pour souffrir une injure si atroce, nous avons trop de zèle envers le saint-siége pour pouvoir souffrir que ceux qui s'en disent, en toutes rencontres, les plus véritables défenseurs, le déshonorent par une imposture également noire et insolente, et qu'ils donnent occasion aux ennemis de l'Église de concevoir une opinion si désavantageuse du père de tous les fidèles. Comme l'Église romaine est une fidèle dépositaire de la pureté de la foi, qui lui est venue par une succession apostolique, aussi sera-t-elle à jamais la conservatrice des maximes de l'Évangile, qui sont les règles des mœurs. Et, puisque c'est une vérité catholique que les œuvres ne sont pas moins nécessaires pour le salut que la foi, nous espérons que le saint-siége n'aura pas moins de soin de conserver la pureté de la doctrine dans la conduite des actions des chrétiens, qu'il a toujours eu de zèle pour maintenir les principes spéculatifs de notre religion. Et, afin que ces faiseurs d'apologies ne croient pas pouvoir éblouir ou épouvanter les simples par leurs imaginations et par leurs spectres, nous avons su que l'ordre très-célèbre des dominicains a ordonné à tous les particuliers qui se sont trouvés dans le chapitre général qui se tint à Rome l'an 1656, de faire savoir à leurs provinces que notre saint-père ne pouvoit souffrir qu'on eût introduit. depuis quelques années, dans la théologie morale. une nouveauté d'opinions licencieuses qui ne tendent qu'au relâchement de la discipline chrétienne et ecclésiastique, et que, pour y apporter un prompt remède, Sa Sainteté jugeoit nécessaire que les théologiens de cet ordre dressassent au plus tôt des sommes de cas de conscience sur les plus certains et les plus sûrs principes de la doctrine de saint Thomas. Nous avons entre nos mains les certificats qu'en ont donnés depuis peu deux définiteurs de l'ordre, qui sont supérieurs de deux célèbres maisons dans ce royaume. De sorte que ceux qui imposent au saint-siége l'approbation publique de leurs plus grands relâchemens, se déclarent, par cet attentat, les ennemis publics de la dignité du saint-siége.

Nous laissons néanmoins de très-bon cœur aux défenseurs de l'*Apologie* l'avantage de cette malheureuse impunité dont ils se flattent, et qui leur fait croire que le pape approuve positivement en leur personne tout ce qu'il n'y censure pas, à cause qu'ils ont peut-être eu l'adresse d'empêcher jusqu'ici que Sa Sainteté en ait été avertie. Mais s'il reste encore quelque équité dans ces personnes qui ne flattent les plus signalés pécheurs que pour se donner plus de licence d'outrager les prêtres et les pasteurs de l'Église, nous leur demandons, comme une grâce, la permission de considérer que nous avons à rendre compte à Jésus-Christ, le souverain prêtre et le premier de tous les pasteurs, des âmes qu'il a acquises par le prix inestimable de son sang, et qu'il nous a confiées. Dieu nous oblige, par un prophète, « de crier sans cesse, d'élever hautement notre voix, d'annoncer à Israël les crimes qu'il a commis, et à la maison de Jacob les péchés dont elle est coupable. » Et parce que nous ne sommes pas des « chiens muets qui n'ont pas la force d'aboyer, » ces personnes, en la page 311, nous traitent « d'ignorans, qui ne méritent pas d'être mis au nombre des chiens qui gardent le troupeau de l'Église, qui sont pris de plusieurs pour les vrais pasteurs, et sont suivis par les brebis qui se laissent conduire par ces loups. » Si les hommes ne nous font pas raison de ces injures, qui blessent moins nos personnes que la sainteté de notre ministère et les intérêts de toute l'Église, du moins nos ennemis ne nous arracheront pas du fond du cœur la consolation secrète de vouloir imiter la douceur de notre Maître commun, qui, selon saint Augustin, « est un agneau que les loups ont fait mourir, et qui a changé en agneaux ces loups mêmes qui l'ont fait mourir. » Ils n'effaceront pas de l'Évangile les marques du discernement des loups d'avec les brebis; et leurs artifices n'empêcheront pas l'effet des paroles de celui qui a averti les peuples de « se donner de garde des faux prophètes qui se présentent à eux avec des peaux de brebis, » c'est-à-dire, sous le voile et la couverture d'une doctrine accommodante, « quoiqu'au fond du cœur ce soient des loups ravisseurs, comme on peut connoître par leurs fruits, » et par la suite de leurs actions. Ils souffriront que nous nous plaignions publiquement à M. notre archevêque et aux magistrats séculiers, de ce qu'au même temps que notre auguste monarque fait observer avec une piété véritablement royale les ordonnances que Sa Majesté a faites sur le sujet des duels, il se trouve des religieux qui parlent du faux honneur, comme les amateurs du monde qui en sont les esclaves et les idolâtres, et permettent d'accepter ces combats sanglans et inhumains qui perdent l'âme avec le corps, sous prétexte de conserver une vaine réputation.

Mais, quoi qu'il en soit à leur égard, il nous suffira de nous être rendus, comme nous faisons, les dénonciateurs publics de leurs excès dont nous ne saurions être complices sans nous perdre d'honneur et de conscience devant Dieu et devant les hommes. Nous n'avons ouvert la bouche que pour faire ouvrir les yeux aux puissances ecclésiastiques et séculières qui y ont le principal intérêt. Nous nous en déchargeons sur leur prudence, et nous attendons toutes choses de leur justice. Nous les prions seulement de considérer que la dernière inondation qui a fait tant de ravage par tout le royaume, et particulièrement en cette ville, n'est que l'image de l'inondation de toutes sortes de vices qu'il faut attendre de cette corruption publique des règles des mœurs; car si lorsqu'il ne se forme qu'un seul torrent d'une infinité de torrens, il ne faut attendre de son impétuosité que le renversement et la rupture des plus fortes digues, la désolation des villes, la stérilité des campagnes et la submersion des peuples : ainsi lorsqu'un seul auteur, qui fait l'*Apologie* des auteurs de sa faction, et qui est autorisé par une conspiration générale, ramasse dans un seul ouvrage toute l'écume de Bauny, de Sanchez, de Molina, d'Escobar, et d'une infinité d'autres casuistes, il n'y a point d'impiété contraire à ce qu'il y a de plus sacré dans l'Écriture, de plus saint dans les conciles, de plus solidement établi dans les ouvrages des saints Pères, et de plus inviolable dans toute notre religion, que cet apologiste ne publie avec insolence, ne justifie par le torrent de la coutume, ne soutienne comme une vérité constante, et n'appuie sur le grand nombre de ceux qui, ne l'ayant avancé d'abord qu'en tremblant, sont intrépides dans leurs erreurs, quand ils y ont apprivoisé les esprits intéressés et corrompus.

A Rouen, le 15 février 1658.

FACTUM

Des curés de Nevers, présenté à M. leur évêque en son hôtel épiscopal, contre le livre intitulé : « Apologie pour les casuistes, etc., » imprimé à Paris l'an 1657.

Comme les deux principaux intérêts de l'Église sont de conserver les fidèles dans la piété, et de rappeler les hérétiques à la vérité qu'ils ont quittée, nous avons été touchés d'une douleur bien sensible, en voyant le méchant livre de l'*Apologie des casuistes* se répandre dans l'Église; parce que nous avons reconnu qu'il n'y avoit rien de plus capable de retirer les fidèles de la sainteté des mœurs, et de confirmer les hérétiques dans leur obstination et dans leur schisme. Et il ne faut pas douter que nous n'en eussions vu d'étranges effets, si la providence de Dieu, qui veille incessamment sur son Église, n'avoit suscité la puissante opposition des pasteurs ordinaires à l'entreprise si dangereuse des casuistes corrompus.

Nous les avons vus, ces généreux pasteurs, s'élever de tous côtés, et surtout ceux de la ville de Paris, pour défendre l'Église en ces deux parties où elle étoit attaquée. Et nous avons béni Dieu de ce que leur zèle a été conduit avec tant de lumière et de prudence, qu'ils ont pris un soin tout particulier de porter les remèdes à ces deux maux qu'on devoit principalement appréhender.

Car ils ont fait voir, par leurs premiers écrits, combien les fidèles seroient coupables de se laisser séduire par ces molles douceurs dont on vouloit les corrompre, puisque les casuistes ne pourroient pas les excuser devant Dieu par leur autorité; mais que les saints Pères et Docteurs de l'Église les condamneroient par une doctrine toute contraire. Et ils ont fait voir ensuite dans leur cinquième écrit, que les hérétiques n'ont aucun fondement dans les calomnies dont ils entreprennent de noircir l'Église, en lui imputant des erreurs qui n'appartiennent qu'aux casuistes et aux jésuites.

Ainsi on a vu l'Église affermie par leurs écrits contre tous les desseins et des casuistes, et des hérétiques, dont nous avons une joie particulière, parce que nous voyons de plus près la nécessité qu'il y avoit de bien établir ces deux chefs, tant à cause du relâchement qui prenoit à nos yeux de nouvelles forces de jour en jour par les entreprises des casuistes, qu'à cause de l'insolence avec laquelle les hérétiques, dont nous sommes environnés, triomphoient déjà par les avantages qu'ils tiroient de ces pernicieuses doctrines, qui semblent n'être sorties de l'enfer que pour affoiblir les fidèles et fortifier les hérétiques.

Car qu'y a-t-il de plus capable de retirer les peuples du respect de nos saints mystères, et d'exciter le mépris qu'en font les calvinistes, que d'en parler avec l'irrévérence et l'extravagance que font ces auteurs? comme quand ils disent (p. 153) : « qu'en entendant la messe avec un respect extérieur, accompagné de désirs impurs, on satisfait par là au précepte de l'Église selon plusieurs théologiens; » sur quoi Escobar, enchérissant par-dessus les autres, dit : « que si on trouve quatre messes si bien ajustées, que les quatre quarts de ces messes en fassent une entière, en entendant ces quatre quarts tous ensemble de différens prêtres, on entendra une messe entière. » Que peuvent dire les hérétiques, qui ne cherchent que l'occasion de tourner en raillerie ce saint sacrifice, en voyant que les catholiques mêmes leur en donnent un si grand sujet, et parlent en cette manière de ce mystère qui est appelé terrible par les saints Pères, et de cette action toute sainte, révérée des anges mêmes, où Jésus-Christ est présent pour s'immoler à Dieu pour nous, et où nous sommes obligés d'assister pour nous y immoler avec lui?

Est-ce porter à cette action la révérence que l'on doit, de croire que nous aurons satisfait à ce que l'Église nous en ordonne, en entendant quatre quarts de ces messes ainsi ajustées, avec une contenance extérieurement respectueuse, ayant le cœur cependant occupé de désirs infâmes et criminels? Que ne diroient les ennemis de la religion, de voir des prêtres et des religieux qui veulent passer pour des docteurs graves proposer cette doctrine au peuple de Dieu, si nous ne nous opposions à ces impiétés avec tant de force et tant de vigueur, que nous fermassions la bouche à ceux qui nous imputeroient ces égaremens?

Ces casuistes ne causent-ils pas de même un pareil scandale sur le sujet des ordres sacrés, qui sont encore l'objet et de la vénération des fidèles, et du mépris des hérétiques; lorsque, pour justifier qu'on n'est pas obligé de quitter les occasions prochaines de pécher, ils osent dire (p. 49) : « que les ordres sacrés sont une occasion de pécher, et que puisque l'Église y engage ainsi les prêtres, c'est une preuve qu'on n'est pas obligé de renoncer à une profession où l'on court risque d'offenser souvent Dieu et de se perdre? » Que ne diroit-on point contre des hérétiques qui parleroient de cette sorte? Et que peut-on penser de voir des prêtres écrire en ces termes sur le sujet d'un sacrement par lequel les hommes sont élevés à la plus haute dignité où ils puissent arriver en cette vie, et qui les unit à Jésus-Christ pour être participans de sa puissance sacerdotale, et pour ne pas être seulement les plus chastes des hommes, mais encore le soutien de la chasteté du reste des hommes, et un exemple de pureté pour toutes sortes de conditions, et pour les religieux mêmes?

Car s'ils parlent des prêtres bien appelés, c'est une fausseté horrible et une injure insupportable au sacrement de l'ordre, de dire que l'obligation au célibat leur soit une occasion prochaine de pécher : au lieu que ce sacrement même leur communique une grâce toute particulière pour vivre dans une pureté digne d'un état si sublime. Et s'ils parlent des prêtres mal appelés, et qui s'ingèrent dans ce ministère sans avoir consulté Dieu et éprouvé leurs forces, c'est encore une aussi grande fausseté de dire que l'Église les y engage, ou qu'elle approuve en aucune sorte que ceux qui se sentiroient dans cette foiblesse, s'exposent à un aussi grand sacrilége qu'est la profanation d'un ministère si divin, par une vie impure et souillée de crimes.

Mais il n'y a rien de si saint que ces nouveaux auteurs ne profanent de cette sorte; et quand on a vu en quels termes ils osent parler des sacremens de pénitence et d'eucharistie, on a un juste sujet de rendre grâces à Dieu de tout ce que les pasteurs font aujourd'hui contre ces impiétés, puisqu'on voit assez que l'Église étoit par là attaquée au cœur, et que la plaie qu'on lui faisoit fût devenue bientôt incurable. Certainement on ne peut avoir assez d'horreur de la manière toute profane dont ils portent à user des sacremens sans changement de vie, sans amour de Dieu et sans regret de ses péchés, sinon pour le mal temporel qu'on en ressent. On n'a qu'à voir sur ce sujet les extraits qui sont publiés de ce livre, ou le livre même; et on dira sans doute après cela qu'il étoit temps ou jamais qu'il se fît une opposition générale à la faction générale qu'on avoit faite au milieu de l'Église, pour la destruction de tout ce qu'elle a de plus saint et de plus inviolable.

Nous n'aurions jamais fait si nous voulions rapporter toutes les prises que ces casuistes donnent aux hérétiques, soit par le mépris qu'ils font des pasteurs de l'Église, lesquels ils outragent injurieusement dans cette *Apologie;* soit par la manière dont ils déchirent des maisons de vierges religieuses, dont ils parlent comme d'un sérail; soit par les abus et les faussetés qu'ils mêlent à leurs indulgences, comme nous les en avons convaincus en cette ville; soit par tout le reste de leurs actions et de leur conduite, qui est telle qu'on ne peut avoir trop de zèle pour les réprimer, et qu'on a bien sujet de dire avec MM. les curés de Paris, nos confrères, que l'Église s'est vue dangereusement attaquée et au dehors et au dedans, c'est-à-dire, tant par les hérétiques qui veulent abolir les sacremens, qui sont les canaux de la grâce, que par les faux casuistes, qui portent à profaner les sacremens; en sorte qu'on n'y trouve que sa condamnation: et qu'ainsi il n'y a nul salut à espérer, ni en suivant le schisme hérétique des uns, ni en suivant les méchantes doctrines des autres.

C'est ce que nous sommes obligés en conscience de publier de notre part, et de crier incessamment que l'on se garde de ce levain contagieux, qui infecteroit la masse entière des meilleures actions. Et si ce que nous disons ne sert pas à ramener ces personnes égarées, nous espérons qu'il servira à empêcher que nos peuples ne se laissent égarer avec eux, et à porter les puissances de l'Église à interposer l'autorité que Dieu leur a donnée à cette fin : pour le moins cela servira à notre décharge, et à la satisfaction du devoir que Dieu nous a imposé, d'instruire nos peuples de la sainte et salutaire doctrine de l'Évangile, et de ne pas souffrir qu'on leur en donne une fausse, pernicieuse, abominable, pire en une infinité de points, que celle non-seulement des hérétiques, mais encore des païens et des Turcs, étant certain que l'Alcoran défend et l'homicide, et la vengeance, et le vol, et la calomnie, que ces misérables casuistes permettent. De sorte que comme Jésus-Christ, parlant des excès des juifs et des pharisiens, qui, ayant ouï sa parole, suivoient néanmoins leurs traditions humaines, dit d'eux qu'ils seront jugés non pas par lui-même, ni par ceux qui ont été envoyés avec autorité de sa part, comme Moïse et les prophètes, mais par des personnes étrangères, et qui n'étoient pas du peuple de Dieu : ainsi on peut dire que pour condamner ces maximes détestables, « qu'on n'est pas obligé d'aimer Dieu; qu'on peut tuer son prochain par la lumière naturelle de sa raison; et qu'on peut le calomnier sans crime s'il médit de nous; » il ne sera pas nécessaire que la parole de Dieu, qui doit juger le commun des chrétiens, se présente; elle est trop disproportionnée à leurs égaremens; mais que Mahomet et les infidèles, ennemis de Jésus-Christ et de sa croix, s'élèveront en jugement, et condamneront, par la seule raison humaine, les sentimens que ces auteurs ont voulu nous donner pour être conformes à la religion chrétienne, de laquelle ils sont les ministres. C'est ce qui rend leurs excès si dangereux; car si ceux qui parlent de cette sorte faisoient profession publique de libertinage, il y auroit peu à craindre qu'on prît croyance en eux; mais que des gens qui font profession de piété et de science publient de telles doctrines, c'est en cela qu'est le péril. Et c'est en effet ce qui auroit pu corrompre une infinité de monde, si on n'eût pas vu en même temps des personnes bien plus autorisées, et par leur réputation, et par leur dignité, les confondre et les condamner. Mais grâces à Dieu il ne reste plus aujourd'hui aucun prétexte de suivre leur lâche et pernicieuse conduite, après qu'elle a été publiquement décriée et condamnée, et par les prélats, et par les docteurs, et par tous les pasteurs ordinaires; après que ceux de Rouen, qui ont commencé glorieusement cette poursuite, ont été admirablement soutenus par ceux de Paris, qui ont été suivis incontinent de ceux de tant de diocèses; après que trois cents curés du diocèse de Beauvais ont signé la requête où ils en demandent la condamnation; après que M. l'évêque d'Orléans en a depuis peu fait publier sa censure dans toutes ses paroisses; après que la Sorbonne (qui ne peut leur être suspecte) l'a censurée, et qu'on voit les ministres de l'Église s'élever de tous côtés pour la purifier de ce venin que le démon y avoit jeté pour la corrompre.

Nous nous trouvons bien heureux d'être au nombre de ceux qui travaillent à un dessein si glorieux à l'Église. Nous demandons à Dieu la grâce de nous y soutenir, et d'incliner les cœurs des peuples qu'il a commis à notre garde, à éviter ces corruptions, et à préférer les lumières de l'Évangile aux ténèbres de l'esprit humain.

A Nevers, le 15 juillet 1658.

FACTUM

Pour les curés d'Amiens, présenté à M. leur évêque étant en son hôtel épiscopal de Montiers, le 27 juillet 1658, contenant les raisons qu'ils ont eues de lui demander la condamnation des erreurs enseignées par l'Apologie des casuistes, et dictées par trois professeurs jésuites dans le collége de la même ville.

Lorsque MM. les curés de Paris et de Rouen, nos confrères, se sont élevés publiquement contre l'*Apologie pour les casuistes*, et qu'ils ont entrepris de faire condamner un livre qui sera le déshonneur éternel de notre siècle, nous avons cru qu'il suffisoit de demander à Dieu l'abondance de ses lumières et la force de son esprit, pour ces généreux défenseurs de la morale chrétienne. Comme ils combattent pour nous, en prenant les armes pour toute l'Église, nous avons tâché de ne pas être d'inutiles spectateurs de cette guerre spirituelle, dont le succès est de la dernière importance; et nous aurions manqué à nous-mêmes, si nous n'avions accompagné leurs travaux de nos souhaits et de nos vœux.

Mais, outre ces devoirs généraux dont nous ne pouvions nous dispenser en qualité de prêtres et de pasteurs, nous sommes maintenant réduits à une pressante nécessité de rompre notre silence. Car l'embrasement funeste qui menaçoit toute l'Église, est passé jusqu'à nous; et nous nous rendrions coupables devant Dieu et devant les hommes, si nous n'élevions nos voix pour demander du secours, et si nous ne cherchions nous-mêmes de l'eau pour éteindre cet incendie. Les plus grands excès de l'*Apologie des casuistes* s'enseignent publiquement par les jésuites dans leur collége de cette ville. Les plaintes qu'on en a portées depuis deux ans devant plusieurs tribunaux ecclésiastiques, n'ont pas empêché le P. Poignant d'établir, dans ses leçons de théologie morale, les plus dangereuses erreurs dont on tâchoit de procurer la censure. Pendant la dernière assemblée générale du clergé de France, il dictoit hautement à ses disciples les plus horribles propositions dont on accusoit ses confrères; et pour insulter à l'autorité des prélats, il enchérissoit en plusieurs points sur les plus étranges relâchemens des casuistes les plus corrompus.

Nous étions en disposition de nous plaindre d'une hardiesse si insupportable, aussitôt que nous en eûmes quelque connoissance; et nous l'aurions fait dès ce temps-là, si ces pères n'avoient employé toutes sortes d'artifices, pour nous ôter les moyens de les convaincre. Mais comme ils exercent une domination absolue sur leurs disciples, ils ont fait tous leurs efforts pour retirer de leurs mains les écrits qu'ils avoient dictés, et pour empêcher ces ouvrages de ténèbres d'être confondus par la présence de la lumière. Ils voyoient que l'*Apologie des casuistes* étoit détestée par toutes les personnes raisonnables; et dans la plupart des conversations l'instinct de notre religion, et les principes du christianisme, obligeoient quelques-uns de leurs amis à leur reprocher l'énormité de l'excès que leurs confrères sont accusés d'avoir commis, par la publication d'un livre si scandaleux et si infâme. On les condamnoit sans y penser, en la personne de leurs confrères, dont ils suivoient les égaremens dans leurs leçons; et pour se défendre sous le nom de leurs complices, ils disoient partout qu'il ne s'agit en cela que des mœurs, et non pas de la foi; tâchant par là de donner au peuple cette fausse idée, qu'on ne doit se mettre en peine que des opinions qui sont contre l'intégrité de la foi, et non pas de celles qui ne sont que contre la pureté de la morale.

Enfin toutes leurs précautions politiques ont été vaines, et ces écrits monstrueux nous étant tombés entre les mains, nous avons cru qu'il n'étoit plus temps de nous taire, puisque la providence de Dieu nous obligeoit à la défense de sa vérité, que ces pères veulent opprimer par la conspiration universelle d'une société si puissante et si nombreuse.

Comme les prêtres qui travaillent dans nos paroisses, pour y administrer les sacremens, ont souvent écouté ces maîtres, et assisté aux leçons qu'ils leur ont faites dans la chaire de pestilence, nous avons sujet de craindre que ce venin ne se communique jusqu'au cœur de nos paroissiens, et qu'il ne corrompe des âmes dont le souverain Pasteur nous a confié la conduite. Nous savons de plus avec quel empressement ces pères assiégent les riches et les puissans du siècle, pour leur imprimer ces maximes abominables. Nous ne connoissons que trop, par une continuelle expérience, le soin qu'ils prennent de s'insinuer chez les personnes qualifiées, pour les assister dans leurs maladies, sans même y être mandés. Enfin nous croirions participer à tous leurs excès, si nous n'arrêtions, autant qu'il nous est possible, le cours de cette doctrine pernicieuse, qui flatte si agréablement la cupidité des hommes.

C'est ce qui nous a contraints d'implorer la justice de M. d'Amiens, qui s'étant déclaré si hautement, en tant d'occasions, contre l'*Apologie des casuistes*, ne souffrira pas sans doute que l'on enseigne impunément dans sa ville, et en sa présence, des dogmes qui ne tendent qu'au renversement général des vérités de l'Évangile. Nous lui avons porté nos justes plaintes par une requête que nous lui avons présentée, et nous y avons joint un extrait des plus grossières erreurs que nous avions remarquées dans les écrits du P. Poignant : ceux du P. Simon de Lessau, qui avoit occupé ici devant lui la chaire de théologie morale, et ceux du P. Longuet, prédécesseur immédiat du P. de Lessau dans la profession des cas de conscience à Amiens, ne nous étant tombés entre les mains que depuis fort peu de jours.

Après avoir conféré ces écrits l'un avec l'autre, nous avons remarqué, plus que jamais, que les erreurs de ces pères sont une conspiration; qu'ayant partout les mêmes sentimens, ils parlent aussi partout le même langage; qu'ils sont de concert pour donner des inventions de commettre innocemment toutes sortes de simonies et d'usures; qu'ils autorisent également en tous lieux les occasions prochaines du péché, comme des engagemens innocens; qu'ici comme ailleurs ils permettent le larcin et l'homicide; et qu'ils ne se sont jamais expliqués plus nettement qu'en cette ville sur le sujet de leur doctrine de la probabilité, qui est le principe le plus ruineux dont on puisse se servir pour renverser la solidité de toute la doctrine chrétienne. Que s'il suffit d'avoir des yeux pour être pleinement convaincu de la conformité de leurs erreurs, aussi est-ce assez d'avoir les premières teintures de la religion, pour avouer qu'il n'y a rien de plus opposé à ces principes, ni de plus digne d'être réprimé par les anathèmes de l'Église, que cette malheureuse excuse qu'ils allèguent, en prétendant que cette contestation est une chose de peu de conséquence, puisqu'il ne s'y agit pas de la foi, mais seulement de la morale.

Certes nous n'ignorons pas, et le rang que nous tenons dans l'Église nous oblige de le prêcher au peuple, qu'il n'y a pas de justice chrétienne dont la foi ne soit le principe, puisqu'elle est la vie du juste, et que sans elle il est impossible de plaire à Dieu. Mais il n'y a point de catholique qui ne soit obligé de savoir que cette foi doit agir par charité, et que tant s'en faut qu'il faille lui attribuer, et non pas à la charité et aux bonnes œuvres, la dernière fin de notre justification; qu'au contraire la foi n'en est que le moyen, et la charité et les bonnes œuvres en sont la fin : la foi et la grâce même n'étant données que pour nous faire vivre d'une vie sainte. Qui peut donc souffrir que des hommes de cette condition entreprennent de diviser Jésus-Christ, qui s'est appelé lui-même la Vérité, et qu'ils aient la hardiesse de vouloir se justifier par cette maxime détestable, que les seules questions de la foi des mystères sont d'importance dans l'Église, et que les nouveautés qui tendent à la corruption de la doctrine des mœurs, ne sont nullement considérables? Qui peut souffrir que l'on se contente de dire que c'est une horrible cruauté de crever les yeux des fidèles, en leur faisant perdre la foi par l'hérésie, et que l'on soutienne en même temps que c'est presque une action indifférente de corrompre le cœur des chrétiens par le poison mortel d'une morale pernicieuse? Enfin, qui peut souffrir qu'au lieu que le Fils de Dieu, en venant au monde, a voulu faire autant d'images vivantes de sa divinité sainte, qu'il devoit avoir d'adorateurs et de disciples, il ne tienne pas à ceux qui font gloire de porter son nom, que les chrétiens ne deviennent semblables aux démons qui croient et tremblent, comme dit l'apôtre saint Jacques? étant certain que toute la doctrine et toute la foi sans les œuvres est morte, et ne sert qu'à nous rendre plus coupables.

Notre divin Maître, qui n'a enseigné aux hommes que la doctrine qu'il a tirée de toute éternité du sein adorable de son Père, n'est pas seulement l'auteur et le consommateur de la foi, selon la parole de l'apôtre des nations; mais il est aussi le principe et le modèle de la sainteté de ses membres. Il s'est fait voir sur la terre plein de grâce et de vérité, pour ruiner la tyrannie du diable, qui régnoit dans toute l'étendue de la terre, ou par les ténèbres de l'idolâtrie, ou par le déluge de toutes sortes de vices. Ce docteur céleste n'a commencé à ouvrir la bouche, après un silence de trente ans, que pour rétablir d'abord la véritable morale, qui est comprise dans le merveilleux sermon qu'il a fait sur la montagne. Et quoique le témoignage qu'il a rendu depuis ce temps-là à sa divinité, ait été la cause de sa mort sanglante, néanmoins il a voulu commencer son ministère par la prédication de la pénitence, et par un discours qui renferme l'intelligence de la loi et la doctrine des mœurs, que la malice des hommes et la subtilité des pharisiens avoient obscurcie. Quand il a voulu donner des règles pour connoître ceux qui sont à lui, il nous avertit d'en considérer les œuvres : un bon arbre ne pouvant produire de mauvais fruits, comme un mauvais arbre n'en peut produire de bons. Quand il parle de ce jugement dernier, qui sera le jour de sa gloire, et la décision terrible de la félicité éternelle, ou du malheur de tous les hommes, il déclare qu'il se fera sur les œuvres. Et pour nous servir de la réflexion de saint Augustin, le même Jésus-Christ qui a dit dans l'Évangile : « Celui qui n'aura pas reçu une seconde naissance de l'eau et de l'esprit, n'entrera pas dans le royaume des cieux, » a aussi dit dans l'Évangile : « Si votre justice n'est plus grande que celle des scribes et des pharisiens, vous n'entrerez pas dans le royaume des cieux. »

N'est-ce donc pas un attentat inouï, de vouloir séparer deux choses que le Sauveur de tous les hommes a unies si étroitement? Et quel véritable zèle peut-on avoir pour les vérités de la foi, quand on a une si malheureuse indifférence pour celles de la morale?

Aussi ses apôtres, qui avoient été instruits dans son école et dans celle de son esprit saint, n'ont jamais fait cette nouvelle distinction. Ils ont également prêché les maximes de la foi et celles de la justice chrétienne; et ils ont été obligés de combattre en même temps contre l'orgueil de la sagesse du monde et contre la corruption universelle des hommes sensuels et voluptueux. Mais comme leur divin Maître ne leur avoit enseigné que ce qu'il avoit puisé du sein de son Père, aussi ont-ils fait profession de ne rien avancer d'eux-mêmes, et de prêcher les dogmes de son Évangile dans toute son étendue. Et celui d'entre eux qui a travaillé plus que tous les autres pour l'établissement de l'empire spirituel, est si éloigné d'inventer des nouveautés, qu'au contraire il déclare hautement, en écrivant aux Galates, que si un ange descendoit du ciel, et leur enseignoit le contraire de ce qu'il leur a prêché; ou que si lui-même venoit leur prêcher une doctrine différente de celle qu'ils ont reçue par son ministère, il les oblige de l'avoir en exécration, et de le tenir pour anathème. Ce qui porte Vincent de Lérins à tirer cette juste conclusion, que comme d'un côté il n'a jamais été permis à ceux qui sont chrétiens et catholiques, qu'il ne l'est en nulle rencontre et ne le sera jamais, de rien enseigner de contraire aux choses qu'ils ont apprises : aussi, d'une autre part, il a toujours été nécessaire, il l'est encore en toutes occasions, et il le sera toujours à l'avenir, de prononcer anathème contre ceux qui enseignent quelque chose de contraire à celles qu'ils ont apprises.

Si cela est, comme c'est un principe indubitable, quelle horreur ne doit-on pas avoir du principe ruineux de ces personnes qui veulent soutenir une infinité d'erreurs par cette erreur capitale? Où ont-ils appris que l'on peut corrompre toute la morale, sans blesser la religion? Est-ce dans l'école du Saint des saints, qui ne donne point d'autre modèle de perfection à ses disciples que celle de son Père céleste? Est-ce dans les épîtres des apôtres, qui sont les règles inviolables de la pureté des mœurs, comme elles sont les premiers commentaires de l'Évangile? Est-ce dans la conduite de l'Église, qui ne s'est pas moins opposée au relâchement et à la dépravation des mœurs, qu'elle a toujours eu de zèle pour conserver l'autorité des oracles de la foi? Ne voit-on pas que cette mère des fidèles ne s'est pas moins élevée contre les hérétiques, qui ont voulu empoisonner la source des bonnes œuvres, en autorisant des actions criminelles et abominables, pour attirer des sectateurs par le charme de la volupté; qu'elle s'est animée contre ceux qui ont voulu substituer leurs imaginations et leurs songes en la place des articles fondamentaux de notre religion? Quand elle a condamné les gnostiques, les manichéens, les priscillianistes, et une infinité d'autres monstres que l'enfer a fait sortir de temps en temps du plus profond de son abîme, ne s'est-elle déclarée que contre les nouveautés spéculatives de ces esprits déréglés? et s'est-elle tenue dans le silence sur le sujet des impuretés et des abominations dont ils vouloient faire des règles et des principes?

Certes, ces pères, qui veulent éblouir les esprits simples par ces vaines distinctions de questions de la foi et de la morale, continuent de plus en plus à faire voir qu'ils ne se mettent nullement en peine de se conduire par l'exemple des saints Pères de l'Église; car s'ils les avoient choisis pour leurs conducteurs et pour leurs maîtres, ils ne seroient pas tombés dans un si funeste égarement; et saint Bernard seul suffiroit pour leur apprendre que ceux qui aiment sincèrement Jésus-Christ, ne s'excitent pas d'un moindre zèle contre les nouveautés qui tendent à détruire l'innocence de ses membres, que contre celles qui vont à ruiner les fondemens de la foi. Ce saint abbé, le rare ornement de notre France et de son siècle, ne se fût pas armé avec tant de force et tant de ferveur d'esprit contre Abélard, s'il n'eût considéré que les vaines subtilités de ce philosophe n'étoient pas moins funestes aux mœurs des chrétiens, qu'elles étoient préjudiciables aux vérités primitives de la foi que l'Église garde en dépôt. Que n'a-t-il pas écrit sur ce sujet au pape Innocent II? Plût à Dieu que les défenseurs de l'*Apologie* y eussent fait une réflexion sérieuse! « Ses livres, disoit saint Bernard, continuant de parler d'Abélard, volent maintenant de tous côtés; on fait avaler à tout le monde du poison au lieu de miel; ou plutôt on le présente à boire dans du miel. On forge un nouvel Évangile pour les peuples et les nations : on propose une foi nouvelle : on établit un autre fondement que celui qui a été établi : on ne parle pas des vertus et des vices selon la morale chrétienne, ni des sacremens de l'Église selon la foi catholique, ni des secrets de la sainte Trinité selon la simplicité et la retenue des anciens; mais on altère toute la doctrine : on en fait une nouvelle et différente de celle que nous avons reçue par la tradition de nos ancêtres. »

N'est-il pas visible, par ces paroles de saint Bernard, qu'il étoit aussi vivement touché des nouveautés qu'Abélard vouloit introduire dans la morale chrétienne, que de ses rêveries et de ses erreurs sur le mystère de la sainte Trinité? Il commence même par les désordres de ce sophiste sur la matière de la morale, plutôt que par ses égaremens sur ses questions de la sainte Trinité, parce que toutes sortes de personnes étoient capables de se corrompre facilement par la doctrine des choses qu'il enseignoit touchant les mœurs et les sacremens; au lieu qu'il n'y avoit que les curieux et les doctes qui pouvoient se laisser surprendre par les nouveautés qu'il avançoit sur le plus incompréhensible de tous nos mystères. Et cela seul ne nous fait-il pas assez paroître que, quand Abélard n'auroit jamais été répréhensible sur les matières de la foi, comme il l'étoit au jugement de saint Bernard, ce saint n'auroit pas laissé de se déclarer contre lui avec toute la générosité chrétienne et ecclésiastique, dont on voit encore dans ses lettres des étincelles si vives et si embrasées? Que ne diroit-il donc pas maintenant, s'il voyoit une corruption si publique dans tout le corps de la morale, une destruction si téméraire de l'Évangile du Fils de Dieu; une justification si insolente de toutes les iniquités des hommes, une manière si criminelle de soutenir les plus grands excès par un principe si dangereux?

Aussi tant s'en faut qu'il soit vrai qu'une erreur ne soit considérable que quand elle est contre la foi, que c'est au contraire une grande erreur contre la foi de dire qu'il n'y ait que celles-là de considérables; si ce n'est peut-être que l'on puisse détruire tout le Décalogue sans blesser la religion; et que ce ne soit pas une entreprise contre la foi que de vouloir anéantir, par des ouvrages de cette nature, toute l'autorité des livres saints.

L'Écriture sainte, selon la remarque très-solide et très-spirituelle de saint Augustin, ne commande que la charité et ne blâme que la cupidité; et c'est la manière dont elle se sert pour former les mœurs des hommes : « Non præcipit Scriptura, nisi charitatem; nec culpat, nisi « cupiditatem; et eo modo informat mores hominum. » Mais, comme si les oracles du Saint-Esprit devoient céder aux rêveries de ces écrivains modernes, on soutient publiquement un livre qui n'a été écrit que pour dispenser les hommes des effets de la charité, et pour flatter la cupidité des pécheurs en leur promettant toute sorte d'impunité dans la recherche criminelle des biens temporels, des honneurs et des plaisirs. N'est-ce donc pas une chose insupportable que ceux qui avouent avec tout le reste des catholiques que c'est un attentat contre la foi et contre la religion d'altérer ou de corrompre l'Écriture dans le moindre article, soient assez aveugles et assez téméraires pour vouloir dire que l'on puisse innocemment prescrire aux hommes des règles trompeuses, qui ruinent toute la fin et tout le corps des Écritures, en autorisant la cupidité qui est condamnée par ce livre auguste et adorable, dont il n'y a que Dieu seul qui soit l'auteur?

Quoi donc! ce n'est pas blesser la religion que d'enseigner comme a fait le P. Longuet en cette ville, imité en cela par son successeur le P. de Lessau : « Qu'il est permis de tuer pour défendre son honneur et se garantir de l'infamie. Qu'un gentilhomme, pour s'empêcher d'avoir des coups de bâton, peut tuer son ennemi, s'il ne peut s'en défendre d'une autre manière, parce que cela est infâme à un gentilhomme. Que si un homme, étant attaqué par un autre, ne peut fuir sans déshonneur, il n'y est pas obligé; et que, s'il ne peut éviter d'être blessé, il peut tuer celui de qui il est sur le point de recevoir une blessure. Qu'enfin il est permis de tuer pour la conservation de son bien. »

Si ce que ces deux jésuites enseignent ne peut être ouï sans horreur par des oreilles chrétiennes, que deviendra cette parole de Jésus-Christ, qui oblige ses disciples d'être dans cette préparation de cœur, que « si on leur donne un soufflet sur la joue droite, ils présenteront encore la gauche? » Et ne faut-il pas effacer des œuvres de saint Grégoire de Nazianze cette généreuse et charitable expression, que si un chrétien avoit une troisième joue il la présenteroit encore très-volontiers pour enseigner la patience à celui qui lui feroit cet outrage, et pour lui persuader par ses actions ce qu'il ne pourroit pas lui apprendre par ses paroles? N'est-il pas étrange qu'après que notre divin Sauveur nous a obligés, dans l'Évangile, à cette préparation de cœur, de donner notre manteau à celui qui nous fait un procès pour nous ôter notre robe, le P. de Lessau ait osé avancer cette proposition : « qu'il est permis de tuer un voleur pour la défense de son propre bien, si ce bien est une chose de grande importance, et qu'il n'y ait pas d'apparence probable de pouvoir le recouvrer autrement? »

Notre roi très-chrétien n'a-t-il pas armé son autorité royale pour la défense de la religion, aussi bien que pour la conservation de son État, quand il a renouvelé la sévérité de ses ordonnances contre la manie des duels, qui sont autant de sacrifices sanglans que les hommes vindicatifs et superbes offrent au démon? Et M. d'Amiens n'en a-t-il pas jugé le crime si abominable, qu'il a réservé à sa seule personne d'en absoudre? nonobstant tout cela, les PP. Longuet et de Lessau n'ont-ils pas flatté la passion de ces malheureux gladiateurs, en enseignant : « qu'un homme qui est injustement attaqué peut tuer son ennemi en duel, et qu'il est permis d'offrir ou d'accepter le duel quand il est absolument nécessaire pour conserver ou pour recouvrer des biens de grande importance? » Et, quoique la justice des édits du roi condamne aussi bien les rencontres préméditées que les combats singuliers qui se font avec une conspiration réciproque, néanmoins le P. de Lessau prescrit lui-même ces malheureuses défaites et ces vaines palliations. « On peut, dit-il, refuser le duel sans perdre l'honneur, 1° si celui qui est attaqué répond en ces termes : « Je ne veux rien faire contre les édits du roi et « contre les commandemens de l'Église; mais si vous m'attaquez devant « tout le monde et sans trahison, vous trouverez que je suis homme de « cœur; » 2° Si ce même homme à qui on présente le cartel répond : « Je me mettrai demain en chemin, et passerai par tel lieu; que si vous « m'y rencontrez, je ne me détournerai pas de mon chemin pour vous. »

La religion n'a-t-elle rien à souffrir quand des auteurs marquent les moyens de commettre la simonie en sûreté de conscience? Hé! qui a jamais été plus hardi pour autoriser ce crime que le P. Longuet, et le P. Poignant, son successeur?

Le P. Longuet a enseigné dans ses écrits « que ce n'est pas un péché de simonie de donner un office spirituel, lorsqu'on a pour principale intention d'en tirer quelque profit; parce que l'on suppose qu'on ne regarde point ce profit comme un prix fait; ce qui est, dit-il, nécessaire pour commettre une simonie. » Il a établi en général ce faux principe : « que toute sorte de don d'une chose sacrée pour une temporelle n'est pas simonie; mais que ce nom ne doit être donné qu'au don que l'on fait d'une chose temporelle pour une spirituelle par manière de prix, de pacte et de récompense. » Et il a même ajouté : « que toute sorte de condition, même par manière de convention et de pacte, ne fait pas la simonie; mais qu'une condition, pour être simoniaque, doit tenir lieu de prix et de récompense, et apporter avec elle une nouvelle charge et une obligation qui tienne de la justice commutative. »

Le P. de Lessau s'est servi de la même invention pour autoriser le trafic des choses saintes, et les ecclésiastiques qui ont étudié sous lui ont appris dans son école cette subtile et solide distinction : « que ceux qui vendent des reliques et les exposent pour en tirer quelque profit, de telle sorte qu'ils ont pour but et pour intention ce profit, en le considérant comme prix d'une chose spirituelle, commettent un grand péché; mais qu'il n'y a pas d'offense d'avoir l'intention de ce profit, en le regardant comme une chose qui est due pour l'entretien et la subsistance temporelle ou en qualité d'aumône. »

Mais le P. Poignant, qui est monté après eux dans la chaire de théologie morale, n'a pas voulu dégénérer de la hardiesse de ses deux pré décesseurs, et il a dicté à ses disciples: « qu'il est de la nature de la simonie que l'on égale en valeur une chose temporelle avec une spirituelle; que ce n'est pas simonie de donner une chose temporelle pour une spirituelle par quelque motif que ce puisse être, pourvu que ce ne soit pas comme un prix de cette même chose spirituelle; que, pourvu qu'un homme ait quelque motif honnête, il ne commet pas de simonie, quoiqu'en donnant de l'argent il ait pour intention immédiate et prochaine de recevoir un bénéfice, voire même que cette vue soit sa principale intention, pourvu qu'il n'y ajoute pas celle de donner cet argent comme un prix: que ce n'est pas un péché de simonie d'exprimer, en donnant quelque chose de temporel, le désir que l'on a que celui à qui on fait ce présent témoigne sa reconnoissance en donnant quelque autre chose spirituelle, pourvu que l'on ait précisément l'intention que cette personne s'acquitte de l'obligation qu'elle a de faire un don pour un autre.»

La religion chrétienne étant une confirmation du *Décalogue*, elle établit l'autorité paternelle, et commande à tous les enfans de rendre aux auteurs de leur naissance l'honneur et l'obéissance qui leur sont dus. Mais le P. de Lessau est un nouveau législateur, qui abolit tout d'un coup les plus étroites obligations de la loi de la nature et de celle de Jésus-Christ. Car, pour flatter la révolte et la dureté des enfans, il soutient: « qu'un père ne peut pas obliger son fils de le servir et de demeurer avec lui. »

Ce n'est pas dans l'école de ce père que la sanctification des fêtes consiste en partie à s'abstenir des œuvres serviles, puisqu'il déclare : « que ceux-là ne pèchent point, qui, aux jours des fêtes solennelles, travaillent toute la nuit jusqu'à six heures, voire même jusqu'à neuf du matin, pour faire des habits et des souliers dont on a besoin, lorsqu'ils n'ont pu les achever le jour précédent. »

Ce jésuite fait presque un jeu de la récitation de l'office, et il veut qu'une occupation temporelle soit une raison légitime à un ecclésiastique pour pouvoir s'en dispenser. « Un prêtre, dit-il, qui est occupé en des affaires publiques, même séculières, de grande importance, est excusé de l'office qu'il seroit obligé de réciter, s'il ne peut le faire commodément et sans quelque préjudice. » Et, sans avoir même recours à ces excuses particulières, il décharge de l'obligation de restituer, tous les ecclésiastiques qui ne veulent pas se donner la peine de prier Dieu. Voici ses paroles : « Les bénéficiers qui ne récitent pas leur office ne sont pas tenus à la restitution des fruits par la nature de la chose et en vertu de leurs bénéfices, parce que ni l'Église ni les fondateurs n'ont aucun droit sur cela. Les fondateurs n'en ont point, puisqu'une seule récitation de la prière du Seigneur est plus que suffisante pour s'acquitter envers eux de tout le droit qu'ils pourroient s'attribuer: cette prière ne pouvant entrer en compensation avec nul prix temporel. L'Église n'a pas aussi ce droit, quand même elle donneroit ce bénéfice à condition que l'on réciteroit l'office, parce qu'il n'y a point d'égalité entre l'office, qui n'est pas une chose que l'on puisse estimer à prix d'argent, et le prix du même office. » Ceux qui ont ces sentimens ne se jouent-ils pas de la piété et de la religion des fidèles?

Comme la charité est l'âme de la religion et la fin des commandemens de Dieu, n'est-il pas visible que cette divine vertu est ruinée par l'usure, qui est en même temps la destruction de l'humanité et de la justice? Mais si on en croit le P. Longuet, l'usure n'est plus un péché que pour ceux qui ne savent pas dresser leurs intentions. Car, selon lui, « il est permis de tirer profit de quelque prêt par le moyen de la bienveillance et de la gratitude; et on peut, en cette rencontre, avoir ce motif devant ses yeux, non-seulement comme une seconde fin et un accessoire, mais comme la première et principale fin de son action. Il est aussi permis de recevoir effectivement cette sorte de profit. Un homme peut prêter à un autre, à condition qu'il achètera en sa boutique, qu'il moudra à son moulin, ou qu'il lui rendra quelque autre service, s'il est pressé de le faire par le droit de la bienveillance et de l'amitié. Je ne commets pas d'usure, si je vous fais quelque prêt, à condition que vous donnerez un office temporel, ou à moi, ou à quelque autre personne, par un motif d'amitié, selon le pacte que nous en avons fait l'un avec l'autre. La compensation d'un prêt qui se fait par quelque service temporel, que l'on peut estimer à prix d'argent, n'est pas usure, si ce n'est que cet argent se donne par une espèce d'échange pour satisfaire à la justice commutative. Ce n'est ni usure ni simonie, si je vous prête de l'argent, à condition que vous me donnerez un bénéfice ecclésiastique par un pacte et un traité d'amitié. Quand il y a danger de perdre le sort principal, il est permis d'exiger quelque chose au delà de sa juste valeur. Il est permis de tirer profit d'un prêt, à raison de quelque peine dont on est convenu: par exemple, si au bout d'un certain temps limité, vous ne me rendez pas ce que je vous prête, vous me payerez une certaine somme d'argent, qui vous tiendra lieu de peine; ou, si au bout d'un temps préfix vous ne me rendez pas ce que je vous ai prêté, après cela vous m'en payerez l'intérêt. » Ce sont les palliations de ce père pour couvrir l'usure, ou plutôt les subtilités qu'il invente pour l'anéantir, en l'introduisant comme une pratique innocente dans le commerce du monde.

Ceux qui justifient le larcin ne sont-ils pas ennemis de la religion chrétienne, aussi bien que perturbateurs de la société civile? Et n'est-ce pas ce que fait le P. Longuet, quand il permet aux enfans de dérober le bien de leurs pères, en enseignant : « que si les enfans sont grands, et qu'ayant travaillé pour leurs parens, ou aux champs, ou en leurs boutiques, ils n'en reçoivent pas la satisfaction qui leur est due, après avoir déduit la dépense que font leurs parens pour les nourrir, ils peuvent, à raison de leur travail et de leur industrie, prendre autant de leur argent qu'ils en donneroient à une personne étrangère? » Pouvoit-il porter plus loin cette dangereuse maxime qu'en disant : « que si les enfans, après avoir souvent prié et sollicité leurs parens de leur donner de quoi se divertir, ne peuvent rien gagner sur eux, il leur est permis d'en prendre en cachette autant que la coutume le souffre, et selon leur condition? » Enfin pouvoit-il favoriser plus clairement la mauvaise foi qu'en enseignant : « que ceux qui font banqueroute ne sont pas obligés à restitution; qu'en ces rencontres ils peuvent garder pour eux-mêmes et pour les leurs les choses qui leur sont nécessaires pour conserver leur état avec quelque sorte de modération; que leurs femmes et leurs enfans peuvent faire la même chose, et ne sont pas obligés à restituer avec une si grande perte? »

Le P. de Lessau étoit revêtu de son esprit, quand il a pris sa place pour prononcer les mêmes oracles du haut de sa chaire. Car il a dit nettement : « que les enfans ne sont pas obligés à la restitution du bien qu'ils ont pris à leurs pères et à leurs mères, lorsqu'ils jugent de bonne foi que leurs pères et leurs mères le leur donneroient s'ils avoient la hardiesse de le leur demander. » Il a établi pour principe : « qu'une femme peut, comme il lui plaît, faire des aumônes et des dons, quelque défense que lui en fasse son mari, quand la coutume est telle parmi les autres personnes de son état; qu'il est de l'honnêteté de sa subsistance qu'elle puisse faire les aumônes que les autres ont accoutumé de faire, et qu'elle peut faire de la dépense pour jouer, se divertir et se parer. » Enfin il a enseigné : « que les domestiques ou autres personnes ne commettent aucun péché s'ils prennent quelque chose à leur maître, en présumant qu'il le veut bien, parce qu'ils se persuadent raisonnablement que leur maître n'en sera pas fâché quand il le saura. » Ce qui est ouvrir la porte à toutes sortes de vols, approuver le libertinage des enfans, l'infidélité des femmes et le larcin des domestiques.

Que si c'est détruire la religion que de ruiner l'amour de Dieu et la pénitence, il semble que les PP. de Lessau et Poignant aient eu ce dessein quand ils ont enseigné l'un après l'autre les mêmes maximes; car le P. de Lessau a avancé : « qu'un homme qui sent sa conscience chargée d'un péché mortel à la mort, est obligé, à la vérité, d'en avoir de la contrition; mais il n'y est tenu qu'en vertu du commandement qui l'oblige de s'aimer soi-même, et non pas en vertu d'aucun amour qu'il doive porter à Dieu. » Ce qui est renverser tous les principes de la justification des pécheurs, détruire le fondement des conversions véritables, ruiner la doctrine du saint concile de Trente, et éteindre la piété des fidèles. Et pour abolir entièrement l'obligation d'aimer Dieu, ce même jésuite assure encore dans ses écrits : « qu'un homme n'est tenu d'aimer Dieu en vertu du premier commandement, ni tous les jours de fête, ni à l'article de la mort, ni lorsqu'il a reçu de Dieu quelque bienfait particulier, ni quand il est obligé de faire un acte de contrition, ni quand il entend blasphémer le nom de Dieu, ni quand il faut souffrir le martyre, ni quand il est parvenu à l'usage de la raison; mais qu'il y est seulement obligé lorsqu'il est pressé de si fortes tentations, qu'il est en danger d'y succomber, s'il ne fait un acte d'amour de Dieu. »

Le P. Poignant, son successeur, l'a secondé dans cette entreprise, qui tend à ruiner d'un même effort le grand commandement de la loi nouvelle et le sacrement de pénitence. Car il dit : « que l'attrition qui suffit avec le sacrement, est la douleur d'un péché que l'on a commis avec résolution de ne plus le commettre à l'avenir; douleur qui procède, à la vérité, d'un motif honnête et surnaturel, mais autre que celui de la charité, qui est Dieu même en tant que souverain bien. » Et pour donner encore une plus grande confiance aux pécheurs impénitens, il ajoute. « qu'un homme qui, sans avoir en lui-même cette attrition, s'approche de bonne foi du sacrement de pénitence, tandis que cette bonne foi subsiste, n'est pas obligé à recommencer sa confession; vu principalement que les péchés qu'il a déclarés dans cette confession, peuvent être remis indirectement par les bonnes confessions qu'il fera ensuite. »

N'est-ce rien faire contre la religion que de permettre aux hommes de demeurer dans les occasions des plus grands crimes, et de dire, comme le P. Poignant a donné pour règle à ses disciples : « qu'un pécheur peut recevoir l'absolution quand même il demeureroit dans l'occasion prochaine du péché, pourvu qu'il y ait une cause notable qui empêche cette séparation, comme le scandale, l'infamie, ou quelque grande incommodité qui pourroit en arriver? » Certes ce père, qui renvoie ses écoliers au P. Bauny pour s'instruire plus au long de cette détestable maxime, devroit lui-même avoir recours aux lumières du christianisme, qui, dans ses premières notions, nous apprend à faire moins d'état de la subsistance temporelle que de la grâce de Dieu, et de la nourriture du corps que du pain de l'âme. « La foi, dit Tertullien (*De idol.*, cap. XII), ne craint pas la faim. Elle se sent obligée de la mépriser pour l'amour de Dieu, aussi bien que tout autre genre de mort. Comme elle a appris à ne pas considérer la vie même, seroit-il possible qu'elle eût égard au vivre et à la subsistance temporelle? « Fides famem non timet. Scit etiam famem non minus sibi contem- « nendam propter Deum, quam omne mortis genus. Didicit non respicere « vitam : quanto magis victum. »

Mais le P. de Lessau, prédécesseur du P. Poignant, avoit sans doute devant les yeux d'autres principes que ceux de la religion et de l'Évangile, quand il soutenoit dans ses écrits : « que les taverniers et cabaretiers ne pèchent pas en donnant du vin à ceux qui viennent chez eux pour s'enivrer, quand ils ne peuvent agir autrement sans se causer à eux-mêmes un notable préjudice, tel que seroit celui d'être abandonnés par leurs hôtes, et de ne rien vendre dans les lieux où l'ivrognerie est un vice ordinaire; qu'ils peuvent servir de la viande aux jours défendus dans les lieux où il y a grand nombre d'hérétiques; qu'il leur est aussi permis, aux jours de jeûne, de donner à manger à tous ceux qui leur en demandent, à quelque heure du jour que ce puisse être; que même ils ne pèchent pas en donnant à souper à ceux qui rompent le jeûne, quand ils pourroient en trouver ailleurs. »

Et au lieu que le Fils de Dieu, qui se nomme la Vérité dans l'Évangile, prononce de si effroyables malédictions contre ceux qui donnent aux autres quelque occasion de péché et de scandale; ce jésuite n'apporte point d'autre règle ni d'autre décision que celle de la coutume pour justifier les personnes dont le diable se sert tous les jours pour faire tomber les autres dans ses piéges. Certainement la complaisance de ce père envers les femmes mondaines ne pouvoit le porter à de plus grands relâchemens et de plus déplorables excès, qu'en lui faisant dire : « que les femmes ne pèchent pas mortellement quand elles s'exposent à la vue des jeunes gens, encore qu'elles sachent bien qu'ils les regarderont avec des yeux impudiques, si elles le font par nécessité, ou utilité, ou pour ne pas perdre leur liberté, ou le droit de sortir de leur maison, ou de ne pas se tenir à leurs portes ou à leurs fenêtres; qu'elles ne pèchent pas aussi mortellement quand elles se parent d'ornemens superflus, ou qu'elles se servent d'habits si déliés qu'on voit leur sein, ou quand même elles découvrent leur sein, si elles le font selon la coutume du pays, et non par aucune mauvaise intention. » On ne sauroit, sans rougir, transcrire ces maximes licencieuses. Cependant ces pères veulent que ce soient des choses de très-petite conséquence, et qui n'importent nullement à la plus pure et à la plus sainte de toutes les religions.

Saint Augustin, ayant entrepris de répondre à quelques mauvais politiques qui parloient de l'Évangile comme d'une chose préjudiciable aux intérêts de l'État, se sert de ces excellentes paroles dans la cinquième de ses lettres qu'il écrit à un officier de l'empire : « Que ceux, dit-il, qui estiment que la doctrine de Jésus-Christ est contraire à la république, nous donnent une armée qui soit composée de soldats de la qualité de ceux que la doctrine de Jésus-Christ demande aux personnes qui vivent dans les armées; qu'ils nous donnent de tels officiers de provinces, de tels maris, de telles femmes, de tels pères, de telles mères et de tels enfans; de tels serviteurs, de tels maîtres, de tels rois, de tels juges, de tels financiers et de tels payeurs de tributs que la doctrine de Jésus-Christ veut qu'ils soient. Mais si cela ne leur est pas possible, ils ne doivent pas aussi se donner la hardiesse de dire que cette doctrine sainte est contraire à la république; ou plutôt ils ne doivent pas faire difficulté d'avouer que ses maximes sont le salut des États, et leur plus visible conservation. » Cependant la religion chrétienne perd tous ces avantages si glorieux par les nouveautés des casuistes corrompus, et de leurs apologistes aussi corrompus. Les valets qui s'instruisent en leur école, y apprennent à se payer de leurs gages par leurs propres mains; les juges à recevoir des présens devant et après le procès jugé, et à tenir pour constant qu'ils ne sont pas obligés de rendre ce qu'ils ont reçu de ceux en faveur desquels ils ont rendu une sentence ou arrêt injuste; les filles à disposer de leur virginité contre le gré de leurs parens; les femmes de condition à dérober à leurs maris de quoi jouer; les riches à ne pas faire l'aumône de leur superflu; et à traiter de séditieux, de perturbateurs du repos public et suspects d'être possédés par l'esprit de Judas, ceux qui les y tiennent obligés sous peine de péché mortel ou véniel. Y a-t-il donc rien de plus contraire à notre religion que l'entreprise de ces corrupteurs publics de la fidélité des domestiques, de l'intégrité des juges, de la pureté des filles, de la charité des personnes opulentes, et de la conscience de tous les chrétiens?

Enfin un des avantages de notre religion, au-dessus de toutes les sectes du monde, c'est d'être ferme, constante et invariable. Et c'est ce qui a fait dire au grand saint Basile, en sa lettre LXXXII : « Que les commandemens de l'Évangile ne se changent, ni par la considération des temps, ni par les différentes circonstances des choses humaines, et qu'ils demeurent toujours dans la même solidité, et dans l'immutabilité toute constante qu'ils ont tirée de la bouche bienheureuse et infaillible de celui qui les a prononcés : au lieu que les hommes sont semblables aux nuées qui s'emportent deçà et delà par les différentes agitations de l'air et du vent. » Mais dans cette théologie des casuistes, et de ceux qui composent des apologies pour les défendre, toutes choses sont douteuses; et il n'y a rien de si douteux, qui n'y soit très-constant et très-assuré. L'Évangile n'a plus de force dans ses plus indubitables sentimens, depuis que les subtilités de quelque auteur grave lui ont fait perdre cette ancienne possession d'être consulté comme la règle de la vérité. Les probabilités de ces écrivains sont les uniques décisions de l'Église.

Mais cette doctrine de la probabilité n'a jamais été enseignée avec plus de particularités et plus d'étendue, que par le P. Poignant. Car, après avoir dit qu'une opinion probable est celle qui est appuyée sur l'opinion d'un homme docte, ce professeur se rend l'arbitre souverain de toute la morale chrétienne, en concluant : « que les écoliers peuvent suivre comme probable l'opinion de leur maître. » Il soutient que « l'on peut suivre une opinion qui est la moins probable et la moins sûre, en abandonnant celle qui est la plus probable : et que dans les choses douteuses, nous ne sommes pas obligés de suivre le sentiment le plus sûr. » Ce qu'il ne dit qu'après avoir supposé que, dans cette opinion moins sûre, il y a, ou danger de mal, ou plus de mal que dans la plus sûre; car voici la définition qu'il en apporte : « L'opinion la plus sûre est celle dans laquelle il n'y a aucun péril de péché, ou dans laquelle il y a moins de mal. »

Ce même jésuite enseigne : « qu'un confesseur, étant consulté sur un contrat qu'il estime être usuraire, peut répondre qu'il ne l'est pas, selon l'opinion probable des autres; et qu'en cette occasion, il peut condamner l'usurier à la restitution, selon son propre sentiment, ou le dispenser de cette obligation, en abandonnant son propre sentiment, suivant celui des autres. »

Il soutient : « que ce même confesseur, qui répond selon l'opinion des autres, et contre la sienne propre, ne pèche pas, et n'agit pas contre sa propre conscience, et ne s'expose à aucun danger de pécher. »

Mais pour tirer d'horribles conclusions de ce grand principe de toute sorte de relâchement, il ose avancer : « qu'un confesseur doit suivre l'opinion de son pénitent, et s'y soumettre, si elle est probable, quand même il la jugeroit fausse, et qu'il estimeroit le contraire beaucoup plus probable; que ce confesseur ne peut, sans péché mortel, refuser l'absolution à un pénitent, qui suit cette opinion probable, quelque fausse qu'il l'estime. » Ce qui n'est rien moins que de changer en esclaves les dispensateurs de la grâce de Jésus-Christ, établir les criminels sur la tête de leurs juges, et faire, des imaginations d'un seul casuiste lâche et corrompu, la règle unique du gouvernement de l'Église.

Après cela on ne s'étonnera plus qu'il ait voulu porter sa corruption jusque dans les tribunaux séculiers, en soutenant : « que quand des opinions sont probables de part et d'autre du côté du droit, un juge peut dépouiller de son droit celle des parties qu'il voudra; » et en prouvant cette erreur par la comparaison si ridicule et si disproportionnée d'un collateur de bénéfice, à qui deux personnes également dignes se présentent, et qui le donne à celui qu'il juge à propos; et il faut encore moins s'étonner qu'il permette aux juges, « d'abandonner la plus probable opinion, pour suivre la moins probable. »

Nous avons donc estimé qu'il étoit temps de nous opposer autrement que par des gémissemens et par des prières à une entreprise que nous avons considérée comme la profanation des plus saintes vérités, l'illusion des esprits crédules, le renversement de l'Évangile, la ruine de toute notre religion. Nous avons été obligés de publier hautement que, comme la nécessité de la doctrine de la foi n'est établie que sur la nécessité de la foi même, ainsi il ne faut considérer la corruption de la morale que comme la peste de la charité, et par conséquent comme une chose pernicieuse à la foi; puisqu'une foi morte, et qui n'agit point par amour, ne mérite presque le nom de foi qu'en la manière que l'on donne le nom de corps humain à un misérable cadavre.

Enfin comme nous avons appris du pape Félix III, dans une de ses lettres à Acace, évêque de Constantinople : « que c'est approuver l'erreur que de ne pas y résister; et opprimer la vérité que de ne pas la défendre : « Error cui non resistitur, approbatur; et veritas quæ minime defensa- « tur, opprimitur; » aussi nous ne pouvons plus nous empêcher de nous déclarer hautement contre l'*Apologie des casuistes*, et contre les écrits que les jésuites ont dictés en cette ville, pour répandre parmi nos peuples une si pernicieuse doctrine.

Que si quelques-uns de nos paroissiens, s'étant laissé surprendre par ces nouveautés, les allèguent pour autoriser leur déréglement, nous leur répondrons, avec saint Paul : « qu'ils ont appris des maximes bien contraires à celles-là dans l'école de Jésus-Christ, si toutefois ils ont prêté une fidèle attention à ses divines paroles, et s'ils ont été dociles aux instructions de ce grand Maître, qui, n'étant que vérité, n'enseigne aussi que la vérité. « Vos autem non ita didicistis Christum; si tamen illum audistis et in ipso edocti estis, sicut est veritas in Jesu. » Lorsqu'ils nous demanderont des palliations de leurs crimes, et des complaisances pareilles à celles que leur rendent ces casuistes, nous leur répondrons, après saint Augustin (*De diversis*, serm. XXXIV) : « que nous ne saurions leur promettre ce que Dieu ne leur promet pas, puisque ce seroit nous rendre les ministres du serpent, qui avoit promis toutes sortes de prospérités à nos premiers pères au milieu de leur péché; au lieu que Dieu ne les avoit menacés de rien moins que de la mort : « Non possum pro- « mittere quod non promittit Deus; ero enim sic dispensator serpentis : « serpens enim promisit bonum peccanti, Deus autem mortem minatus « est. » Ainsi nous les conjurons d'avoir plutôt égard aux menaces et aux tonnerres de la justice de Dieu, qu'aux flatteries et aux caresses de ces théologiens mondains; et de ne pas nous obliger à les tromper, en les assurant qu'ils ne feront pas mourir leurs âmes, quoiqu'ils commettent des crimes : puisque ce seroit enchérir sur la malice du démon, qui n'a assuré nos premiers pères que de ne pas mourir de la mort du corps.

Mais nous espérons de la générosité épiscopale de M. notre prélat, qu'après s'être signalé entre tous les évêques de France pour condamner aux ténèbres l'*Apologie des casuistes*, comme nous savons qu'il a fait l'hiver dernier à Paris, il ne permettra pas que l'on enseigne impunément dans sa ville les mêmes erreurs qui sont comprises dans cet ouvrage monstrueux. Et la manière obligeante avec laquelle il nous a reçus, lorsque nous lui avons présenté notre requête et nos extraits, nous donne lieu de nous promettre qu'il continuera d'approuver que nous poursuivions la condamnation d'une doctrine qui doit exciter l'indignation de tous les curés, comme elle mérite d'être proscrite par l'autorité et par le zèle de tous les prélats.

A Amiens, le 15 juillet 1658.

REQUÊTE

Des curés d'Évreux, présentée à M. leur évêque pour demander la censure d'un livre intitulé : « Apologie pour les casuistes. »

Monseigneur,

Nous nous serions contentés de lire avec satisfaction les doctes écrits de MM. les curés de Paris et de Rouen, nos confrères; leurs extraits fidèles de la morale profane et corrompue des casuistes de ce temps; leurs justes plaintes, et les requêtes par eux présentées à nosseigneurs les prélats en l'assemblée générale du clergé, et à nosseigneurs leurs archevêques en particulier : nous serions demeurés perpétuellement dans le silence que nous gardons depuis tant d'années, et jamais nous n'aurions voulu le rompre, afin de conserver la charité et la paix avec tout le monde, selon notre pouvoir, suivant le conseil de saint Paul; si nous n'apprenions des saints Pères, qu'il y a des temps et des rencontres dans lesquelles on est obligé de troubler son repos, et de s'élever au-dessus de toutes considérations humaines, principalement quand la vérité est attaquée, qu'elle est combattue, et comme détenue captive. Il est vrai que nous devons empêcher le scandale de notre prochain, et divertir l'aigreur de son esprit, si notre conscience n'y est point intéressée; mais si le scandale vient de la vérité persécutée, il est plus raisonnable de souffrir le scandale que d'abandonner la vérité, comme l'enseigne saint Grégoire (lib. I, hom. VII, *in Ezech.*) : « Si autem de veritate scandalum « sumitur, utilius permittitur nasci scandalum, quam veritas relin-« quatur. »

C'est, monseigneur, ce qui nous oblige aujourd'hui de parler, et de nous adresser à Votre Grandeur, pour vous faire connoître la justice de notre dessein, en vous exposant les raisons qui nous engagent à la présente requête.

La première, qui est générale et commune, est que l'on distribue maintenant entre les catholiques tant de livres dont la morale est pernicieuse; tant d'autres paroissent au jour, dont les sentimens sont abominables; tant de différens écrits se publient, dont les maximes sont horribles et détestables; et particulièrement on voit un livre anonyme, imprimé sous ce titre : *Apologie pour les casuistes, contre les calomnies des jansénistes, par un théologien et professeur en droit canon*, etc.

Ce livre, monseigneur, est si rempli de faussetés, que nous pouvons le nommer le poison mortel des âmes, et la corruption entière des bonnes mœurs. Il altère la pureté du christianisme et la sincérité des pratiques évangéliques d'une façon si étrange, que nous pouvons dire avec saint Hilaire, écrivant à l'empereur Constance : « Facta est fides temporum, « potius quam Evangeliorum. » Il a recherché tant de nouveaux déguisemens en faveur du vice, et inventé tant d'accommodemens favorables au siècle corrompu où nous vivons, qu'on peut lui approprier ces paroles d'Optat Milévitain (lib. I *Adv. Parmen.*) : « Omnia pro tempore; nihil « pro veritate. » Il a tellement abandonné l'antiquité vénérable, et il s'est si fort éloigné de la tradition sainte, que nous pouvons prononcer hautement contre lui et ceux de son parti ce que saint Augustin disoit dans une autre occasion (lib. III *Adv. Jul.*, cap. III) : « Mira sunt quæ dici- « tis, nova sunt quæ dicitis, falsa sunt quæ dicitis. »

Enfin il s'attache tellement à la raison naturelle et au raisonnement humain (que tout le monde sait être corrompu par le péché, et devoir être éclairé par la foi, soutenu et redressé par l'Évangile, et fortifié par la tradition), qu'il le propose pour la règle des consciences; qu'il apprend à tenir toutes choses problématiques, et à chercher les moyens, non pas pour exterminer les mauvaises habitudes et les désordres des vices, mais pour les justifier, en accommodant les préceptes et les règles de Jésus-Christ aux intérêts, aux plaisirs et aux passions des hommes. Invention funeste! lâcheté criminelle! digne de l'anathème et de la malédiction dernière, conformément à ces paroles de saint Jérôme (*Ep. ad Cteph.*) : « Semper habui studio audientibus loqui quod « publice in Ecclesia didiceram, nec philosophorum argumenta sectari, « sed apostolorum simplicitati acquiescere, sciens illud scriptum : Per- « dam *sapientiam* sapientium, et prudentiam prudentium reprobabo. »

La seconde raison, monseigneur, qui est personnelle, est que ce livre infâme combat ouvertement vos propres sentimens touchant la pénitence : nous voulons dire l'approbation solennelle que vous avez donnée au livre de *la Fréquente Communion*, que vous recommandez à tous les fidèles, comme « un don très-particulier de la providence de ce grand père de famille, qui sait lui donner en temps et lieu ce qui lui est nécessaire. »

Ce grand livre ayant opposé aux erreurs des nouveaux casuistes la doctrine de tous les Pères et des conciles, qui nous avertissent de prendre garde que les laïques ne soient pas trompés, et jetés dans l'enfer par de fausses pénitences; cet apologiste, au contraire, ne travaille qu'à rétablir ces abus si dangereux, et à entretenir les pécheurs dans une révolution continuelle de confessions et de crimes. Car, sans parler des divers relâchemens touchant la sincérité de la confession, et la vraie douleur qui est nécessaire pour recevoir le sacrement avec fruit, il veut qu'on absolve ceux qui sont dans les occasions prochaines des plus horribles péchés, en les laissant dans ces occasions malheureuses.

Il prétend qu'on ne doit point refuser l'absolution à ceux qui sont les plus engagés dans de fortes habitudes des vices les plus énormes; qu'on ne doit pas même les forcer à reconnoître qu'ils sont dans ces habitudes mauvaises; et enfin qu'un pécheur est en état de recevoir l'absolution, et que le confesseur fait prudemment de la lui donner, quoique l'un et l'autre jugent probablement que le pécheur retombera bientôt dans son péché : ces excès étant encore absolument contraires à la loi si saintement établie dans notre Manuel, au titre *De la pénitence* (§ 1. p. 48, nº 17) : « Videat autem diligenter sacerdos, quando « et quibus conferenda, vel neganda, vel differenda sit absolutio; ne « absolvat eos qui talis beneficii sunt incapaces, quales sunt qui nulla « dant signa doloris, qui odia et inimicitias deponere, aut aliena si « possunt restituere, aut *proximam peccandi occasionem deserere*, aut « alio modo peccata derelinquere, et vitam in melius emendare « nolunt. »

La troisième raison, qui est particulière, c'est, monseigneur, que ce malheureux livre commence de paroître dans votre diocèse. Nous sommes certains que depuis six mois il a été présenté comme un livre divin à des religieux de grande piété, et à un célèbre prédicateur prêchant l'avent dernier dans une maison religieuse de cette ville. Nous savons aussi qu'une personne ecclésiastique, dans une dignité considérable de ce diocèse, l'a mis comme une pierre précieuse et un dépôt sacré entre les mains de quelques prêtres, qui ont la direction de la plus grande partie de nos paroissiens, auxquels ils peuvent, par ce moyen, inspirer les pernicieux sentimens de ce livre abominable. Et, en effet, pour témoigner qu'ils sont déjà préoccupés de ces dangereuses maximes, ces mêmes ecclésiastiques ont osé depuis peu insulter un de nos confrères, et traiter publiquement les curés avec des injures basses, scandaleuses, et dans les mêmes termes dont l'*Apologie* se sert pages 175 et 176.

Après toutes ces considérations, monseigneur, nous nous croirions coupables devant Dieu, et indignes de notre ministère, si nous ne suivions, dans une cause qui est commune à tous les pasteurs, l'exemple des curés des premières villes de France; et si nous ne vous présentions nos très-humbles prières, afin qu'il vous plaise employer l'autorité que Dieu vous a donnée, pour détruire ces monstrueuses erreurs par la censure et condamnation de ce pernicieux livre.

A Evreux, le 24 septembre 1658.

REQUÊTE

Des curés des villes et doyennés du diocèse de Lisieux à M. leur évêque pour le même sujet.

Du 5 février 1659.

Monseigneur,

Puisque Dieu par sa providence nous a commis sous votre autorité le soin des âmes que Jésus-Christ a rachetées de son sang, et desquelles nous serons sans doute comptables au tribunal de sa justice, si nous ne travaillons sans cesse à leur salut; il est de notre devoir de leur enseigner les maximes du ciel, et de les détromper de celles dont le livre de l'*Apologie des casuistes* veut les infecter.

Nous avons lu, avec une extrême douleur, le chef-d'œuvre de ces professeurs de théologie douce, où nous avons remarqué la morale chrétienne tellement corrompue, les lois de l'Évangile tellement abolies, qu'il est prêt d'empester la plupart de vos peuples, s'il n'y étoit pourvu.

Nous espérions que ces malheureux écrivains, faisant réflexion sur l'erreur de leurs maximes, se sentiroient enfin responsables de la perte des âmes auxquelles ils ouvrent le chemin et préparent des expédiens pour commettre les crimes les plus noirs. Mais au lieu de désavouer ces infâmes productions qui font aujourd'hui soupirer tous les véritables pasteurs, dans le péril évident où ils voient leurs ouailles exposées, ils tâchent, au contraire, de leur donner plus de vigueur, et de les imprimer plus fortement dans les esprits foibles par cette *Apologie*, qui porte avec soi sa condamnation, puisque l'on voit qu'elle lève le bouclier pour la défense du vice et la ruine de l'Évangile. Et quoiqu'ils se persuadent d'avoir triomphé dans cet ouvrage, les gens de bien qui remarquent leur égarement, en forment leurs plaintes par les paroles de Salomon : « Relinquunt iter rectum, ambulant per vias tenebrosas, « lætantur quum malefecerint, exultant in rebus pessimis. »

En effet, monseigneur, s'il plaît à Votre Grandeur d'ouvrir les yeux pour voir quel chemin ils tracent à vos peuples pour arriver au ciel, vous connoîtrez qu'il est si doux et si large qu'il ne peut les y conduire, étant entièrement contraire à celui que Jésus-Christ nous a enseigné en son Évangile, et qu'il nous marque pour le suivre à la gloire; puisqu'il a dit : « Arcta est via quæ ducit ad vitam; » et que toutes ses actions et toutes ses paroles n'ont point eu d'autre but qu'à nous conduire par cette voie, qui est celle de la véritable vertu.

Néanmoins ces loups ravissans, travestis en agneaux, montrent aujourd'hui des voies tout opposées à celles de ce divin conducteur. Combien de fois nous a-t-il défendu les vengeances dans l'Écriture sainte, en ayant fait un coup de réserve pour sa seule justice : « Mihi « vindicta, et ego retribuam! » Bien loin de la permettre, il nous a commandé d'aimer nos ennemis : peut-on croire qu'il veuille nous souffrir de tremper nos mains dans le sang de ceux qui nous offensent, puisque, ayant reçu un soufflet sur une joue, il veut qu'on tende l'autre pour en recevoir un second? Ce n'est pas nous permettre de tuer celui qui nous vole, puisque, après qu'il aura dérobé le manteau, il veut qu'on lui quitte la tunique.

Et néanmoins ces nouveaux paraphrastes de l'Évangile permettent de tuer pour mettre son honneur à couvert, et pour la conservation d'un bien d'une légère importance. Et quoique nos rois très-chrétiens, divinement inspirés, aient fait publier des ordonnances autant justes que sévères pour empêcher les duels, qui sont comme des sacrifices que l'orgueil humain, la rage et le désespoir font au démon; et que l'Église lance ses foudres sur les coupables de ce crime : toutefois ces fauteurs des maximes du siècle trouvent des biais et des détours d'intention pour livrer et accepter le combat singulier, quand il s'agit d'un bien temporel, ou de se conserver une vaine réputation; et ces ingénieux radoucis ont trouvé des moyens de pallier la simonie, et autoriser le commerce des bénéfices par de vaines subtilités et souplesses d'esprit.

Ces hommes charnels, qui succombent si facilement au vice en tant de manières, enhardissent témérairement les autres à rester dans les occasions prochaines du péché. Ils se raillent de ceux qui prétendent qu'on ne peut, sans un péché grief, se gorger de viande et de vin jusqu'à les revomir. Ils suggèrent aux serviteurs des prétextes pour se hasarder à voler leurs maîtres. Mais on ne peut lire sans horreur ce que leurs plumes indiscrètes ont écrit, touchant un péché qui ne doit pas seulement être nommé entre les chrétiens, si nous en croyons saint Paul.

D'ailleurs, monseigneur, nous vous supplions de considérer comme quoi ces corrupteurs de l'Évangile font rouler toutes ces maximes, avec quantité d'autres, sur deux principes qu'ils établissent de leur chef; à savoir, la probabilité et la direction d'intention, lesquels étant supposés et admis, il n'y a rien dans la morale chrétienne qui ne puisse être altéré et débiaisé en sûreté de conscience. Et c'est sur ces fondemens ruineux que ces serpens, qui n'ont que la prudence humaine et non pas la simplicité de la colombe, séduisent les âmes, comme fit autrefois celui qui précipita nos premiers parens dans le péché, sur l'assurance qu'ils ne mourroient point : « Nequaquam morte moriemini; » car, en effet, c'est le langage qu'ils tiennent à ceux qu'ils induisent au vice, en leur ôtant la crainte des jugemens de Dieu, et de mourir de la mort du péché, que leur théologie accommodante sépare des plus noires actions.

C'est, monseigneur, ce qui nous engage à seconder les desseins de nos confrères de divers diocèses, qui ont pris à tâche de découvrir le poison de ce funeste livre par les censures de nosseigneurs leurs évêques, qui ont flétri et déshonoré ce misérable ouvrage de telle sorte, que l'on peut dire que ces auteurs n'ont eu de prudence qu'en ce qu'ils y ont celé leur nom, parce qu'en effet la condamnation de ce monstre auroit été suivie de celle de leur personne.

L'exemple de tant de prélats qui ont censuré cette *Apologie* nous fait espérer la même justice de votre piété, afin qu'ayant ôté au libertinage cette protection, la pureté de l'Evangile soit désormais la règle de nos mœurs.

MANDEMENT

Des vicaires généraux[1] *de M. le cardinal de Retz, archevêque de Paris, pour la publication de la censure par eux faite du livre intitulé : « Apologie pour les casuistes, etc. »*

Du 27 novembre 1658.

Les vicaires généraux de M. l'éminentissime cardinal de Retz, archevêque de Paris, à tous les curés de la ville, faubourgs et diocèse de Paris, salut en Notre-Seigneur. Ayant ordonné que la censure par nous faite d'un livre intitulé : *Apologie pour les casuistes*, etc., seroit publiée partout où besoin sera, en la manière accoutumée ; et étant nécessaire d'en donner connoissance aux peuples de vos paroisses ; à ces causes nous vous mandons de dénoncer dimanche prochain, au prône de vos messes paroissiales, que ledit livre a été par nous censuré et condamné, ainsi que plus au long il est déclaré par notre censure du vingt-troisième jour d'août dernier passé, que nous avons fait imprimer par Charles Savreux, imprimeur ordinaire du chapitre de l'Église de Paris, laquelle nous vous envoyons avec ces présentes ; et comme nous avons fait défenses à toutes personnes de cette ville et diocèse de Paris, de lire, garder, imprimer, vendre et débiter ledit livre sous les peines de droit, vous ferez entendre nosdites défenses à vos paroissiens, à ce qu'ils n'en prétendent cause d'ignorance. Fait à Paris, ce 27 novembre 1658.

Ainsi signé, DE CONTES et DE HODENCQ.

Et plus bas, BAUDOUYN.

CENSURE

D'un livre intitulé : « Apologie pour les casuistes, etc., » faite par M. l'archevêque de Rouen, primat de Normandie.

Du 4 janvier 1659.

François, par la permission divine, archevêque de Rouen, primat de Normandie, à tous les fidèles soumis à notre autorité, salut et bénédiction.

Ce n'est pas d'aujourd'hui que l'ennemi de notre salut tâche de semer parmi le bon grain de la doctrine évangélique, l'ivraie de l'erreur et du péché. L'Église, qui veille sans cesse par le ministère de ses pasteurs à conserver sa gloire et à se maintenir agréable à son divin époux, s'est toujours élevée avec vigueur contre les efforts de ce cruel et subtil adversaire. Cependant, quoiqu'elle soit pure et sainte dans ses mœurs, aussi bien que dans sa foi ; quoique la discipline de sa conduite soit immaculée et incorruptible dans sa source, aussi bien que la tradition des vérités dont Jésus-Christ l'a rendue dépositaire, elle se voit néanmoins toujours obligée de gémir dans sa douleur, de voir que quelques-

1. Ce mandement fut donné en conséquence de la conclusion des curés de Paris, imprimée ci-dessus p. 92.

uns de ses enfans, qui se sont mêlés de composer des livres de la doctrine morale, suivant plutôt les égaremens d'une raison obscurcie par la corruption du péché, que les lumières et les règles des Écritures divines, des saints canons et de la tradition sacrée, sont tombés en des excès dignes de compassion, et qui font bien voir ce que l'on doit attendre d'un esprit quand il est abandonné à lui-même et à son propre sens.

Nos Pères l'ont bien reconnu dans les siècles passés, et se sont vus obligés, dans l'extrémité du mal et dans l'importance de ses suites, d'user de toute la vigueur que leur inspiroit leur zèle et leur autorité, et de faire même brûler les livres pénitentiaux que quelques auteurs avoient composés contre l'usage et les sentimens de l'Église. Mais nonobstant toutes ces ordonnances et toutes ces précautions, le désordre n'a pas laissé de continuer, et même de s'augmenter avec scandale, le monde s'étant trouvé rempli de livres qui traitent de la discipline des mœurs. A proportion de leur multitude, le nombre des fautes a crû; et ce qui d'abord avoit été sans autorité la production d'un esprit particulier et l'effet de son égarement, a passé pour probable dans le sentiment de plusieurs qui ont eu la témérité de le soutenir. Ainsi, chacun ayant amour pour ses pensées, et ajoutant quelque chose du sien à ce qui avoit été avancé par les premiers, la corruption est venue jusqu'au dernier excès, et a même donné occasion aux hérétiques de notre temps de blasphémer contre la sainte Église, qu'ils ont voulu rendre responsable de ces erreurs, quoiqu'elle ne les ait jamais approuvées, mais qu'au contraire elle les ait condamnées, et par ses ordonnances sacrées, et par ses pratiques toujours saintes.

Mais comme nous apprenons dans le saint Évangile, que le père de famille ne voulut pas que ses serviteurs se missent en devoir d'arracher l'ivraie qui étoit dans son champ, de peur qu'ils n'arrachassent aussi le bon grain, dans le dessein qu'il avoit de la faire séparer dans le temps de la moisson, et de la jeter au feu; ainsi comme les auteurs qui se sont si misérablement trompés dans la doctrine de la théologie morale, étoient catholiques, remplis de suffisance et de piété, et que, suivant la fragilité de la condition humaine, ils avoient laissé échapper ces erreurs en des ouvrages qui d'ailleurs pouvoient être utiles à l'Église et à l'instruction des fidèles : les évêques établis dans la famille de Jésus-Christ pour en être après lui les véritables pères, ne se sont pas servis de toute leur puissance, ni de l'extrême sévérité d'une discipline rigoureuse; ils se sont contentés de donner de temps en temps au public des preuves de l'aversion qu'ils avoient pour le relâchement de la doctrine des mœurs et de la conduite des consciences; et ils ont attendu qu'il plût à Dieu de leur donner des ouvertures nécessaires et des moyens plus propres pour y mettre la dernière main. Les plaintes en furent faites, il y a quelques années, au clergé de France assemblé à Paris, et il ordonna que l'on travailleroit incessamment à composer une somme de théologie morale conforme aux sentimens de l'Église, après quoi on procéderoit à supprimer tous ces ouvrages si opposés à la sainteté de sa doctrine.

C'est dans cet esprit que nous avons différé jusqu'à présent de déclarer nos sentimens particuliers sur ce sujet, par un acte de notre autorité pastorale; et que la plainte en ayant été portée devant nous, il y a deux ans, après avoir fait faire plusieurs procédures en notre conseil et en notre cour ecclésiastique, nous renvoyâmes le tout à l'assemblée des prélats de France; laquelle dans ce même esprit, et pressée de la multitude des affaires importantes qui l'occupoient, se contenta de faire publier et de recommander à tous ceux qui ont soin de la direction des consciences. les règles de saint Charles Borromée sur l'administration du sacrement de pénitence; espérant que les instructions de ce grand et saint archevêque, pleines de l'esprit de Jésus-Christ et de son Église, condamneroient en même temps toutes les faussetés de la prudence de la chair, et établiroient fortement les vérités de la morale chrétienne et évangélique.

Mais nous avons vu depuis peu, avec douleur, paroître un livre anonyme, ou plutôt une espèce de monstre en la théologie morale, que nous pouvons appeler bien plus justement la condamnation des casuistes que leur *Apologie*, ainsi que son auteur a voulu le nommer; libelle dont nous pouvons dire ce que disoient les Pères du concile de Châlons de certains livres composés sur un même sujet : « Quorum sunt certi « errores, incerti auctores : de quibus recte dici potest, mortificabant « animas quæ moriuntur et vivificabant animas quæ non vivunt; » et ce que le grave Tertullien reprochoit au faux évangile de Marcion : « Non « agnoscendum opus, quod non erigat frontem, nullam constantiam « præferat, nullam fidem repromittat de plenitudine tituli, et professione « debita auctoris; » ouvrage dont les principes sont faux, les raisonnemens trompeurs, les conséquences pernicieuses, et la doctrine opposée à celle de l'Évangile de Jésus-Christ, dans lequel en un mot se trouve ramassé, par un étrange dessein. ce qu'il y avoit de corruption et de relâchement épandu dans le grand nombre des auteurs qui ont écrit de la morale depuis plusieurs siècles.

Nous avons cru que la providence divine, qui sait tirer le bien du mal, l'avoit ainsi permis par ses jugemens toujours équitables, pour prévenir le temps de la moisson dans une occasion si importante pour la justification de son Église; tant pour empêcher le dommage que pourroient recevoir, par une si méchante doctrine, les âmes rachetées par le prix du sang de Jésus-Christ, que pour nous donner le moyen de brûler, pour ainsi dire, cette ivraie, et toutes ces erreurs par le feu d'une censure également sévère et charitable.

Nous n'avons pu nous dispenser d'un devoir si nécessaire à la gloire du Sauveur et au salut des fidèles qu'il a soumis à notre conduite; et nous avons tâché de suivre l'exemple de Dieu, dont le pape saint Grégoire le Grand nous a laissé cette observation, qu'encore qu'il eût entendu la clameur des crimes de ces deux villes infâmes qui attirèrent sur elles les vengeances et les feux du ciel, et que sa connoissance infinie qui éclaire toutes choses, l'en eût suffisamment instruit; néanmoins pour s'accommoder à la foiblesse des hommes, et nous apprendre ce que nous avons à faire en ces occasions, le texte sacré dit qu'il voulut s'en éclaircir une seconde fois, en descendant lui-même sur les lieux. Nous avons, à son imitation, voulu procéder, en cette rencontre, avec toute la circonspection qui nous a été possible. Après avoir reçu par diverses fois les plaintes et les requêtes des curés de notre métropolitaine, donné la communication à notre promoteur général, vu ses réquisitions, et fait examiner ce livre par nos grands vicaires en présence de M. l'évêque d'Olonne, qui prêchoit pour lors dans notre Église cathédrale, nous avons reconnu la vérité des extraits qui nous en ont été présentés. Nous avons voulu le lire avec soin; et après avoir attendu quelque temps que l'auteur de cette pernicieuse doctrine effaçât lui-même, par ses larmes et par une rétractation chrétienne, les funestes caractères d'un si méchant livre, nous avons cru être obligés d'y apporter le remède que Jésus-Christ nous a mis entre les mains par la communication de son autorité sacrée.

C'est en son nom que dans l'unité de son esprit, qui remplit son Église et qui anime ses pasteurs, dont plusieurs ont condamné cette même doctrine, vu la censure qui en a été faite par la Faculté de théologie de Paris, nous avons déclaré et déclarons ledit livre intitulé : *Apologie pour les casuistes contre les calomnies des jansénistes, etc.*, contenir plusieurs propositions fausses, pernicieuses, erronées, scandaleuses, tendantes au libertinage et à la corruption des mœurs et de la discipline de l'Église, et entièrement opposées aux maximes de l'Évangile; et comme tel, l'avons condamné et condamnons, faisant très-expresses défenses, sous peine d'excommunication, à tous les fidèles de notre diocèse, de le lire, de le retenir, ou d'en soutenir la doctrine; à tous curés, vicaires, prêtres, confesseurs et directeurs, de s'en servir pour la conduite des âmes; et à tous imprimeurs et libraires de l'imprimer ou distribuer, sous les mêmes peines. Et afin que personne ne l'ignore, nous avons ordonné que ces présentes seront lues et publiées aux prônes des messes paroissiales dans toutes les églises de notre diocèse, et envoyées aux maisons religieuses à la diligence des doyens; nous réservant, selon l'usage et la pratique de l'Église, à donner en temps et lieu des canons pénitentiaux, pour servir d'instruction et de règle à la direction des consciences. Enjoignons en outre à tous ceux qui ont, sous notre autorité, la conduite des âmes, de veiller soigneusement dans ces temps périlleux sur les peuples que nous avons commis à leurs soins, et de leur remettre souvent en la mémoire cet excellent avis du saint apôtre : « Videte ne quis vos decipiat per philosophiam et inanem fallaciam secundum traditionem hominum, secundum elementa mundi, et non secundum Christum. » Donné à Rouen, en notre palais archiépiscopal, le 4 janvier 1659.

Signé : FRANÇOIS, *archevêque de Rouen.*
Et plus bas, MORANGE.

CENSURE

D'un livre intitulé : « Apologie pour les casuistes, etc., » faite par M. l'évêque de Nevers.

Du 8 novembre 1658.

Eustache de Chéry, par la grâce de Dieu et autorité apostolique, évêque de Nevers, conseiller du roi en ses conseils d'État et privé : A tous doyens, chanoines et chapitres, abbés, prieurs, curés, vicaires, prédicateurs, et autres ecclésiastiques séculiers et réguliers de notre diocèse, salut.

L'étroite obligation que Jésus-Christ a imposée à ceux qu'il a établis prélats et pasteurs sur son peuple, de conserver tout ensemble l'unité des esprits dans le sacré lien de la paix, et sa doctrine saine dans tout le corps mystique de son Église, nous a fait souvent gémir en sa présence, dans la crainte de devenir prévaricateurs dans notre charge, soit en tolérant le mal par une trop longue indulgence, soit en le réprimant par une trop prompte sévérité. Car comme le Fils de Dieu nous a prescrit d'une part de laisser croître l'ivraie jusqu'au jour de la moisson, de peur de cueillir le bon grain en voulant l'arracher; et que d'ailleurs il traite de mercenaires intéressés, de chiens muets, d'idoles sacriléges, les successeurs des apôtres qui répriment aussi peu généreusement les corrupteurs des mœurs de son Église, qu'ils défendent lâchement la vérité de sa doctrine : il faut croire avec le sage qu'il y a un temps de se taire, en dissimulant quelque temps des choses répréhensibles, pour éviter de plus grands maux; et un temps de parler, lorsque, faute de contredire les impies profanateurs de la parole de Dieu, les peuples pourroient donner quelque croyance à leurs sentimens opposés aux plus saintes et plus importantes maximes du christianisme. C'est pourquoi, après que nous avons jusqu'ici supporté, avec douleur, la licence insupportable de quelques nouveaux casuistes, qui remplissent l'Église de livres pleins de pernicieuses maximes d'une morale pharisienne; et entre les autres, le plus méchant et le plus dangereux de tous ayant paru depuis quelques mois dans notre diocèse, sans nom, permission, ni approbation quelconque, intitulé : *Apologie pour les casuistes contre les calomnies des jansénistes, etc.*, et qu'on nommeroit mieux le testament nouveau de l'amour de la chair, puisqu'il est opposé à celui de Jésus-Christ, qui apprend aux fidèles à vivre selon l'esprit : nous avons cru que nous étions indispensablement obligés de procéder à sa juste condamnation, et de le frapper des foudres que Dieu nous a mis en main pour la destruction de l'erreur. C'est un méchant livre qui détruit la plupart des préceptes du Décalogue, introduit la profanation des sacremens, porte à l'irrévérence de nos plus sacrés mystères : il enseigne aux valets à voler leurs maîtres, et aux enfans des hommes à souiller leurs mains violentes comme des Caïns dans le sang de leurs frères : il présente aux libertins, pour rompre les jeûnes commandés de l'Église, des moyens les plus honteux et les plus brutaux : il approuve la simonie la plus manifeste, et dit qu'un bien temporel peut servir de motif pour en donner ou recevoir un spirituel : il permet aux personnes consacrées aux divins autels, les compagnies domestiques les plus infâmes : il permet encore l'usure, et fournit des moyens pour en faciliter la pratique contre l'Écriture et les canons : il autorise les calomnies les plus noires, et qui imposent malicieusement de faux crimes à des innocens véritables : enfin il soutient la pernicieuse doctrine de la probabilité fondée sur le raisonnement purement humain, maxime la plus impie, erreur la plus dangereuse, venin le plus mortel de la morale chrétienne. Ces opinions détestables, et plusieurs autres qui favorisent les excès les plus honteux de l'Alcoran des Turcs, que nous ne marquons point ici, pour ne pas offenser les oreilles chastes et chrétiennes, nous ont fait connoître combien il étoit nécessaire d'employer l'autorité que Dieu nous a donnée pour arrêter et condamner ce livre criminel. A quoi nous nous sentons particulièrement excités par la requête qui nous a été présentée à ce sujet par tous les curés de notre diocèse, nommément par ceux de notre ville épiscopale, qui, dans la juste crainte que cette mauvaise doctrine, nouvellement publiée, devenant contagieuse, ne cause la perte des âmes, dont ils doivent rendre à Dieu un compte très-exact, implorent avec instance l'autorité de notre jugement. C'est pourquoi, pour satisfaire à une requête si juste et si charitable, et de notre part au devoir de notre charge; pour empêcher les impressions mauvaises que les fidèles pourroient en prendre, pour fermer la bouche aux hérétiques qui s'en prévalent en nous imputant ces erreurs, et pour arrêter désormais la hardiesse de ces nouveaux casuistes : après l'avoir vu, lu, examiné et diligemment considéré, et l'avoir fait voir, lire et examiner par plusieurs docteurs et personnes de piété en notre conseil, nous avons condamné et condamnons par ces présentes ce livre, intitulé : *Apologie pour les casuistes contre les calomnies des jansénistes, etc.*, comme contenant plusieurs propositions contraires aux lois divines et humaines, qui ouvrent la porte à toutes sortes de déréglement et de libertinage, et qui détruisent les maximes de l'Évangile les plus saintes et les plus nécessaires pour le salut. Avons fait et faisons très-expresses inhibitions et défenses à toutes personnes de notre diocèse de lire, vendre, acheter, ni distribuer ledit livre, sous peine d'excommunication. Vous enjoignons d'enseigner aux peuples, dans un esprit de paix et de charité, les vertus opposées à ces maximes condamnées, et de les conduire dans la voie du ciel selon les règles de l'Évangile et de l'Église, contraires aux relâchemens épouvantables de ces nouveaux casuistes. Et à ce qu'aucun n'en ignore, nous ordonnons que ces présentes seront lues et publiées aux prônes et prédications de notre diocèse par trois dimanches consécutifs, et affichées en la manière accoutumée. Fait en notre palais épiscopal, le 8 novembre 1658.

Ainsi signé, EUSTACHE, évêque de Nevers.
Et plus bas, MANGEART.

PROJET

De mandement contre l'Apologie pour les casuistes[1]

L'amour que nous avons pour nos peuples nous obligeant à une vigilance continuelle, pour prévenir tout ce qui peut leur nuire, nous nous sommes sentis obligés de la redoubler, quand le pernicieux livre intitulé : *Apologie pour les casuistes*, a commencé à se répandre dans ce diocèse. Et c'est pourquoi, sur la requête que nos curés nous ont incontinent présentée pour le censurer, et l'assurance que l'importance de la chose le mérite, nous avons résolu, en leur accordant une demande si juste, de travailler en même temps à fortifier les fidèles, non-seulement contre le relâchement qu'ils pourroient recevoir de ces opinions flatteuses, autorisées par ce nombre étrange de casuistes, mais encore contre une tentation bien plus importante, et qui iroit au renversement entier de la foi, si on n'étoit soutenu et confirmé par la pleine connoissance de ses principes : car il est sans doute que les impies tirent de ces abus des conséquences contre la vérité de notre religion, capables d'ébranler les foibles, en les donnant pour des marques que Dieu ne règle pas la conduite de l'Église, puisque, après l'avoir assurée d'une possession éternelle de la vérité, on la voit abandonnée à des erreurs et à des égaremens si effroyables.

Voilà le plus grand des maux que ces impiétés produisent : elles servent d'armes aux ennemis de la foi pour nous combattre, et sont également utiles au démon pour corrompre les fidèles et pour fortifier les infidèles. Mais comme on ne tombe dans ces erreurs que faute d'entendre les Écritures, nous nous sentons obligés de les expliquer si clairement à ceux auxquels nous sommes redevables des instructions évangéliques, que les personnes pieuses soient désormais sans péril, et les simples sans excuse dans les conséquences qu'ils tirent des égaremens des casuistes. Car tant s'en faut que ces abus qui se glissent dans l'Église, puissent rendre suspecte la vérité des promesses de Jésus-Christ, que rien n'en prouve davantage la vérité; et qu'elles seroient fausses, au contraire, si ces abus mêmes n'arrivoient. Si Jésus-Christ, en promettant à l'Église que sa vérité et son esprit reposeroient sur elle éternellement, l'avoit en même temps assurée d'une suite calme et tranquille de vérité et de paix, on auroit sujet d'être surpris de voir le mensonge et l'erreur paroître avec tant d'insolence. Mais quelle raison y a-t-il de l'être, après qu'il a déclare que plusieurs y jetteroient le trouble, sous l'apparence néanmoins de la piété, et qu'ils viendroient en son nom pour détourner les hommes de la véritable voie : de sorte que ces désordres qui croîtroient toujours, seroient enfin si grands dans la fin des siècles, que les élus mêmes en seroient séduits, s'il étoit possible de les séduire ? Il est donc indubitable que ces scandales doivent arriver, quoiqu'à la ruine de ceux qui les cau-

1. Ce projet à été trouvé parmi les papiers de Pascal, sur quelques feuilles détachées.

sent, et de ceux qui s'y perdent. Car Dieu les souffre, non pas afin qu'on suive ces désordres, mais afin qu'on les combatte, et qu'il paroisse en cette epreuve qui sont ceux qui lui sont véritablement fidèles; et c'est pourquoi il est si important de les éviter.

Saint Paul, qui fait la même prédiction, nous donne en même temps la description de ces séducteurs, afin qu'on puisse mieux les connoître, quand il dit à Timothée (II *Tim.*, III, 1 et seq.) qu'il viendra dans les derniers temps des hommes ayant l'apparence de la piété, mais qui en rejetteront l'essence; qui seront pleins d'ambition et d'amour-propre, superbes, calomniateurs; qui s'introduiront dans les maisons des particuliers, et s'assujettiront les femmes simples, en les flattant dans leurs péchés et dans les désirs de leurs cœurs; qui travailleront sans cesse à devenir savans, et n'arriveront jamais à la connoissance de la vérité. Et il finit cette peinture en disant qu'ils ne réussiront pas dans leurs desseins, et qu'enfin leur foiblesse et leur impertinence sera connue de tout le monde.

Qui ne diroit que saint Paul a vu ce qui se passe aujourd'hui à nos yeux, où des hommes, sous l'habit de la piété, présentent aux fidèles une morale qui bannit l'amour de Dieu, qui est l'essence de la piété; autorisent la calomnie, l'orgueil, l'ambition, par leurs préceptes et par leurs exemples; étudient sans cesse, et ne peuvent arriver aux premières connoissances du christianisme; et sont enfin tombés dans des excès qui les ont rendus le sujet de la risée de tout le monde? On ne peut douter que toutes ces choses ne soient conduites par l'ordre de la même Providence qui les a prédites, et qui les permet pour éprouver ceux qui sont véritablement fidèles. Mais nous apprenons, par ces mêmes prophéties, que ces désordres doivent aller bien plus avant.

Nous voyons, à la vérité, aujourd'hui une compagnie bien puissante qui soutient ces corruptions; mais nous en voyons en même temps une bien autrement considérable et autorisée qui s'y oppose. Et si on a sujet de gémir de voir quelques religieux relâchés et quelques casuistes corrompus qui introduisent ces relâchemens, on a sujet de bénir Dieu de ce que les pasteurs ordinaires de l'Église leur résistent; et qu'ainsi le corps de la hiérarchie, en quoi consiste proprement l'Église, demeure exempt de ce relâchement, n'y ayant que quelques-unes de ces personnes égarées qui sont hors de la hiérarchie, et qui tiennent entre nous le rang que les faux prophètes tenoient entre les juifs, qui trempent dans ces impiétés; en quoi il n'arrive rien que de conforme à ce que saint Pierre a prédit (II Pet., II, 1) en cette sorte : « De la même manière qu'il y a eu de faux prophètes entre les juifs, aussi il s'en élèvera entre nous. »

Voilà l'état présent des choses. Quoique la licence y soit grande, elle n'est pas néanmoins sans une puissante opposition. Mais un temps doit venir, duquel il est écrit : « Malheur à celles qui seront enceintes en ce temps-là! (Matth., XXIV, 19) : et croyez-vous qu'alors le Fils de l'homme trouve de la foi sur la terre? » (Luc. XVIII, 8.) Et c'est en ce temps que les prêtres mêmes et le reste des fidèles, ayant presque tous consenti aux impiétés des faux docteurs, la mesure étant ainsi comblée, la fin de l'Église et de l'univers doit arriver avec la seconde venue du

Messie : de même que la destruction de l'ancien temple et de la synagogue est arrivée dans une semblable corruption, les faux prophètes ayant entraîné dans leur parti le peuple et les prêtres même au premier avénement du Messie. Car, comme toutes choses leur arrivoient en figure, et que la synagogue a été l'image de l'Église, selon saint Paul (I *Cor.*, x, 6 et 11), nous pouvons nous instruire, par ce qui lui est arrivé, de ce qui doit nous arriver, et voir, dans leur exemple, la source, le progrès et la consommation de l'impiété. L'Écriture nous apprend donc que c'est des faux prophètes que l'impiété a pris son origine; qu'elle s'est de là répandue sur le reste des hommes, comme dit Jérémie (Jerem., XXIII, 15). C'est des prophètes que l'abomination est née, et c'est de là qu'elle a rempli toute la terre; ils ont formé une conspiration ouverte contre la vérité au milieu du peuple de Dieu : les grands du monde ont été les premiers suppôts de leurs doctrines flatteuses; les peuples en ont été ensuite infectés. Tant que les prêtres du Seigneur en sont demeurés exempts, Dieu a suspendu les effets de sa colère; mais quand les prêtres mêmes s'y sont plongés, et que dès lors il n'est rien resté pour apaiser la colère divine, les fléaux de Dieu sont tombés sur ce peuple sans mesure, et y sont demeurés jusqu'à ce jour. Les prophètes, dit Jérémie (Jerem., V, 31), ont annoncé de fausses doctrines de la part de Dieu : les prêtres y ont donné les mains, et mon peuple y a pris plaisir. Quelle punition leur est donc préparée? C'est alors qu'il n'y a plus de miséricorde à attendre, parce qu'il n'y a plus personne pour la demander. Les prêtres, dit Ézéchiel (Ezech., XXII, 25 et seq.), ont eux-mêmes violé ma loi. Les princes et les peuples ont exercé leurs violences, et les prophètes les flattoient dans leurs désordres. J'ai cherché quelqu'un qui opposât sa justice à ma vengeance, et je n'en ai point trouvé. Je répandrai donc sur eux le feu de mon indignation, et je ferai retomber sur leurs têtes le fruit de leurs impiétés.

Voilà le dernier des malheurs où, par la grâce de Dieu, l'Église n'est pas encore, et où elle ne tombera pas, tant qu'il plaira à Dieu de soutenir ses pasteurs contre la corruption des faux docteurs qui les combattent; et c'est ce qu'il importe de faire entendre à ceux qui sont sous notre conduite, afin qu'ils ne cessent de demander à Dieu la continuation d'un zèle si important et si nécessaire, et qu'ils évitent eux-mêmes les doctrines molles et flatteuses de ces séducteurs qui ne travaillent qu'à les perdre. Car de la même manière que la piété des saints de l'Ancien Testament consistoit à s'opposer aux nouveautés des faux prophètes, qui étoient les casuistes de leur temps : de même la piété des fidèles doit avoir maintenant pour objet de résister au relâchement des casuistes, qui sont les faux prophètes d'aujourd'hui; et nous ne devons cesser de faire entendre à nos peuples ce que les vrais prophètes crioient incessamment aux leurs, que l'autorité de ces docteurs ne les rendra pas excusables devant Dieu, s'ils suivent leurs fausses doctrines; que toute la société des casuistes ne sauroit assurer la conscience contre la vérité éternelle, que cette abominable doctrine de la probabilité, qui est le fondement de toutes leurs erreurs, est la plus grande de leurs erreurs; que rien ne sauroit les sauver que la vérité (Joan., VIII, 32); et que c'est une faussete horrible que de dire qu'on se sauve aussi bien par l'une que par l'autre de deux opinions contraires, et dont il y en a une par conséquent de fausse. C'est ce qu'ils soutiennent tous, et sans quoi toute leur doctrine tombe par terre; car ils n'ont point d'autre fondement à ces horribles maximes, qu'ils renouvellent encore dans ce nouveau livre: « Qu'on peut discerner par la lumière de la raison quand il est permis ou défendu de tuer son prochain; qu'on peut le tuer pour défendre ou réparer son honneur; qu'on peut, sans crime, calomnier ceux qui médisent de nous; que tous nos péchés seront remis, pourvu que nous les confessions sans quitter les occasions prochaines, sans faire pénitence en cette vie, et sans avoir d'autre regret d'avoir péché, sinon pour le mal temporel qui en vient, et encore si foible que le pécheur et pénitent juge qu'il est prêt à retomber en peu de temps. » Quand on leur demande sur quoi ils fondent ces horribles maximes, ils n'ont d'autre chose à répondre, sinon que leurs pères et leurs docteurs l'ayant jugé probable, cela est sûr en conscience, et aussi sûr que les opinions contraires. Et c'est sur quoi nous annonçons à tous ceux sur qui Dieu nous a donné de l'autorité, que ce sont des faussetés diaboliques, et que tous ceux qui suivront ces maximes sur la foi de ces faux docteurs, périront avec eux; de même que les prophètes de Dieu annonçoient autrefois à leurs peuples, qui se reposoient ainsi sur leurs faux prophètes, que Dieu extermineroit tout ensemble, et ces maîtres, et ces disciples, « magistros et discipulos » (Malach., II, 12); et que ceux qui assurent ainsi la conscience des hommes, et ceux qui reçoivent ces assurances, seront ensemble précipités dans une pareille ruine: « Et « qui beatificant, et qui beatificantur. » (Isaïas, IX, 16.) De sorte que tant s'en faut que cette probabilité de sentimens et cette autorité de docteurs qui les enseignent, excusent devant Dieu ceux qui les suivent; que cette confiance est au contraire le plus grand sujet de la colere de Dieu sur eux, parce qu'elle ne vient en effet que d'un désir corrompu de chercher du repos dans ses vices, et non pas d'une recherche pure et sincère de la vérité de Dieu, qui feroit discerner aisément la fausseté de ces opinions, qui font horreur à tous ceux qui ont de véritables sentimens de Dieu; et c'est pourquoi cette tranquillité dans les crimes les augmente si fort, que Dieu a déclaré par ses prophètes (Ezech., XIV, 14 et seq.) à la synagogue, et par elle à l'Église, que toutes les prières des justes ne sauveroient pas de sa fureur ceux qui auroient ainsi suivi ces maîtres des fausses doctrines. C'est ce qu'on voit en Jérémie, lorsqu'il demandoit miséricorde à Dieu pour les juifs, et qu'il lui représentoit que c'étoit sur la foi de ces faux prophètes qu'ils étoient demeurés dans leurs crimes. Seigneur, dit-il (Jerem., XIV, 13 et seq.), ils ont agi de la sorte, parce que leurs prophètes les assuroient que vous approuviez leur conduite; et que bien loin de les punir, vous les rempliriez de bonheur et de paix; c'est-à-dire, qu'ils avoient suivi l'autorité de plusieurs grands docteurs qui étoient tenus pour prophètes. Et cependant que répond Dieu à ce saint homme? Les prophètes ont parlé selon leur propre esprit, et non pas selon le mien, dit le Seigneur. Ce ne sont pas mes paroles, mais leurs propres paroles qu'ils ont annoncées; et c'est pourquoi je perdrai ces docteurs; mais j'exterminerai de même ceux qui les ont écoutés et suivis. Ne priez donc point pour ce peuple (Jerem., xv, 1 et seq.); car quand Moïse et Samuel se présenteroient devant moi pour arrêter ma fureur, je ne leur ferai point miséricorde: et s'ils vous demandent: «Que ferons-nous donc?» Dites-leur que ceux qui sont destinés à la mort aillent à la mort, et que ceux qui sont réservés à la famine et au meurtre courent à la fin qui leur est destinée.

Que si Dieu a traité de cette sorte le peuple juif, dans les ombres et les ténèbres où il étoit: s'il ne leur a pas pardonné leurs crimes, quoiqu'ils s'y fussent engagés sur l'autorité de tant de docteurs graves et anciens en apparence; s'il n'a pas épargné les hommes des premiers temps, dit saint Pierre (II Pet., II, 5), comment traitera-t-il un peuple qu'il a rempli de tant de lumières et de tant d'effets de son amour, s'il a assez d'aveuglement et d'ingratitude pour se dispenser de l'aimer sur la foi de quelques casuistes modernes qui l'en assurent?

Nous déclarons donc hautement que ceux qui seroient dans ces erreurs seroient absolument inexcusables de recevoir la fausseté de ces mains étrangères, qui la leur offrent au préjudice de la vérité qui leur est présentée par les mains paternelles de leurs propres pasteurs: et qu'ils seroient doublement coupables dans ces impiétés, et d'avoir reçu des opinions qu'ils ne devoient jamais admettre, et pour les avoir reçues de ceux qu'ils ne devoient jamais écouter. Car comme les personnes qui sont hors de la hiérarchie n'ont de pouvoir d'y exercer aucune fonction que sous nos ordres et selon nos règlemens, tout ce qu'ils disent contre notre aveu doit être regardé comme suspect et irrecevable. Ainsi les fidèles doivent en demeurer exempts, et demander à Dieu la persévérance des pasteurs naturels de son Église; afin que ce malheureux repos, et ce consentement général à l'erreur qui doit attirer le dernier jugement de Dieu, n'arrive pas de nos jours comme il arriva à la fin de la synagogue, lorsque les prophètes se relâchèrent. Les princes sont dans la corruption, les prêtres les y accompagnent. Les prophètes les y confirment, et tous ensemble, en cet état, se reposent encore sur le Seigneur, en disant (Jerem., VII, 4 et seq.): «Dieu est au milieu de nous; il ne nous arrivera aucun mal. C'est pour cette raison, dit le Seigneur, que Jérusalem sera totalement détruite, et que le temple de Dieu sera renversé et anéanti.»

RÉPONSE

un écrit publié sur le sujet des miracles qu'il a plu à Dieu de faire à Port-Royal depuis quelque temps, par une sainte épine de la couronne de Notre-Seigneur. A Paris, 1656.

Comme de toutes les choses extérieures rien ne réveille tant notre foi et ne fortifie tant notre espérance, que les œuvres miraculeuses qui nous rendent comme visible la présence de Dieu invisible (Aug., tr. VIII, *in Joan.*): toutes les personnes de piété qui ont entendu parler des merveilles que Jésus-Christ a faites depuis quelque temps dans l'église de Port-Royal, par une sainte épine de sa couronne, en ont reçu une sensible consolation, et se sont crues obligées de le bénir de ces marques extraordinaires de sa bonté et de son amour.

Et en effet, peut-on avoir une véritable affection pour l'Église catholique, et ne pas ressentir beaucoup de joie de ce que Dieu a voulu montrer sa puissance dans une église consacrée au saint sacrement, et par une épine de sa couronne? Ces miracles ne servent-ils pas à confondre l'hérésie calviniste, qui nous accuse d'être idolâtres parce que nous adorons Jésus-Christ comme présent réellement et substantiellement dans l'eucharistie, et d'être superstitieux parce que nous révérons les saintes reliques : puisque, si ce culte de l'Église catholique n'étoit fondé sur la foi des apôtres et des Pères, et sur la tradition de tous les siècles, c'est-à-dire sur la pierre inébranlable de la vérité divine, Dieu ne feroit pas des miracles qui l'autorisent?

Mais la parole de saint Paul (II *Cor.*, II, 16) sera toujours véritable, que « ce qui est aux uns odeur de vie pour la vie, est aux autres odeur de mort pour la mort. » Il s'est trouvé des esprits assez préoccupés contre des vierges consacrées à Jésus-Christ, pour s'opposer aux faveurs que Dieu leur faisoit, et en prendre même sujet de les déchirer comme des ennemies de Dieu. C'est ce que toutes les personnes sages viennent de voir avec étonnement dans un écrit qui a été publié depuis peu dans Paris, sous le titre de *Rabat-joie, ou Observations sur ce qu'on dit être arrivé au Port-Royal, au sujet de la sainte épine* (par le P. Annat). Ce seul mot de *Rabat-joie*, dans un sujet si sérieux et si saint, leur a fait juger quel est l'esprit qui anime cet auteur.

Mais tout le corps de l'écrit leur a bien fait voir encore davantage qu'il n'y eut jamais de plus étrange aveuglement ni de plus grande malignité. Car qui auroit pu croire que la passion des hommes eût été capable de se porter jusqu'à cet excès, que de s'en prendre aux ouvrages de Dieu même? que d'oser faire aujourd'hui ce que n'osa faire autrefois un prophète corrompu par des présens, qui est de « maudire ceux que Dieu bénit » (*Num.*, XXIV), et d'entreprendre de détourner les fidèles d'aller implorer son secours dans une église où lui seul les attire et les appelle par les assistances extraordinaires que plusieurs d'entre eux témoignent y avoir reçues?

Tout ce que cet auteur dit dans cet écrit peut se rapporter à ces trois points : le premier regarde ces guérisons extraordinaires, et la relique par laquelle Dieu les a faites; le second est sur les conséquences qu'on doit en tirer; le troisième concerne la dévotion de tant de personnes pieuses, qui viennent adorer Dieu dans cette église, et y révérer cette sainte épine; et c'est le point dont cet écrivain paroît si blessé, qu'il est visible que son principal but, dans la publication de ce libelle, a été de détourner cette dévotion publique, en représentant comme « un lieu très-dangereux et infecté d'hérésie, » une maison religieuse que Dieu honore si visiblement de ses bénédictions et de ses grâces.

Tout ce dessein est si éloigné de la piété chrétienne et catholique, qu'il semble que cet auteur a appréhendé lui-même qu'on n'attribuât son écrit à quelque ministre calviniste, et que c'est autant pour cette raison que pour faire croire, par la plus outrageuse des calomnies, que Port-

Royal est hors de l'Église, qu'il a pris la qualité de *docteur de l'Église catholique.* Car il est vrai qu'on n'auroit dû attendre un pareil écrit que de ceux qui ont quelque raison d'être blessés des miracles que Dieu fait dans l'Église catholique pour la confusion de toutes les sectes hérétiques et schismatiques. On n'auroit pas été étonné de voir qu'un ministre de Charenton eût produit en cette rencontre un livre semblable à celui qu'un ministre de Provence mit au jour il y a quelques années, pour s'opposer aux miracles que Dieu faisoit dans Marseille au tombeau de messire Jean-Baptiste Gault, son dernier évêque, et empêcher que les catholiques n'en pussent tirer avantage contre ceux de leur parti.

Mais qui auroit cru que des catholiques voulussent imiter ces ennemis de l'Église, et travailler si utilement pour l'intérêt de la secte de Calvin, que si les raisonnemens qu'ils font sur ce sujet contre la maison religieuse où Dieu a daigné opérer ces merveilles avoient quelque force, ils ôteroient à l'Église tout l'avantage qu'elle peut prendre des miracles dont Dieu l'honore; puisque si l'abus que cet auteur fait de cette parole de saint Paul, que « les miracles sont pour les infidèles, et non pas pour les fidèles, » devoit porter ces religieuses, comme il le prétend, à entrer en défiance de leur foi à cause des miracles que Dieu fait dans leur église, il faudroit aussi, par la même raison, que tous les miracles qui se font dans l'Église catholique fussent des sujets aux catholiques de se défier de la vérité de notre religion et de se regarder comme des infidèles que Dieu voudroit, par ces merveilles, convertir à la vraie foi : ce qui est seulement horrible à penser.

C'est ce qui me fait espérer que cette réponse sera reçue favorablement par tous ceux qui aiment l'Église, et qu'ils seront aussi touchés de compassion pour des vierges qu'on tâche de noircir avec tant d'emportement que d'indignation contre ceux qui veulent leur ravir la plus grande consolation qui leur reste dans leurs peines, qui est d'avoir quelque assurance de la part de Dieu qu'elles n'ont pas mérité des traitemens si indignes de la part des hommes.

Cet auteur travaille à vouloir les en priver dès la première partie de son écrit. Au lieu que saint Paul dit : « Que lorsqu'un des membres de Jésus-Christ est glorifié, tous les autres s'en réjouissent » (I *Cor.* XII, 26); celui-ci, au contraire, par un esprit de division et de schisme, s'afflige des œuvres miraculeuses qu'il plaît à Dieu de faire dans ce monastère. Il attribue seulement *à un commun bruit* le premier miracle dont la vérité constante et visible a réduit quelques-uns des huguenots mêmes à un silence d'étonnement. Il en parle comme s'il n'étoit appuyé que sur des « rapports de particuliers qu'on ne peut croire sans légèreté de cœur : » au lieu qu'il l'est sur la solennelle attestation que des personnes publiques, tels que sont des médecins et des chirurgiens, en ont donnée par écrit, et sur l'information juridique, composée de vingt-cinq témoins tous irréprochables, que M. l'évêque de Toul a faite à la requête de M. le promoteur, à laquelle il a travaillé avec un soin extraordinaire, comme il l'a témoigné lui-même; qu'il a entièrement achevée et signée de sa main, et qu'il auroit confirmée il y a longtemps par son jugement s'il avoit continué de gouverner l'archevêché de Paris, puisqu'il a témoigné lui-même qu'il avoit écrit et à Rome et à la cour que la vérité de ce miracle ne pouvoit être révoquée en doute.

Mais après que cet écrivain a fait ce qu'il a pu pour donner lieu de douter d'un effet si indubitable de la toute-puissance divine, il veut encore faire un crime à ces religieuses de la manière dont elles ont reçu cette insigne faveur du ciel. Il les accuse « d'avoir contrevenu aux ordonnances de l'Église portées par le concile de Trente, en publiant par un excès de joie et voulant faire croire des miracles qui n'ont point encore été reconnus ni approuvés des supérieurs. » Et c'est ce qui m'oblige, pour les défendre contre une accusation si injuste, de rapporter en ce lieu quelques circonstances du premier miracle et de leur conduite, et j'espère que si les lecteurs sont touchés d'admiration pour la merveille que Dieu a opérée dans ce monastère, ils seront édifiés de la manière chrétienne dont elles l'ont reçue.

M. de La Poterie, ecclésiastique de condition et de piété, avoit depuis quelque temps, parmi les autres reliques de sa chapelle, une sainte épine de la couronne de Notre-Seigneur, laquelle ayant envoyée aux religieuses carmélites, qui avoient eu une sainte curiosité de la voir, il l'envoya aussi à Port-Royal le vendredi 24 mars dernier. Les religieuses la reçurent avec beaucoup de dévotion : elles la mirent au dedans de leur chœur, sur une table parée en forme d'autel, et, après avoir chanté l'antienne de la sainte couronne, elles allèrent toutes la baiser. Une petite pensionnaire, nommée Marguerite Périer, qui depuis trois ans et demi avoit une fistule lacrymale, s'approcha pour la baiser en son rang, et la religieuse, sa maîtresse, ayant eu plus d'horreur que jamais de l'enflure et de la difformité de son œil, eut mouvement de faire toucher la relique à son mal, croyant que Dieu étoit assez bon et assez puissant pour la guérir. Elle n'y fit pas alors d'autre attention. Mais la petite fille s'étant retirée à sa chambre, un quart d'heure après elle s'aperçut que son mal étoit guéri, et l'ayant dit à ses compagnes, on trouva en effet qu'il n'y paroissoit plus rien : il n'y avoit plus aucune tumeur; son œil, que cette enflure, qui avoit été perpétuelle depuis plus de trois ans, avoit rapetissé et rendu pleurant, étoit devenu aussi sec, aussi sain et aussi vif que l'autre. La source de cette boue qui couloit de quart d'heure en quart d'heure par l'œil, par le nez et par la bouche, et qui avoit encore coulé sur sa joue un moment avant le miracle, comme elle l'a déclaré dans sa déposition, se trouva toute séchée. L'os, qui étoit carié et pourri, fut rétabli en son premier état. Toute la puanteur qui en sortoit, et étoit si insupportable, qu'il avoit fallu la séparer d'avec les autres par l'ordre des médecins et des chirurgiens, se changea en une haleine aussi douce que celle d'un enfant; elle recouvra aussi au même instant l'odorat, qu'elle avoit perdu entièrement par la corruption de ce pus qui lui sortoit par le nez. Et tous ses autres maux, qui étoient une suite de celui-là, ne parurent plus : jusque-là même que son teint, qui étoit pâle et plombé, devint vif et clair autant qu'elle l'eut jamais[1].

1. Voy. la relation de ce miracle dans l'*Abrégé de l'histoire de Port-Royal*, par Racine, édit. Lahure, t. II, p. 53 et suiv

Qui est la personne de piété qui pût rien trouver à redire, quand ce miracle auroit causé des éclats et des transports d'une joie spirituelle pareils à ceux que saint Augustin décrit dans *la Cité de Dieu*, où il rapporte la guérison de ce jeune homme qui avoit été maudit par sa mère, et souffroit un continuel tremblement dans tous ses membres? « L'Église étoit pleine, dit-il; elle retentissoit de ces cris de réjouissance : « Gloire à Dieu! louange à Dieu! » (Lib. XXII, cap. VIII.) Mais la discipline de cette maison, qui observe toujours un fort grand silence, et qui le redouble encore pendant le sacré temps de carême, où elles n'ont pas même entre elles de conférences communes, comme en un autre temps, fit que la nouvelle de cette guérison miraculeuse ne s'y répandit que peu à peu. Les unes la surent seulement le lendemain, les autres trois jours après, les autres au bout de huit, et il s'en trouva quelques-unes qui l'ignoroient encore quinze jours après.

Mais ce qui est plus remarquable, est que la mère prieure, à qui la relique avoit été adressée, laissa passer une semaine entière sans en faire rien savoir à cet ecclésiastique, son parent, qui la lui avoit envoyée. Néanmoins après ces huit jours elle pensa que le respect qu'elle lui devoit, l'obligeoit à lui en donner avis par une lettre, dont j'ai cru d'autant plus devoir rapporter ici les propres paroles, que M. de La Poterie envoyant quelque temps après la même relique aux religieuses ursulines, il leur envoya aussi l'original de cette lettre, les priant de la lire avant que d'honorer cette sainte épine; parce que le miracle qu'elles y apprendroient la leur feroit encore avoir en plus grande vénération.

Le lecteur jugera par ce billet, qui est du 31 mars, *si sa joie* étoit *excessive*, comme le reproche cet écrivain.

« Monsieur mon cousin,

« Je n'ai pu encore vous remercier de la bonne pensée que vous avez eue de nous favoriser de la vue de votre sacré reliquaire. Il paroît que ç'a été par une inspiration de Dieu, qui vouloit en tirer un effet merveilleux, dont je dois vous informer, quoique nous n'ayons pas dessein de le faire savoir à personne. »

Elle lui trace ensuite un abrégé de la relation de miracle, que M. Dalencé, fameux chirurgien, venoit d'en faire ce même jour. Elle finit par ces mots :

« Voilà, monsieur, une attestation bien certaine de votre relique, dont il a plu à Dieu de nous consoler, et je le prends pour un présage qu'il veut guérir nos âmes, et les sanctifier par les épines des persécutions dont on nous menace. »

Le lecteur jugera, par ces lignes si modestes, avec quelle disposition on a reçu cette grâce à Port-Royal. Cet ecclésiastique même approuva cette modestie dans la réponse qu'il lui fit le 2 d'avril, laquelle étoit conçue en ces propres termes :

« Ma révérende mère et cousine,

La lecture de la lettre que vous m'avez fait la charité de m'écrire m'a causé une si grande consolation, que la joie m'a tiré des larmes du cœur et des yeux. Je loue l'humble retenue que vous avez de ne divulguer ce miracle, parce qu'il est arrivé en votre monastère, dont plusieurs, par la malice du temps, ont une telle aversion, qu'ils ne voudroient pas le croire, mais plutôt que vous l'auriez mis en avant pour donner quelque haute estime de votre maison, ou pour d'autres intérêts que ces personnes se forgeroient en l'esprit, selon leur humeur et leur fantaisie. Mais pour moi je crois être obligé de le faire connoître avec discrétion dans les occasions, pour n'aller au contraire de ce que nous apprend l'ange dans Tobie, qu'il est bon de cacher le secret du roi, mais qu'il est honorable de révéler et confesser les œuvres de Dieu; et agissant de la sorte, peut-être que ceux qui entendront ce miracle si assuré arrivé en votre maison, et non sans un trait particulier de la providence de Dieu, diminueront de l'aversion qu'ils y ont, et auront quelque compassion des persécutions dont vous êtes attaquées sans sujet. Je ne fais aucun doute que Notre-Seigneur ne veuille sanctifier vos âmes par ces persécutions, et je le supplie de tout mon cœur qu'il vous fortifie pour les supporter. »

Certes ceux qui savent en quel état étoit alors cette maison religieuse, jugeront aisément qu'encore que ce fût une grande consolation à ces pauvres filles de voir que Jésus-Christ, qui est toute leur espérance et tout leur refuge, avoit voulu montrer si visiblement qu'il étoit avec elles en guérissant cette enfant, comme saint Augustin dit qu'il témoigna son affection envers Marthe et Marie, lorsqu'il ressuscita leur frère : néanmoins l'affliction qui les avoit saisies par la crainte des troubles dont leurs ennemis les menaçoient, les rendoit si éloignées de tout excès de réjouissance, que cette faveur ne leur servit que pour soulager un peu leur esprit dans le fort de leurs peines et de leurs douleurs.

C'est donc à tort que cet écrivain les accuse « d'avoir contrevenu aux ordonnances de l'Église, en publiant par un excès de joie des miracles qui n'avoient point encore été reconnus ni approuvés des supérieurs. » Car Port-Royal n'a pas fait la moindre avance ni le moindre écrit pour publier même le premier, quoique si extraordinaire et si surprenant. Le bruit qui s'en est répandu n'est point venu des religieuses : elles crurent qu'elles devoient admirer en secret et en silence cette œuvre de Dieu, ainsi qu'elles avoient fait en des rencontres pareilles depuis quinze ans. Mais comme Dieu, en inspirant à ses serviteurs le désir de cacher aux yeux des hommes les grâces qu'ils reçoivent de lui, ne laisse pas souvent de les faire éclater par d'autres moyens, il a voulu en cette occasion que ce miracle fût su de tout Paris et cru même de toute la cour, sans que les religieuses y contribuassent en rien.

Les médecins et les chirurgiens, qui étoient touchés d'une si grande merveille, se tinrent obligés en conscience de la dire à tout le monde, pour rendre gloire à celui qui leur avoit fait voir sur l'œil et le visage tout défiguré de cette petite fille les traits vénérables de sa main puissante. C'est ce que fit encore M. Périer, père de la petite, qui est un conseiller de la cour des aides de Clermont en Auvergne, d'où il avoit été mandé par une lettre écrite le 24 de mars, quatre heures avant le miracle, pour venir assister à l'incision et à l'application du bouton de feu que M. Dalencé devoit faire à l'œil de sa fille aussitôt qu'il seroit arrivé. Il fut si surpris de la trouver parfaitement et miraculeusement guérie, lorsqu'il la vit à Port-Royal le 5 d'avril, qu'il se crut obligé, par un sentiment de reconnoissance envers Dieu, de faire assembler les médecins et les chirurgiens, qui donnèrent tous leur attestation par écrit le jour du vendredi saint. Et ensuite il joignit sa voix à la leur, et imita le zèle du lépreux de l'Évangile (Marc., I, 44 et 45), qui publia partout la grâce qu'il avoit reçue de Jésus-Christ, nonobstant la défense de Jésus-Christ même.

Cependant toute la certitude d'un effet si merveilleux et toute l'édification qu'il a causée dans l'Église, n'ont pu empêcher qu'il ne se soit trouvé des personnes dans l'Église même qui n'ont pu dissimuler qu'ils en étoient scandalisés. Ce que les hérétiques n'auroient pu faire sans découvrir ouvertement leur animosité contre l'épouse de Jésus-Christ, a été fait par des catholiques. Ils n'ont travaillé depuis cinq mois qu'à ruiner la vérité de ce miracle dans l'esprit du peuple, par un grand nombre de faux bruits qu'ils ont répandus partout.

D'abord ils ont dit à plusieurs personnes que c'étoit une fourbe et une supposition, et qu'on produisoit la sœur aînée de la petite fille malade au lieu d'elle. Ce qui obligea de faire voir à M. le promoteur et à plusieurs autres les deux sœurs ensemble.

Ils publièrent depuis que sa fistule lacrymale étoit revenue, et qu'elle en étoit plus malade que jamais. Ce qui porta M. Dalencé, chirurgien, qui l'avoit vue malade et parfaitement guérie, à venir à Port-Royal avec le médecin d'un prince du sang, pour le convaincre, ainsi qu'il fit par ses propres yeux, de la fausseté de ce bruit.

Ils ont dit enfin que véritablement la guérison de son œil avoit toujours continué; mais que la malignité de l'humeur qui lui causoit cet ulcère à l'œil étoit tombée sur les parties nobles et l'avoit réduite aux derniers soupirs. Ce qui engagea M. Guillard, chirurgien, qui l'avoit vue malade et guérie et avoit aussi atteste ce miracle par écrit, à venir la revoir au mois de juillet dernier, où il la trouva aussi saine que le premier jour, et depuis encore, M. Félix, premier chirurgien du roi, qui l'avoit vue dès le mois d'avril, ayant eu la curiosité de la revoir le 8 d'août, et ayant trouvé sa guérison aussi entière et aussi admirable qu'elle lui parut alors, il a déclaré, par un écrit signé de sa main, « qu'il étoit obligé de confesser que Dieu seul avoit pu produire un effet si subit et si extraordinaire. »

Cet écrivain reproche encore à ces religieuses « qu'elles ont exposé cette nouvelle relique avant qu'elle eût été reconnue et approuvée par le supérieur, » et prétend qu'en cela elles ont aussi « contrevenu à l'ordonnance de l'Église portée par le concile de Trente. » Mais elles ne l'ont point exposée dans leur église comme on y expose les reliques ordinaires : elles l'ont tenu enfermée au dedans du monastère, et jamais elles ne l'en ont tirée, que lorsque plusieurs personnes demandoient à la baiser ; ce qu'elles n'ont point fait même sans en donner avis à M. l'évêque de Toul, qui a trouvé bon qu'elles suivissent en ce point la dévotion du peuple et de plusieurs personnes de condition qui venoient et viennent encore adorer cette sainte épine, dont Jésus-Christ même, le supérieur des supérieurs, venoit de justifier la vérité par cette insigne merveille qu'il avoit faite par son entremise. Il n'y a point d'approbation pareille pour une relique, à cette attestation du ciel. Un miracle certain, visible, irréprochable comme est celui-là, en est la plus forte, la plus sainte et la plus divine preuve.

C'est ainsi qu'il fit connoître anciennement sa véritable croix, comme l'histoire ecclésiastique nous l'apprend; c'est ainsi qu'il a fait reconnoître aujourd'hui cette épine de sa sainte couronne. Aussi M. l'évêque de Toul, comme très-instruit dans la science et dans la discipline de l'Église, jugea qu'après un événement si miraculeux, on ne devoit pas refuser à tant de personnes pieuses la liberté de la révérer.

Une autre accusation de cet auteur, est que des personnes de condition étant à l'extrémité, lorsque eux ou leurs parens ont envoyé prier les religieuses de Port-Royal de trouver bon que quelqu'un de leurs confesseurs ou quelque ecclésiastique de leur part portât cette relique chez les malades, « elles leur ont accordé cette demande contre l'ordre du concile [illegible] Trente, qui défend le transport des reliques chez les malades. »

Mais [illegible] devoit savoir, 1° que cet ordre est principalement pour des châsses [illegible] pour des reliques attachées à des églises particulières, que le concile a jugé à propos de ne point tirer des lieux où elles ont accoutumé d'être révérées, si ce n'est pour des cérémonies publiques; 2° que cet ordre n'est pas généralement observé dans l'Église de Paris, puisque tout le monde sait qu'il y a des reliques qu'on transporte assez souvent chez les malades, comme le manteau du bienheureux Pierre de Luxembourg, et une côte de sainte Opportune; 3° que cette accusation, quelque foible qu'elle soit, ne touche point Port-Royal, puisque la mère abbesse n'a accordé qu'on transportât cette relique que par l'ordre de M. l'évêque de Toul, en qualité de grand vicaire; ce que peuvent attester les religieuses du Val-de-Grâce, lesquelles ont elles-mêmes obtenu cette permission. Et M. Charton, le jeune, qui est à présent pénitencier, peut témoigner aussi que lui-même prit la peine, il y a trois ou quatre mois, d'y venir par deux fois pour la porter avec un ecclésiastique de Port-Royal chez deux personnes mourantes.

[illegible] ce reproche est déraisonnable en soi, il l'est encore davantage dans [illegible] bouche de ceux qui le font, puisque eux-mêmes ont demandé qu'[illegible] voulût bien la porter chez un malade qu'ils assistoient. Le P. des Dés[illegible], jésuite, en écrivit une lettre lui-même à M. l'évêque de Toul, dont la substance étoit : « Que les religieuses de Port-Royal ayant témoigné qu'elles ne pouvoient pas donner la sainte épine pour être portée hors de chez elles sans sa permission, il le supplioit très-humblement de la lui accorder en faveur d'une personne fort malade, qui désiroit d'avoir cette consolation. » Cette lettre fut rendue à ce prélat, lorsqu'il étoit dans la sacristie de Port-Royal. Après cela le lecteur peut juger si c'est *la charité* qui porte cet écrivain, comme il dit, à former de semblables accusations, et à faire un crime à des religieuses de ce qu'elles ont fait non-seulement par l'ordre de leur supérieur, mais à la prière même de ceux qui les en reprennent.

Il n'est pas plus équitable dans sa seconde partie. Après avoir dit, « qu'il suppose que les miracles qu'on rapporte sont véritables ; que cette relique est reconnue par les supérieurs pour une relique assurée, et que tout s'est fait à Port-Royal selon les lois de l'Église, » il ne veut pas qu'on puisse en tirer aucune conséquence qui soit favorable à cette maison religieuse.

Cette preuve si publique de la miséricorde et de la bienveillance de Dieu envers ses servantes n'a point adouci le cœur de cet ennemi. Il renouvelle encore une partie des calomnies que feu M. l'archevêque étouffa par une censure[1] qui fut publiée dans toutes les paroisses de Paris, et que Dieu, qui les en a vu noircir de nouveau, a voulu confondre par ces miracles. Il leur attribue encore l'*hérésie*, l'*impiété* et le *schisme*. Il les met en parallèle avec les huguenots, comme des personnes hérétiques avec d'*autres hérétiques*. Il aime mieux blesser l'honneur de l'Église, et lui ravir un privilége qu'elle a reçu de son époux, qui est le don des miracles, que de cesser de ravir l'honneur à ces humbles filles de l'Église. Il aime mieux donner lieu de croire, par un horrible scandale, que le Saint-Esprit, qui n'anime que le corps de Jésus-Christ, et qui n'est point dans toutes les synagogues de Satan, ne laisse pas de faire des miracles dans une maison qu'il appelle le *siége d'une nouvelle hérésie*, que de reconnoître, par ces marques de la vraie Église, l'injustice criminelle de ceux qui veulent l'en diviser.

Et enfin il veut qu'on ajoute plus de foi à de noires médisances qui ont été ruinées par divers écrits, qu'aux déclarations très-sincères de la pureté de leur foi, qu'elles ont toujours données à leur archevêque ; qu'au jugement de M. l'évêque de Toul, leur supérieur, qui a témoigné une extrême satisfaction de leur conduite, après une première visite qu'il y a faite, et une seconde qu'il avoit commencée ; et qu'à l'autorité de Jésus-Christ même, qui a confirmé leurs déclarations et le jugement de ce prélat par les miracles qu'il a voulu opérer chez elles, pour rendre plus accomplie la justification de leur innocence

Est-il possible que cet écrivain ne sache pas ce que l'Évangile nous a appris, que les miracles sont d'ordinaire les fruits d'une véritable foi ? Jésus-Christ ne dit-il pas au père de la fille morte, « qu'il n'avoit qu'à croire, et que sa fille seroit sauvée ? » (Luc, VIII, 50.) Ne dit-il pas au père du démoniaque : « Si vous pouvez croire, tout est possible à celui qui croit ? » (Marc., IX, 22.) Et l'Évangile, parlant de Jésus-Christ même, ne dit-il pas « que l'incrédulité de ceux de Nazareth, qui étoit son pays, étoit cause qu'il ne pouvoit y faire aucuns miracles ? » (Marc., VI, 5, 6). Comment donc prendroit-il plaisir à en faire plusieurs parmi des hérétiques et des schismatiques, qui, selon l'esprit de l'Église et le sentiment des Pères, sont pires même que les infidèles ?

Mais, pour ne rien dire ici que ce qui est reconnu par tous les théologiens touchant les miracles, et ce que cet écrivain même ne peut pas nier, il est certain que Dieu ne fait jamais des œuvres miraculeuses, qui

1. Livre du P. Brisacier, jésuite, intitulé : *Le Jansénisme confondu*, censuré par feu M. l'archevêque en 1652.

sont visiblement au delà de toutes les forces de la nature, et qui ne peuvent être attribuées qu'à un coup extraordinaire de sa puissance infinie, en des temps et en des circonstances qui puissent porter les hommes qui en jugent raisonnablement, à entrer ou à se confirmer dans l'erreur. C'est pour cette raison que, selon saint Thomas et les théologiens après lui, les miracles sont appelés dans l'Écriture du nom de *signes*, parce qu'ils signifient et marquent toujours quelque vérité aux hommes, « quasi veritatis alicujus ad homines significativa. » Et ainsi, comme ce langage est encore plus divin que les paroles, il est impossible que Dieu, qui est la vérité même, en fasse jamais qui d'eux-mêmes portent les hommes à embrasser la fausseté.

Si cela n'étoit, le Sauveur n'auroit pu prendre avantage de ses miracles pour convaincre l'infidélité des juifs, et les obliger de le reconnoître pour le Messie et pour le Fils de Dieu égal à son Père. Il n'auroit pu leur dire : « Si vous ne me croyez, croyez à mes œuvres. » (Joan., x, 38.) Il n'auroit pas eu droit de prouver la puissance qu'il avoit de remettre les péchés par la guérison du paralytique comme par un témoignage certain, et auquel ses ennemis mêmes devoient se rendre. Et l'Évangile n'auroit rien dit de convaincant pour la confirmation de la doctrine du même Sauveur, lorsqu'il dit : « que les apôtres prêchant, le Seigneur coopéroit avec eux, et confirmoit leurs paroles par les miracles qui les suivoient. » (Marc., xvi, 20.)

Il est donc clair que ce principe, qui est que les miracles marquent toujours aux hommes quelque vérité, a toujours été le fondement de la véritable religion; et c'est ce que les apôtres nous témoignent dans les actes, lorsque, après les menaces que les juifs leur firent de les châtier s'ils prêchoient encore Jésus-Christ, ils élevèrent tous ensemble leur voix à Dieu, et lui dirent : « Seigneur, regardez leurs menaces, et donnez la force à vos serviteurs d'annoncer votre parole avec toute confiance, en étendant votre main pour faire des prodiges et des miracles dans la guérison des maladies au nom de votre saint Fils Jésus » (*Act.*, iv, 29, 30): comme s'ils lui eussent dit : « Montrez que le ciel est pour nous, que nous sommes vos fidèles serviteurs, et que notre doctrine est la vôtre, puisqu'elle est soutenue de votre puissance. »

L'histoire ecclésiastique est pleine d'exemples qui confirment cette vérité. Mais pour n'en rapporter que deux, Dieu ne montra-t-il pas qu'il étoit avec les catholiques contre les ariens, lorsque saint Athanase fit venir saint Antoine à Alexandrie pour confirmer la foi de l'Église par les miracles que Dieu feroit par son entremise? Et le peuple ne conclut-il pas fort bien que Dieu étoit dans l'Église catholique, où il faisoit des miracles, et que l'esprit de la vérité étoit avec ceux parmi lesquels l'esprit de la vertu et de la puissance de Dieu, qui n'est que le même, chassoit les démons et guérissoit les malades?

Ne montra-t-il pas encore qu'il étoit avec saint Ambroise et tout le parti catholique, lorsque ayant révélé à ce saint évêque où étoient les corps des saints martyrs Gervais et Protais, on les tira de terre, et un aveugle connu de tout Milan, s'étant fait approcher de ces deux corps saints, et ayant fait toucher un linge à leur cercueil, n'eut pas plus tôt porté ce linge à ses yeux, qu'ils s'ouvrirent à l'heure même? « Le bruit de ce miracle, dit saint Augustin, se répandit de tous côtés, fit retentir partout les louanges du Seigneur, et arrêta la fureur de la persécution. » (*Confess.*, chap. VII.) Et Paulin, qui a écrit la vie de saint Ambroise, ajoute encore que « parce que Dieu faisoit des miracles dans l'Église où furent mis les corps de ces saints martyrs, *qui étoit aux catholiques*, la foi catholique en croissoit de jour en jour, et la perfidie arienne diminuoit. »

Mais il faut remarquer que Dieu ne fait pas seulement des miracles pour confirmer les vérités de la foi, et qu'il en fait encore quelquefois pour justifier l'innocence de ses serviteurs et de ses servantes, pour éclaircir des choses cachées, et pour confondre, par une voix divine et une autorité suprême, les impostures de leurs ennemis, lorsqu'ils ne peuvent les détruire par des preuves humaines et ordinaires. Ce fut ainsi qu'il se déclara autrefois pour l'innocence de saint Chrysostome, lorsque, dès la première nuit qui suivit son premier bannissement, il ébranla un quartier de la ville de Constantinople par un tremblement de terre, qui porta l'empereur, saisi de crainte, à le faire revenir. Ce fut ainsi qu'il découvrit l'innocence de cette femme de Verceil, faussement accusée d'adultère par son mari, en faisant, au rapport de saint Jérôme, que le bourreau ne pût en sept coups entamer seulement sa peau avec son épée. Ce fut ainsi qu'il se rendit protecteur de la chasteté de sainte Cunégonde, impératrice, soupçonnée de n'avoir pas gardé la foi conjugale, en lui faisant tenir dans sa main un fer rouge ainsi qu'un bouquet de fleurs. Ce fut ainsi que, par la vue qu'il rendit à un aveugle, il montra que saint Bernard n'avoit prêché la croisade que par son esprit, quoique l'armée eût été ruinée, et qu'il eût été décrié ensuite comme un faux prophète. Ce fut ainsi qu'au rapport de Césarius, religieux de Cîteaux, il décida la question qui divisoit et partageoit les théologiens et les docteurs de la Faculté de Paris touchant la justice ou l'injustice de la cause de saint Thomas de Cantorbéry, qui s'opposoit lui seul à tous les évêques catholiques d'Angleterre, en faisant un grand nombre de miracles à son tombeau.

Nous n'avons maintenant qu'à appliquer ces maximes à ce qui s'est fait à Port-Royal; et je ne doute point que ceux qui en considéreront les circonstances particulières, ne reconnoissent que Dieu n'a guère parlé plus intelligiblement pour soutenir l'innocence persécutée, qu'il l'a fait en cette rencontre.

Une maison religieuse est déchirée depuis plusieurs années par de continuelles impostures. Des personnes ennemies et violentes tâchent de la décrier partout comme infectée d'hérésie. Ils y emploient jusqu'à des calomnies aussi horribles qu'est celle de publier [1] qu'on n'y croit pas la présence réelle de Jésus-Christ dans le saint sacrement, quoiqu'on l'y adore sans cesse par un institut particulier. On les traite d'excommu-

1. Livre du P. Meynier, jésuite de Poitiers, intitule : *le Port-Royal et Genève d'intelligence contre le saint sacrement de l'autel*, imprimé à Poitiers en 1656.

niées, et on tâche de faire croire à tous ceux qui ne les connoissent pas, que c'est un crime de mettre de petites filles entre leurs mains pour les élever et pour les instruire. On veut même persuader qu'on doit fuir leur église comme une église de schismatiques. On les menace de la dernière persécution. Il ne leur reste aucune consolation qu'en leur innocence, aucune espérance qu'en leurs prières, aucun refuge qu'en Dieu. Et dans le point même où il sembloit que tout étoit préparé pour les accabler, Dieu fait éclater parmi elles les marques les plus visibles de sa protection et de son amour. Il y fait apporter une sainte épine de sa couronne. Il s'en sert pour y signaler sa toute-puissance par l'un des miracles les plus certains et les plus sensibles qu'il ait faits depuis plusieurs siècles. Il agit lui-même dans le cœur des hommes pour le faire croire à tout Paris, et le répandre partout. Il en imprime, par son esprit, une admiration religieuse dans les personnes les plus incrédules. Il donne au peuple catholique des sentimens d'une dévotion particulière pour venir l'invoquer dans cette église; et pour montrer que lui seul les y fait venir, il scelle encore ce premier témoignage de son amour par de nouvelles grâces non moins extraordinaires que la première.

Après cela, peut-on avoir, je ne dis pas quelque lumière de piété, mais seulement quelque étincelle de raison, pour douter encore si Dieu, par cette conduite, s'est déclaré contre les religieuses de cette maison, ou pour elles? s'il les a tenues pour ses ennemies, ou pour ses servantes? s'il les a traitées comme infidèles, ou comme fidèles? s'il a conspiré avec leurs adversaires pour les perdre, ou avec ceux qui connoissent leur piété et leur innocence pour les sauver?

Lorsque après que, des hommes passionnés ont écrit, ce qui est horrible à penser, que « Port-Royal est plus proche de Genève et de Charenton, que de Rome et de Notre-Dame de Paris [1], » Dieu choisit cette maison religieuse pour y faire admirer son pouvoir par des miracles, c'est-à-dire pour lui faire le même honneur qu'il a fait en divers temps à ces deux Églises, celle de saint Pierre, prince des apôtres, et celle de la Vierge, mère de Dieu : que doit-on en conclure, sinon qu'il a voulu faire voir qu'elle est aussi éloignée de Genève et de Charenton par sa foi toute catholique et par sa piété toute chrétienne, que proche de Rome par sa très-humble soumission au saint-siége, et de Notre-Dame de Paris par sa fidèle obéissance à son archevêque?

Lorsque, après que des ecclésiastiques préoccupés ont voulu persuader a tout Paris qu'un seigneur de la cour méritoit d'être retranché de la participation des sacremens, parce qu'il refusoit de retirer Mlle sa petite-fille de Port-Royal, qu'ils appeloient une école d'erreur et d'hérésie pour des enfans. Dieu ne fait pas seulement des miracles en cette maison, mais veut encore que le premier et le plus éclatant paroisse en la personne d'une des petites filles qu'on élève en sa crainte et en son amour : qu'a-t-il voulu montrer par cette guérison si merveilleuse, sinon que l'éducation qu'elles y reçoivent est aussi salutaire pour leurs âmes que pour leurs corps; et qu'il n'y guériroit pas leurs yeux malades par

1. *Le grand chemin du jansénisme au calvinisme.*

des voies miraculeuses, si l'on y rendoit leurs esprits et leurs cœurs malades par des doctrines impies et corrompues?

Et après qu'un auteur très-envenimé contre elles (le P. Annat a osé écrire sur leur sujet : « que les religieuses mêmes sont bien loin de leur compte, si elles se flattent de leur virginité et de leur profession, puisque saint Augustin dit qu'il y a des vierges qui sont hors du temple du Roi, des religieuses hérétiques : qu'à la vérité elles sont vierges; mais qu'il ne leur servira de rien d'être vierges, si on ne les conduit dans le temple du Roi, c'est-à-dire dans l'Église : » peut-on juger autre chose, sinon que Dieu a voulu le faire rougir de sa calomnie, et montrer aux plus aveugles qu'elles sont dans le temple du Roi, puisque le Roi même qui habite au dedans d'elles comme dans ses temples, selon la parole de saint Paul, a voulu se montrer encore au dehors d'elles dans leur propre temple, dans leur propre église, et faire voir à tout Paris, par les merveilles qu'il y opère, l'union étroite qu'il a avec elles comme avec ses très-humbles filles, et l'union inséparable qu'elles ont avec son Église, comme avec leur sainte mère?

Et enfin pouvoit-il mieux étouffer que par ces miracles cette maligne et vraiment diabolique calomnie, qui, ne voyant rien que de pieux et de catholique dans cette maison religieuse, lui attribuoit un *venin caché* d'intentions secrètes et criminelles? Car peut-on appeler des jugemens de celui qui, par sa lumière infinie et sa justice inflexible, ne peut n être trompé par l'obscurité des replis de l'âme, ni agir en sa faveur que lorsqu'elle est sincère et innocente devant ses yeux? Si Port-Royal « avoit regardé l'iniquité dans son cœur, » selon l'expression de David, « le Seigneur ne l'auroit point exaucé. » (*Ps.* LXV, 18.) S'il y avoit eu de la duplicité et de la corruption d'esprit dans son humble soumission aux constitutions et aux décrets de l'Église romaine, que devoit-il attendre, que des châtimens de la justice de Dieu, ennemi des fourbes et des hypocrites? Et si on avoit demandé à ces ecrivains ce que cette maison religieuse devoit espérer de lui au mois de mars dernier, lorsque tout étoit conjuré contre elle, ils ne lui auroient promis que les vengeances dues à des complices d'*une nouvelle hérésie.* Mais il a paru qu'ils ont plus de crédit sur la terre que dans le ciel, et qu'ils gouvernent plus les hommes, qui peuvent être surpris, que le Dieu des hommes, qui ne peut l'être. Au lieu de ces châtimens et de ces vengeances dont ils menaçoient Port-Royal plus que jamais, ce juge des vierges a répandu sur cette maison ses bénédictions et ses faveurs les plus singulières. « Il a trompé les trompeurs, » selon la parole de l'Écriture (*Prov.*, III, 34). Il a montré combien la témérité de leurs pensées étoit éloignée de la vérité des siennes; combien l'aveuglement de leur passion étoit contraire à la lumière de sa sagesse; combien la cruauté de leur haine étoit opposée à la douceur de son amour.

Certes, s'ils avoient encore quelque reste de modération et de retenue, ils seroient au moins demeurés dans le silence, se sentant accablés du poids de la main de Dieu, « oppressi pondere manus Dei, comme dit saint Augustin. Car comme en cette rencontre la calomnie ne s'attachant qu'à ce qui est connu de Dieu seul, ne pouvoit être confondue que par lui seul, il semble aussi qu'il a pris plaisir à s'en rendre juge, et « à révéler le secret des cœurs, » comme il est dit dans l'Évangile (Luc., II, 35); qu'il a voulu découvrir quel étoit le *venin caché* qui a causé tant de troubles et tant de scandales; que ce n'étoit pas celui de l'erreur, mais de l'envie; que l'hérésie et l'impiété n'empoisonnoient pas les âmes de ses épouses; mais que l'animosité et la jalousie envenimoient celles de leurs ennemis. Et ainsi l'on peut dire maintenant de l'innocence de ces accusées, ce que l'Apôtre disoit autrefois : « Deus qui justificat, quis est qui condemnet? » (*Rom.*, VIII, 33, 34), et de la malignité de leurs accusateurs, ce que Jésus-Christ reprochoit aux siens : « Vos estis, qui justificatis vos coram hominibus : « Deus autem novit corda vestra. » (Luc., XVI, 15.)

Que pouvoit donc faire davantage pour la protection de cette maison, celui qui est la charité et l'équité souveraine? Et de quelle sorte pouvoit-il se déclarer plus hautement contre ceux qui vouloient l'opprimer par leurs impostures et leurs violences? « Les hommes s'expliquent en paroles, dit saint Augustin, mais Dieu parle par actions. » (*Ep.* XLIX.) C'est pourquoi ce saint dit excellemment : « que ses miracles sont comme son éloquence, qui ne s'entend pas par les oreilles, mais qui se considère par les yeux et par l'esprit : « In opere divino quamdam Dei « eloquentiam non audire, sed considerare permisi. » (*De Civit. Dei*, III, cap. VIII.) C'est le plus haut et le plus divin langage de sa providence : et si l'on veut savoir ce qu'elle veut dire, lorsqu'elle se déclare pour l'innocence de ses serviteurs ou de ses servantes persécutés par la calomnie, le grand saint Grégoire, pape, nous l'enseigne, lorsqu'il dit que : « ces miracles sont les armes dont Dieu les couvre; mais des armes toutes brillantes d'éclairs, qui frappent et éblouissent leurs persécuteurs, afin qu'ils n'osent plus les persécuter : « Arma miraculorum « mentes persequentium fulgurant, ut eos persequi non præsumant. » (Lib. I, *In Ezech.*, hom. V.)

Aussi Jésus-Christ a montré bien clairement que ce n'étoit qu'à Port-Royal qu'il vouloit faire des miracles par cette sainte relique, puisqu'il n'en a fait aucun durant tout le temps qu'elle a été en plusieurs autres lieux. Et cependant s'il n'avoit voulu en faire que pour la relique même, où sa providence eût-elle pu en faire plutôt que parmi des religieuses aussi généralement honorées pour leur piété, que le sont les carmélites et les ursulines, qui, par leur réputation, auroient donné de l'éclat à ces miracles, et les auroient fait recevoir avec applaudissement de tout le monde? Mais il ne l'a pas voulu : parce que, n'ayant point d'ennemis qui les déchirent et les persécutent, elles n'avoient pas besoin, comme quelques-unes d'elles ont dit, qu'il fît un miracle pour prouver qu'il est avec elles, puisque cette vérité n'est révoquée en doute par qui que ce soit.

M. de La Poterie garda encore cette sainte épine dans sa chapelle durant plusieurs jours, après le premier miracle qui s'étoit fait à Port-Royal. Plusieurs personnes venoient chez lui pour être soulagées dans leurs maladies. C'étoit la même relique, et néanmoins Dieu ne fit aucun miracle dans ces différens lieux où elle a été. Mais comme ce serviteur de Dieu se vit accablé par le grand nombre de ceux qui venoient dans son logis, et qui troubloient sa retraite et son repos, il jugea que puisque Dieu n'avoit fait aucun miracle par cette sainte épine qu'à Port-Royal, c'étoit là où il vouloit qu'elle fût. Ce seul mouvement, tout de foi et de piété, le fit résoudre à l'y envoyer de nouveau : et parce que cet écrivain en a parlé comme d'une *relique empruntée* par Port-Royal, sa passion altérant partout la vérité, et envenimant les choses les plus innocentes, je rapporterai ici les propres paroles que cet ecclésiastique écrivit à la mère prieure sur ce sujet, le 17 d'avril :

« Ma révérende mère et cousine,

« J'ai une très-grande consolation et un contentement indicible d'avoir appris combien Notre-Seigneur a été honoré et loué par ses épouses, du miracle si grand et si évident qu'il a opéré par cette sainte épine de sa sacrée couronne : et je crois que comme les esprits bienheureux, inférieurs en gloire, n'ont point de jalousie de ce que Dieu est plus hautement loué et glorifié par ceux qui sont au-dessus d'eux, mais au contraire en ont une grande joie, je dois aussi, à leur imitation, me réjouir davantage que cette sainte épine soit plus fervemment, plus dignement et par plus de personnes honorée en votre maison qu'elle ne pouvoit l'être en ma chapelle. Dieu a voulu que je vous la laissasse, puisque par elle il a fait un si évident miracle. J'en suis tout étonné en moi-même, lorsque je considère tout ce qui s'est passé, et la conjoncture en laquelle il est arrivé, vu que je pouvois vous la faire voir il y a deux mois, et vous aussi me la demander comme ont fait les carmélites. Mais Dieu l'avoit réservé pour ce temps, auquel vous étiez menacées de plus grandes persécutions, pour relever vos esprits et vous donner une grande confiance qu'il ne délaissera point ses épouses. Et ce qui est encore remarquable, est que ce miracle est arrivé en l'une de vos petites filles, lorsque l'on faisoit courir le bruit, comme vous savez, qu'on vouloit vous les ôter. Je trouve tant de choses si extraordinaires et si remarquables en cette faveur que Dieu vous a faite, que je ne veux entrer plus avant en ce discours. Au reste, vous avez voulu mener une vie cachée, et n'être connues que de Dieu, ne l'étant du monde, sinon par les persécutions qu'il vous faisoit; mais Dieu a voulu faire connoître au monde votre innocence, et que dorénavant on aille en votre sainte maison pour recevoir des grâces de lui. »

Cette relique ne fut pas plus tôt revenue à Port-Royal, que Dieu commença d'y faire par elle de nouveaux miracles. Cette arche sainte (II *Reg.*, VI, 12) a apporté le bonheur et la bénédiction en cette maison, parce que Dieu l'a ainsi voulu, comme autrefois il voulut que l'arche d'alliance l'apportât, selon l'Écriture, dans la maison d'un pieux Israélite. Je rapporterai ici quelques-unes de ces merveilles.

Une religieuse de condition de la *Maison-Dieu* de Vernon, nommée sœur Marguerite Carré de Merçay, ayant été près de deux ans sans pouvoir marcher qu'avec de grandes difficultés, aidée d'une autre, ou soutenue d'un bâton, à cause d'une espèce de paralysie qui lui étoit tombée sur les jambes, pour laquelle elle avoit usé de plusieurs remèdes sans aucun effet, et étoit même sortie de son monastère pour prendre des eaux de Rouen, que le médecin croyoit lui être salutaires, sans en ressentir de soulagement; enfin ayant été envoyée à Paris avec une autre de ses compagnes, et sa foi l'ayant portée à avoir plutôt recours à Dieu qu'à des remèdes humains, dont elle avoit éprouvé l'inutilité durant tant de temps, elle se fit mener à Port-Royal pour adorer la sainte épine et y communier; ce qu'ayant fait, elle sentit un grand engourdissement dans les jambes, qui lui fit craindre de ne pouvoir se lever de sa place; mais sa foi et sa dévotion l'ayant portée à baiser encore une fois cette sainte relique, elle en ressentit à l'instant l'effet salutaire, s'étant trouvée aussi forte pour marcher, monter et descendre, qu'avant qu'elle fût malade; jusque-là que, s'en étant retournée peu de jours après en son monastère, elle fit près d'une lieue à pied sans aucune incommodité, comme Mme Le Lectier, sa prieure, l'écrivit aussitôt à M. Malet, chez qui ces deux religieuses avoient demeuré étant à Paris; et depuis, la même prieure a envoyé son attestation avec celle du médecin et du chirurgien.

Mme Durand, femme de M. Durand, procureur de la cour, entre autres infirmités, en ayant une principale, qui étoit un vomissement continuel depuis deux ans dix mois, qui lui faisoit rejeter toute sorte de nourriture; elle se fit porter à Port-Royal pour demander à Dieu, par l'attouchement de la sainte épine, la guérison de ce vomissement; et elle l'obtint si entière le samedi 15 juillet, après avoir adoré et baisé la sainte épine, qu'ayant senti un changement en elle qui lui fit croire qu'elle étoit guérie, elle prit ensuite de la nourriture dans le monastère même; et au lieu qu'elle n'avoit encore pu retenir celle qu'elle avoit prise chez elle le matin, elle la retint alors sans peine, comme elle a toujours fait depuis, sans avoir eu ni vomissement, ni mal de cœur.

D'autres personnes qui étoient, ou trop malades pour pouvoir souffrir d'être portées à Port-Royal, ou trop éloignées, ou trop foibles pour entreprendre ce voyage, se sont servies des linges qui avoient touché à cette sainte épine, et les ayant mis sur elles avec foi dans le temps des neuvaines qui se faisoient pour elles à Port-Royal, elles ont été guéries avec l'admiration de tout le monde.

L'une de ces personnes est une petite fille de treize ans, nommée Angélique, fille de M. Portelot, procureur de la cour, dont les divers maux étoient si étranges et si inconnus, que nuls remèdes de la médecine n'ont pu les guérir durant près de quatre ans. Elle avoit eu des vomissemens pendant six mois, puis la fièvre, qui ne la quittoit point, avec des convulsions horribles, et un retirement de deux vertèbres de l'épine du dos, qui, n'étant plus en leur place naturelle, l'empêchoient de pouvoir se tenir en son séant, et l'obligeoient à être toujours couchée plate, ayant la tête plus basse que les pieds, parce qu'en toute autre assiette elle souffroit d'extrêmes douleurs et jetoit de grands cris . de sorte que pour la mener une fois à Notre-Dame des Vertus, on fut contraint de la faire porter toute couchée sur un petit matelas dans une manne. Enfin n'ayant pu trouver aucune sorte de soulagement, le bruit des miracles qui se faisoient par la sainte épine à Port-Royal porta sa mère à y faire une neuvaine; ce qui donna à la malade une grande confiance de guérir. Le dernier jour de la neuvaine, qui fut un mercredi 5 juillet, sa mère lui ayant apporté des linges qui avoient touché la sainte épine, et la malade les ayant mis sur elle, une demi-heure après elle sentit un grand remuement en tout son corps; ses convulsions, qu'elle avoit d'ordinaire cinq ou six fois le jour, et qu'elle avoit encore eues trois fois ce jour-là avec de sensibles douleurs, cessèrent entièrement; la fièvre la quitta, et ses vertèbres s'étant remises en leur place, elle se mit en son séant, ce qu'elle n'avoit pu faire depuis trois ans et demi; elle se leva, marcha par la chambre, se mit à genoux pour rendre grâces à Dieu, et deux jours après vint à Port-Royal se portant fort bien; ce qui a toujours continué depuis, et a fait venir chez son père grand nombre de personnes de condition, qui ont été les spectateurs et les témoins de cette merveille.

Une religieuse du monastère des ursulines de Noyers en Bourgogne, nommée sœur Claude-Marie de Saint-Joseph, qui, depuis plus de deux ans, étoit étique et paralytique, en telle sorte qu'elle avoit même les pieds renversés, et que les genoux lui trembloient sans cesse lorsqu'elle étoit assise, s'étant fait porter à l'église le dernier jour de la neuvaine qu'on faisoit pour elle, entendit la messe assise, et s'étant fait mettre sur les jambes des linges qui avoient touché la sainte épine, elle pria qu'on lui récitât tout haut la Passion de Notre-Seigneur; et lorsque la sœur qui la lisoit vint au couronnement d'épines, et prononça ces mots, « Ave, rex Judæorum, » elle éleva son cœur à Dieu, et lui demanda qu'il lui plût lui faire la grâce de l'adorer dans un autre esprit que celui des juifs, puisqu'elle le reconnoissoit pour son Dieu, son roi et son père, de qui elle attendoit le secours dont elle avoit besoin. Ensuite de quoi elle sentit une vertu secrète et divine qui se répandit dans ses jambes, qui remit ses pieds dans leur état naturel, et raffermit tellement ses genoux, qu'elle se leva dans cet instant; et ayant marché toute seule jusqu'à la grille, s'y mit à genoux pour adorer Jésus-Christ comme elle venoit de le lui demander. Sa fièvre, son vomissement continuel et tous ses autres maux disparurent aussitôt. La surprise d'un si grand miracle fit jeter des cris de joie par les religieuses. Elle entendit toute une messe à genoux; et les ecclésiastiques et les magistrats étant venus au bruit de cette merveille, on en chanta le *Te Deum*, durant lequel celle qu'on avoit apportée à l'église depuis deux ans, se tint toujours debout, et depuis ce jour se trouva dans une si pleine et entière santé, que la maison en fit dresser une attestation signée d'elles toutes, qui sont au nombre de cinquante-cinq religieuses, et l'adressa à un ecclésiastique qui avoit dit la messe pour elles à Port-Royal, et leur avoit envoyé ces linges.

Une des religieuses ursulines de Pontoise, nommée sœur Marie de l'Assomption, avoit été tourmentée durant huit mois d'un si horrible mal de tête, et de si violentes et si continuelles douleurs en cette partie, qu'elle n'avoit repos ni jour ni nuit, sans qu'elle pût tirer de soulagemens d'aucuns remèdes, ni même d'une ouverture qu'on lui avoit faite à la tête jusqu'au crâne; enfin ayant ouï parler des merveilles que Dieu faisoit à Port-Royal par la sainte épine, y envoya des linges qui la touchèrent. et qu'elle appliqua à son mal le 17 août dernier, qui fut le premier jour de sa neuvaine; et depuis ce jour elle sentit une si notable diminution de son mal, que le dernier, qui fut le vendredi 25, toute la communauté en rendit grâces à Dieu avec elle, et que ce fut elle-même qui entonna le *Te Deum* qui en fut chanté; ce qui a porté les religieuses à envoyer à la mère abbesse de Port-Royal une attestation de cette guérison miraculeuse, signée des officières de la maison, et accompagnée de l'attestation des deux médecins et du chirurgien, qui déclarent que ce récit des religieuses est très-conforme à la vérité, et qu'ayant employé les remèdes de la médecine environ l'espace de huit mois, pour le soulagement de la malade, sans en avoir eu le succès prétendu et espéré, ils voient et jugent que sa guérison vient plutôt du ciel que de ces remèdes de la médecine, et l'estiment tenir entièrement du miracle. Ces actes sont datés du 14 du présent mois de septembre.

Mlle d'Espinay, femme de M. d'Espinay, commis au contrôle général des finances, reconnoît que de ses trois derniers enfans, qui ont été trois filles, la première, qui a vécu jusqu'à l'âge de cinq ans et demi, et la seconde jusqu'à dix-huit mois, n'ont jamais pu mettre un pied devant l'autre pour marcher, et sont mortes dans cette impuissance: la troisième, qui est la dernière, étant encore en ce même état à l'âge de dix-sept mois, il lui étoit survenu une fièvre continue avec un grand dévoiement haut et bas, qui la mettoit en danger. Au mois d'août dernier, sa mère envoya à Cachan, près de Paris, où elle étoit en nourrice, des linges qui avoient touché à la sainte épine de Port-Royal, et fit dire la messe pour elle en l'église de ce monastère. Sa nourrice lui ayant mis ces linges, elle s'endormit, et à son réveil se trouva sans fièvre et sans dévoiement; ce qui ayant convié sa mère à aller la voir, elle fut étonnée de trouver que non-seulement elle étoit guérie de sa fièvre, mais que même elle commençoit à marcher; et peu de jours après, étant seulement soutenue avec la lisière, elle marchoit aussi bien qu'un enfant de cet âge peut faire : ce qui a toujours continué jusqu'à présent, au grand étonnement de tout le voisinage.

Une religieuse de l'abbaye du Thrésor, de l'ordre de saint Bernard, fille de M. de La Poterie, conseiller d'État, étant malade depuis sept mois d'une fièvre continue, accompagnée de grands maux de tête et d'estomac, et tous les remèdes de la médecine lui ayant été inutiles, elle écrivit, au commencement de septembre, à M. de La Poterie l'ecclésiastique, son oncle, pour le prier de lui envoyer quelque chose qui eût touché la sainte épine, et faire faire une neuvaine pour elle par les religieuses de Port-Royal. en lui mandant le jour qu'on la commenceroit, et l'heure qu'on célébreroit la sainte messe, afin qu'on fît la même chose et au même temps au Thrésor. M. de La Poterie lui récrivit que l'on commenceroit le 11 septembre, et qu'elle ne mît les linges qu'il lui envoyoit, après les avoir fait toucher à la sainte épine, que le dernier jour de la neuvaine. La malade, ayant gardé cet ordre, ne sentit point de soulagement durant les huit premiers jours, et au contraire sa fièvre augmenta notablement, et se trouva si mal le matin du 9, que, voulant communier, et ayant tâché de le faire à genoux, auprès de son lit, cela lui fut impossible. Après la communion, elle mit les linges à sa tête et à son côté droit; et comme nous voyons que, dans l'Évangile, quelques-uns de ceux que Notre-Seigneur vouloit guérir étoient avant leur guérison plus violemment tourmentés, elle ressentit de grandes douleurs et une augmentation de fièvre : mais s'étant assoupie dans la violence de ce mal, fort peu de temps après, entre sept et huit heures, elle se réveilla toute guérie, se leva, s'habilla, marcha, descendit toute seule à l'église, où les sœurs, qui étoient au chœur, furent tellement étonnées par une guérison si soudaine et si merveilleuse, que, pour en témoigner à Dieu leur reconnoissance, elles tirèrent de leur sacristie une autre sainte épine qui est dans ce monastère, que la guérie même porta dans une procession qui fut faite par toutes les religieuses après la grand'messe. Elle vint ensuite au parloir voir M. l'abbé de Lauson, chanoine de Notre-Dame, qui se trouva alors en cette abbaye, où il a trois sœurs religieuses, auquel elle dit qu'elle étoit parfaitement guérie, et le pria de dire à Paris, où il s'en retournoit, qu'elle attribuoit sa guérison aux linges qui avoient touché la sainte épine de Port-Royal, et aux prières de ces bonnes religieuses. Elle a depuis écrit la même chose à M. de La Poterie, son oncle : ajoutant « qu'elle fit maigre dès le lendemain, ce qu'elle n'avoit point fait depuis le premier jour de l'an, et qu'elle s'étoit sentie poussée en priant Dieu, de le supplier d'envoyer un cierge à Port-Royal pour brûler devant la sainte épine, et de la recommander aux prières des religieuses, afin qu'elles lui obtinssent la santé de son âme, aussi bien que celle de son corps; » ce sont ses paroles. Elle lui a aussi envoyé l'attestation du médecin qui l'avoit traitée durant toute cette maladie, qui reconnoît qu'une guérison si prompte et si accomplie n'étoit arrivée ni par aucun mouvement de la nature, ni par aucun secours de la médecine.

On ne rapporte point ici d'autres guérisons semblables, que ceux qui les ont obtenues, ou pour eux, ou pour leurs enfans, ont estimées surnaturelles et toutes divines, comme du P. Bernard Caignet, prieur de Saint-Vincent de Senlis, de l'ordre des chanoines réguliers de saint Augustin, qui est venu, le 28 septembre, à Port-Royal dire la messe en actions de grâces; de Mme de Moncheny, demeurant près de Saint-Jacques de l'Hôpital; d'une fille âgée de vingt-quatre ans, nommée Marie-Élisabeth Renard, fille de M. Renard, de la paroisse de Saint-Laurent; d'un garçon tailleur de la communauté des tailleurs, nommé Claude Le Roy; d'une petite fille âgée de deux ans neuf mois, nommée Claude Beche, fille de maître Nicolas Beche, demeurant en la rue Saint-Antoine, et de plusieurs autres dont on n'a pas retenu les noms, qui viennent tous les jours remercier Dieu à Port-Royal des grâces qu'ils ont reçues.

Il suffit de dire que si Dieu n'y faisoit sentir ou espérer son secours, il n'y a aucune considération humaine qui pût porter tant de personnes à venir au bout de la ville adorer cette sainte épine dans l'église de Port-Royal, et y faire leurs prières tous les vendredis. Car on ne les y attire en façon quelconque; et par la grâce de Jésus-Christ, on ne cherche que la gloire de Dieu dans une affaire toute de Dieu. C'est ce qui a donné le mouvement à M. de La Poterie de faire le don entier de ce qu'il n'avoit au commencement laissé qu'en dépôt : tant de guérisons extraordinaires lui ayant fait juger que Dieu demandoit de lui qu'il se privât de ce trésor de bénédictions et de grâces, quelque dévotion qu'il eût de le révérer dans sa chapelle avec plusieurs autres saintes reliques, pour le donner, comme il a fait, au monastère de Port-Royal, où Jésus-Christ faisoit paroître de jour en jour, par les merveilles qu'il y opère, que c'est là où il veut que cette sainte épine de sa couronne soit honorée.

Cependant cet écrivain est si aveuglé de la passion qui l'anime, que bien loin de reconnoître le doigt de Dieu dans une si visible protection de ses servantes, il prétend, au contraire, que toutes ces merveilles que Dieu a faites en leur faveur et dans leur église, ne prouvent autre chose que leur infidélité, et justifient contre elles toutes les accusations de leurs ennemis.

Cette prétention est si étrange qu'elle suffit toute seule pour ôter croyance à des personnes si déraisonnables; et les exemples qu'ils produisent pour l'appuyer, ne servent qu'à faire voir davantage combien elle est injuste et contraire à l'esprit de l'Église.

Le premier qu'ils allèguent est une aussi grande preuve de leur suffisance et de leur sincérité, que l'application qu'ils en font l'est de leur équité et de leur sagesse. « Le cardinal Baronius, dit cet écrivain, au sixième tome de ses *Annales*, en l'année 474, rapporte qu'une femme veuve, juive de nation et de religion, avoit en sa maison une des robes de la très-sainte Mère de Dieu, et que, nonobstant sa fausse religion et son incrédulité, Dieu ne laissoit pas de faire plusieurs grands miracles par le moyen de cette précieuse relique; de sorte qu'il y avoit tous les jours en ce lieu un grand concours, non-seulement de chrétiens, mais aussi de Sarrasins et autres infidèles, qui étoient miraculeusement guéris de plusieurs maladies : ce qui n'empêcha pas que cette misérable juive ne demeurât toujours dans son infidélité. »

Mais il est très-faux que Baronius dise rien de tout cela, ni en cette année 474, ni en aucune autre. Il ne fait que renvoyer sur ce sujet à Métaphraste et à Nicéphore, qu'on sait être des auteurs très-fabuleux et de fort peu d'autorité parmi les savans. Les cardinaux Bellarmin et Baronius remarquent du premier, qu'il a ajouté aux Vies des saints qu'il a écrites, beaucoup de fausses circonstances, et principalement des miracles; et ils ne font guère plus d'estime du second, pour la vérité de l'histoire. Et cependant cet écrivain ne s'est pas contenté de supposer à Baronius ce qu'il n'a jamais dit; mais il altère même par beaucoup de déguisemens et de faussetés ce qui a été dit par ces deux Grecs.

1° Il dissimule le fondement de toute cette histoire, qui est qu'ils disent l'un et l'autre, que la Vierge, étant prête de mourir, laissa deux de ses robes à deux veuves (ou deux vierges, selon Métaphraste) « qui avoient eu plus d'affection pour elle pendant sa vie, » selon les propres paroles de Nicéphore (lib. II, cap. XXI), avec ordre de les laisser toujours de main en main à des vierges dignes de posséder un si grand trésor, comme Métaphraste le remarque plus particulièrement. Or, il seroit contre le sens commun, et même contre l'honneur de la sainte Vierge, de croire que ses deux plus grandes amies fussent des juives de religion c'est-à-dire des ennemies de son fils; et qu'elle les eût préférées à toutes les femmes chrétiennes, en les faisant dépositaires de ses robes. Que si ces premières étoient chrétiennes, comme on ne peut pas en douter, on ne peut pas croire aussi qu'ayant eu un ordre exprès de les laisser à d'autres vierges qui eussent le même respect pour ces robes, et cet ordre ayant toujours été exécuté selon Métaphraste, elles les aient laissées à d'autres qu'à des filles qui crussent comme elles en Jésus-Christ, et qui révérassent sa sainte mère : outre que parmi les juifs, toutes les filles se marient, et il n'y en a point qui demeurent vierges de profession.

2° Aussi Nicéphore ne dit point, comme fait cet auteur, que cette *vierge hébreue*, entre les mains de laquelle se trouva cette robe du temps de l'empereur Léon, étoit *juive de nation et de religion*. C'est cet auteur qui l'ajoute, ayant bien vu que le seul nom d'*hébreue* ne suffisoit pas pour cela, parce qu'il pouvoit ne marquer que la *nation*. Et quant à Métaphraste, qui semble le dire en témoignant qu'elle faisoit difficulté de manger avec des chrétiens, il se contredit si visiblement sur ce sujet, qu'il ne mérite aucune croyance; car il fait dire ensuite à cette fille, qu'elle savoit que cette robe qu'elle gardoit étoit celle de *Marie, mère de Dieu*, ce qui marque qu'elle n'étoit point juive de religion, puisqu'on cesse de l'être lorsqu'on reconnoît que Marie, mère de Jésus, est mère de Dieu, et par conséquent que Jésus est Dieu.

3° Il impose encore à ces deux auteurs, en disant que cette femme, qu'il appelle *une misérable juive*, « demeura toujours dans son infidélité, » dont aucun d'eux ne dit pas un mot : et bien loin que Métaphraste l'appelle *une misérable juive*, il dit d'elle, au contraire, « qu'elle n'eût jamais été élevée pour être gardienne de ce trésor, si elle n'eût été ornée de la beauté des vertus et de la pureté de l'âme. »

4° Aucun de ces auteurs ne parle de « ce grand concours de Sarrasins et autres infidèles qui étoient miraculeusement guéris. » Métaphraste parle bien des miracles qui se faisoient chez cette fille hébreue, selon sa coutume d'en faire entrer partout, comme Bellarmin l'a remarqué : mais outre qu'il en parle de telle sorte, qu'on ne peut le lire sans juger que c'est une fable qu'il raconte, il ne dit point qu'il y eût des Sarrasins et des infidèles qui fussent guéris par cette robe. Ce sont des faussetés de cet écrivain, qui a inventé ces circonstances pour mieux ajuster son conte, et pour donner lieu de comparer les religieuses de Port-Royal *à une misérable juive*, et ceux qui vont y adorer la sainte épine, *à un grand concours de Sarrasins infidèles*. Mais il n'a pas pris garde combien son mensonge étoit ridicule; car au temps dont il parle, qui est l'an 474, le mot de *Sarrasins* ne se prenoit que pour un peuple de l'Arabie appelé *Saraceni*, qui n'étoit point infidèle, ayant été converti à la foi chrétienne plus de cent ans auparavant, sous la reine Maurice, du temps de l'empereur Valens, et qui, étant alors renfermé dans ses limites, ne pouvoit pas faire *tous les jours un grand concours* chez une femme qui demeuroit en Galilée, à plus de deux cents lieues de là. Il faudroit donc, pour rendre cette fausseté vraisemblable, qu'on pût entendre par le mot de *Sarrasins* des infidèles répandus par la Judée ; ce qui n'est arrivé que plus de cent cinquante ans depuis, lorsque Mahomet, ayant infecté ce peuple de son impiété environ l'an 630, et ses successeurs s'étant rendus maîtres de la Judée, de la Syrie et de plusieurs autres provinces, on commencé à entendre par le mot de *Sarrasins* des mahométans infidèles. Mais quoi qu'il en soit de cette histoire, il est visible qu'on ne peut en tirer aucun avantage pour le dessein de cet auteur, puisque des miracles faits par la robe de la Vierge ne pouvoient porter des juifs qu'à se convertir à la religion chrétienne.

Il en est de même du deuxième exemple, où cet auteur est aussi peu sincère que dans le premier. Car Baronius, en l'année 374, citée par cet auteur, dit seulement qu'il y avoit une chapelle où etoit une image de la Vierge qui faisoit des miracles, et que plusieurs chrétiens et Sarrasins y étoient miraculeusement guéris. Il ne dit quoi que ce soit de « ce prince sarrasin de Damas qui étoit aveugle, » et que cet écrivain dit « qui se fit porter dans cette chapelle, où il recouvra la vue ; nonobstant quoi il persista toujours dans son incrédulité. » Mais qui ne voit que cette histoire, vraie ou fausse, ne peut servir qu'à confondre cet écrivain, et que la réflexion qu'il y fait est sa propre condamnation ? « Si donc, dit-il, quelque Sarrasin, adressant alors la parole à un chrétien, lui eût dit : « Puisque Dieu a fait un miracle en faveur de notre prince, et lui a « rendu la vue miraculeusement, c'est un témoignage par lequel il a voulu « déclarer que la religion des Sarrasins est bonne : » cette conséquence eût-elle été bien tirée ? et le chrétien en fût-il demeuré d'accord ? » Voilà son raisonnement, qui suffit seul pour ruiner tout son libelle ; car qui peut douter que cette conséquence de ce Sarrasin n'eût été très-mal tirée, et que le chrétien n'eût eu une très-grande raison de s'en moquer ? Mais il ne voit pas, au contraire, que c'étoit au chrétien à en tirer une qui étoit aussi juste en elle-même, qu'avantageuse pour Port-Royal, puisqu'il n'avoit qu'à dire à ces Sarrasins : « Ne voyez-vous pas que notre religion est divine, puisque le Dieu que nous adorons dans cette chapelle, qui lui est consacrée en l'honneur de sa sainte Mère, vous y a rendu la vue ? Il n'y a que lui qui fasse de ces merveilles, et lui seul mérite d'être adoré et servi. » Cette conséquence ne seroit-elle pas très-bien tirée ? Et si un huguenot aveugle, étant allé prier Dieu dans l'église de Port-Royal, et ayant baisé la sainte épine, y recouvroit miraculeusement la vue, n'auroit-on pas sujet de lui dire comme à ces Sarrasins : « Confessez que la religion catholique est la seule véritable, puisque Dieu vous a guéri dans une église de vierges catholiques, qui adorent Jésus-Christ comme étant sans cesse réellement présent sur nos autels, ce que vous tenez pour idolâtrie ; et par une sainte relique qu'elles révèrent, ce que vous tenez pour superstition ? »

Et ce même raisonnement qu'on pourroit tirer de ce miracle pour la religion catholique contre ce calviniste que Dieu y auroit guéri, étoit celui que les premiers chrétiens tiroient autrefois contre les juifs et les païens, lorsque ces infidèles venoient les trouver pour être délivrés, par leurs prières, de la possession des démons. Nous le voyons dans saint

Justin, martyr (*Dial. cum Tryph.*), qui prouve aux juifs que Jésus-Christ étoit le Fils de Dieu, et que le Père l'avoit établi rédempteur et sauveur de tous les hommes; parce que, lorsque les chrétiens invoquoient le nom de Jésus crucifié sous Ponce-Pilate, les démons qui possédoient les corps de quelques juifs obéissoient à la puissance de Dieu, qui agissoit par l'entremise de ses disciples. Et nous le voyons encore dans Tertullien (*Ad Scapul.*, cap. IV), qui prouve la divinité de la même religion chrétienne contre les païens, par les guérisons miraculeuses, soit des énergumènes, soit des autres malades, que les païens venoient chercher parmi eux. Et ne fut-ce pas aussi ce raisonnement que suivit Gabinien, idolâtre, ami de saint Augustin (*Ep.* LXVII), lorsque, ayant promis à Dieu de se faire baptiser, s'il guérissoit sa fille unique, qui étoit fort malade; et ayant manqué à exécuter son vœu, il fut frappé d'aveuglement, et « étant dompté par ce nouveau miracle, » comme dit ce Père, il se fit chrétien? Il est donc visible que ce second exemple, même comme il est falsifié et supposé par cet écrivain, peut servir, par une très-juste conséquence, à prouver tout le contraire de ce qu'il prétend: savoir, que les miracles que Dieu fait à Port-Royal, justifient qu'il y est adoré avec pureté de foi, comme ceux qu'il faisoit dans cette chapelle de la Vierge justifioient la même chose.

Le troisième exemple qu'il allègue est véritable, étant rapporté dans les actes du septième concile œcuménique tenu à Nicée touchant les saintes images; mais il n'en sauroit aussi rien conclure de raisonnable que contre lui-même. Il est dit dans ce concile que, les juifs ayant percé une image de Jésus-Christ par le côté, il sortit beaucoup de sang et d'eau de cette plaie, comme lorsque le côté du Sauveur fut percé d'une lance sur la croix; et que ce sang miraculeux ayant guéri plusieurs malades d'entre eux, ils se convertirent tous, et se firent chrétiens.

Qu'a de commun cette histoire avec le fait dont il s'agit? Le sang que Jésus-Christ fit sortir d'une de ses images outragée par les juifs pouvoit-il les porter à autre chose qu'à concevoir de l'horreur de leur sacrilége, et à avoir du respect pour celui qu'ils outrageoient? Et les guérisons qui furent faites ensuite par ce sang miraculeux ne les poussoient-elles pas encore davantage à quitter, comme ils firent, leur fausse religion? Mais qui peut en conclure que des religieuses adorant une sainte épine de la couronne du même Sauveur avec une profonde vénération, et Dieu ayant daigné en même temps regarder leur foi et faire un miracle en leur faveur, elles ont dû inférer de là « qu'elles n'étoient pas dans la vraie foi, » et que leurs ennemis avoient eu raison de les traiter d'hérétiques et d'infidèles?

Y eut-il jamais une pensée plus extravagante? Cependant c'est de là que cet écrivain conclut: « qu'il y a sujet de croire que Dieu a fait ce miracle pour la conversion de ces religieuses qui n'avoient pas la vraie foi; parce que les miracles et les signes, comme dit l'Apôtre, sont pour les infidèles, et non pas pour les fidèles. » Je ne sais ce qu'on doit admirer davantage en cette rencontre, ou l'abus que cet auteur ose faire de la parole de saint Paul, ou la malignité de son esprit contre une maison consacrée à Dieu. Car quand saint Paul dit, parlant du don des langues, ce que Tarase, patriarche de Constantinople, appliqua aux miracles, en général, dans le septième concile œcuménique, que « ces signes sont pour les infidèles, et non pas pour les fidèles, » a-t-il voulu dire que ceux parmi lesquels se font ces miracles, et qui les obtiennent par leurs prières, doivent être tenus pour suspects d'infidélité, et ont besoin de se convertir pour devenir fidèles? Si cela étoit, tant s'en faut que l'Église catholique pût jamais se servir du témoignage des miracles pour confondre les hérétiques, qu'au contraire, tous les miracles qui se font dans notre religion pourroient servir aux hérétiques pour nous persuader que ces signes n'étant que pour les infidèles, et non pas pour les fidèles, Dieu ne les fait parmi nous que pour nous porter à changer de croyance, et à sortir de notre infidélité pour embrasser leur communion.

Que si ce raisonnement étoit ridicule, ne l'est-il pas autant en la bouche de cet écrivain? Et n'est-il pas étrange, que ces personnes ne puissent combattre la pureté de la foi de ce monastère, que par des argumens qui retomberoient sur toute l'Église catholique, s'ils ne se ruinoient d'eux-mêmes, et ne retomboient sur leurs propres auteurs?

Et en effet, lorsque Dieu fit des miracles à Milan par les corps des saints martyrs Gervais et Protais, ainsi que nous avons déjà dit, le peuple de Milan raisonna-t-il comme font aujourd'hui les ennemis de Port-Royal? Dit-il, à leur exemple, que les corps de ces martyrs pouvoient faire des miracles parmi les hérétiques et les infidèles, et qu'il y avoit même sujet de croire que ceux parmi lesquels ils les faisoient étoient de ce nombre; parce que les miracles, selon saint Paul, sont pour les infidèles, et non pas pour les fidèles? Jamais une pensée si folle n'entra dans l'esprit de personne, non pas même des ariens, dont plusieurs se convertirent, au rapport de Paulin, et les autres en étant frappés, furent au moins plus retenus à persécuter les catholiques; car tout le monde jugea sagement que, Dieu ne faisant les miracles que par sa volonté absolue, et lui seul agissant par les reliques de ces martyrs, il montroit qu'il étoit avec ceux entre les mains desquels et avec lesquels il faisoit paroître ces merveilles en un temps où leurs ennemis s'efforçoient de les opprimer.

Il est donc vrai que Dieu fait des miracles principalement pour la conversion des infidèles; mais cela n'empêche pas qu'il n'en fasse aussi pour la consolation et la justification des fidèles; ou plutôt tous ceux qu'il fait peuvent contribuer à ces deux fins, étant toujours propres d'eux-mêmes à confondre la fausse religion, et à confirmer la véritable. Mais ils ne peuvent servir à la conversion des infidèles qu'en l'une ou l'autre de ces deux manières. La première est quand les miracles enferment en eux-mêmes ou dans les circonstances des temps, des lieux et des moyens dont Dieu se sert, des marques sensibles qui soient contraires aux erreurs de ceux qu'il veut convertir. Et c'est ce qu'on voit dans les trois exemples que cet écrivain rapporte, puisque des miracles faits par la robe de la sainte Vierge, ou dans une église de la même Vierge, ou par du sang miraculeux sorti d'une image de Jésus-Christ, ne pouvoient porter des Sarrasins et des juifs qu'à embrasser la religion chrétienne, où la Vierge est révérée et Jésus-Christ adoré. La seconde manière est quand les miracles font comme partie du culte de la vraie religion, en ce qu'ils s'obtiennent par les adorations et les prières des vrais fidèles : en sorte que tout homme qui les considère puisse être naturellement porté à les prendre pour des témoignages de l'amour que Dieu a pour eux. Et alors il est visible que, s'il y a des personnes pour la conversion desquelles on peut croire que ces miracles se font, ce n'a garde d'être ceux parmi lesquels et en faveur desquels ils se font : mais que ce doit être nécessairement ceux qui leur sont opposés, soit qu'ils combattent leur foi par une croyance contraire, comme toutes les hérésies combattent celle de l'Église, soit qu'ils attaquent leur vertu et leur innocence par des faussetés et des calomnies que Dieu veut confondre par ces miracles.

C'est pourquoi cet écrivain a raison de soutenir « que c'est non-seulement une fausseté, mais aussi un blasphème, de dire que Dieu fasse des miracles pour autoriser des erreurs condamnées par son Église, et pour justifier ceux qui les soutiennent avec obstination contre l'autorité de la même Église » Mais quelle est la conséquence que la lumière de la foi, la charité du prochain et l'honneur de Dieu même doivent en faire tirer, sinon que quand une maison religieuse a été noircie par des accusations sans preuve, lesquelles on a convaincues de calomnie par des écrits sans réplique; et que Dieu y fait ensuite des miracles certains et visibles, on doit juger, non que Dieu veut justifier des personnes qui soutenoient des erreurs (ce seroit un blasphème que de le dire), mais justifier la sincérité de leur foi contre les impostures de ceux qui les accusoient de soutenir des erreurs?

Et y a-t-il rien encore de moins raisonnable que de prétendre, comme fait cet écrivain dans près de deux pages entières, que Dieu a eu pour but, dans ces miracles, d'apprendre aux filles de Port-Royal que Jésus-Christ « est mort pour tous les hommes? » Car ne leur a-t-il pas enseigné cette vérité par la bouche de son Apôtre et par la voix de toute l'Église? Qu'est-ce que tous les miracles qu'il a faits par sa vraie croix, et ceux qu'il a faits depuis peu par cette sainte épine de sa couronne, peuvent leur apprendre davantage sur ce sujet? Il est donc clair que Dieu n'a point fait ces miracles pour donner à ces religieuses cette instruction, dont elles n'avoient aucun besoin, mais plutôt pour convaincre leurs ennemis qu'il approuve la sincérité avec laquelle elles ont toujours cru cet article de la foi chrétienne et catholique; et qu'il condamne la calomnie de ces écrivains qui les accusent « de dénier le mérite et la vertu de son sang, et de symboliser avec les calvinistes en plusieurs de leurs erreurs. » .

Aussi n'y a-t-il rien de si foible que le fondement de cette imposture, puisqu'ils n'en ont point d'autre que de ce que, dans la traduction des hymnes de l'Église, la contrainte des vers a été cause qu'on n'a pu conserver en quelques-unes l'épithète de *Rédempteur de tous*. Car, outre que les religieuses n'ont aucune part à ces ouvrages, ils dissimulent qu'en cinq endroits de ces mêmes Heures on a mis, en termes formels, que « Jésus-Christ est mort pour tous les hommes, et pour sauver tout le monde » lorsqu'il n'étoit pas dans le latin, et que même, dans les passages de l'Écriture où l'on a choisi ceux qu'on a voulu, on a mis celui de saint Paul, où il dit plus clairement que « Jésus-Christ est mort pour tous les hommes. » Ainsi ce qu'ils objectent de l'omission de cette épithète en quelques hymnes, ne peut être qu'un effet de leur malignité; et ils devroient considérer que le pape Urbain VIII, d'heureuse mémoire, a si peu cru que l'omission de cette épithète en vers pût apporter le moindre préjudice à la foi de l'Église, qu'il l'a lui-même ôtée avec beaucoup moins de nécessité dans sa correction des hymnes, ayant mis au lieu de ce vers de l'hymne de la Toussaint : « Christe redemptor « omnium, » celui-ci : « Placare, Christe, servulis. »

Nous avons vu dans quelles absurdités cet auteur se jette, pour persuader aux hommes que les merveilles que Dieu a faites depuis quelque temps dans le monastère des religieuses de Port-Royal, non-seulement ne servent de rien pour justifier leur innocence, mais doivent même être prises pour un témoignage de leur infidélité. Et nous avons fait voir, au contraire, par les exemples mêmes qu'il a allégués, qu'il n'y eut jamais de prétention plus injuste et plus préjudiciable à l'Église catholique; puisque ce seroit donner sujet à ses ennemis de tourner contre elle tous les miracles dont Dieu daigne la favoriser. Voyons maintenant les efforts qu'emploie ce même écrivain, pour faire réussir le dessein si peu digne d'un catholique qu'il témoigne avoir, d'empêcher que les fidèles ne viennent implorer le secours du ciel dans leurs besoins temporels et spirituels, en un lieu saint consacré au Saint des saints.

Il ose dire : « que cette dévotion du peuple est un sujet de scandale pour le prochain, s'il est infirme dans la foi. » Et n'est-ce pas, au contraire, un sujet d'édification pour le prochain, quand même il seroit infirme en la foi, puisque l'infirmité de la foi ne peut être plus fortifiée que par les miracles qu'elle voit s'obtenir dans une maison religieuse de l'Église catholique? Et quel peut être le scandale que cet auteur veut nous faire appréhender, sinon un *scandale de pharisiens*, comme les théologiens mêmes l'appellent, *scandalum pharisæorum*, auquel nous sommes obligés, selon l'Évangile (Matth., xv, 14), de n'avoir aucun égard, et de ne pas laisser de bénir Dieu dans la vue de ses merveilles, quoiqu'il se trouve des personnes assez mal disposées pour se scandaliser de ce qui donne de la joie à toute l'Église?

Il les avertit encore de « regarder le Port-Royal comme un écueil, dont la rencontre pourroit leur causer quelque funeste naufrage en la foi. » Et Dieu, au contraire, leur fait connoître que c'est pour eux un port de grâce et de bénédiction, qui leur est favorable dans leurs maux.

Enfin il leur dit, par un pitoyable aveuglement, « qu'ils doivent quitter tous ces pèlerinages, neuvaines et dévotions; parce, dit-il, qu'étant préjudiciables au bien spirituel du prochain, elles ne peuvent être agréables à Dieu. » Et Dieu, au contraire, leur montre et leur fait sentir qu'elles lui sont très-agréables, puisqu'il les approuve et les sanctifie en les exauçant.

Les anciens Pères honoroient d'une révérence particulière les chapelles ou les églises dans lesquelles Dieu faisoit des miracles. Ainsi nous voyons que saint Augustin (*De Civit. Dei*, lib. XXII, cap. VIII) respectoit la petite chapelle où étoient les reliques de saint Etienne premier martyr, et où furent guéris ce frère et cette sœur qui, ayant été maudits par leur mère, trembloient toujours. Et nous voyons encore que ce grand saint obligea un de ses prêtres et un de ses clercs, qui avoient un grand différend sur un fait dont il n'y avoit point de témoins, « de s'en aller ensemble en pèlerinage à un lieu saint, où les œuvres terribles que Dieu faisoit pourroient découvrir plus facilement lequel des deux avoit conservé la pureté de sa conscience. » Sur quoi il dit ces belles paroles : « Il est bien vrai que Dieu est partout : que celui qui a créé toutes choses n'est contenu ni enfermé dans aucun lieu; et qu'il doit être adoré en esprit et en vérité par ses véritables adorateurs, afin que, les exauçant en secret, il les justifie aussi et les couronne en secret. Mais quant aux choses secrètes qui doivent venir à la connoissance publique des hommes, qui peut sonder par quelle conduite de sa sagesse ces sortes de miracles extérieurs se font en quelques lieux saints, et ne se font pas dans les autres? Il y en a plusieurs d'entre vous, à qui la sainteté du lieu où repose le corps de saint Félix de Nole est très-connue, et c'est là où j'ai voulu qu'ils allassent; parce qu'on pourroit nous écrire de là avec plus de fidélité et plus de facilité ce qui auroit été révélé divinement touchant le point de leur contestation. Nous savons aussi qu'à Milan les démons qui possèdent des corps, font des confessions merveilleuses et terribles dans la basilique des martyrs. L'Afrique est pleine de corps de martyrs; et néanmoins nous ne savons point qu'il s'y fasse aucun de ces sortes de miracles. D'où vient cela? De ce qu'ainsi que tous les saints, selon l'Apôtre, n'ont pas le don de guérir les maladies, ni celui de discerner les esprits; aussi Dieu, qui divise à chacun comme il veut les dons de sa grâce, ne veut pas que ces miracles se fassent dans toutes les églises où il y a des corps saints. » (*Ep.* XIII, 78.)

Qu'est-ce donc que les Pères révéroient dans ces opérations miraculeuses? Ce n'étoit pas seulement les reliques qui leur étoient vénérables; car il y en avoit partout, et Dieu ne produisoit ces effets extraordinaires qu'en quelques lieux particuliers : mais c'étoit sa main toute-puissante, qui seule agit dans les anges et dans les saints, « ipso Deo in illis ope« rante : » c'étoit le « choix qu'il faisoit, par un conseil immuable, du lieu et du temps » où il vouloit agir d'une manière divine : « Ubi et « quando faciat, incommutabile consilium penes ipsum est. » (Aug., *de Civit. Dei*, lib.X, cap. XII.)

De quel esprit sont donc animés ceux qui veulent, malgré Dieu même, donner encore à toute la France de l'horreur et de l'exécration d'une maison religieuse, lorsqu'il paroît visiblement à toutes les personnes pieuses et équitables que Dieu veut la mettre en bonne odeur dans toute l'Église? Il y envoie lui seul le peuple fidèle et catholique. Les grands et les petits y vont avec révérence, parce qu'ainsi que saint Augustin dit, rien n'est plus vénérable que ces effets divins et surnaturels, « qui semblent, dit-il, rendre visible aux yeux des hommes l'efficace de sa puissance comme présente » (tr. IX, *in Joan.*) au lieu où elle produit ses opérations miraculeuses. Et ces personnes, voulant leur persuader de ne plus y aller, veulent leur ôter ce respect que l'esprit de Dieu forme dans leur cœur. Jésus-Christ agit aussi véritablement par cette sainte épine de sa couronne, qu'il faisoit étant dans le monde par l'attouchement de sa propre chair. « Celui, dit saint Augustin, qui a fait par sa propre chair les miracles rapportés dans l'Évangile, est celui-là même qui en fait par ses serviteurs, *ou par des reliques.* » (*In Psal.* LXV.) Et il se trouvera encore des imitateurs des pharisiens, qui détourneront les peuples de recourir au même Jésus, lequel paroît, aux yeux de la foi, agissant à Port-Royal, comme il paroissoit, aux yeux du corps, agissant dans les maisons de ses disciples et de ses amis, pour la guérison des maladies corporelles.

Ne peut-on pas dire ici avec saint Jérôme : « Malheur sur nous, misérables, qui sommes tombés dans les vices des pharisiens! « Væ nobis « miseris ad quos pharisæorum vitia transierunt! » (Lib. IV, *in cap.* XXIII *Matth.*) « Ils n'étoient pas fort échauffés, dit saint Chrysostome, lorsque, voyant les apôtres tirer des grains de blé de quelques épis, un jour de sabbat, pour les manger, ils se contentèrent de lui dire : « Vos disciples « font là une chose qu'il n'est pas permis de faire en ce jour. » Ils expriment cette accusation en des paroles simples et tranquilles. Mais quand ils le voient guérir, le même jour du sabbat, la main sèche et paralytique de l'homme qu'on lui avoit amené, ils sont embrasés d'une si violente fureur, qu'ils délibèrent entre eux de le tuer. Lorsqu'il ne fait rien de grand ni de sublime, ils sont plus paisibles; mais quand ils voient que, d'une seule parole, il rend la santé aux malades, ils deviennent furieux comme des bêtes farouches. Ils s'élèvent contre lui avec plus de malignité et de rage que jamais; et étant empoisonnés du venin de l'envie qui les ronge et qui les dévore, ils persécutent ses miracles mêmes, qu'il fait pour le bien des hommes. » (Hom. XXX, *in Matth.*)

Et le même parlant d'eux sur le sujet de l'Évangile où Jésus-Christ délivra un démoniaque de la possession d'un démon qui le rendoit aveugle et muet, il dit ces belles paroles : « Ces misérables étoient plus affligés de ce miracle que le démon même; car le démon sortit aussitôt de cet homme, et s'enfuit sans dire mot : au lieu qu'eux conspirèrent contre la vie de Jésus. Et parce que leur volonté sanguinaire étoit alors impuissante, ils tâchèrent de ruiner, par des calomnies, la réputation que ces merveilles lui acquéroient dans le monde. Tant l'envie est une passion maligne et ardente! Lorsqu'elle voit que Dieu fait du bien aux hommes, et que cela retourne contre elle-même, elle en pâlit, elle en tremble, elle conspire pour empêcher la continuation de ces grâces en perdant celui par qui Dieu les fait; et néanmoins, dit-il, ce vice ne se connoît point, personne ne pleure d'y être tombé, personne n'en demande pardon à Dieu. » (Hom. XLIX, *in Matth.*)

Mais si cet écrivain et ceux de son parti ont pour Port-Royal une passion d'ennemis, on ne doit pas laisser d'avoir pour eux une charité de frères. C'est ce qui me porte à les avertir de se garder désormais d'une si déplorable jalousie. Ils entreprennent de décrier et de détruire les œuvres de Dieu. Ils veulent changer l'ordre de ses conseils, et arrêter le cours de sa providence. Ils censurent sa conduite, ils lui disent en effet : « Cur ita facis? » Qu'ils se souviennent de cet avis que les ennemis mêmes de saint Paul prirent dans les *Actes :* « Si l'Esprit de Dieu, dirent-ils, ou un ange du ciel lui a parlé, ne combattons pas contre Dieu » (*Act.*, XXIII, 9); car l'Écriture nous apprend « qu'il n'est pas facile de combattre contre lui. » (*Ecclesiast.*, XLVI, 8.) Et c'est ici combattre directement contre Dieu, puisque c'est lui seul qui fait ces merveilles, *et au lieu où il veut*, dit saint Augustin (*De Civ. Dei*, lib. X, cap. XII).

Que si leur envie s'allume de nouveau par la durée et l'éclat de ces miracles; s'ils continuent d'en murmurer et de s'en plaindre par des écrits, comme d'un *scandale;* s'ils éteignent en eux-mêmes l'esprit de la piété catholique et de la charité chrétienne, lorsqu'ils veulent persuader que celui de la foi est éteint dans Port-Royal : ils doivent appréhender que Jésus-Christ, qu'on voit agir si hautement dans cette maison, qui est toute à lui, « ne les regarde avec colère du haut du ciel, et avec tristesse de voir l'aveuglement de leurs cœurs, » comme il regarda autrefois, selon l'Évangile (Marc., III, 5), ceux qu'ils imitent dans leur envie.

Ils peuvent méditer utilement sur cette parole de saint Ambroise « Que ceux qui portent envie aux fruits et aux bénédictions de la vertu de leurs frères attendent en vain le secours de la miséricorde du ciel; parce que Dieu rejette les envieux, et détourne les miracles de sa puissance de ceux qui persécutent dans les autres ses grâces et ses faveurs. » (Lib. IV, *in* cap. XLVI *Lucæ.*) Qu'ils ne s'aveuglent pas tellement eux-mêmes que de vouloir imposer silence à Dieu, parce qu'il parle en faveur de ceux qu'ils ont résolu de perdre, et dont lui seul soutient la foiblesse contre leur passion et leur violence

Que s'ils continuent de les décrier par toutes sortes de calomnies, et secrètes, et publiques. qu'ils souffrent au moins qu'on interroge ces œuvres de Dieu, et qu'on entende leur langage qui justifie Port-Royal : « Interrogemus ipsa miracula; habent enim, si intelligantur, linguam « suam. » (Aug., tr. XXIV, *in Joan.*) Qu'ils cessent de haïr une maison religieuse qu'il paroît visiblement que Dieu ne hait pas; qu'ils cessent de la persécuter, puisque Dieu la défend et la protége; et qu'ils considèrent avec un esprit tranquille, sage, chrétien, qu'il n'y a point de honte à craindre lorsqu'on ne cède qu'à la voix de Dieu, qu'il n'y a point de sûreté à espérer lorsqu'on s'oppose à la souveraineté de son pouvoir, et qu'il n'y a point d'honneur à attendre lorsque l'on veut étouffer l'éclat de sa gloire

---

ORDONNANCE

De MM. les vicaires généraux de M. le cardinal de Retz, archevêque de Paris, pour la signature du Formulaire de foi, dressé en exécution des constitutions de nos saints-pères les papes Innocent X et Alexandre VII.

Jean-Baptiste de Contes, prêtre, docteur ès droits, doyen de l'Église de Paris, conseiller du roi en ses conseils d'État et privé; et Alexandre de Hodencq, aussi prêtre, docteur en théologie de la société de Sorbonne, curé et archiprêtre de Saint-Séverin, conseiller du roi en sesdits conseils, vicaires généraux de M. le cardinal de Retz, archevêque de Paris. A tous ceux qui ces présentes lettres verront, salut en Notre-Seigneur. Comme il est impossible de plaire à Dieu sans la foi, et de vivre de là vie d'un véritable chrétien sans cette vertu, qui est le fondement de ce qu'on espère et la démonstration des choses qu'on ne voit pas : aussi est-il très-important que les prélats de l'Église veillent de telle sorte sur ceux que Dieu a commis à leur conduite, que cette foi, de laquelle ils sont les principaux dépositaires, ne puisse être aucunement altérée par des contentions de doctrine, qui souvent ne blessent pas moins la foi qu'elles détruisent la charité, laquelle, comme dit saint Paul, est la fin du précepte, et procède d'un cœur pur, d'une bonne conscience et d'une foi non feinte, ajoutant que ceux qui s'en départent, s'emportent à des discours de vanité et de questions inutiles, qui ne produisent que des querelles, de l'envie, de la médisance et de mauvais soupçons : et quand il arrive de telles contentions dans l'Église, il n'est pas moins du devoir épiscopal d'en arrêter le cours de bonne heure, et de réprimer la témérité de ceux qui en sont les auteurs, ou qui entreprennent de les soutenir, qu'il est de la piété et charité chrétienne de tâcher, par tous moyens, de les réunir en un même esprit dans le centre de l'unité catholique, qui est l'Église romaine. C'est ce que le pape Innocent X, d'heureuse mémoire, a voulu faire au sujet des cinq propositions concernant la matière de la grâce, qui lui avoient été présentées de la part de plusieurs évêques de France, par sa constitution du dernier mai 1653, après la publication de laquelle nous espérions que chacun demeureroit dans le respect et la soumission dus au saint-siége, et que toutes ces contentions et disputes touchant lesdites propositions cesseroient. Mais le malin esprit, qui envie toujours la paix de l'Église, et s'efforce d'y entretenir la division, a renouvelé ces disputes : et quoiqu'il ne s'agît, du temps d'Innocent X, que de savoir si lesdites propositions étoient véritables et catholiques, ou si elles étoient fausses et hérétiques; et que ce pape les ayant condamnées comme hérétiques, il n'y eût plus rien à désirer, et que chacun dût se soumettre à la décision qu'il en avoit faite par sadite constitution : néanmoins on a mû une autre question de fait, et prétendu que ces propositions n'étoient pas de Cornélius Jansénius, évêque d'Ypres, et n'avoient point été condamnées au sens de cet auteur; ce qui ayant de nouveau troublé la tranquillité de l'Église, a donné sujet à notre saint-père Alexandre VII de prononcer sur cette question par sa bulle du 16 octobre 1656, laquelle nous avions fait publier en cette ville et diocèse de Paris, par notre mandement du 12 avril 1657, et ordonné de la recevoir avec tout l'honneur et révérence qui est dû au saint-siége apostolique, et de l'observer de point en point selon sa forme et teneur, sous les peines y portées; ce qui eût dû entièrement calmer les esprits. Cependant le contraire est arrivé, et les disputes ont continué comme auparavant; ce qui a obligé le roi, par sa piété accoutumée, et le zèle qu'il a pour procurer et maintenir la paix et l'union dans l'Église ainsi que dans son État, de désirer que MM. les évêques avisassent entre eux à trouver des moyens convenables pour faire cesser toutes ces divisions, et rétablir la paix en l'Église sur le sujet desdites cinq propositions. A quoi lesdits sieurs évêques ayant travaillé, et proposé à Sa Majesté de faire signer un formulaire de profession de foi; Sa Majesté l'a autorisé par arrêt de son conseil d'État du 13 du mois d'avril dernier, et nous a fait l'honneur de nous écrire le 20 du même mois, et exhorté de nous conformer à ce moyen proposé. A ces causes, désirant satisfaire aux bonnes intentions de Sa Majesté, et contribuer, autant qu'il nous est possible à ses pieux et louables desseins, nous avons ordonné et ordonnons par ces présentes, que ledit formulaire ci-après transcrit sera signé par tous les doyens, chanoines, chapitres, abbés, prieurs, couvens, communautés séculières et régulières, monastères de religieux et religieuses, curés, vicaires, prêtres habitués, bénéficiers, et généralement de tous ecclésiastiques, principaux des colléges, docteurs, régens, professeurs et maîtres d'école de cette ville, faubourgs et diocèse de Paris, soi-disant exempts et non exempts, ou de nul diocèse; et ceux qui composent lesdits corps ecclésiastiques séculiers ou réguliers feront mettre sur le registre notre présente ordonnance et ledit formulaire, et y souscriront, et nous rapporteront un acte original et authentique de leurs souscriptions au bas des présentes dans quinze jours après la publication et signification d'icelles. Et quant aux autres particuliers ecclésiastiques qui ne font corps ou communauté et autres ci-dessus exprimés, ils viendront signer dans ledit temps au secrétariat de l'archevêché de Paris; autrement, à faute de ce faire, et ledit temps passé, sera procédé contre eux par les voies de droit, conformément auxdites constitutions et arrêt, sans néanmoins que par ledit formulaire et la signature d'icelui il soit innové auxdites constitutions. Et pour ôter tout prétexte de dispute et de contention à l'avenir sur ces questions, et tâcher, par toutes voies, de réunir les esprits, nous ordonnons et enjoignons qu'à l'égard même des faits décidés par lesdites constitutions, et contenus audit formulaire, tous demeurent dans le respect entier et sincère qui est dû auxdites constitutions, sans prêcher, écrire et disputer au contraire, et que la signature que chacun fera dudit formulaire en soit un témoignage, promesse et assurance publique et inviolable, par laquelle ils s'y engagent, comme de leur croyance pour la décision de foi, après laquelle signature, la foi de chacun étant reconnue, nous faisons très-expresses inhibitions et défenses à tous les diocésains de mondit seigneur l'archevêque, sous peine d'excommunication, de se diffamer l'un l'autre du nom de *janséniste* et de *semipélagien*, et leur enjoignons de nous avertir de ce qu'ils sauront avoir été dit ou fait au préjudice desdites constitutions et de notre présente ordonnance, pour y être pourvu ainsi que de raison. Si donnons à l'archiprêtre de Sainte-Marie-Madeleine, aux doyens ruraux de ce diocèse, au premier prêtre ou appariteur sur ce requis, que ces présentes ils signifient à tous doyens, chanoines, etc., à ce qu'ils n'en prétendent cause d'ignorance, et aient à y satisfaire dans le temps y porté, sous lesdites peines, de ce faire leur donnons pouvoir. Et seront les présentes publiées au prône des messes paroissiales, et affichées aux portes des églises et ailleurs où besoin sera. Donné à Paris, sous le sceau des armes de mondit seigneur l'archevêque, le huitième jour de juin 1661. *Signé*, DE CONTES et DE HODENCQ.

Ensuit ledit Formulaire.

Je me soumets sincèrement à la constitution du pape Innocent X du 31 mai 1653, selon son véritable sens, qui a été déterminé par la constitution de notre saint-père le pape Alexandre VII du 16 octobre 1656. Je reconnois que je suis obligé en conscience d'obéir à ces constitutions: et je condamne de cœur et de bouche la doctrine des cinq propositions de Cornélius Jansénius, contenues dans son livre intitulé *Augustinus*, que ces deux papes et les évêques ont condamnées; laquelle doctrine n'est point celle de saint Augustin, que Jansénius a mal expliquée contre le vrai sens de ce saint docteur. Et au-dessous, *signé* BAUDOUYN.

DÉCLARATION

Des curés de Paris sur le Mandement de MM. les grands vicaires de M. le cardinal de Retz.

Par-devant les notaires apostoliques de la cour archiépiscopale de Paris, soussignés, furent présens vénérables et scientifiques personnes Me Noël de Bry, docteur ès droits, curé de Saint-Côme; Me Nicolas Mazuré, docteur en théologie, curé de Saint-Paul; Me Louis Le Noir, docteur en théologie, curé de Saint-Hilaire, et autres, etc, trouvés à l'issue de leur assemblée tenue en l'archevêché, lesquels ont dit et déclaré que, s'étant aujourd'hui assemblés en la salle de l'archevêché en la manière ordinaire et accoutumée pour les besoins communs de leurs paroisses, sur ce qu'ils ont représenté qu'ils avoient intérêt, pour le dû de leurs charges, de satisfaire à la plainte de leurs ecclésiastiques, et d'un grand nombre de personnes de piété, lesquels ayant ouï avec une extrême satisfaction la publication faite de l'ordre de MM. les vicaires généraux de M. le cardinal de Retz, archevêque de Paris, en date du 8 juin dernier, touchant la signature du formulaire, ont été extrêmement surpris d'apprendre que quelques-uns de MM. les évêques ont publié que ladite ordonnance a donné du scandale aux catholiques, ce qu est inculper manifestement lesdits sieurs comparans qui l'ont tous publiée, et la plupart signée et fait signer par leurs ecclésiastiques incontinent après la publication d'icelle, et les autres étant disposés à la signer. C'est pourquoi lesdits sieurs comparans ayant une entière connoissance de l'édification que tous les fidèles en ont reçue, ils se seroient trouvés obligés d'en rendre témoignage à la vérité, et pour cet effet auroient tous unanimement déclaré dans leur assemblée tenue cejourd'hui, ainsi qu'ils font encore de présent par-devant nous notaires susdits, que tant s'en faut que ladite ordonnance ait scandalisé aucun des catholiques soumis à leur conduite, qu'au contraire elle les a extrêmement édifiés aussi bien que tous les prêtres de leurs paroisses; et que tous ceux qui ont l'amour de la paix et de l'unité gravé dans le cœur, ont regardé aussi bien qu'eux ladite ordonnance comme le seul et unique moyen d'apaiser les contestations présentes, et d'affermir la paix, l'union et le repos parmi les fidèles de ce diocèse de Paris, dont et de laquelle déclaration lesdits sieurs comparans nous ont requis acte pour leur servir en temps et lieu ce que de raison, à eux octroyé. Fait et passé à l'issue de ladite assemblée, ce vendredi vingtième jour de juillet 1661, et ont signé en la minute des présentes, demeurée en la possession de Roger, l'un desdits notaires soussignés. Ainsi *signé*, TERRIER et ROGER.

R.F.

FIN DES FACTUMS ET DU DEUXIÈME VOLUME.

TABLE.

OPUSCULES.

LETTRES.

OUVRAGES ATTRIBUÉS A PASCAL.

FIN DE LA TABLE DU DEUXIÈME VOLUME.

959-13. — Coulommiers. Imp. Paul BRODARD. — P1-14.

16

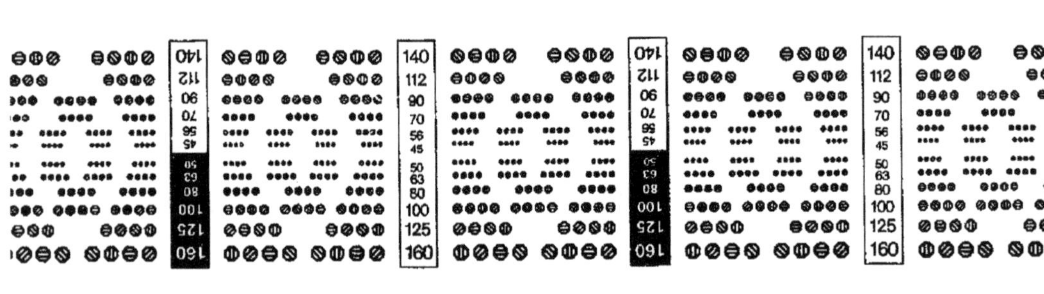

FIN DE LA TABLE DU DEUXIÈME VOLUME.

959-13. — Coulommiers. Imp. Paul BRODARD. — P1-14.

www.ingramcontent.com/pod-product-compliance
Ingram Content Group UK Ltd.
Pitfield, Milton Keynes, MK11 3LW, UK
UKHW012155240726
13966UKWH00002B/356